KB042461

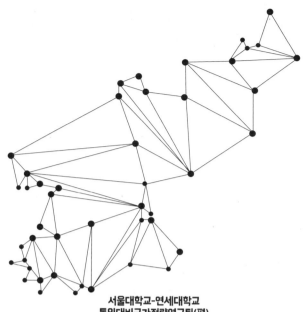

서울대학교-연세대학교
통일대비국가전략연구팀(편)

통일의 신지정학

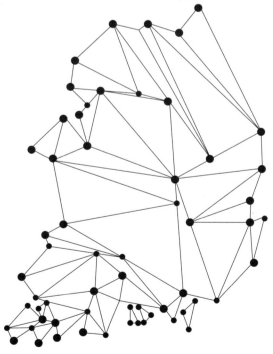

박영사

머리말 ✎

　　21세기 한국의 가장 큰 국가 명제 중의 하나는 '남북통일'일 것입니다. 2014년에 서울대학교 총장님과 연세대학교 총장님께서 대학의 연구역량을 사회 구성원들 모두와 함께 공유하여 '집단지성'을 형성·발전시키는 것에 대해서 고민하셨습니다. 그 결과 양교가 사회과학 및 자연과학 분야에서 몇 개의 프로젝트를 발주하게 되었는데, 그 일환으로 서울대학교에서 신범식, 김상배, 김병연, 박배균 네 분의 교수님과 연세대학교 진영재, 김명섭, 서정민 세 분의 교수님이 '통일의 신(新)지정학'이란 프로젝트를 추진하게 되었습니다. 연세대학교 김현준, 성치훈, 김정민, 박상현, 양규식 조교와 서울대학교 김예지, 박기현, 배경석, 이종민, 이찬송, 임동하, 조영지 조교가 참여하였습니다. 현재까지 모두 5차례에 걸쳐 유관 분야의 탁월한 전문가들을 모시고 함께 세미나를 개최하였으며, 그 결과물을 모아 책으로 출간하게 되었습니다.

　　필자들은 두 가지 점을 유념하였습니다. 우선, 한반도 통일에 관한 수없이 많은 기존의 연구들과 차별성을 지닌 연구를 하되, 그것이 국가의 통일 정책 실효성에 영감을 주는 실질적인 것이어야 한다는 것입니다. 프로젝트팀은 기존의 '지정학'과는 차별화된 '신지정학'이란 시각을 통해서 국가 및 사회집단들의 복합적 상호연계성을 한반도 통일과정에 적용해 보고자 합니다. 현대 국내정치과정이나 국제관계는 국가 및 사회집단들의 복합적 상호연계망이란 특성을 지니고 있으며, 통일도 이것을 관통하는 과정이 될 수밖에 없기 때문입니다. 또한 필진 모두는 집단지성을 위해서 통일이나 신지정학에 관심을 지닌 일반인들도 쉽게 이해할 수 있게 글을 쓰고자 하였습니다. 경어체의 사용은 그러한 노력의 일환입니다. 특히, '지정학'을 논함에 있어서 최창조 선생님은 '풍수지리'적 시각에서 글을 주셨고 이를 별도의 장으로 구성하였는데, 신지정학의 관점에서 이런 시각을 같이 생각할 수 있는 기회는 많은 분들에게 흥미로우실 것이라 생각합니다.

　해당 프로젝트를 진행할 수 있도록 재정적 지원을 해 주신 양교의 총장님 및 연구처에 깊이 감사드립니다. 책을 출간하는 과정에서 수고하신 박영사 박송이 씨에게 감사드립니다.

　해당 단행본이 한국의 통일정책에 실효성 있는 영감을 제시한다면 필자들에게는 더없는 영광이자 보람이 될 것입니다.

2017. 1. 30

서울대학교 – 연세대학교 "통일의 신지정학" 공동연구팀을 대신하여

연세대학교 진영재, 서울대학교 신범식 교수 씀

차 례

Part 2 통일 관련 인식 및 담론의 신지정학적 이해

Part 3 남-북한 실질협력의 재고찰

Part 4 통일의 국제정치와 신지정학적 전망

Part 5 풍수지리와 신지정학

Part 1

통일 논의의 신지정학적 기초
—역사 및 정체성과 통일론

1. 조선과 한국:

두 지정학적 관념의 연속과 분화 *

김명섭(연세대학교 정치외교학과)

Ⅰ. 서 론

이 글은 1897년 대한제국 수립 당시부터 한일강제병합기를 거쳐 1948년 '조선민주주의인민공화국'과 대한민국의 수립에 이르기까지 '조선'과 '한국'이라는 명칭을 통해 형성된 지정학적 관념의 연속과 분화를 분석합니다. 정치적으로 반복되는 명칭의 재생산과 민족관념 간의 상관성은 소쉬르(Ferdinand de Saussure, 1857–1913)가 말했던 시니피앙(기표)과 시니피에(기의)의 관계와도 같습니다. 시니피앙(기표)은 기호의 겉모습, 즉 음성(音聲)으로 표현된 모습을 의미합니다. 시니피에(기의)는 기호 안에 담긴 의미를 말합니다. 즉 '파이프'라는 단어의 철자와 [paipu]라는 발음은 시니피앙이고, 담배를 피울 때 쓰는 도구로서의 파이프라는 구체적 대상은 시니피에입니다(Saussure 1986, 97–103). 조선과 한국이라는 호명은 시니피앙이고 그러한 호명 안에 담겨지는 내용은 시니피에입니다. 소쉬르는 시니피앙에 의해 전달되는 시니피에가 시니피앙보다 우선하는 것이 아니

* 이 글은 서울대 한국정치연구소에서 발간하는 『한국정치연구』 제25집 제1호 (2016), 111–136쪽에 게재된 논문을 편집지침에 따라 축약하고, 경어체로 바꾼 것이다. 연구보조원으로 김석원(연세대 정치학과 박사과정생, 하버드대 엔칭연구소 방문연구원)과 김정민(연세대 정치학과 석사과정생) 등이 자료수집과 행정업무에 도움을 주었다.

라, 오히려 시니피앙에 의해 시니피에가 형성되기도 한다고 보았습니다. 이것은 설사 원형적 민족이 같다 하더라도 서로 다른 호명이 오랜 시간을 통해 재생산됨에 따라 서로 다른 민족관념이 만들어질 수도 있음을 의미합니다.

이 연구가 기반하고 있는 지정학은 고전적 지정학보다는 비판적 지정학의 의미에 가깝습니다. 공간(영토)에 중점을 둔 고전적 지정학과 달리 비판적 지정학에서는 인간과 공간, 그리고 시간의 상관성에 주목합니다 (Flint 2007; Chauprade 2003). 이 연구 또한 단순히 '조선'과 '한국'이라는 지명의 변화만을 추적하는 것이 아니라 그러한 명칭의 변천이 오랜 시간에 걸쳐 해당 공간에 살고 있는 인간, 즉 스스로 '조선인'이라고 생각하는 인간과 스스로 '한국인'이라고 생각하는 인간에게 지니는 정치적 의미에 주목합니다.

이와 관련하여 "남과 북이 이제는 자기중심적인 호칭만 고집할 것이 아니라, 상대방이 스스로 부르는 호칭도 서로 존중해 줄 필요가 있다"는 주장이 제기된 바 있습니다(서동만 2005, 52). '북한'과 '조선민주주의인민공화국'이라는 명칭을 병용한 저작도 출판된 바 있습니다(김학준 2008). 이러한 문제의식의 연장선상에서 이 연구는 조선과 한국이라는 장기지속적 관념의 연속성과 차이를 비판지정학적으로 분석해 보고자 합니다.

Ⅱ. 조선에서 한국(대한제국)으로의 변천과 연속성

1897년 10월 12일 조선의 26대 왕 고종(高宗)은 '칭제(稱帝)'를 선언하며 '대한국(大韓國)'이라는 국호를 선포했습니다. 이후 1910년 8월 29일 한일강제병합까지의 시간은 13년에 불과했지만, 조선에서 대한제국으로의 전환은 웨스트팔리아적 원리에 비추어 다음과 같은 국제정치사적 의미를 지닙니다.

첫째, 조선에서 대한제국으로의 변화는 '만국공법(萬國公法)'으로 소개된 웨스트팔리아적 원리에 적응한 결과였습니다. 1648년 유럽에서 종교전쟁의 광기를 봉인하면서 수립된 웨스트팔리아국제체제는 근대적 국제(國際)의 시발점이었습니다. 프랑스 종교전쟁, 신교도들에 의한 네덜란드 건국전쟁(1568 – 1648), 그리고 30년 종교전쟁(1618 – 1648)을 봉인한 웨스트팔리아 평화체제의 기본원리들은 다음과 같습니다. (1) 왕은 자신의 영내에서 황제다. (2) 한 지역의 종교는 그 지역 통치자의 종교를 따른다. 이러한 웨스트팔리아적 원리는 최고성과 배타성을 특징으로 하는 국가주권에 기초한 국제체제를 형성했습니다(김명섭 2015; Kim 2014).

근대의 세계사는 제국주의적 팽창의 역사였던 동시에 웨스트팔리아적 의미의 국제질서가 전 세계적으로 확산되는 역사였습니다. 이러한 '제국'과 '국제'의 나선형적 확대가 지속되면서 누구도 부정할 수 없는 두 가지 역사적 흐름이 생성되었습니다. 하나는 제국들이 꾸준히 '분열'되는 역사적 흐름이었고, 다른 하나는 현재 약 2백 개에 달할 정도로 독립국들이 증대되어온 역사적 흐름입니다.

고종의 칭제는 청(淸)에 대한 독립을 보여주기 위해 독립문을 건설한 독립협회(獨立協會)의 비판적 지지 속에 이루어졌습니다. 흠정(欽定)헌법으로서 1899년 8월 17일에 반포된 '대한국국제(大韓國國制)' 제1조에 따르면 "대한국은 세계만국의 공인되온 바 자주독립해온 제국"임을 밝히고 있습니다.[1] 이처럼 한국이 독립국가로서 다른 나라의 공인을 받았음을 강조한 것은 주권평등에 기초한 웨스트팔리아적 국제원리와의 상호작용을 보여줍니다.

조선이 일본, 미국, 영국, 독일, 이탈리아, 러시아, 프랑스, 그리고 오스트리아－헝가리 등과 체결한 근대적 국제관계들은 보전되었고, 벨기에(1901), 덴마크(1902) 등과의 국제관계는 새롭게 수립되었습니다. 또한 대한제국은 1900년 국제우편연합(UPU, Union postale universelle)에 가입했고, 오늘날까지 대한민국(Korea, Rep.)의 국제우편연합 가입일은 1900년 1월 1일로 인정되고 있습니다(김명섭 2011b). 대한제국이 제네바협약의 체약당사국이 된 것은 1903년 11월 8일로서 청제국이 동 협약에 가입한 1904년 6월 29일이나, 독일이 동 협약에 가입한 1906년 6월 12일보다 빨랐습니다(김명기 2008, v). 이러한 국제적 지향성은 1907년 광무황제의 강제퇴위로 이어진 헤이그특사파견에 이르기까지 일관되게 견지되었습니다.

둘째, 대외적으로 주권국가임을 선언하고 국제적 지향성을 가졌던 것만큼 중요했던 특성은 '한국(韓國)'이라는 국민국가의 정체성과 '한국민(韓國民)'이라는 국민정체성이 형성되기 시작했다는 점입니다. 비록 '전제'를 선언했지만, 대한제국에는 전제정과 함께 애국적 가치에 근거한 비판적 민간여론의 장이 공존했습니다. 독립협회의 공식적 정치활동은 1898년 강제해산으로 인해 중단되었지만, 독립협회가 선도했던 여론 자체는 광범위하게 공유되었습니다. 「대한자강회월보(大韓自強會月報)」, 「대한협회회보(大韓協會會報)」, 그리고 일본 동경에 유학한 학생들의 모임이었던 대한흥학회의 회보인 「대한흥학보(大韓興學報)」 등에는 전제정치를 유지하는 것은 국권에 도움이 될 수 없으며 "입헌(立憲)은 문명부강의 주물(主物)이고, 문명부강은 입헌의 종물(從物)"이라는 인식을 담은 논설들이 게재되었습니다(김진성 1909).[2] 1907년 안창호(安昌浩), 양기탁(梁起鐸) 등에 의해 창설된 대한신민회(大韓新民會)가 입헌군주국(立憲君主國)에서 더 나아가 공화정체(共和政體)를 지향하며, "우리의 생사 버리지 못하는 대한"을 위해 "국민을 유신(維新)"시켜, "자유문명국"을 만들 것을 천명한 것은 이러한 시대적 분위기의 반영이었습니다.[3]

황제만의 한국이 아닌 국민의 역할이 인정되는 한국이 인식되고 그 정체성이 형성된 것은 '대한', '한국', '한'의 명칭을 사용한 언론매체들의 흥기를 통해 확인할 수 있습니다. 대한제국 시기의 대표적 신문은 영국인 베델(Thomas Bethell)이 1904년 7월에 창간한 「대한매일신보(大韓每日申報)」였습니다. 이 신문은 국한문판, 국문판, 영문판 등으로 발행되었습니다. 1906년 3월 장지연(張志淵), 윤치호(尹致昊), 남궁훈(南宮薰) 등이 대한자강회(大韓自強會)를 창설했고, 이들은 「대한자강회월보」를 발간했습니

다. 대한자강회가 1907년 8월 일제의 통감부에 의해 해산되자 자강회의
중심인물들은 다시 대한협회(大韓協會)를 결성했습니다. 이들은 1909년 6
월부터 「대한협회회보」를 발행했고, 이것을 다시 일간지로 변경한 「대한
민보(大韓民報)」를 발행했습니다.

　　특히, 「대한매일신보」는 베델이 외국인이었기 때문에 외부의 압력,
특별히 일제의 압력에서 비교적 자유로운 위치에 있었고, 국채보상운동
같은 거국적 운동의 중심이 될 수 있었습니다. 1908년 5월 기준으로 이
신문은 국한문판이 8,143부, 국문판이 4,650부, 영문판이 463부 발행되었
고, 국내외 여론형성에 큰 영향을 미쳤습니다(이선민 2013, 116). 「대한매
일신보」의 영문판 제호는 The Korea Daily News였습니다. 전통시대 때부
터 지칭되었던 '코리아'가 대한 또는 한국으로 대응되기 시작했던 것입니
다. 「대한매일신보」의 1907년 1월 6일자 한문판과 1909년 5월 30일자 국
한문혼용판에서는 '대한민국'이 사용된 용례도 발견되었습니다(황태연 2015,
69 – 70).

　　미주이민사회에서 발행된 신문 역시 조선 대신 한국, 조선인 대신 한
국인이라는 용어를 유통시키는 데 기여했습니다.4 하와이에서는 1907년
「한인합성신보(韓人合成新報)」가 발간되었는데, 이 신문은 1909년 「신한국
보(新韓國報)」로 개칭되었다가 1913년 8월에는 「국민보(國民報)」가 되었습
니다. 하와이의 한민합성협회(韓民合成協會), 캘리포니아의 대동보국회(大
同保國會) 및 공립협회(共立協會)가 설립한 대한인국민회(大韓人國民會)가
1909년 2월부터 발간한 한글전용 신문은 「신한민보(新韓民報)」였고, 영문
제호는 The New Korea였습니다. 이완용(李完用) 등이 1907년 7월에서
1908년 6월까지 발행했던 신문 역시 「대한신문(大韓新聞)」이라는 제호를
가지고 있었습니다.

　　이러한 신문들을 통해서 조선 대신 한국, 조선인 대신 한국인이라는
용어와 정체성이 대한제국 시기 국내외에서 확산되었습니다. 「대한매일신
보」는 1909년 5월 5일의 논설을 통해 베델이 "한국에 멀리 와서 한국동포

의 고통하는 것을 슬피 여기며 한국동포의 성명을 보호하기를 도모하야
밥먹기는 잊을지언정 한국동포는 감히 잊지 못하야 그 슬퍼함과 기뻐함과
슬퍼함과 즐거함과 그 우려와 사상과 동정이 우리 한국동포를" 위하였고,
그가 임종 시에 "나는 죽지만 신보는 영원히 살게 해서 한국(韓國) 동포를
구하라"는 유언을 남겼다고 전했습니다(대한매일신보 1909/5/5). 9일자 신
문에 게재된 추모사에서는 베델이 "한국을 위하여 정정방방한 언론으로
붓을 높이 들어" 활동했고, 그의 때 이른 죽음에 대해서 "하늘이 한국의
운명을 돕고져 아니하심"인가, "한국사람의 실력을 스스로 배양코자 하심
인가"라고 기록함으로써 한국이라는 명칭의 용례를 보여주고 있습니다.5
1897년에서 1910년까지 한국이라는 관념은 빠르게 확산되었습니다.

　조선에서 대한제국으로의 변화는 단순한 '과도기' 이상의 의미가 있었
습니다. 웨스트팔리아 주권국가의 모델에 적응한 독립국이 선포되었고,
'문명개화(文明開化)'의 논리에 따른 애국계몽운동이 '허용'되면서, 집권층
의 의도와는 독립적으로 국민국가를 지향하는 흐름과 새로운 정체성이
'한국'이라는 국호를 중심으로 형성되었습니다.6 1897년 제국들의 팽창과
국제사회의 팽창이 중첩되는 가운데 '조선(朝鮮)'을 대신해서 '대한제국(大
韓帝國)'이라는 지정학적 관념이 발전했습니다.

　1910년 일본제국은 대한제국을 강제병합했습니다. 일제는 1910년 8
월 29일 병합에 즈음하여 "한국의 국호는 개(改)하야 이금(爾今) 조선이라
칭함"이라는 일본천황의 칙령과 함께 조선총독부 설치를 공포했습니다.7
일제는 대한제국의 명칭을 '남해도'(南海道)로 할 것도 고려했지만, 결국
대한제국에 의해 부정된 '조선'이라는 명칭을 되살렸습니다.8 이러한 명칭
은 청제국하의 '조선'에서 일본제국하의 '조선'으로 바뀌었을 뿐이라는 정
치적 선전을 용이하게 하는 것이었습니다. 「대한매일신보」는 강제 매수되
어 '대한'이라는 칭호가 탈락된 총독부의 기관지 「매일신보」가 되었고, 「
대한민보」는 제호를 「민보(民報)」로 고쳤음에도 폐간되었습니다. 친일신
문인 「대한신문」도 「매일신보」에 흡수되었습니다.9 1910년 이후 일본인이

운영하는 일본어 신문으로 서울의 「조선신문(朝鮮新聞)」, 대구의 「조선민보(朝鮮民報)」 등이 등장했습니다.

　이처럼 일제에 의해 '한국'이라는 용어의 사용이 금지되었지만, 조선에서 한국으로의 변화가 지향했던 근대적 정체성까지 제거할 수는 없었습니다. 복벽론(復辟論)적 의미의 광복운동이 공화제를 지향하는 광복운동으로 전환되고 있던 1917년 7월 박은식(朴殷植), 신채호(申采浩), 박용만(朴容萬), 윤세복(尹世復), 조소앙(趙素昻), 신석우(申錫雨) 등은 대동단결선언(大同團結宣言)을 발표했습니다. 이 선언문은 조선 대신 한국이라는 명칭을 사용하면서 "비한국인에게 주권을 양여하는 것은 근본적으로 무효"라는 점을 들어, "구한국 최후의 날은 곧 신한국 최초의 날"이라고 선언했습니다. 그리고 "우리 한국은 무시(無始) 이래로 한국인의 한(韓)"이라고 밝혔습니다.[10] 1918년 김규식(金奎植), 여운형(呂運亨), 김철(金澈)이 결성한 신한청년당(新韓靑年黨)은 "대한독립, 사회개조, 세계대동"을 당강(黨綱)으로 내세웠습니다.[11] 대한제국 시기의 애국계몽운동은 1920년대의 '문화적 민족주의'에도 영향을 미쳤습니다(Robinson 1988, 19-37). 문화적 민족주의를 통해 조선의 정체성, 그리고 한국의 정체성이 강조되었습니다.

Ⅲ. 3·1운동 이후의 한국(대한민국 임시정부)과 조선

　1919년 3·1운동에서 발표된 기미독립선언서(己未獨立宣言書)는 '조선'의 독립국임과 '조선인'의 자주민임을 선언했습니다. 그러나 3·1운동의 결과로 만들어진 것은 '조선' 임시정부가 아니라 '대한민국' 임시정부였습니다. 1919년 4월 11일에 발표된 대한민국 임시헌장 제1조는 대한민국이 "민주공화제"임을 천명하고, 3조부터 6조까지 '대한민국' 인민의 권리와 의무를 명기했습니다. 8조에서는 대한제국 "구황실"에 대한 우대방침이 천명되었습니다. 헌장과 함께 발표된 선서문에서는 "이천만 동포국민"이 "민국원년"에 "우리 대한민족이 독립을 선언"한다고 언명함으로써 한국민이 대한민국 임시정부에 앞서 존재했음을 선언하고 있습니다.[12] 1919년 9월 11일 발표된 대한민국 임시헌법 제1조 역시 "대한민국은 대한인민으로 조직함"이라고 밝혔습니다.[13] 대한민국 임시정부가 광복의 대상으로 특정했던 것은 대한제국이 국제사회에서 공인받았던 주권이었습니다. 다만 그 주권의 국내적 성격은 더 이상 군주주권이 아니라 국민주권이었습니다.

1919년 대한민국 임시정부가 수립된 이후 국외에서는 대한민국 임시정부를 포함해서 '대한' 또는 '한국'이라는 관념이 널리 전파되었습니다. 특히, 1921년부터 1929년 사이 '한' 또는 '대한'이 사용된 신문들이 속출했습니다. 미국 하와이에서는 「한미보(韓美報)」, 「한인교회보(韓人敎會報)」, 「한인기독교보(韓人基督敎報)」, 샌프란시스코에서는 「신한민보」가 발행되었습니다. 중국 상하이에서는 「신대한(新大韓)」, 「대한독립보(大韓獨立報)」, 「대한임시정부공보(大韓臨時政府公報)」가 발행되었습니다. 만주에서도 「신한공보(新韓公報)」, 「민한(民韓)」, 「신한청년(新韓靑年)」 등이 발행되었습니다(차배근 외 2001, 127-128).

프랑스가 일찍이 제국주의적 방법으로 상해에 설치했던 프랑스조계(法國租界)의 공간을 활용하여 수립된 대한민국 임시정부는 파리평화회의에서 전후처리의 원리로 제시된 윌슨(Woodrow Wilson)의 민족자결주의에 기대를 걸었습니다.[14] 이승만이 대한민국 임시정부 초대 대통령으로서 김규식과 함께 전개했던 광복외교의 주된 논리 가운데 하나는 미국이 조미수호통상조약(朝美修好通商條約, 1882) 제1조에 명시된 필수상조(必須相助) 조항에 대한 국제법적 책임을 이행해야 한다는 것이었습니다(고정휴 2004, 318-347). 웨스트팔리아적 국제질서를 긍정하고 공화제를 지향했던 대한민국 임시정부의 정체성은 제국주의의 청산과 민주주의의 확대를 천명했던 윌슨주의와 친화적이었습니다.

그러나 국제적 차원에서 베르사유체제(1919)와 워싱턴체제(1922)가 일본의 제국질서를 온존시키면서 대한민국 임시정부 노선은 난관에 봉착하게 되었습니다. 1917년 10월 러시아에서 케렌스키 혁명정부를 전복하고 볼셰비키가 집권하면서 1919년 새로운 국제적 대안으로 제시된 공산주의 국제연대 코민테른은 유라시아 전역에서 반제공산주의 진영의 급속한 확대로 이어졌고, 윌슨주의와 친화적이었던 대한민국 임시정부의 초기 노선에 근본적 문제를 제기했습니다. 1920년대 이후 공산주의 계열에서 '한'을 사용한 경우는 거의 없었습니다(임대식 1993, 35 – 50). 다만 이전에 존재했던 상하이파 고려공산당과 이르쿠츠크파 고려공산당의 모체인 한인사회당의 경우에는 '한'이라는 명칭을 사용했었습니다. 한인사회당이 고려공산당으로 이름을 바꾼 것은 1920년 공시된 레닌의 21개 코민테른 가입조건에서 각국의 사회당들로 하여금 코민테른에 가입하려면 공산당으로 개명할 것을 요구한 것과 궤를 같이 하는 것이었습니다. 이 시기 프랑스공산당(PCF)으로부터 갈라져 나온 프랑스 사회당(PS)은 태생적으로 반공좌파적 성격을 가지게 되었습니다(Degras 1956, 168 – 172; 김명섭 2011a, 8 – 13).

1921년 초부터 대한민국 임시정부의 존폐와 진로문제가 제기되기 시작했고, 이러한 갈등은 1923년 국민대표회의에서 절정에 달했습니다. 국민대표회의에 앞서 박용만(朴容晩) 등이 주축이 된 군사통일회의(軍事統一會議)는 통첩문을 통해서 "아(我) 국가의 광복을 비일(卑日)히 실현"하기 위해 나섰다고 밝히고, 이승만의 위임통치청원과 상해임시의정원의 대표성을 문제 삼았습니다.15 대한민국 임정의 진로변경이 필요하다는 점에서 국민대표회의를 지지했던 안창호는 대한민국 임시정부와 임시의정원을 부인하는 입장에 대해서는 "그 용기가 과하고 대한사람으로서 참아 못할 일을 하였다고 합니다"라고 말함으로써 선을 그었습니다.16

그러나 대한민국 임시정부 초대 국무총리를 역임했고, 한인사회당(韓人社會黨)과 상하이파 고려공산당(高麗共産黨)의 창립을 주도했던 이동휘(李東輝)는 다른 입장을 취했습니다. 그는 1921년 10월 16일 볼셰비키 정부의 외무인민위원회에 보내는 보고서에서 '대한민국 상해임시정부'가 "확실하게 친미적 성향"을 띠고 있고, "미국의 지지를 통한 한국의 해방이 곧 한국에서 부르주아 민주주의의 승리"를 의미하는 것으로 본다고 밝혔습니다.[17] 이동휘의 이러한 입장은 당시 유라시아대륙에 확산되고 있던 공산주의를 토대로 임시정부가 주장해 온 '공화제'를 "부르주아 민주주의"로 재독해한 것이었습니다. 이동휘는 태평양 방면에서 일본과 함께 워싱턴체제를 구축한 미국을 비판하면서 1917년 러시아에서 집권한 공산주의를 받아들였습니다.

　1923년 1월 개최된 국민대표회의는 92회에 달하는 회합과 3개월에 거친 토의를 가졌지만, 임시정부의 개조를 주장하는 개조파와 완전한 폐기와 재창조를 주장했던 창조파의 분열로 마감되었습니다. 공산주의자들 내부에서도 상하이파와 이르쿠츠크파의 갈등으로 인해 하나의 세력을 형성하지 못하고 개조파와 창조파로 양분되었습니다. 1923년 11월 24일 창조파의 김규식과 윤해(尹海)는 국민대표회의 결과에 대한 분석 보고서를 소련에 제출했습니다. 이 보고서에 따르면 창조파가 내세웠던 주요 주장, 즉 대한민국 임시정부의 문제는 단순한 활동상의 실수가 아닌 "조직 업무 및 전반적으로 조직 내 혁명 대중과의 연계장치가 조악"하게 구성된 결과였습니다. 대한민국 임시정부는 "격렬한 혁명적 봉기"의 시점에 발생한 "일부 대중의 구체적 슬로건"으로서, 대한민국 임시정부도 자신을 "혁명조직"이라고 인식하고 있는 만큼, "대회에 복종"했어야만 했다고 주장했습니다.[18]

　김규식 등의 창조파가 주축이 된 국민위원회(國民委員會)는 1925년 소련의 승인을 얻을 목적으로 블라디보스토크에서 '한국'이라는 명칭의 새로운 임시정부를 구성하고자 했지만 소련의 무관심으로 실패했습니다.[19] 대한민국 임시정부를 부정한 창조파 역시 한국이라는 국호는 고수했지만, 국민대표회의 이후의 인식은 대한민국 임시정부 결성 초기와는 달랐습니다. 공산주의의 영향으로 "부르주아 민주주의"는 거쳐야 할 단계일 뿐 최종적일 수 없는 과도기적 민주주의로 인식되었습니다. 혁명운동을 위해 "혁명조직"의 하나로 규정된 대한민국 임시정부도 혁명적 필요에 따라 변동될 수 있다고 인식되었습니다.[20]

　　윌슨주의에 대한 환멸과 대한민국 임시정부의 쇠락과 더불어 '조선'이 재호명되었습니다. 특히, 공산주의 단체들은 고려공산당과 고려공산청년회(高麗共産靑年會) 등의 예외를 제외하면 대부분 '조선'이라는 명칭을 사용했습니다. 이들이 한국이 아닌 조선을 사용하게 된 경향에 대해서는 '민족주의자'들이 '대한(大韓)'이라는 명칭을 선점한 것에 대한 반발, 대한제국의 기억이 없는 세대들의 무관심, 대중지향의 원칙에 따라 널리 통용되고 있던 '조선'이라는 용어의 수용 등이 지적된 바 있습니다(임대식 1993, 39). 이에 덧붙여서 생각해 보아야 할 것은 민족적 차원을 넘어서 만국노동자의 연대를 추구했던 공산주의의 영향력 확대입니다. 이들에게 있어서 '한국'의 주권회복보다 더 중요했던 것은 '조선'을 포함한 일본제국 내부로부터의 전복이었기 때문에 '한국'과 '조선'이 지니는 근대주권적 차이에 큰 의미가 부여되지 않았습니다.

　　더구나 일제의 통치하에 있던 국내에서 '한' 또는 '한국'이라는 명칭의 사용은 가능하지 않았습니다. 일제의 문화통치하에서 1920년대 창간된 신문들의 명칭 또한 그러했습니다. 1920년 3월 5일에 창간된 「조선일보(朝鮮日報)」, 4월 1일에 창간된 「동아일보(東亞日報)」, 그 밖에 「중외일보(中外日報)」, 「조선중앙일보(朝鮮中央日報)」 등은 모두 '한국' 또는 '한'과는 무관한 제호를 선택했습니다.

　　대한민국 임시정부가 목표로 내세웠던 광복운동이 한국의 주권을 되찾고 민주주의적 내포를 지닌 '광복운동'이었던 것에 비해, 공산주의적 목표에 있어서 그것은 역사 발전의 잠정적 단계로서의 조선민족해방운동이었습니다. 후자는 웨스트팔리아적 의미의 광복 자체를 목적으로 하는 것이 아니라 반제국주의, 반자본주의혁명을 위한 민족연대의 의미가 컸습니다. 레닌이 제시한 교의는 식민지 문제 전반을 담당하던 코민테른 '동방부'의 공식입장이 되었고, 이는 '조선'에 대해서도 마찬가지였습니다.

현재 일본과 조선에서는 민족운동이 고양되는 모습이 관측되고 있다. [중략] 따라서 공산주의자들은 계급 노선에 따라 프롤레타리아트를 조직하는 동시에 모든 민족운동을 지도해야만 하며, 일본 제국주의와의 투쟁을 위하여 그 운동을 이용해야 한다. 왜냐하면 조선에는 프롤레타리아의 수가 적고 조직도 되어 있지도 않아서, 현 시점에서는 순수한 프롤레타리아 운동이 불가능하기 때문이다. 조선 공산주의자들은 단일하고 견고한 조선공산당을 조직하면서 전 민족적인 사업을 수행해야만 하며, 일본 제국주의와의 투쟁을 위해 모든 민족그룹들을 통일시킨다는 목적으로 반드시 조선의 현재적 상황을 이용해야만 한다.21 [밑줄 강조]

"계급적 성격"을 유지하면서 "조선의 현재적 상황"을 이용하기 위해 "조선 혁명의 중요한 요소"인 "민족운동"을 전개하는 것은 한국의 광복이라는 관점과 외면적으로 유사했지만, 궁극적 목표에 있어서는 본질적 차이가 있었습니다. 공산주의의 경제결정론적 역사철학에 비추어 대한제국의 계기적 특성과 입헌군주국으로의 지향노력에는 큰 의미가 부여되지 않았습니다. 이는 퓌레(Furet 1988)가 지적한 것처럼 공산주의자들이 경제적 토대에 기반한 근대국가의 '계급적 성격'에만 집착함으로써 자율성을 지닌 국가권력의 헌정적 변화는 경시하는 경향이 있었던 것과 무관하지 않았습니다.

결국 조선을 대체했던 대한제국 대신 조선을 재호명한 것은 일제뿐만이 아니었습니다. 3·1운동 전후로 국내외에서 추진된 임시정부의 명칭을 보면 한성정부의 '조선', 천도교계열의 '대한민간정부'와 '조선민국 임시정부', 이동휘와 안창호 주도의 '신한민국정부', 상해의 '대한민국 임시정부' 등으로서 '대한'과 '조선'이 상호부정적 개념으로 사용되지 않았습니다. 그러나 1917년 이후 공산주의의 영향력이 급격히 확대되면서 양자의 차별성이 뚜렷해지게 되었습니다(윤병석 2011, 30-32; 임대식 1993, 38-39).

대표적으로 코민테른의 직접적 지도를 받는 조선공산당이 있었습니다. 이러한 경향은 일제총독부 치하에서 '한국'이라는 명칭이 사용될 수 없었던 사정과 맞물렸습니다. 1927년 2월부터 1931년 5월까지 존속한 민족단일당 성격의 신간회(新幹會)는 원래 그 명칭을 신한회(新韓會)라고 할 작정이었습니다. 그러나 신한(新韓)이라는 글자를 쓰게 되면 일제의 탄압이 심할 것은 물론 해산명령까지 내려질 것을 우려하여 '새로운 한국은 새 줄기(幹) 또는 새 뿌리를 길러야만 된다(新幹出古木)'는 의미를 담아 신간회라고 명명되었습니다. 신간회는 120개에서 150개에 달하는 지회와 민족협동전선의 기치하에 좌우익 세력으로 구성되어 최대 4만 명에 달하는 회원규모를 가졌던 단체였습니다(조병옥 1986, 95-99). 공산주의자들이 신간회에 참여하면서 굳이 '조선'이라는 단체명칭을 고집하지 않은 이유는 민족주의자들과의 통일전선을 구축하기 위해서였다고 보입니다(임대식 1993, 41-42).

　　제2차 세계대전 말기 대한민국 임시정부 내에서는 한국독립당(韓國獨立黨)과 조선민족혁명당이 공존했습니다. 그러나 이 두 단체가 공존했던 사실을 단순히 "합일점"으로 평가하는 것은 재고될 필요가 있습니다. 양당은 지향점의 불일치는 물론, 실제의 공존과정에서도 정부 내 여야의 경쟁으로 볼 수 없는 근본적 차이를 가지고 있었습니다.[22] 그러한 차이는 1945년 대한민국 임시정부 귀국 이후의 결별로 이어졌습니다. 1945년 8월 15일 이후 조선민족혁명당의 움직임에 대해 조소앙은 주중 미국대사 헐리 (P. J. Hurley)에게 "대한민국 임시정부를 전복하는 데 실패하자 코리아의 공산주의자들 및 충칭의 동조자들은 자기네 당에 대한 충성심을 과시하고 코리아 내외에서의 사태에 호응할 목적으로 임정으로부터 탈퇴"했다는 의견을 전달했습니다.[23]

　　1923년 국민대표회의 이후 약화된 대한민국 임시정부를 유지하고자 했던 김구는 1935년 11월 한국국민당(韓國國民黨)을 창당했고, 1940년 5월 조소앙, 홍진(洪震), 지청천(池靑天), 김학규(金學奎), 조완구(趙琬九), 김붕준 (金朋濬), 엄항섭(嚴恒燮) 등과 함께 한국독립당을 재창당했습니다.[24] 1941

년 11월 대한민국 임시정부는 조소앙이 기초한 대한민국 건국강령(大韓民國建國綱領)을 발표하고, 한국의 "복국(復國)"과 "건국(建國)"을 위한 실행 과제를 명시했습니다.[25] 건국강령이 발표된 1941년 11월 이후 조소앙이 직접 작성한 것으로 보이는 "당강해석 초안"은 한국의 복국과 건국이 의미하는 웨스트팔리아적 의미는 물론, 한국 국호의 정당성에 대한 설명을 제공해줍니다. 그는 "완전광복"의 의미를 "영토권과 대인주권(對人主權)의 자유행사에 대하여 국제법적 관계로나 외국 무력의 침점(侵占)상태로나 조금도 구속되지 않고 제한되지 않는 데까지 우리 국가 영역 내에서 우리 국가의 행동을 자유로 할 만한 상태"라고 설명했습니다.[26]

조소앙은 또한 "고려"나 "조선"이 아닌 대한민국이 국호가 되어야 하는 "역사적 근거"를 제시했습니다. 첫째, 일본의 강제병합 시에 "한국"이라는 용어를 일제가 금지함으로써 "국가의 인격"에 "사형을 집행"하고 "일개 지방"의 명칭으로 "조선"을 강제했다는 것입니다. 둘째, "조선"이라는 국호는 명태조(明太祖)로부터 허가를 받은 국호이기 때문에 "외교 압박"의 굴욕에도 못 미치는 "자동적 노예행위"를 개시한 "국치사(國恥史)"의 일종이라는 것입니다. 셋째, 위만조선(衛滿朝鮮) 등의 예를 들며, "중국교민의 일부분"이 귀화하여 "반동(反動)"한 후에 "한" 대신에 "조선"이라고 칭하게 된 것이 "외국사서(外國史書)"에 전하게 되었다는 것입니다. 넷째, 이와 같은 몇 가지의 용례가 "불명예"하다는 것입니다.

반면에 대한민국이어야 하는 적극적 이유로서 조소앙은 다음과 이유들을 들었습니다. 첫째, 『삼국유사(三國遺事)』를 근거로 단군과 한국은 "역자(譯字)의 부동(不同)"으로서 "하나, 한울, 크다"의 다의적 의미를 담고 있는 장점이 있다는 것입니다. 둘째, "삼한(三韓)"의 역사가 수세기 전 외국 역사에 소개되었고, 중국에 복속되지 않은 영역으로서의 의미가 유지되었다는 것입니다. 셋째, 정유년(丁酉年, 1897)에 대한(大韓) 2자를 국호로 확정하고 열국과 평등교제를 개시하였음은 기간이 비록 불구(不久)하나 우리 민족의 국가적 인격을 표시한 명확한 사실이라는 것입니다. 그 의의에 있

어서도 "한"은 대(大)의 의(意)에 일(一)의 의니 민족칭호나 국가칭호로 보
아 가취(可取)할 점이 있다는 것입니다. 넷째, 기미년(己未年, 1919)에 독립
운동을 개시하고 즉시 건국원년을 단행하여 대한민국을 국호로 확정하게
된 것은 최초로 근대식 민주국가의 명실을 가지게 된 일이라는 것입니다.[27]

　　1943년 카이로에 모인 연합국 수뇌들, 즉 루즈벨트, 처칠, 그리고 장
개석은 "코리아 인민의 노예상태"를 "합당한 절차에 따라" 해결한다고 명
시했습니다.[28] 대한민국 임시정부의 활동이 없었다면 연합국들은 코리아
를 일본제국 내의 조선으로만 인식했을 가능성이 큽니다. 그러나 연합국
들은 대한민국 임시정부는 물론 그 어떤 정체(polity)도 승인하지 않았습니
다. 대한제국 당시 국제적으로 인정되었던 주권의 국제적 회복이라는 측
면에서 '독립운동'을 주권회복운동(광복운동)으로 생각했던 많은 한국/조선
의 지도자들과는 달리 연합국들은 '주인 없는 땅'[29]에서의 '독립국가' 건설
이라는 차원에서 코리아문제를 인식했습니다.

Ⅳ. 1948년 '조선민주주의인민공화국'과 대한민국의 분립

　　1945년 8월 미국과 소련은 과거 국제사회가 베르사유평화조약에 삽
입된 지도를 통해 인정했던 일본제국의 공간을 38선 기준으로 분할했습니
다. 일본군대의 항복을 받아내기 위해 설정된 이 선은 '38선 이북의 코리
아+만주'와 '38선 이남의 코리아+일본제국의 본토'를 나누는 작전분계선
이었습니다. 결과적으로 이 선은 대한제국 당시 근대 국제법적으로 공인
되었던 주권공간의 분절을 초래했습니다. 결국 1948년 38선 이북과 이남
에 사실상 두 개의 국가가 분립(分立)되었습니다.

　　그러나 제2차 세계대전 이후 오스트리아가 승전국들에 의한 분할점령
에도 불구하고 통일정부를 수립했던 것과 비교하면, 일본제국의 무장해제
를 위한 작전권(作戰圈) 분할선으로서의 38선 획정이 곧 분단을 의미하는
것은 아니었습니다. 오스트리아처럼 분할점령상태를 극복하고 통일국가를

유지하기 위해 필요했던 내부의 정치적 동력은 인민민주주의와 결합한 조선민족주의와 민주주의와 결합한 한국민족주의로 분열되었습니다. "남대한－북조선(南大韓－北朝鮮)이란 용어(用語)가 점점(漸漸) 고정(固定)해 가면 고정(固定)해 갈수록 근심과 걱정은 심도(深度)를 더했던 것"으로, "세칭 보수적 우익측(世稱 保守的 右翼側)은 대한(大韓)이오, 자칭 진보적 좌익측(自稱 進步的 左翼側)은 조선(朝鮮)이오, 통칭 회색적 중간측(通稱 悔色的 中間側)은 고려(高麗)"라고 해석되기도 했습니다(설의식 n.d., 17－19).

    광복 이전의 '조선'을 계승하고자 하는 정치적 흐름은 1945년 8월 15일 조선건국준비위원회(朝鮮建國準備委員會, 건준) 결성, 8월 20일 조선공산당 재건준비위원회(再建準備委員會) 결성, 9월 6일 건준의 비상조치로 소집된 인민대표대회에서 일방적으로 각료를 선출하여 발표된 조선인민공화국(朝鮮人民共和國, 주석에는 이승만이 추대됨), 그리고 9월 11일 조선공산당 재건 등으로 이어졌습니다. 그런데 미군 군정청 공문서에서도 'Korea'를 대부분 '(남)조선'으로 번역했습니다. '남조선'은 '북위38° 이남의 조선을 의미'하는 것으로 '대내 무역'은 '남조선 내의 무역을 의미'하며 '지역 간 무역'이란 '남북 조선 간의(水陸空) 무역을 의미'했습니다(김혜수 1997, 105, 재인용).30

    이미 소련군의 점령이 시작된 38선 이북지역에서는 1945년 10월 조선공산당 북조선분국(北朝鮮分局)이 들어서면서 제2차 세계대전 종결 후 중동부 유럽에서의 상황과 유사하게 스탈린주의가 적용되기 시작했습니다.31 당시 서울주재 소련영사관 부영사 샤브신(본명 쿨리코프)의 아내 샤브쉬나(본명 쿨리코바)의 관점은 서울의 정치상황에 대한 소련공산당 인식의 일단을 보여줍니다. 그녀는 대한민국 임시정부가 "조선인민들의 독립지향, 자신들의 정부를 갖고자 하는 인민들의 고양된 민족감정과 열정"을 "악용"했다고 평가했습니다. 대한민국 임시정부의 여당이었던 한국독립당에는 "방향을 잃은 진실한 애국자들", "'한국정부'라는 바로 그 명칭"에 기만된 "정직한 이들"도 있다고 보았습니다(Shabshina 1996, 127－128). 이것이 당시 한국이 아니라 '조선'을 지지했던 소련 공산주의자의 관점이었습니다.

　조선공산당의 일반적 인식, 좌익계에 광범위하게 공유되었던 조선민족혁명당의 인식 등을 고려할 때 38선 이북에서 일관되게 조선이라는 명칭을 고수했다는 점은 주목할 필요가 있습니다. 1946년 2월 출범한 북조선임시인민위원회(北朝鮮臨時人民委員會)는 사실상의 정부기구였습니다. 이 기구는 1947년 2월 외무국의 신설로 '대외적으로도' 정부의 형태를 갖추게 되었고, 북조선인민위원회(北朝鮮人民委員會)로 개칭되었습니다. 특히, 외무국이 신설된 것은 북조선인민위원회가 대외적으로도 실질적 정부의 역할을 하게 된 것을 의미했습니다(서동만 2005, 191).

　1948년 2월 7일 북조선인민회의 제4차 회의에서 헌법초안이 제출되었고, 2월 10일에는 "조선임시헌법초안"이 발표되었습니다. 김일성(金日成)은 1948년 3월 27일에서 30일까지 개최된 북조선노동당(北朝鮮勞動黨) 제2차 대회에서 국제정세를 "민주세력과 반동세력"의 투쟁으로 규정하고, 미국을 "국제반동세력의 선두에 선 제국주의 세력", 소련을 "국제민주력량의 강력한 힘의 원천"이자 "주동적 역량"이라고 평가했습니다. 여기에는 당시 세계의 이념적 대립이 반영되어 있었습니다. 한편에서는 1947년 트루먼 독트린이 발표되었고, 다른 한편에서는 1947년 9월 공산당정보국(코민포름)의 창설에 이어 안드레이 즈다노프의 "두 개의 진영" 연설이 발표되었습니다(Zhdanov 1947).

　김일성은 헌법초안에 대해 "북조선 인민들이 해방 이후 두 해 동안 걸어온 길과 그들이 전취한 권리를 헌법적으로 총화, 확보하여, 전조선 인민들에게 우리 조국의 나갈 길을 가리켜주는 력사적 문건"이며, 인민위원회 정권에 대해서는 "낡은 부르죠아 사회의 소위 '의회적 민주주의' 정권형태가" 아닌 "전혀 새로운 정권형태"라고 주장했습니다(서동만 2005, 210). 1948년 9월 '조선민주주의인민공화국'이라는 명칭으로 귀결된 이 흐름은 일관되게 '조선'을 고수했습니다.

한편, 1945년 8월 15일 이후, '우익진영'의 축을 형성하게 되는 세력은 조선건국준비위원회와 조선인민공화국에 반대하며 대한민국 임시정부의 봉대를 주장한 한국민주당, 이승만이 이끄는 대한독립촉성국민회(大韓獨立促成國民會), 대한민국 임시정부 법통론을 유지한 한국독립당이었습니다. 1945년 9월 16일 결성된 한국민주당(韓國民主黨)과 11월 귀국한 대한민국 임시정부 요인들은 '한국'이라는 호명을 고수하면서 '조선'이라는 호명과 대치했습니다. 이들은 귀국 직후 조선인민공화국에 맞서 독립의 첫단계는 일정한 국호를 가져야 한다고 주장하며 신익희 내무부장 명의로 '대한민국'을 국호로 사용할 것임을 선언했습니다.[32]

대한민국 임시정부 초대 대통령을 역임했던 이승만도 귀국 직후 가진 기자회견에서 향후 수립될 국가의 명칭을 '한국'이라고 언급했습니다. 기자들이 그 이유를 묻자 이승만은 "1919년 임시정부를 조직하여 국호를 대한민국으로 국내외에 선포하였기 때문"이라고 답변했습니다.[33] 이러한 정치적 입장의 연장선상에서 "태극기는 대한의 국기요, 애국가는 대한의 애국가"임이 선포되었습니다(김혜수 1997, 95, 재인용).[34] 민주의원의 추천으로 3·1운동 기념일을 경축일로 정한 법령 제2호에서 'Korean'은 '대한민족'으로 번역되어 공포되었습니다(김혜수 1997, 105 – 106, 재인용).[35]

코리아의 통일과 독립을 위한 미소공동위원회 협상이 결렬되고, 1947년 9월 17일 코리아문제는 국제연합으로 이관되었습니다. 같은 해 11월 14일 국제연합 총회는 인구비례에 따른 총선거를 실시할 것을 결의했습니다. 38선 이북의 소련군은 국제연합코리아임시위원단(UNTCOK, The United Nations Temporary Commission on Korea, 언트콕)의 입북을 거부했습니다. 당시 이 위원단의 명칭은 38선 이북은 물론 38선 이남에서도 유엔한국임시위원단이 아니라 유엔조선임시위원단으로 번역되고 있었습니다.

1948년 2월 26일 국제연합 소총회는 선거가능지역에서의 총선거 실시를 결의했습니다. 이미 1948년 1월 12일부터 활동하고 있던 국제연합코리아임시위원단의 감시하에 38선 이남에서만 5·10 총선거가 실시될 수 있었습니다. 그 결과, 대한민국 임시정부를 계승한 대한민국이 1948년 8월 15일 수립되었습니다.

1948년 5월 31일 제헌국회 개원식사에서 초대 국회의장 이승만은 헌법논의가 본격적으로 시작되기도 전에 향후 세워질 정부가 1919년에 세워진 "대한독립민주국"이며 "한국전체"를 대표하는 중앙정부라고 선언했습니다(우남실록편찬위원회 1976, 541). 이후 헌법제정 과정에서 김성수(金性洙)와 한국민주당 인사들이 '고려공화국'이라는 명칭을 제안했던 것(이선민 2013, 27 – 33)은 국제적으로 '코리아'라는 명칭이 가진 장점, 자주적 고대 국가였다고 인식된 고구려에 대한 애착, '대한' 국호를 일반민중이 생소하게 여긴다는 점에 착안한 것이었습니다. 이것은 적어도 한국이라는 지정학적 관념에 내포된 웨스트팔리아적 국제질서와 민주주의에 대한 부정은 아니었습니다.[36] 이들은 결국 대한민국이라는 명칭에 승복했습니다.

1948년 6월 26일부터 29일까지 개최된 국회 제18, 19, 20차 본회의에서 국호를 대한민국으로 정한 것에 대한 설명과 이의제기가 이어졌습니다.[37] 그러자 이승만은 헌법 전문에 대한민국의 기본정신을 임정 정신에 두기로 하고 대한민국이라는 명칭을 관철시켰습니다. 이로써 헌법초안에는 없던 "3·1운동의 독립정신을 계승하여 대한민국을 세계에 선포하였음"이라는 구절이 삽입되었습니다.[38]

38선 이남에서 '한국'과 '조선'이라는 관념의 분화가 일반대중적 차원에서 명확해지기 시작한 것은 1950년 1월 이범석 국무총리가 발표했던 국무원고시 제7호에 의해서였습니다. 이 국무원 고시는 "우리나라의 정식 국호는 '대한민국'이나 사용의 편의상 '대한' 또는 '한국'이란 약칭을 쓸 수 있되, 북한 괴뢰정권과의 확연한 구별을 짓기 위하여 '조선'은 사용하지 못한다"고 했습니다.[39] '대한' 또는 '한국'이란 약칭은 광무황제 스스로 '조선'이라는 명칭을 버리고 마한, 진한, 변한을 계승한다고 했던 대한제국, 1919년 수립된 대한민국 임시정부, 그리고 1948년 국제적 승인을 받은 대한민국을 관통하는 용어였습니다(양승태 2010; 김명섭 2011b). 이에 따라 조선반도 대신 한반도, 동조선만(灣) 대신 동한만과 같은 용어들이 38선 이남에서 보편적 용어로 정착되었습니다.

　1948년 12월 12일 파리의 샤이요궁에서 개최된 제3차 국제연합총회는 대한민국 정부를 승인했습니다. 총회결의문 제9항의 권고대로 한국에 대한 각 국가들의 승인이 이어졌습니다. 1949년 미국, 중화민국, 영국, 프랑스 등이 대한민국을 승인함으로써 국제연합 안전보장이사회 상임이사국 가운데 소련을 제외한 4개국이 총회의 결의를 따랐습니다. 1950년 3월까지 바티칸(1949년 4월13일), 네덜란드(1949년 7월 25일), 그리스(1949년 8월 4일), 벨기에(1949년 8월 15일), 룩셈부르크(1949년 8월 29일), 아이슬란드(1950년 2월 12일) 등을 비롯해서 26개국이 한국을 승인했습니다(김영호 2014, 320).

　'조선민주주의인민공화국'을 표방한 평양정권은 국제연합의 승인은 받지 못했지만 지정학적 근접성을 기반으로 소련, 몽골, 중화인민공화국, 그리고 동유럽 공산국가들과 긴밀한 국제관계를 수립했습니다. 1948년 9월 9일 38선 이북에 '조선민주주의인민공화국'이라는 명칭의 국가체제가 수립된 이후, '조선민주주의인민공화국'의 국가교육을 받은 사람들의 뇌리에는 단군이 세웠다는 조선,[40] 1392년 이성계가 세운 조선, 그리고 한일강제병합기의 조선으로 이어지는 '조선'의 정통성을 '조선민주주의인민공화국'이 계승한다는 조선민족주의적 관념이 인민민주주의 관념과 결합하여 재생산되었습니다.

　이러한 조선과 한국의 관념적 분화는 일본에서 재일본조선인총련합회(在日本朝鮮人總聯合, 조총련)와 재일본대한민국민단(在日本大韓民國民團, 민단)으로의 분화로도 이어졌습니다. 후자는 1945년 도쿄(東京)에서 성립된 재일조선인련맹(在日朝鮮人聯盟, 조련)에서 공산주의노선에 반발하여 나온 신조선건설촉진청년동맹(新朝鮮建設促進靑年同盟, 건청)과 신조선건설동맹(新朝鮮建設同盟, 건동)이 중심이 되어 1946년 10월 3일에 발족한 재일본조선거류민단(在日本朝鮮居留民團)을 토대로 만들어졌습니다(김명섭·오가타 2007, 258).

　이렇게 볼 때 1948년에 '조선민주주의인민공화국'과 '대한민국'의 수립은 인민민주주의와 결합한 조선민족주의적 지향 대 민주주의와 결합한 한국민족주의적 지향 간의 대치를 토대로 한 '분립(分立)'이었습니다. '조선'과 '한국'만큼, '민주주의인민공화국'과 '민국'에 담겨 있는 의미의 대립도 분명했습니다. 전자가 공산주의 혁명단계론에 따라 '민족통일전선'을 표방하는 '인민민주주의'를 지향했다면, 후자는 군주정이나 귀족정에 맞서서 국민 개개인의 자유로운 주권행사를 전제로 한 민주주의를 지향했습니다.

V. 결　론

　1897년 대한국을 선포한 광무황제에 의해 이루어진 조선에서 한국으로의 명칭변화는 청제국의 영향권으로부터 벗어나 국제적 독립을 추구했던 노력의 반영이었습니다. 그러나 1910년 한일강제병합 이후 한국에서 조선으로의 강제적 개칭(改稱)이 이루어졌습니다. 이에 맞서 1917년 대동단결선언은 민국으로서 "신한국"의 존속을 천명했고, 1919년 4월 상하이 프랑스조계라는 공간을 활용하여 제국을 민국으로 바꾸되 '대한'을 계승한 대한민국 임시정부가 수립되었습니다. 이후 광복운동의 목표는 대한제국이 국제사회에서 인정받았던 국가주권을 회복하는 것이었던 동시에 그 내포를 제국이 아닌 민국으로 채우는 것이었습니다.

　1917년 10월 러시아에서 케렌스키 혁명정부를 전복시킨 볼셰비키의 집권을 시작으로 확산되기 시작한 공산주의의 영향, 그리고 일본이 승전국의 일원이 되었던 베르사유평화체제에 대한 환멸은 대한민국 임시정부의 분열을 초래했습니다. 조선공산당의 예에서 보이듯이 공산주의자들은 한국보다 조선이라는 명칭을 선호했습니다. 대한민국 임시정부에 참여하여 한국독립당과 대립했던 조선민족혁명당도 한국의 광복이 아닌 '오천

년'간 이어진 조선민족의 회복을 주장했습니다. 조선이란 명칭은 한일강제
병합 이후 일제에 의해 강제되었을 뿐만 아니라 조선에서 한국으로의 역
사적 진보를 인정하지 않았던 공산주의적 정체성과 지향성을 응축하게 되
었습니다.

　제2차 세계대전 당시 대한민국 임시정부는 한국독립당을 중심으로 한
국의 복국과 건국을 새로운 정세에 맞추어 천명했고, 조소앙은 이에 대한
중요한 이론적 근거를 제공했습니다. 대한민국 임시정부를 봉대하려고 했
던 한국민주당, 김구, 조소앙, 신익희 등의 한국독립당, 1919년 대한민국
을 정통으로 확신했던 이승만의 대한독립촉성중앙협의회 등의 정치세력이
1948년 대한민국 수립의 주축이 되었습니다. 1948년 하나의 원형적 민족
공동체를 기반으로 사실상 두 개의 국가가 분립함으로써 조선과 한국의
관념적 분화는 확고해졌습니다. 38선 이북에는 '조선'이라는 관념과 인민
민주주의가 결합한 '조선민주주의인민공화국'이, 38선 이남에는 '한국'이라
는 관념과 민주주의가 결합한 대한민국이 각각 수립된 것입니다.

　1948년 이후 특히 6·25전쟁을 거치면서 한국과 조선이라는 서로 다
른 지정학적 관념은 국가적 차원에서 확고하게 재생산되었습니다. 조선의
관점에서는 상대방을 '남조선', 한국의 관점에서는 상대방을 '북한'이라고
호명하는 것이 자연스러워졌습니다. 따라서 똑같이 민족통일을 말할 경우
에도 각각 조선민족41의 통일과 한국민족의 통일을 동상이몽(同床異夢)하
게 되었고, 자기중심적 흡수통일을 허망(虛望)하게 되었습니다. 상호존중
을 말하면서도 조선민주주의인민공화국을 '북한'이라고 호명하는 것, 대한
민국을 '남조선'이라고 호명하는 것은 현실에 대한 정확한 인식에 장애가
될 수 있습니다. 김정은 3대 세습정권의 포악성에 대한 보편윤리적 비판
의식을 견지하되, 조선과 한국이라는 지정학적 관념의 분화과정이 보여주
는 '서로 다름'에 대한 냉철한 인식은 '평화통일' 또는 '통일평화'를 위해
필수적입니다.

[주 석]

1 『고종실록』(1899. 8. 17), 2번째 기사(기해/대한 광무 3년).

2 조소앙(趙素昻)은 「대한흥학보」의 편집인으로 활동했습니다.

3 "대한신민회 취지서 및 동회 통용장정 등 보고 건", 『통감부문서』 6권.

4 대한제국 시기에는 유민원(綏民院)이 설치되었고, 여권에 해당하는 집조(執照)가 발행되어 본격적인 미주이민이 시작되었습니다.

5 "대한매일신보 전사장 배설씨를 조상함", 「대한매일신보」(1909. 5. 9).

6 각기 강조점은 다르지만 최소한 대한제국기 정치공동체와 민족공동체에 대한 담론이 형성되었음을 보여주는 쉬미드(Schmid 2002), 백동현(2009), 김소영(2009) 등을 참고. 당시 '공론장의 형성'에 주목한 연구들로는 송호근(2012; 2013) 등을 참고. 인민주권의 논리와 민족주의 사이에 있는 불가분의 관계에 대한 통찰은 야크(Yack 2012)를 참고. 조선학과 한국학을 구별해 보고자 하는 시도로는 임상석(2010)을 참고.

7 "일본천황의 합병조서, 한국황제 및 황실에 대한 칭호, 한국국호에 대한 칭호 등", 『일제침략하 한국36년사 1』.

8 국칭변경은 병합준비위원회에서 논의되어 1910년 일본내각에서 결정된 『한국병합시 처리법안대요』의 1번 '國稱의 件'에 포함되었습니다. 이후 대일본제국 명치 43년 8월 29일 칙령 제318호에서 "한국의 국호는 개하여 지금부터 조선이라 칭한다"라고 했습니다(윤대원 2011, 82-3; 윤병석 2011, 25, 135).

9 「매일신보」는 제호에서 '대한'을 삭제하게 되는 이유를 다음과 같이 설명했습니다. "대한의 국호를 죠션이라 개칭한 후에는 대한으로 그제 두는 것이 사세에 그럿치 아니함으로 본보명호 대한 이자(二字)를 제하여 업새노라", '본보명 개명' 「매일신보」(1910. 8. 30).

10 "대동단결선언 원문(1917. 7)", 『국외항일운동자료 일본외무성기록』, "3·1운동 이후 '대한제국망명정부'가 거의 거론되지 않고, 공화제의 '대한민국임시정부' 수립으로 의견이 모아질 수 있었던 것은 1917년 대동단결선언에 국내외 독립운동 진영이 공감하고 있었기 때문일 것"이라고 추측되기도 합니다(박찬승 2013, 126-27).

11 "신한청년당 제1회 정기총회 개최", 『한국독립운동사자료 3권 임정편 Ⅲ』.

12 "대한민국임시헌장(1919. 4. 11)", 『대한민국임시정부자료집 1: 헌법·공보』.

13 "대한민국임시헌법(1919. 9. 11)", 『대한민국임시정부자료집 1: 헌법·공보』.

14 윌슨주의의 특징에 대해서는 마넬라(Manela 2007, 26-33).

15 "군사통일회 통첩(1921. 4. 27)", 『대한민국임시정부자료집5: 국민대표회의 I』, 3.

16 "안창호씨의 연설, 독립운동의 진행책과 시국문제의 해결방침(1921. 5. 12)", 『대한민국임시정부자료집 5: 국민대표회의 I』, 13.

17 "이동휘의 대한민국 상해임시정부 비판과 소비에트 측이 제공한 혁명지원금의 사용내역보고(1921. 10. 16)", 『대한민국임시정부자료집 5: 국민대표회의 I』, 271. 장붕에 따르면 이동휘는 이승만을 다음과 같이 폄하했습니다. "또 각하는 아직 사회주의의 소양이 무(無)한즉 식견이 미국의 정치제도에 불유(不踰)하야 진정한 평등 자유의 공리(公理)는 불오(不悟)할듯 하다하며…(후략)", 장붕이 이승만에게 보낸 서한(1920. 8. 21), 유영익·송병기·이명래·오영섭 편(2009, 244).

18 "국민대표회의서의 '개조파'와 '창조파' 분열의 원인과 그 결과(1923. 11. 24)", 『대한민국임시정부자료집 5: 국민대표회의 I』, 387.

19 김구(金九)는 이 사례를 다음과 같이 비판적으로 회고했습니다. "상해에서 열린 국민대표회의는 잡종회라고 부를 만했다. 200여 명의 한인 대표들이 일본·조선·중국·러시아 등 각지에서 각양각색의 이름으로 모여들었다. 그들 가운데 이르쿠츠크파와 상해파 두 공산당은 경쟁적으로 민족주의 대표들을 끌어들였다. 이르쿠츠크파는 현 임시정부를 없애고 새로 정부를 조직하자는 창조를, 상해파는 현 정부를 그대로 두고 부분적으로 고치자는 개조를 각각 주장하여 결국 회의는 분열되었다. 창조파는 이른바 '한국정부'라는 것을 새로 만들어 그 정부의 외무총장인 김규식이 그것을 이끌고 블라디보스토크까지 가서 러시아에 출품했지만, 러시아가 관심조차 보이지 않아 계획이 무산되었다"(김구 2009, 475-76).

20 임대식은 "부르주아 민족주의=(종속적) 자본주의 노선은 '대한'과 불가불리의 관계"를 가지고 있었다고 보았습니다(임대식 1993, 39).

21 "국제공산당 동양부 꼬르뷰로 제22차 의사록(1923. 12. 8)", 『대한민국임시정부자료집 5: 국민대표회의 I』, 389.

22 1945년 8월 18일 대한민국 임시의정원에서는 손두환(孫斗煥) 등의 주도로
'국무위원의 총사직문제'에 관한 토의가 이루어졌습니다. "임시의정원회의록
제39회(1945. 8)", 『대한민국임시정부자료집 4: 임시의정원 Ⅲ』(과천: 국사편
찬위원회, 2005); Hurley to Byrnes, Aug. 31, 1945, FRUS 1945 vol.VI,
1042.

23 "The Ambassador in China(Hurley) to the Secretary of the State(Byrnes)",
31 Aug. 1945, United States Department of State, Foreign Relations of the
United States, Diplomatic Papers, 1945: The British Commonwealth, the
Far East, Vol. VI(Washington D.C.: United States Government Printing
Office, 1961), 1042.

24 "임시정부가 이따금 위험을 당하는 것은 튼튼한 배경이 없었기 때문이다. 그
리하여 나는 정부를 옹호하는 단체가 필요하다고 생각하여 한국국민당을 조
직했다 … 한국독립당의 주요강령은 한국 임시정부를 옹호하고 지지하는 것
이었다. 그러므로 한국독립당원이 아니면 임시정부에 각료로 입각할 자격이
없었다(김구 2009, 549, 579)." 원조 한국독립당은 1930년 1월 상하이에서 창
당되었습니다. 이 당은 1935년 7월의 조선민족혁명당 결성 당시 해체되었습
니다. 이후 조선민족혁명당에 참가했다가 재탈퇴한 조소앙 등에 의해 재건한
국독립당이 결성되었습니다. 1940년 한국국민당, 조선혁명당(朝鮮革命黨)의
3당합당이 이루어져 대한민국임시정부의 여당인 한국독립당이 되었습니다.

25 "건국강령(1941. 11. 28)", 『한국독립운동사 자료 2권: 임정편 Ⅱ』.

26 "당강해석 초안(1941. 11 이후)", 『대한민국임시정부자료집 34: 한국독립당
Ⅱ』, 117.

27 "당강해석 초안(1941. 11 이후)", 『대한민국임시정부자료집 34: 한국독립당
Ⅱ』, 117-18.

28 카이로 선언(1943)의 원문은 예일대 아발론 프로젝트 사이트 참고.

29 이 표현은 미군정 법률고문관으로 활동했던 에른스트 프랑켈(Ernst Frankel)
이 1945년 8월 15일 이후 미군정의 성격을 규정하면서 사용한 것입니다
(Frankel 1948).

30 『미군정청관보』 제1권, 341 및 제3권, 258-60.

31 스탈린주의의 이론과 38선 이북의 정치상황 변화의 연계성에 대해서는 Ree

(1989). 조선공산당은 1946년 스탈린의 좌익정당 합당 지령에 따라 조선공산
당, 조선인민당(朝鮮人民黨), 조선신민당(朝鮮新民黨)이 합쳐져 북조선노동당
(北朝鮮勞動黨)과 남조선노동당(南朝鮮勞動黨)으로 개편되었습니다.

32 「서울신문」(1945. 12. 8).

33 「매일신보」(1945. 10. 17).

34 이혁, 『애국삐라전집』 제1집(조국문화사, 1946), 93 – 94.

35 『미군정청관보』 제1권, 744. 1946년 7월 조선민족이 어떠한 정부를 요망하는
지에 대해서 군정청에서 전례없이 서울과 지방에서 8,453명(우익 2,370명, 좌
익 1,464명, 중립 4,619명)을 대상으로 동시에 실시한 여론조사에 의하면
1,189명(14%)이 자본주의를, 6,037명(70%)이 사회주의를 원했습니다. 그러나
사회주의와 공산주의의 개념적 차이는 정확히 반영되지 않았습니다. 이것은
정당별 지지도에서 한독당과 인민당에 대한 지지가 가장 높았고, 한민당은
중간정도, 공산당이 가장 낮았던 것에서도 반증됩니다. 또 다른 조사 결과에
의하면 2,495명 중 604명(24%)이 대한민국을, 1,708명(70%)이 조선인민공화
국을 원하는 것으로 나타났습니다. RIBK, 1946년 7월 29일(No.7), 8월 19일
(No.12), 이승만문서, No. 2104 – 2105, No. 2100; 「조선일보」(1947. 7. 6).

36 설의식(薛義植)은 1946년 7월 「동아일보」 지상에 연재한 논설들을 통해서 새
나라의 국호는 새롭게 지어야 한다는 논리에 따라 '새한'을 지지했습니다. 설
의식은 자신이 제시한 '새한'의 '한'이 대한에서 말하는 '한'의 음역이 아니라
는 점을 강조하기도 했습니다(임대식 1993, 44, 49).

37 제18차 본회의(1948. 6. 26), 『국회속기록』, 1권, 224; 제19차 본회의(1948. 6.
28), 『국회속기록』, 1권, 274; 제20차 본회의(1948. 6. 29), 『국회속기록』, 1
권, 284.

38 이승만의 제의는 제3독회에서 윤치영이 수정안으로 제출했습니다. 제27차 본
회의(1948. 7. 7.), 『국회속기록』, 1권, 503. 아울러 외국인들이 우리를 '고려
(Korea)'라고 하는데 이들에게 국호가 변경되지 않았다고 공문으로 알려줄
필요가 있다고 결의되었습니다. 제22차 본회의(1948. 7. 1), 『국회속기록』, 1
권, 337.

39 1948년 8월 15일 대한민국 수립 이전에 런던올림픽에 파견되었던 선수단의
깃발에는 '조선올림픽대표단'이라는 명칭을 사용했습니다. 이범석이 발표한

국무원고시에 따라 「조선일보」라는 제호도 위험에 빠지게 되었습니다. 6·25 전쟁 발발 직후인 1950년 8월 전시내각의 공보처장에 임명된 김활란 이화여대 총장이 "「조선일보」의 '조선'이라는 제호는 북이 쓰는 국호이니 이를 바꿔야 한다"고 주장하여 국무회의에서 이 문제를 놓고 격론이 벌어졌습니다. 이승만 대통령은 "「조선일보」는 일제 때부터 사용한 고유명사인데 '조선'이면 어떻고 '한국'이면 어떠냐"고 말해 「조선일보」라는 신문제호는 살아남게 되었습니다(이선민 2013, 45 - 46). 만일 이승만 대통령이 김활란 공보처장의 주장을 따랐다면 「조선일보」는 「한국일보」로 제호를 바꾸어야 했을 것이고, 1954년 장기영이 「태양일보」를 인수하여 창간한 「한국일보」는 다른 제호를 쓸 수밖에 없었을 것입니다.

40 한자(漢字)의 전래시기를 고려할 때, 단군이 나라를 만들 당시의 이름을 정확히 알기는 어렵고, 조선(朝鮮)은 나중에 한자로 표기된 이름일 것입니다. 이러한 맥락에서 설의식은 『조선말 큰사전』이나 '조선어학회(朝鮮語學會)'의 이름에 '조선'이라는 용어가 포함되는 것에 반대했습니다(설의식 n.d., 89 - 94). 조선어학회는 나중에 한글학회로 이름을 바꿨습니다.

41 '조선민족제일주의'를 주창했던 '조선민주주의인민공화국'은 1994년 김일성 사후부터 김정일의 주도로 '김일성민족'이라는 개념을 도입했습니다. '김일성민족'이야말로 봉건적 '조선민족'이 근대적으로 변화된 새로운 민족이라며 1997년에는 조선어(한글)를 '김일성민족어'라고 명명하기도 했습니다.

2. 한국사회의 통일론과 지정학적 인식

이상근(이화여대 통일학연구원)

Ⅰ. 글머리에

통일에 관한 생각과 주장들은 영토를 누가 통제할 것인지를 다루기 때문에 지정학과 무관할 수 없습니다. 특히 분단국가의 통일은 민족주의적이고 국가주의적인 성격을 강하게 띠게 되므로 국가를 행위자로 여기는 전통적인 지정학의 내용과 잘 맞아떨어집니다. 한국의 통일론들도 과거에는 민족국가 건설, 국가안보, 영토의 통제와 확장, 국력의 증대, 경쟁, 전쟁 같은 지정학의 전통적인 주제들에 잘 맞는 내용들로 채워져 있었습니다. 그러나 분단상태가 오래 지속되고, 국가주의나 민족주의적 가치를 내세우는 것에 대해 회의적인 생각을 품는 사람들이 많아지고, 다원성과 개인의 입장을 중요시하는 태도가 확산되면서 한국사회의 통일론에도 지정학의 전통적 시각과는 거리가 있는 내용들이 포함되기 시작했습니다. 통일의 과정과 구상에 시민이 참여해야 한다거나, 기존의 민족주의를 보다 포용성이 있는 내용으로 수정해야 한다거나 공간의 경제적 측면을 중요시해야 한다거나 인간의 보편적 가치와 삶의 질을 강조해야 한다는 등의 인식이 반영되기 시작한 것입니다.

이처럼 새로운 내용들이 포함된 통일론들을 분석하고 평가하는 데에도 지정학은 여전히 유용합니다. 새로운 통일론들도 여전히 사회적 공간을 재구성하는 문제를 다루고 있기 때문입니다. 제국주의 시대와 냉전 시기의 지정학이 이런 시대와 상황의 영향을 받았듯이 오늘날의 지정학도 국가만이 아닌 다양한 행위자들과 다양한 규모의 공간들이 만들어 내는 관계들이 중시되는 요즘의 현실을 반영하고 있습니다. 지정학 분야에서의 이러한 변화는 통일론의 변화와 일정하게 궤를 같이 하고 있으며, 앞으로의 통일론들이 담아내야 할 다양한 시각들도 제공해 줄 수 있을 것입니다.

　이 글은 한국 시민사회의 중요한 통일론들을 지정학적인 관점에서 평가해 보고, 신지정학이라고 불릴 수 있는 새로운 흐름들에서 찾아볼 수 있는, 사회적 공간의 재구성에 관한 내용들을 우리 사회의 통일론들이 담아낼 수 있는 방법을 제안하기 위해 쓴 것입니다. 이런 내용들을 다루기에 앞서서, 독자들이 이 글의 내용을 이해하는 데 도움을 드리기 위해 지정학의 주요한 흐름들을 간략하게 소개할 것입니다. 그리고 한반도 사람들의 지정학적 인식이 어떻게 변화해 왔는지도 간단하게 설명하려고 합니다. 다음으로 2000년대 이후에 시민사회에서 제시된 통일론들 중 대표적인 것들의 내용을 소개할 것입니다. 그리고 지정학적인 관점에서 이 통일론들을 분석하고 그 특징을 파악할 것입니다. 마지막으로 한국사회의 통일론들이 지정학의 새로운 흐름들로부터 어떤 시각과 내용을 더 받아들일 수 있을지에 관한 몇 가지 제안을 하면서 글을 마무리하겠습니다.

Ⅱ. 전통적 지정학과 신지정학

　'지정학'이라는 용어는 다양한 의미로 광범위하게 사용되고 있습니다. 매우 단순하게 정의하자면, 지정학은 공간과 권력의 관계를 다루는 학문입니다. 그러나 실제로는 학문만이 아니라 사람들의 인식, 관점 등까지 지정학이라고 부르는 경우가 많습니다. 다시 말해서 지정학은 일반적으로 공간과 권력의 관계를 다루는 학문과, 공간과 권력의 관계에 대한 인식, 관점 등을 포괄하는 용어입니다. 공간과 권력도 매우 다양한 의미로 사용되고 있습니다. 공간의 경우에는 사전에 올라 있는 정의들도 여러 가지이지만, "어떤 물질이나 물체가 존재할 수 있거나 어떤 일이 일어날 수 있는 자리"가 되는, "물리적으로나 심리적으로 널리 퍼져 있는 범위"라는 정의를 선택해도 무리가 없을 것입니다.[1] 공간을 이렇게 정의한다면, 사람의 몸부터 지구 전체에 이르기까지, 심지어 우주공간이나 사이버공간까지도 공간을 다루는 지정학의 대상이 될 수 있습니다.[2] 권력도 여러 가지 의미를 가지고 있습니다. 일반적으로 사회과학 분야에서는 '개인 또는 집단이 반대에 직면하거나 대안이 있는데도 불구하고 다른 개인이나 집단을 자신이 바라는 대로 행동하게 만드는 힘'을 권력이라고 봅니다. 이런 정의에 따르면, 권력은 거의 모든 개인들과 집단들의 관계 속에서 작동한다고 보아도 될 것입니다.[3] 이처럼 다양한 공간에서, 또는 여러 공간들을 넘나들면서 작용하고 있는, 다양한 개인과 집단들 사이의 권력에 관한 현상들이 지정학의 대상입니다.

지정학이 처음부터 이처럼 다양한 대상을 포함하는 학문이었던 것은 아닙니다. 흔히 고전지정학이라고 불리는, 제2차 세계대전 이전의 지정학은 국가들 사이의 권력만을 다루었고, 공간적으로도 영토와 세력권에 초점을 맞추었습니다. 다시 말해 국가가 영토를 통제하거나 쟁취하는 것, 또는 국가가 영토 밖에 사실상의 지배력을 행사할 수 있는 세력권을 만들고 확대하는 것을 대상으로 삼았습니다. 대표적인 고전지정학자들은 세계가 몇 개의 거대한 부분들로 나누어질 수 있고 각 부분이 어떤 변하지 않는 가치를 지니기 때문에 지구상의 중요한 부분을 장악해야 한다는 주장을 펴기도 했습니다.[4]

제2차 세계대전이 끝난 뒤 제국주의적 침략을 뒷받침했다는 비판을 받으면서 학문으로서의 고전지정학은 소멸되었습니다. 그러나 냉전 시대의 맞수였던 미국과 소련의 외교정책과 군사전략은 고전지정학과 크게 다르지 않은 인식을 바탕으로 만들어지고 실행되었습니다.[5] 1970년대에는 키신저를 비롯한 여러 연구자와 정책결정자들이 지리적 관점에 바탕을 두고 소련을 견제하기 위한 전략들을 수립하면서 이른바 '지정학의 부활'이 이루어졌습니다.6 20세기 후반에 되살아난 '지전략 모델' 중심의 지정학은 고전지정학과는 달리 영토를 확장해야 한다고 주장하지는 않습니다. 그러나 영토 밖의 중요한 지역에 대한 영향력을 확보함으로써 경쟁국가들과의 세력균형이나 경쟁국가들에 대한 힘의 우위를 달성해야 한다는 주장을 하고 있습니다. 무엇보다도 국가의 영토를 절대시하고, 국가가 내부적으로 동질적인 성격을 가지고 있다고 보며, 국가만이 국제정치의 유일한 행위자인 것처럼 여깁니다. 그래서 국가를 모든 분석과 실천의 기본으로 삼고 있습니다. 이런 점에서 지전략 모델은 고전지정학과 맥을 같이한다고 평가할 수 있을 것입니다.

한편, 20세기 말부터 지정학의 전통적 시각과는 거리가 있는 생각들이 나타났습니다. 지경학, 비판지정학, 페미니즘 지정학 등이 바로 새로운 지정학적 사고라고 할 수 있을 것입니다.7 지경학의 주된 관심사는 경제적 이익을 높이기 위해 공간과 거리를 재편성하는 것입니다. 예를 들자면, 철도와 도로의 건설, 산업 클러스터 구축, 하천과 해양의 관리, 국제적 공간의 경제적 활용 등을 지경학은 다루고 있습니다.8 비판지정학은 텍스트 해체 같은 포스트모더니즘 방법을 적용해서 말과 글 속에 숨어 있는 권력관계를 밝혀내려 합니다. 비판지정학자들은 지리적 요소들이 변치 않는 가치를 지닌 것이 아니라고 주장합니다. 사람들이 전략적으로 이름을 붙이고 의미를 부여함으로써 가치를 가지게 된다는 것입니다. 또, 정치지도자들과 여론지도층의 세계관이 모든 국민들의 세계관인 것처럼 받아들여지고 선전되고 있다는 점도 지적합니다. 또, 세계는 그냥 존재하는 것이 아니라 사람들에 의해 해석되고 재현된다고 주장합니다. 그런데, 대부분의 지리적 재현이 유럽과 미국 중심의 세계관에 기반을 두고 있고, 세계가 이 지역 국가들의 정치적, 문화적 목적에 맞게 구분되어 왔다고 비판합니다.9 한편 페미니스트 지정학은 세계를 단순하게 설명하는 전통적 지정학에 맞서 세계의 복잡성과 다양한 집단들의 특수한 상황을 드러내려 합니다. 예를 들면, 외교정책이 국가 또는 정부에만 초점이 맞추어지고 있다는 점,

외교정책에 관련된 관행들에 백인 남성의 입장이 주로 반영되고 있다는
점을 비판하고, 젠더관계나 인종관계 같은 형태의 권력들이 무시되고 있
다는 점을 강조합니다.10

　　이 글에서는 지정학의 전통적 입장에서 벗어난 이러한 경향들을 신지
정학이라고 부를 것입니다. 이러한 다양한 경향들을 대표하는 특징들을
모두 제시하기는 어렵지만, 공간과 권력이라는 지정학의 핵심적 대상에
대하여 어떤 입장을 가지고 있느냐에 따라 신지정학과 전통적 지정학을
구분할 수 있을 것입니다. 오늘날에도 지전략 등은 국가가 내부적으로 동
질적이라고 여기고, 국가들만을 지정학의 유일한 행위자로 보아 국가를
중심으로 모든 분석과 실천전략을 세우고 있습니다. 반면에 신지정학의
여러 경향들은 국가의 유일성과 중심성을 부인합니다. 다시 말해 신지정
학은 국경선의 안과 밖이라는 물리적 구분을 뛰어넘어, 마을, 도시, 국가,
지역 등 여러 수준의 공간에서 작용하는 다양한 권력을 분석합니다. 또,
국가들 간의 관계만이 아니라 국가 안팎의 다양한 개인과 집단들 사이의
관계에서 어떤 권력이 어떻게 작용하는지를 설명합니다.

Ⅲ. 한국사회의 전통적 지정학 인식과 통일론

　　특정국가가 지구상의 거대한 부분이나 세력권을 차지해야 한다는 고
전지정학의 주장은 침략과 식민지 쟁탈전을 부추겼습니다. 역설적으로 이
러한 제국주의적 침탈 때문에 약소국과 식민지의 주민들이 새로운 지정학
적 인식을 가지게 되었습니다. 약소국과 식민지에서는 '저항민족주의'가
확산되어 일정한 지역을 새로 건국하거나 회복해야 할 국가의 영토라고
믿게 되었습니다. 또, 그곳에서 살고 있거나 과거에 살았던 사람들이 이
국가와 함께해야 할 운명공동체인 민족을 구성한다는 믿음도 가지게 되었
습니다.11 영토와 국가에 대한 이런 생각은 과거에는 가져본 적이 없는,
새로운 지정학적 인식이었습니다.

한반도에서는 조선말과 대한제국에 걸친 시기에 중국 중심의 사대적 질서를 당연시하던 지정학적 세계관이 무너졌습니다. 그리고 청나라에 예속된 상태에서 벗어나는 것은 물론이고, 러시아, 일본 등 주변 강대국의 위협에 맞서서 한반도에 독립된 주권국가를 세워야 한다는 생각이 퍼지기 시작했습니다. 또, 이를 위해 특정한 국가와 긴밀히 협력해야 한다거나, 반대로 여러 강대국들이 서로를 견제하도록 해서 일종의 세력균형을 만들어 내야 한다거나, 한반도가 중립국이 되어야 한다는 생각을 하는 사람들도 나타났습니다.12 일제강점기에는 주권을 수복하여 한반도에 민족국가를 건설해야 한다는 믿음이 더욱 강해졌습니다. 또, 많은 독립운동가들은 영토와 세력권을 계속 넓혀가고 있는 일본이 러시아(소련), 중국, 미국 등과 충돌할 수밖에 없을 것이며, 이런 국가들과 협력하여 일본을 타도함으로써 독립을 달성해야 한다고 생각하게 되었습니다.13

이와 함께 국가중심적인 지정학 인식이 확산되었습니다. 민족주의는 민족의 안녕과 국가의 통치를 같은 것으로 여기고, 민족에 대한 국가의 통치를 통해 민족과 국가가 하나가 된다고 보기 때문입니다. 이런 맥락에서 민족의 주권과 영토를 지키기 위해 수많은 사람들이 목숨을 바치는 것도 당연하게 여기곤 합니다. 또, 민족이 '정당한' 영토를 가지지 못한 것을 불완전한 상태로 여기고 이런 지정학적 환경을 불공정한 것으로 인식하기도 합니다.14 민족국가라는 관념은 대다수 사람들에게 영토라는 공간적 규모와 국민이라는 정체성을 부여하였고, 세계는 국가들로 구성된다는 인식도 심어 주었습니다. 국가의 경계가 강조되면서 국민은 동일한 구성원들로 간주되고 국가 내의 차이는 중요하지 않다고 여겨지게 되었습니다.15

한편, 제2차 세계대전이 끝난 뒤 오래지 않아 냉전이 시작되면서 신생 독립국들이나 독립을 지향하는 정치세력들은 세계와 자신들이 나라를 세우려는 지역에 대한 지정학적 평가를 다시 내려야만 했습니다. 다시 말해 세계가 공산주의 진영 대 자유주의 진영으로 분리되어 감에 따라 민족국가를 세우려는 지역에서는 정치세력들의 바람과 스스로의 지정학적 위치에 대한 평가에 따라 한쪽 진영에 가담하거나 또는 비동맹이나 중립을 택하는 등의 결정을 내려야 했습니다. 한반도에서는 대륙세력인 소련과 해양세력인 미국의 대립 속에서 어떻게 국가를 세울 것인지를 둘러싼 갈등이 일어났습니다. 특히 미국과 소련이 한반도를 분할점령했기 때문에 하나의 국가를 건설해야 한다는 민족주의적 이상과 두 강대국의 대립 속에서 어느 한쪽과 손을 잡아야 하는 현실적 상황이 충돌하였습니다.16

해방 이후 남한사회에 등장한 여러 통일론들은 이러한 민족주의적, 국가중심주의적, 이분법적, 대결지향적 지정학의 영향을 받아왔습니다. 이승만 정부는 북한에서만 보충적으로 선거를 실시한 뒤 북한이 남한에 편입되어야 한다는 '보충선거론'과 군사력으로 북한지역에서 공산주의자들을 몰아내자는 북진통일론을 주장하였습니다.17 박정희 정권은 이른바 '선건설 후통일론'을 내세웠습니다. 이 통일론은 남한이 경제적, 군사적으로 북한을 능가하는 국력을 가지게 된 후에 실력으로 북한을 누르고 잃어버린 땅을 되찾겠다는 것이었습니다. 이런 주장은 1950년대 북진통일론의 국가중심적 민족주의 논리와 냉전적 지정학 인식을 빼닮은 것이었습니다.18

1970년대에 들어 지정학적 인식을 외교정책의 전면에 내세운 키신저(Henry A. Kissinger) 등이 등장하면서 미국 정부가 소련과의 평화적 공존, 닉슨 독트린 발표, 미중관계 개선 등을 시도하자 냉전체제의 성격이 변화하였습니다.19 이에 따라 박정희 정부의 선평화 후통일론, 김대중 신민당 대통령 후보의 4대국 평화보장론과 남북교류를 통한 통일론 등이 발표되었습니다. 이 통일론들은 북한에 사실상의 정부가 존재한다는 점을 인정하였고, 평화적 통일의 원칙을 밝혔으며, 다양한 교류와 협력을 통해 기반을 조성한 뒤에 통일을 이룬다는 기능주의적이며 단계론적인 특성을 보여주었습니다.20

1980년대 말 남한에서 제도적 민주화가 이루어지고 세계적으로도 탈냉전의 조짐이 보이기 시작하면서 통일론은 더욱 의미 있는 변화를 겪게 되었습니다. 노태우 정부는 1988년의 '민족자존과 통일번영을 위한 특별

선언(7·7선언)을 통해 모든 부문의 상호교류, 남북한 교역 허용과 이 교역의 민족내부 교역 간주, 민족경제 균형 발전, 우방과 북한 간의 비군사물자 교역 찬성, 경쟁·대결외교 종결과 국제사회에서의 남북협력, 북한과 미·일 등 우방 간의 관계개선 협조 및 남한과 소·중 등 사회주의국가들의 관계개선 추진을 공언하였습니다.21 이는 북한을 한반도의 지배권을 다투는 상대가 아닌 민족 공동체의 일부로 보고, '선의의 동반자'가 되도록 유도하여 통일의 기반을 마련하겠다는 의지를 밝힌 것입니다.

　　노태우 정부는 또한 한민족공동체 통일방안을 통해, 먼저 과도적 체제인 남북연합을 건설하여 교류와 협력을 통한 민족사회의 동질화와 민족공동생활권 형성을 추진하자고 제안하였습니다.22 이후 김영삼 정부가 한민족공동체 통일방안의 점진적, 단계적 통일론을 약간 수정하여, 화해협력단계, 남북연합단계, 통일국가 완성단계라는 3단계 통일로 구체화한 것이 지금까지 한국 정부의 공식적 통일방안인 민족공동체 통일방안입니다. 민족공동체 통일방안은 냉전의 종식과 민주화를 계기로 분출된 민간의 민족주의적 통일논의를 일부 받아들여서 이념에 따른 진영 논리를 탈피한 민족우선주의적 입장에서 민족공동체의 복원을 전면에 내세웠습니다. 노태우 정부는 오랫동안 정부가 독점해 온 통일논의를 민간에 개방하는 조치도 취하였습니다. 그러나 북한에 대한 제의와 접촉의 창구는 정부뿐이라는 입장을 고수하였습니다.23

Ⅳ. 2000년대 이후 시민사회의 통일론

　　2000년대 이후 시민사회에서 제기된 다양한 통일론들은 분단이 장기화됨에 따라 남한과 북한이 각각 국가로서의 성격을 뚜렷하게 가지게 되었다는 점, 남한과 북한 사이의 경제적, 정치적, 사회문화적, 국제적인 비대칭성이 심해졌다는 점, 북한의 핵개발, 한반도를 둘러싼 정치·경제적 환경의 변화, 젊은 세대의 통일에 대한 무관심 등을 이유로 민족공동체 통일방안이 수정되어야 한다는 입장을 취하고 있습니다.24 시민사회에서 제기된 통일론들 중에서 내용이 비교적 체계적이고, 학계나 정치권 등에서의 통일논의에도 많은 영향을 미치고 있는 통일론 몇 가지를 살펴보겠습니다.

1. 선진화 통일론

선진화통일이란 분단되기 이전으로 되돌아가는 것이 아니라 지금까지의 남북한과는 다른 선진 민족국가를 건설하는 창조적 신통일이라고 설명됩니다.25 선진화통일론을 제시한 박세일은 통일은 북한 동포를 해방시키고, 민족정체성과 동질성을 회복하며, 한반도의 지정학적 운명을 전환할 수 있기 때문에 가치가 있다고 주장합니다.26 지정학적 운명의 전환이란 한반도가 변방으로 여겨지던 역사를 끝내고 세계의 중심국가로 도약하는 것 등을 의미합니다. 박세일은 세력균형론, 중국의 군사대국화와 민족주의, 역사적·지정학적 경험 등으로 보아 통일이 되지 않으면 한반도 북부가 중국의 일부처럼 될 수밖에 없다고 전망합니다.27 반면에 통일이 되면 남북한이 함께 경제적으로 성장하고 한반도가 물류의 중심지가 되어 통일국가가 신동북아시아시대의 중심이 될 것이라고 예측합니다.28

선진화통일론에 따르면, 한반도 전체가 선진화되기 위해서는 북한이 정상적인 국가로 변화하는 과정과 통일을 달성하는 과정이 함께 진행되어야 합니다. 북한의 정상화는 국제적 규범과 약속을 지키는 것, 개혁·개방, 기본적 인권을 존중하고 평화주의를 수용하는 것을 의미합니다. 또, 선진화통일론은 우리 민족이 자주적으로 통일을 이루되 모든 국가들이 함께 번영할 수 있게 만드는 통일을 해야 한다고 주장합니다. 북한 때문에 발전이 억제되고 있는 동북아의 성장잠재력이 한반도 통일로 분출할 것이므로 모든 국가들이 번영하게 된다고도 합니다. 그리고 남북한 주민의 기본적 인권을 존중하고 이들의 자유의사와 자유선택을 존중하는 통일을 해야 하며, 이를 위해 당연히 폭력적, 억압적이 아닌 평화적 통일이 필요하다고 설명합니다.29 통일은 북한의 정상국가화, 1국가 2체제 통합, 1국가 1체제

통합, 선진통일국가라는 4단계를 거쳐 이루어질 것으로 전망합니다.30 그런데 외부의 설득과 압력으로 북한을 정상국가화하는 데에는 한계가 있으므로 북한이 가진 구조적 모순을 폭발시켜서 체제 내부의 변화를 촉진해야 한다고 주장합니다.31

선진화통일을 위해서는 안보-국방 면에서 대북 봉쇄 및 억제정책을 펴야 한다고 제안합니다. 또, 비군사 분야에서 북한의 대남 침투 차단을 강조합니다. 지하당 건설, 자생적 종북주의자 지원 및 이들의 영향력 확대 등을 저지해야 한다는 것입니다. 한편, 북한 당국과 동포를 대상으로 하는 대북정책을 분리할 것을 주장합니다. 대 북한당국 정책은 적극적 관여로, 공격적일 정도로 교류하고 협력하되 상호주의와 투명성을 고수하는 것입니다. 대 북한동포 정책은 포용과 통합으로, 지원한 물품 등이 실제로 일반주민들에게 전달만 된다면 무한한 포용정책을 계속해야 한다는 것입니다. 한편, 북한주민의 알 권리 확보가 중요하므로 최선의 방법(방송, 풍선, 탈북동포 및 재중동포 활용, 시민단체 대북지원 등)을 고민해야 하며, 남한 방송 시청을 강력히 요구해야 한다고 주장합니다.

박세일은 북한에서 급변사태가 발생할 경우에도 대비해야 한다는 점을 강조합니다. 공산주의국가인 북한은 당연히 체제실패가 일어날 것인데, 남한이 나서지 않으면 중국이 북한을 흡수할 것이므로 남한이 개입하여 친한정권을 수립한 뒤 북한을 흡수해야 한다는 것입니다.32 이를 위해 급변사태 시 사태를 수습하겠다는 의지를 국내외에 확실히 밝히고, 군사적 질서회복과 행정을 통한 구호 등을 위해 철저한 준비를 해야 하고, 전략대화를 강화하여 주변국들이 소극적으로라도 남한의 개입을 수용할 수 있게 해야 한다고 주장합니다. 특히 주한미군이 남한에만 주둔한다는 약속을 하는 등 중국의 우려를 불식시키려는 노력이 중요하다는 점을 강조합니다.33

2. 남북공동체 통일방안

　　진보성향과 보수성향의 연구자들이 함께 모인 한반도포럼은 '한반도
평화협력프로세스'의 일부로 남북공동체 통일방안을 제시하였습니다. 이
통일방안은 남북관계에서 "민족문제에 대한 집착과 자기중심적인 해석들"
이 갈등을 증폭하는 요인이 된 경우가 많았다는 반성을 토대로, 민족중심
적 시각에서 국가중심적 시각으로의 전환을 주장하고 있습니다.34 이를 위
해 남북관계를 "나라와 나라 사이의 관계가 아닌 통일을 지향하는 과정에
서 잠정적으로 형성되는 특수관계"라고 규정한 남북기본합의서체제를 벗
어나, 남북관계를 "국가와 국가 간의 특수관계"로 규정하는 남북기본조약
을 맺을 것을 주장합니다. 장기화된 분단의 현실을 인정하면서 '민족공동
체' 구상이 가지고 있는 특수주의적, 정의적, 동포적 접근을 넘어 보편주
의적, 합리적, 객관적 접근을 추구해야 하기 때문입니다.35 남과 북을 국가
와 국가 간의 특수관계로 규정하는 것은 대한민국 헌법 3조의 영토조항과
남북 분단이라는 현실 사이의 모순에서 벗어나 헌법 4조 평화통일 조항과
한반도의 현실이 창조적으로 공존할 수 있는 문을 여는 것이라고 한반도
포럼은 주장합니다.36

　　남북기본조약은 남과 북이 서로의 국가성을 인정하고 존중하는 것을
바탕으로 중상비방 금지, 무력 불사용과 불침공, 대화와 협상을 통한 평화
적 해결 원칙을 확고히 하는 내용을 담아야 합니다. 또, 기존의 남북합의
들을 존중해야 하고, 분쟁은 오직 평화적 수단으로 해결하며, 핵무기 등
대량살상무기를 포기하고 군비통제와 축소를 실현해야 합니다. 남북 간
대화채널은 정부 독점에서 벗어나 국회, 언론, 종교, NGO, 문화예술, 학
계 등을 포함하여 다원화, 다층화, 다각화해야 하며, 이산가족 등 인도적
문제 해결과 각 부문의 교류협력을 촉진하기 위한 협정도 체결해야 합니
다. 이 조약은 통일을 지향하는 관계에서 잠정적으로 2국가의 실체를 인
정하지만 남과 북은 여전히 하나의 민족으로서 평화통일을 지향한다는 점

을 명시하게 됩니다.37

　통일국가는 인간의 존엄성과 자유가 구현되며 남북한 주민 모두의 삶의 질이 향상되는 복지국가, 행복공동체를 지향해야 합니다.38 또, 점진통일, 민주통일, 평화통일, 국제협력을 통한 통일이 바람직한 경로라고 봅니다. 그러나 급변사태에 대한 대비도 철저히 이루어져야 한다고 지적합니다. 통일은 목표인 동시에 과정이어야 하며, 남한의 내부 통합과 북한의 국제사회 진입, 경제회복, 체제변화 등의 상호 변화가 과정으로서의 통일을 촉진할 것으로 전망합니다. 통일체제란 사실상의 통일이 법적, 제도적 통일로 비약하는 것이라고 설명합니다. 평화·협력의 심화를 통해 남북연합을 달성하고 이를 기반으로 통일국가에 도달하는 단계적 통일을 전망합니다. 남북연합은 경제, 문화, 언어, 노동, 교육, 보건, 군사 등 여러 차원에서의 부분체제(partial regime)이며, 이런 부분체제들의 총합이 보편가치에 기초한 궁극적인 통일체제를 이루게 된다는 것입니다.39

　통일국가의 정부형태는 국민의 선택에 의해 결정될 수 있다는 입장입니다. 한편, 통일을 위한 대외전략은 지정학적 요인은 물론 분단국가 및 중견국가라는 점을 고려하여, 한미동맹과 한중협력을 모두 소홀히 하지 않고, 중국과 일본에 대해서도 균형외교를 지향해야 하며 동북아 다자안보협력, 공동안보구상을 주도하여 한반도를 평화 발신지로 변모시켜야 한다고 주장합니다.40

3. 화해·상생 통일론

　평화재단이 제안한 화해·상생통일론은 통일의 방법, 절차, 최종형태가 대한민국 헌법이 규정하는 바에 따라 자유민주적 기본질서에 부합하는 평화통일이어야 한다고 봅니다. 그리고 헌법재판소 결정 등을 근거로 자유민주적 기본질서는 사회민주주의까지도 포괄하는 넓은 의미의 자유민주주의를 의미하며, 헌법이 규정하는 경제질서도 자유시장경제의 기반 위에서 소득의 적정한 배분, 경제력 남용의 방지, 경제의 민주화 등 사회정의의 실현을 동시에 지향하는 '사회적 시장경제질서'라고 주장합니다.41 또, 한반도의 지정학적, 지경학적 위치 등을 고려하여 핵무기 없는 한반도, 동 북아 다자안보체제와 동북아 경제공동체를 지향하며, 열린 민족공동체로 서 인류의 평화와 번영에 기여하는 통일국가를 제안하고 있습니다.42

화해상생통일론은 국가를 중심으로 통일을 바라보는 접근이, 통일의 주체이며 수혜자가 되어야 할 국민(주민)을 통일이라는 국가 목표를 달성 하기 위해 동원되는 수단으로 전락시킬 수 있다는 점을 우려합니다. 또, 제2차 세계대전을 일으킨 독일과는 달리 남북한의 통일에 대해서는 주변 강대국들이 아무런 국제법적인 권리도 갖고 있지 않으며, 어느 나라도 공 개적으로 통일을 반대하고 있지 않다는 점을 지적합니다. 그러므로 남북 한 당국과 주민들이 통일을 결의한다면 주변 강대국들은 받아들일 수밖에 없다는 것입니다. 이런 이유로 화해상생통일론은 국가 중심적 시각과 국 제관계 중심적 시각을 뛰어넘어 민족구성원의 시각으로 통일문제에 접근 할 것을 주장합니다.

화해상생통일론은 '화해'를 위한 통일정책으로 민족정체성의 재정립 을 위해 배타적이지 않고 다양한 문화를 받아들일 수 있는 새로운 문화공 동체를 창조함으로써 남북한의 이질성을 극복하자고 주장합니다. 이를 위 해 대중매체 개방 등 사회문화교류를 전면화하고 재외동포, 다문화가정, 국내거주 외국인 등이 남북한의 교류와 협력에 참여토록 하자고 제안합니 다.43 또, '상생'을 위해서는 경제개발에 집중하는 경협에서 벗어나 북한의 경제개발 관리능력과 흡수능력을 고려하여, '지속가능한 개발'과 시장경제 로의 체제 이행에 따르는 부작용을 완화하기 위한 '사회개발지원'(기본생존 권 보장, 의료보건 및 교육 분야 지원 등)의 균형에 초점을 맞추어야 한다는 입장입니다. 한편, 민족경제공동체는 유럽연합 같은 제도적 경제공동체가 아니라, 중국－대만과 같이 교류·협력의 확대에 의해 실질적인 경제통합 이 이루어지는 기능적 경제공동체가 바람직하다고 봅니다. 이를 위해 남 북 경제강화협력협정(CEPA, Closer Economic Partnership Arrangement)을 체결하면 북한 대외 경제협력의 중심축이 한국으로 바뀌어 북한경제에 대한 중국의 영향력 확대도 견제할 수 있다고 주장합니다. 한편, 한반도의 지경학적 이점을 살리기 위해 한반도와 동북아 주변국들 사이의 경협 활성화에 기여하는 방향으로 북한의 사회간접자본 개발을 추진하고, 장기적으로는 환황해권과 환동해권의 경제협력 활성화를 고려하여 북한의 인프라를 개발하자고 제안합니다.44

또, 신뢰향상조치, 군사적 신뢰구축 및 군비통제, 종전선언이나 종전협정을 거쳐 한반도평화협정을 체결하자고 주장합니다. 미국은 한반도평화협정의 당사자가 아닌 보증자 역할을 해야 한다고 봅니다. 평화협정이 체결되면 남북연합 구성을 위한 협의를 시작합니다. 나아가 9·19공동성명 등에 따라 설치된 '동북아 평화안보 실무그룹'을 동북아 다자안보협력체로 발전시킬 것도 제안합니다.45

이런 과정을 거쳐 점진적으로 합의통일을 하는 것이 바람직하지만, 남북한 간 적대감과 이질성 때문에 쉽지 않을 것이라고 예상합니다. 그러므로 급변사태 등에 따라 북한이 남한에 편입되는 방식의 통일에도 대비해야 한다고 주장합니다. 단기간에 편입통일을 하면 엄청난 통일비용이 발생할 것이므로 일국양제(一國兩制) 방식에 따라 중앙정부가 외교권과 군사권을 갖고 그 밖의 권한을 대폭 북한지역정부에게 이양한 뒤 점진적인 사회경제적 통합을 진행할 것을 제안하고 있습니다.46

4. 분단체제 극복 과정으로서의 통일론

백낙청은 한반도의 특성상 두 국가가 하나로 합쳐지는 일회성 사건으로서의 통일은 전쟁이나 그에 버금가는 파국이 없이는 불가능하다고 봅니다. 그래서 과정으로서의 통일이라는, 질적으로 다른 발상이 필요하다고 주장합니다. 한반도 주민 대다수가 현재의 분단체제보다 나은 체제에서 살게 되는 과정이 통일작업의 핵심이며, 이런 과정이 지속된다면 단일형 국민국가의 선포 여부는 부차적인 문제일 수도 있다는 것입니다. 그는 분

단체제 아래서는 남북한 어느 쪽도 제대로 된 민주사회로 발전할 수 없고
대외적 종속성을 극복할 수 없다고 주장합니다. 또, 냉전 종식 등의 변화
까지 겹쳐 최종적 위기국면에 들어선 분단체제가 지탱하기도 어렵다고 진
단합니다.

　그는 통일을 거론하면 북한의 두려움만 커져서 신뢰구축이 어려워지
는 문제점을 지적하면서 대안을 제시합니다. 누구나 쉽게 동의할 수 있는
분단극복이라는 대원칙에 합의하면서, 쌍방 정권이 결코 합의할 수 없는
통일국가의 최종형태나 주도층 문제는 미뤄둔 채, 통일국가 형성의 잠정
적이고 가장 초보적인 형태에 동의하는 것입니다. 구체적으로는 남북 현
정권의 일정한 안정성을 보장하고 남북 간 주민이동의 적당한 통제를 인
정하는 국가연합 형태 외에는 합의의 가능성이 없다고 백낙청은 전망합
니다.[47]

　그는 또한 국가연합의 핵심은 두 분단국가의 국가주의적 타산에 따라
합의되는 것이 아니라 민중이 적극적으로 참여하는 '과정으로서의 통일'의
길에서 민중을 위한 최선의 대안으로 채택되어야 한다는 점이라고 주장하
였습니다.[48] 또, 한반도식 통일이 점진적일 뿐 아니라 중간단계를 거친다
는 점에 대해 남북 정상이 합의한 것을 주목하며, 단기적 통일에는 민간이
끼어들기 어려우나 통일이 단계적으로 진행되면 정부가 마음대로 조정하
기 어려워 민간이 그 과정에 끼어들 여지가 있다는 점을 강조합니다. 북한
사람들도 조금만 사정이 나아지면 남한 사람들처럼 그 과정에 참여하려
들 것이라는 전망도 제시합니다. 이런 의미에서 한반도식 통일은 본질적
으로 시민참여형이라는 것입니다.[49]

　백낙청은 경제교류가 중요하지만 정치적 타결이 없으면 한계에 봉착
하며, 정치적 타결 내용이 지켜지려면 6·15선언에 나오는 연합기구의 설
립이 필요하다고 봅니다. 또, 아주 낮은 단계의 연합이라도 결성이 되어
10·4선언에서 합의된 수시 정상회담, 총리급 회담, 경제부총리가 나서는
경제회담, 국방장관 회담 등이 진행되면 남한 정부의 전체적인 운영방식

이 남북 간의 협조와 조율을 전제로 이루어지게 되고 이에 상응하는 민간 교류도 활성화될 것이라고 예측합니다. 이런 진전이 한동안 이루어진 뒤 이 정도면 남북연합이 이루어졌다고 어느 날 문득 선포하면 그렇게 되는 것이라고 백낙청은 '과정으로서의 통일'을 설명하고 있습니다.50 또, 한반도에서도 단일형 국민국가(unitary nation-state)를 고집할 이유가 없고, 다민족사회를 위해 개방된 복합국가가 민중의 이익에 더욱 충실한 국가형태일 수 있다는 점을 인정하며, 복합국가에 해당하는 온갖 연방국가와 국가연합들 중 어떤 형태가 한반도 사정에 가장 맞는지 구체적인 상황에 비추어 결정하자고 제안하고 있습니다.51

5. 연성복합통일론

서울대 통일평화연구원이 제시한 연성복합통일론의 문제의식들 중 주목되는 것은 세계화, 정보화, 민주화 등 21세기의 큰 흐름이 지구 거버넌스(governance)의 모습을 급속히 변화시키고 있으므로 통일된 민족국가가 시대에 뒤떨어진 모델이 될 수도 있다는 것입니다.52 연성복합통일론을 제시한 연구자들은 통일이 여러 가지 거버넌스 형태로 이루어질 가능성을 인정하고, 통일론 자체를 보다 유연하고 다원적인 형태로 확대하자고 제안합니다.53 이들에 따르면, 새로운 통일론이 '연성적'이어야 한다는 것은, 통일의 과정에서 이루어지는 조정, 타협, 재구조화, 조율 등이 일방적이지 않아야 하고, 공감에 바탕을 둔 부드러운 통합이 이루어져야 한다는 의미입니다. 또, 통일이 제도의 통합일 뿐 아니라 사람들의 마음이 연결되고 새로운 연대감이 창출되는 것이어야 한다는 뜻이기도 합니다. 새로운 통일론이 '복합적'이라는 것은 모든 제도 영역에서 같은 형태의 동질화가 이루어지는 것이 아니라 영역과 주체에 따라 서로 다른 속도와 방식으로 통합이 이루어질 수 있다는 뜻입니다. 또, 통일국가의 최종적 형태가 중층적, 복합적인 제도연합일 가능성을 수용한다는 의미이기도 합니다.54

연성복합통일론도 민족국가를 이루려는 열망을 중요하게 여기지만,

남한과 북한이라는 두 근대국가의 주권이 합쳐지는 것이 아닌, 네트워크 주권이나 주권의 공유개념에 입각한 새로운 거버넌스의 가능성도 수용합니다. 이런 경우에 통일의 주체는 국가, 시민사회, 시민사회의 연성연합, 복합적 연대입니다.55 통일론이 이런 주체들 사이의 복합적, 네트워크적 연결과 탈민족적 문제의식을 수용하며, 남북한 통합이 정부 사이의 관계를 넘어선 거버넌스적 통합이 되도록 유도해야 한다는 것입니다.56 독일통일과 EU통합이 함께 진행된 것처럼 한반도 통일과정에서 동아시아의 상호소통과 네트워크 형성이 동시에 진행될 수 있는 방안을 모색하자는 제안도 하고 있습니다.

한편, 장기적 통합과정으로서의 통일을 중시합니다. 경제공동체와 사실상의 통일이 연성복합의 상태에서 추진될 수 있다고 봅니다. 반면에 정치적 통합은 사회, 경제, 군사 이슈에서 각 행위자들이 다차원적으로 연결되어 협력 네트워크가 정립되고 이를 통해 새로운 동질성 추구 경향이 나타난 뒤에 논의하면 된다고 봅니다.

연성복합통일론도 민족공동체 구성을 중시하지만 민족적 유대감이나 정서만으로는 남북한이 공동체로 결합될 수 없다고 봅니다. 다른 차원의 연결, 즉 경제적 통합과 사회적 연대를 중심으로 공동체가 구성되어야만 지속가능한 남북연합체가 만들어질 수 있다는 것입니다. 이미 생활공동체와 민족공동체가 일치하지 않고, 북한의 인민정체성과 남한의 국민정체성도 큰 차이가 나는 실정이므로 남북한 사회 내부의 이질적 요소들이 심하게 충돌하거나 서로 배제하지 않는, 유연한 사회적 결합체이자 열린 공동체로서의 남북연합을 구상해야 한다고 말하며 보다 구체적으로는, 민족적인 것과 탈민족적인 것이 섞여 있는, 개방적, 다원적, 이질적 요소들의 네트워크형 구조에 의해 작동하는 공동체를 구축해 보자고 제안합니다.57

통일의 과정 역시 민족공동체 통일방안이 제시하는 것처럼 화해·협력, 남북연합, 통일국가의 3단계 통일이 될 수도 있고, 단일한 통일국가가 되지 않고 다원적 요소들의 통합체 자체가 최종적 통일의 형태가 될 수도

있다고 봅니다. 남북연합이 통일국가로 가는 중간단계가 아니라 통일국가
의 최종형태가 될 수도 있고, 연방국가 등의 복합국가나 지역통합체와의
유기적 연계가 두드러지는 형태로의 통일도 가능하다는 입장입니다. 물론,
급변사태 등을 계기로 급속한 통일이 일어날 수도 있으며, 이 경우에는 전
통적인 단일민족국가 형태에 가까운 상태로 통일이 이루어질 가능성이 높
다고 전망합니다.58

　연성복합통일론은 세 개의 서로 다른 통합 원리가 함께 작동해야 한
다고 설명합니다. 첫째, 개방적 민족공동체의 원리입니다. 민족공동체 관
련 요소들이 통합의 가장 중요한 자원이며, 국제적으로 통일을 정당화하
기 위해 민족자결론을 이용해야 한다는 것입니다. 그러나 민족적 유대감
에만 의존할 수 없으므로 다양한 주체들과 상이한 집단들의 통합을 해치
지 않는 개방적 민족공동체를 구성해야 한다고 주장합니다. 둘째, 사회경
제공동체의 원리입니다. 경제공동체 형성을 통해 구축되는 생활공동체가
점진적 통합과정에서는 가장 중요하며, 경제공동체는 남북통일과 사회통
합을 연계하는 가장 중요한 매개라고 봅니다. 셋째, 민주적 헌법공동체의
원리입니다. 다양한 가치, 이념, 종교가 공존하며 다양한 주체들이 자유롭
게 연결되는 작은 통일들의 결합을 뒷받침하는 원리로 민주주의가 중요하
다는 것입니다. 이런 통일을 제도적으로 뒷받침하는 민주적인 법, 제도,
절차에 따라 사회통합이 이루어져야 한다는 설명입니다.59

　연성복합통일론은 대북 관여정책을 추진하되 교류협력 증진이 곧 통
일로 이어질 것이라고 기대하는 기능주의의 한계를 넘어서야 한다고 주장
합니다.60 이와 관련하여 경제, 정치, 군사, 법제도 등 소분야의 통일과정
을 중시합니다.61 전체적인 통일전략에 따라 여러 부문의 통합이 함께 이
루어지지 못하더라도 각각의 영역에서 정부와 다양한 비정부행위자들 간
의 중층적, 복합적 네트워크를 통한 공동체 형성이 진전된다면 장기적으
로 연성네트워크 통일전략이 성과를 거둘 것이라고 예측하기 때문입니다.

　정치 영역에서는 북핵 포기를 추구하면서도 대북 압박을 피하고 다차

원적 협력을 추진하여 북한이 흡수통일에 대한 우려를 떨치고 체제변화를 선택할 가능성을 높여야 한다는 입장입니다. 또, 평화 공존과 한반도의 새로운 거버넌스에 관한 비전을 북한과 주변국가들에게 제시하고, 이를 바탕으로 공공외교를 강화하여 한반도 거버넌스에 대한 국제적 합의를 도출해야 한다고 주장합니다. 경제 영역에서는 교류·협력을 이루는 것뿐 아니라 북한의 체제이행도 필요하다고 봅니다. 자생적 경제성장이 가능해질 수 있는 최소한의 체제이행이 이루어져야 하지만, 체제이행 이후에야 경제공동체 형성이 시작될 수 있는 것은 아니고, 단계별로 경제통합 정책을 조절할 수 있다는 입장입니다. 북한경제의 연성적 이행을 위해서는 북한이 사회주의 정치체제와 자본주의 경제를 함께 운영하고, 남한은 체제이행의 계획자가 아니라 조력자로서의 역할을 하며, 북한에 대한 국제사회의 다자적 협조와 지원이 이루어져야 한다고 주장합니다.[62] 사회문화적 통합을 위해서는 소통을 증대하고, 복지제도, 문화산업 개발, 예술·학술 등 창조적 활동을 통해 다양한 사회문화적 부를 창출해야 하므로 이를 위해 북한의 취약한 사회문화적 기반을 건설해야 한다고 봅니다. 또, 북한이 남한, 중국, 미국 등과 인적, 문화적 교류 통해 사회문화적 자산을 축적하도록 도울 것을 제안하고 있습니다.[63]

V. 시민사회 통일론에 반영된 지정학적 인식

한반도 전체를 하나의 영토로 간주하며 북한을 수복의 대상으로 파악하는 지정학적 관념은 뿌리가 깊습니다. 앞에서 소개한 통일론들도 이러한 지정학적 관념의 영향을 많건 적건 받고 있습니다. 그러나 이 통일론들이 국가주의적, 민족주의적, 영토중심적 사고에만 얽매어 있는 것은 아닙니다. 오늘날의 통일론들은 오래된 지정학적 관념들과 상황의 변화를 반영한 신지정학적 관념들을 모두 반영하고 있습니다.

그중 선진화통일론에서는 영토중심적, 국가주의적, 민족주의적 사고가 뚜렷하게 드러납니다. 북한정권의 약화를 통일을 위한 기회로 여기고, 북한의 체제실패를 반드시 남한에의 흡수통일로 연결시켜야 한다고 주장하기 때문입니다. 더욱이 선진화통일론은 북한의 '정상국가화'를 통일의 전제조건으로 보고 이를 위해 북한 내부의 모순을 폭발시켜야 한다는 입장입니다. 박세일의『선진통일전략』에는 지정학이 빈번하게 언급되고 있는데, 북한을 남한의 지정학적 경쟁자로 간주하는 인식이 드러날 뿐 아니라, 급변사태 등으로 인해 북한이 약화될 경우에는 중국이 새로운 경쟁자로 등장할 것이라고 예측합니다. 그는 북한에서 수립될 친중정권을 반통일정권으로 규정합니다. 동북공정도 일종의 지정학적 전략으로 여기며, 역사적으로 변경 개념만 있고 국경 개념이 없는 중국이 북한을 변경이자 속국으로 만들 것이라고 주장하기도 합니다.64 이러한 논리에 따르면 통일이란 북한을 남한이 차지하느냐 중국이 차지하느냐를 다투는 영토 확장 경쟁인 셈입니다.

선진화통일론은 지정학의 전통적 사고에 기반을 둔 대북 전략도 제시합니다. 북한에 대한 군사적 봉쇄와 억제입니다. 북한 당국에 대한 관여정책과 북한 주민들에 대한 지원 및 협력도 주장하기 때문에 이 대북전략은 안보 면에서의 봉쇄와 타 방면에서의 관여를 병행하자는 입장처럼 보일 수도 있습니다.65 그러나 비군사 분야에서도 북한의 대남 침투를 차단하면서, 북한에 대해서는 남한 방송 시청을 요구하고 내부를 자극할 수 있는 방법들을 동원하자고 주장하므로 관여정책의 성격을 포함한다고 평가하기는 어렵습니다.

한편 남북공동체 통일방안, 화해상생통일론, 연성복합통일론, 분단체제극복 과정으로서의 통일론은 흡수통일이 바람직하지 않다는 입장을 분명히 하고 있습니다. 또, 급진적 통일보다는 점진적, 단계적 통일이 바람직하다고 봅니다. 통일비용이 많이 든다는 점 때문이기도 하지만, 급진적인 방식이 남한에 흡수될 가능성에 대한 북한의 두려움을 자극해서 한반도에서의 지정학적 경쟁이 격화될 수 있다는 염려 때문이기도 합니다.66

특히 연성복합통일론은 북한의 흡수통일에 대한 우려를 불식시키는 대북
정책을 제안합니다. 또, 남북공동체 통일방안이 제시한 남북관계의 국가
대 국가 관계로의 전환도 민족주의적 당위를 명분으로 삼은 흡수통일에
대한 북한의 두려움을 줄여줄 수 있는 방안입니다.67

　　일부 통일론들이 내세우는, 통일을 통해 남북한지역의 경제를 발전시
켜 번영을 이루자는 입장은 지경학적 사고를 반영하고 있습니다. 남북한
의 통합을 통해 한반도가 동북아경제의 중심으로 성장할 수 있다는 주장
도 마찬가지입니다. 지경학은 신지정학으로 분류될 수 있는 연구경향이지
만 고전지정학과 닮아 있는 면도 적지 않습니다. 고전지정학이 자원의 확
보를 위한 팽창을 주장했던 것처럼 지경학도 시장, 자원, 경제적 요충지의
확보를 다룹니다. 고전지정학이 영토와 세력권 확장을 중시했듯이 지경학
도 경제적 영토 및 영향권의 확장을 추구하는 경향이 있습니다. 시민사회
의 일부 통일론들은 지경학적 협력의 논리와 함께 경쟁, 팽창, 정복의 논
리를 포함하고 있습니다.

　　경제공동체건설의 목적을 남북한의 상생에서 찾는 화해상생통일론은
국제사회와의 조화와 협력을 강조하지만 남북한 간 경제강화협력협정
(CEPA) 체결을 주장하는 이유 중 하나로 북한경제에 대한 중국의 영향력
을 견제할 수 있다는 점을 꼽습니다.68 선진화통일론도 통일을 통해 남북
한 모두를 번영시키고 풍요와 평화의 신동북아·동아시아를 만들자고 주
장합니다.69 그러나 북한을 팽창의 대상, 경제적 영토로 바라보고 있기도
합니다. 통일이 양질의 저임금 인력과 풍부한 자원을 공급해 주고 세계경
제의 총수요가 감소하더라도 남한경제가 저성장과 양극화에서 벗어날 수
있도록 거대한 "경제영토"를 제공해 준다는 것입니다.70 북한은 남아도는
자본과 상품의 투자처이자 판매처이며, 남한의 청년실업과 노인실업을 일
거에 해결해 줄 약속의 땅이기도 합니다.71 북한경제의 성장은 남한의 경
제적 진출에 따른 결과일 뿐입니다. 이 통일론에는 단계적 경제통합계획
까지 들어있지만 북한주민들이 필요로 하는 투자, 북한주민들이 원하는

경제구조 등에 대한 고려는 없습니다. "북한동포"는 상의하고 협력해야 할 이웃이라기보다는 "빈곤과 기아"에서 구제해야 할 약자들일 뿐입니다.72

한국의 통일담론에서 흔히 발견되는 이런 식의 북한 인식은 고전지정학적 세계관의 기초라고 할 수 있는 오리엔탈리즘을 닮아 있습니다.73 북한은 야만적이고 폭력적인 동시에 빈곤하고 후진적입니다. 그러므로 남한의 자본과 인력으로 남한에서 달성한 산업화와 민주화를 북한으로 확장하고, 남한의 선진적이고 자유로운 시장경제체제를 이식하여 또 하나의 남한을 건설해 주어야 합니다. 아울러 남한주민들이 북으로 가서 북한주민들을 지도하고 구제해 주어야 합니다. 이것은 일부에서 우려하는 '북한 식민화'를 뒷받침하는 논리이기도 합니다. 반면에 화해상생통일론은 경제공동체 형성 과정에서 경제개발에 치중하지 말고 북한의 관리능력과 흡수능력을 고려한 지속가능한 개발을 해야 하며 체제이행에 따른 부작용을 누그러뜨리기 위한 사회개발지원도 중시해야 한다고 주장합니다.74 이런 주장도 남한이 북한을 도와주어야 한다는 시각에 입각하고 있지만, 북한의 상황과 입장, 특히 주민들의 현실적인 입장을 고려한다는 점에서 선진화통일론과는 차이가 있습니다.

한국의 통일론들이 신지정학적인 생각들을 수용하고 있다는 점은 국가주의적 통일론을 극복하려는 시도들을 통해서도 확인됩니다. 화해상생통일론과 분단극복과정으로서의 통일론은 국민·시민·민중이 주체가 되지 못하고 남북한 정부가 내세우는 명분과 이익을 위해 동원되는 식의 통일을 우려하고 비판합니다. 아울러 남북한의 민중·시민·국민이 통일의 과정, 방향, 속도 등을 결정하는 데 참여해야 한다고 주장합니다.75 연성복합통일론은 두 개의 국가주권이 합쳐지는 것이 아닌 네트워크 주권, 주권의 공유개념에 입각한 통일도 가능하다는 입장입니다. 이에 따라 통일의 주체도 국가만이 아니라 시민사회, 시민사회의 연성연합, 복합적 연대 등으로 확대된다고 봅니다.76

통일국가의 형태에 관해서도 민족공동체 통일론이 제시하는 단일형

국민국가를 고집하지 않고 한반도 주민들에게 이익이 되고 효율적인 거버
넌스에 적합하다면 어떤 형태이든 무방하다는 입장을 취하는 경우가 많습
니다. 분단극복과정으로서의 통일론은 다민족사회를 위해 개방된 복합국
가가 민중의 이익에 더 부합할 수 있으므로 여러 형태의 연방, 국가연합들
중 어떤 형태가 가장 적합한지를 상황에 맞게 선택하자고 제안합니다.77
연성복합통일론은 단일민족국가, 남북연합에 더하여 안과 밖의 경계가 유
연하고 다중적인 네트워크로 작동하는 복합국가까지도 통일의 최종형태로
상정하고 있습니다.78 국가중심주의 극복을 넘어 통일국가의 개념 자체를
바꾸자고 제안하는 것입니다. 민족중심적 통일론을 국가중심적인 방향으
로 바꿀 것을 제안하는 남북공동체 통일론도 통일국가의 정부형태는 국민
의 선택에 의해 결정하자는 입장입니다.

　　국가중심주의와 관련하여, 일부 통일론들이 통일의 과정과 결과가 대
한민국 헌법의 틀에 맞아야 한다고 주장하는 것도 주목할 만합니다.79 현
재의 헌법은 민주화 이후 주요 정당들의 합의와 국민투표에서의 압도적
찬성을 거쳐 공포되었으므로 자유민주적 기본질서, 영토 규정, 평화적 통
일 등의 내용이 남한주민들의 합의를 반영하였다고 볼 수 있을 것입니
다.80 그러나 남북한의 국가성과 비대칭성 강화 등 지난 수십 년간의 변화
를 이유로 민족공동체 통일방안을 수정하자는 통일론들이 자신들의 주장
을 굳이 1987년에 개정된 헌법을 통해 정당화하는 것은 아이러니합니다.
이 통일론들이 주장하는 일국양제, 북한과의 국가 대 국가 관계 수립 등이
현행 헌법하에서 실현될 수 없다는 점을 고려하면 더욱 자연스럽지 못합
니다. 통일론들이 일부 내용을 합리화하기 위해 굳이 헌법 조항들을 근거
로 제시하는 것은 우리사회의 뿌리 깊은 국가중심주의를 무시할 수 없기
때문인 듯합니다. 남북한 관계 등을 둘러싼 남남갈등이 심각한 상황에서
자신들의 주장이 반국가적이지 않다는 점을 입증하거나 보수와 진보 모두
의 지지를 구하기 위해서는 헌법에 기대지 않을 수 없었을 것입니다.

　　한편, 남북공동체 통일방안과 연성복합통일론은 민족주의적 요소들

중 일부의 극복까지 주장하고 있습니다. 민족의식·정서가 통일의 중요한 자원이라는 점을 부인하지 않지만 여기에 지나치게 의존해서는 안 된다는 것입니다. 남북공동체 통일방안은 민족공동체 개념에 따른 특수주의적, 정의적 특징을 극복해야 한다는 이유로 남북한의 관계를 국가 대 국가의 관계로 전환한 뒤 다시 통일을 하자고 제안합니다. 연성복합통일론은 경제공동체 등을 민족공동체의 하위공동체나 민족공동체 달성의 수단으로 간주하던 기존의 통일론들과는 입장이 다릅니다.81 민족공동체와는 다른 차원에서 별개의 통합원리에 따라 구성되는 사회경제공동체를 제시하고 있습니다. 또, 통일이 민족적 유대감 및 정서뿐 아니라 경제적 통합과 사회적 연대를 통해 달성된다고 설명합니다.

　통일에 관한 지나친 민족주의적 접근을 피하려는 남북공동체 통일방안과 연성복합통일론은 통일과정은 물론 통일 이후에도 한반도 주변세력들과의 협조와 연계를 강화하는 것을 중요시합니다. 남북공동체 통일방안은 한미동맹, 한중협력, 한일협력을 모두 중시하는 균형외교를 펴면서 동북아 다자안보협력과 공동안보구상을 주도하며 평화국가의 이미지를 형성하자고 제안합니다.82 연성복합통일론은 네트워크 주권, 공유 주권 개념까지 수용하며, 주변국가들을 비롯한 한반도 외부의 여러 집단들과 연결되는 방식으로 통일을 달성할 수 있고, 통일 이후에도 이런 식의 연결을 유지하면서 연성복합적 거버넌스를 할 수 있다고 주장합니다.83

　반면에 민족주의적 성격을 보다 강하게 띠고 있는 통일론들은 주변국가들 또는 특정 주변국가의 지정학적 영향을 극복 또는 차단해야 한다는 입장입니다. 분단체제 극복과정으로서의 통일론은 분단체제하에서는 대외적 종속성을 극복할 수 없으므로 통일을 이뤄내야만 한다고 주장합니다. 화해상생통일론은 주변국들이 한반도에 대한 어떠한 국제법적 권리도 없으므로 통일에 대한 국제관계 중심의 접근을 지양해야 한다는 입장입니다. 선진화통일론은 중국의 개입을 차단해야 통일이 가능하며, 통일을 함으로써 북한이 중국의 속국이 되는 것을 막을 수 있다고 봅니다. 그러나

이 통일론들도 통일과정과 통일 후의 한반도가 주변국들과의 협력을 통해 평화와 번영을 함께 누려야 한다는 점은 분명히 밝히고 있습니다. 예를 들면, 화해상생통일론은 6자회담에서 만들어진 동북아 평화안보 실무그룹이 동북아 다자안보협력체로 발전할 것이라고 전망합니다.[84] 선진화통일론은 한반도 통일을 계기로 주변지역이 크게 발전하여 동북아에 새로운 경제공동체가 형성될 것이며, 이를 뒷받침할 안보적 협력체의 필요성이 커져서 결국 동북아공동체가 등장할 것이라고 주장합니다.[85]

전체적으로 볼 때, 선진화통일론과 같이 전통적 지정학의 국가중심주의적, 민족주의적 성격을 담지한 통일론도 있지만, 시민사회에서 제기된 주요 통일론들 중 다수는 현재의 남한 국가체제와 민족 전체를 동일시하지 않으며, 통일을 국가의 당연한 목표라기보다는 한반도의 민중·시민·주민이 참여하고 이들의 이익을 위해 추진되어야 하는 과제로 여기고 있습니다. 또, 민족의식과 민족정서가 통일로 나아가는 동력이라는 점을 인정하면서도 혈연관계 등을 중시하는 배타적 민족주의보다는 다문화적, 다층적인 '열린민족주의'를 지향하는 경향을 보이며, 민족을 지나치게 강조하는 데 따른 폐해들을 극복하는 것이 통일에도 도움이 된다는 입장을 취하고 있습니다. 이에 따라 한반도를 둘러싼 지정학적 경쟁을 극복하고 남한과 북한은 물론 주변국가들의 정부 및 시민들과의 협력을 통해 동북아시아 전체의 평화와 경제적 번영을 달성하는 것을 지향하고 있습니다.

VI. 맺 음 말

영토적 경계를 넘어선 통합을 지향하는 통일은 지정학적 프로젝트일 수밖에 없습니다. 그런데 어떤 방식으로 어떤 통일을 이루려 하는지에 따라 '전통적' 지정학과 신지정학 중 어느 한편과 친화성을 보입니다. 분단 이후 한국 정부의 통일론들은 영토 회복, 국력 신장, 경쟁, 대결 등을 중시하는 전통적 지정학과 궤를 같이하는 경향이 있었습니다. 한편, 통일논의를 정부가 독점하려 하였으므로 민간의 통일론들은 공식적으로 논의될 기회를 가지기 어려웠습니다. 제도적 민주화 이후 노태우 정부와 김영삼 정부가 제시한 민족공동체 통일방안은 민간의 요구를 일정하게 반영함에 따라 영토와 국가를 중시하는 기존의 통일론들에 비해 민족주의적 지향이 강해졌습니다. 그러나 2000년대 이후 남한의 시민사회는 민족공동체 통일방안의 한계를 지적하며 다양한 통일론들을 제시하였습니다. 일부 통일론들이 지정학, 지경학 등을 언급하고 있지만, 이런 학문분야에서 만들어진 이론이나 개념을 본격적으로 적용한 경우는 없습니다. 그러나 다수의 시민사회 통일론들에는 신지정학적인 인식 내지 사고가 반영되어 있는 것으로 보입니다.

　한국사회의 통일론들이 신지정학의 문제의식과 접근법을 보다 적극적으로 활용할 경우 통일에 대한 새로운 차원의 논의가 이루어질 수 있다고 봅니다. 무엇보다도 통일을 한반도 전체나 남한, 북한 등 큰 규모의 공간 차원에서만 다루는 문제점을 극복할 수 있을 것입니다. 신지정학은 국경선에 의한 구분을 뛰어넘어, 마을, 도시, 국가, 지역 등 여러 범위의 공간에서 작용하는 다양한 권력을 분석합니다. 또, 국가 안팎의 다양한 개인들과 집단들의 관계를 다루고 있습니다. 그런데 현재까지의 통일론들은 남북한 주민들의 생활이 실제로 이루어지고 있는 공간인 마을, 지방 등을 제대로 다루지 못했습니다. 또, 이런 공간들과 여기에서의 삶의 방식이 통일의 과정 및 결과에 따라 어떻게 변화할 것인지에 대해 고민한 흔적도 보이지 않습니다.

　일부 광역자치단체 등에 속한 연구기관들이 가끔 광역 시·도 차원에서 나타날 수 있는 통일의 효과 등에 대한 연구결과를 내놓은 것을 제외하면, 통일에 대한 논의는 대부분 남한과 북한 전체의 교류 규모, 한반도 전체의 경제공동체화, 남북한 사회의 통합, 민족공동체 형성 등 총론적 접근에 머물러 있었습니다. 통일의 경제적 효과를 이야기하는 경우에도 통일비용이 전부 얼마이고, 분단비용의 총합은 얼마나 되며, 통일로 인한 남

한 또는 남북한의 편익은 통일비용보다 얼마쯤 크다는 식의 계산이 되풀
이되었습니다. 통일이 닥쳤을 때 그 혜택에서 소외되거나 오히려 경제적
손실을 입게 되는 사람들에게는 이런 총량적인 결과는 무의미하게 여겨질
지도 모릅니다.

　　이러한 총론적이고 총량적인 접근방식은 지정학의 전통적 사고와 맥
이 닿아 있습니다. 남한을 행위의 주체로 보고 북한을 어떻게 통합할 것인
지에 몰두한 결과 남한과 북한을 양분법적으로 파악하게 되고, 남한사회
와 북한사회의 내부는 동질적인 것처럼 여기게 된 것입니다. 다행스럽게
도 북한의 여러 도시나 농촌 등을 대상으로 주민들의 생활과 그 속에서
작동하는 권력관계 등을 연구하는 경향이 북한학계에서 확산되고 있습니
다. 그러나 통일의 과정과 결과에 따라 이러한 공간과 그 속에서의 삶이
어떻게 변화할 것인지에 대한 논의는 시작조차 되지 못한 상태라고 해도
과언이 아닙니다. 특정한 공동체를 뛰어 넘어 시장, 학교, 병원, 마을 등의
공간이 어떻게 변화할 것이며, 이러한 변화가 북한의 여성, 노인, 어린이,
학생, 농민, 노동자 등에게 각각 어떤 영향을 미칠 것인지에 대한 논의도
찾아보기 어려운 실정입니다.

　　남한 내의 여러 공간과 개인, 집단에 대한 논의는 더욱 부족합니다.
통일은 남북한이 함께하는 것인데도 지금까지의 통일 논의는 북한지역을
어떻게 개발할지, 북한주민들을 남한식의 사회·경제적 질서에 어떻게 적
응시킬지 등에 몰두해 왔습니다. 통일에 따른 남한사회의 충격을 막기 위
해 일국양제를 실시하고 북한 노동력의 이동을 제한해야 한다는 식의 대
책이 제시되기는 했지만, 통일이 남한 내의 여러 공간들을 어떻게 변화시
킬지에 대한 관심은 사실상 없었다고 할 수 있습니다. 남한의 경우 통일에
따른 혜택과 고통이 지방별, 계층별, 연령대별, 산업별, 직군별로 매우 다
르게 나타날 것입니다. 예를 들면, 서울에 본사를 둔 대기업들은 북한의
여러 지역을 관광지로 개발하여 막대한 수익을 올릴 수도 있겠지만 강원
도 산골이나 서해 바닷가의 숙박업자들은 관광객 감소로 생계가 곤란해질

수도 있습니다. 지자체들의 재정자립도가 매우 낮은 상황에서 통일 이후 중앙정부가 북한지역을 개발하거나 북한주민들을 돕는 데 많은 재정을 지출한다면 남한의 여러 지방들이 심각한 재정난에 봉착하고 주민들의 삶이 매우 어려워질 가능성도 있습니다.

　　다양한 공간과 집단을 고려하면서 논의를 진행하려면 총량적, 총론적 논의를 할 때보다 훨씬 많은 조사, 연구, 성찰이 필요합니다. 그러나 일단 시각의 전환이 이루어질 수 있다면 민족과 국가의 이름으로 통일의 득실을 따지는 차원을 넘어, 남과 북에서 여러 규모의 공간을 오가며 살아가고 있는 다양한 사람들의 삶에 보다 도움이 되도록 공간을 재구성하기 위한 노력이 시작될 수 있을 것입니다. 한국사회의 통일론들이 신지정학의 문제의식과 접근방식을 보다 적극적으로 수용하여 이런 변화가 일어날 수 있기를 기대합니다.

[주 석]

1 네이버 국어사전, http://krdic.naver.com/detail.nhn?docid=3173400 (검색일: 2016. 2. 22).

2 미즈우치 도시오 편, 심정보 역, 『공간의 정치지리』 (서울: 푸른길, 2010), 60-61; 김상배, "사이버 안보의 복합지정학: 비대칭 전쟁의 국가전략과 과잉 안보담론의 경계", 『국제지역연구』 24권 3호 (2015), 1-40.

3 콜린 플린트 저, 한국지정학연구회 역, 『지정학이란 무엇인가』 (서울: 2007), 61.

4 이종철, "동북아 지역협력을 위한 경제지정학적 접근, 『지리학논총』 통권 29호 (1992. 2), 26; H. J. Mackinder, "The Geographical Pivot of History," The Geographical Journal, Vol. 23, No. 4 (April, 1904), 421-437; 이영형, 『지정학』 (서울: 엠-애드), 231-242.

5 George F. Kennan, "The Sources of Soviet Conduct", Foreign Affairs, Vol. 25, No. 1 (January 1946), 566-582; Alexander Procofieff De Seversky, Air power: Key to survival (New York: Simon and Schuster), 1950; 이영형, 『지정학』, 288-296.

6 Leslie W. Hepple, "The revival of geopolitics", Political Geography Quarterly, Supplement to Vol. 5, No. 4 (October 1986), S21-S36.

7 Colin Flint and Peter J. Taylor, Political Geography: World-Economy, Nation-State and Locality (New York: Prentice Hall, 2011); 지상현·콜린 플린트, "지정학의 재발견과 비판적 재구성: 비판지정학", 『공간과 사회』 통권 31호 (2009), 164-191.

8 김명섭, "지정학", 한국정치학회 편, 『정치학 이해의 길잡이: 국제정치와 안보』 5권 (법문사, 2008), 98; 권오국, "남북한 상생의 신지정학", 『북한연구학회보』 15권 2호 (2011), 34.

9 지상현·콜린 플린트, "지정학의 재발견과 비판적 재구성", 170-175; 미즈우치 도시오 편, 심정보 역, 『공간의 정치지리』 (서울 : 푸른길, 2010), 164-169.

10 콜린 플린트, 『지정학이란 무엇인가』, 61-63.

11 베네딕트 앤더슨 저, 윤형숙 역, 『상상의 공동체: 민족주의의 기원과 전파에

대한 성찰』(서울: 나남, 2002).

12 김명섭·김석원, "대한제국(1897-1910) 시기 이승만의 지정학적 인식과 개신교", 『한국정치학회보』 42집 4호 (2008), 59-86; 김현숙, "한말 '민족'의 탄생과 민족주의 담론의 창출: 민족주의 역사서술을 중심으로", 『동양정치사상사』 제5권 제1호, (2006. 3), 117-140; 오영섭, "이위종의 생애와 독립운동", 『한국독립운동사연구』 29집 (2007. 12), 393-444; 현광호, "유길준의 '한국독립' 인식", 『인문연구』 제55호 (2008. 12), 417-448; 권영배, "한말 조선에 대한 중립화 논의와 그 성격", 『역사교육논집』 17집 (1992), 25-68.

13 한시준, "신흥무관학교와 한국독립운동", 『한국독립운동사연구』 40집 (2011. 12), 5-31; 배경한, "여운형과 국민혁명: 國民黨二全大會(1926년 1월) 참석과 '反帝連帶'활동", 『중국근현대사연구』 64집 (2014. 12), 149-178.

14 콜린 플린트, 『지정학이란 무엇인가』, 177.

15 미즈우치 도시오, 『공간의 정치지리』, 159-160.

16 오태영, "탈식민-냉전 체제 형성기 지정학적 세계 인식과 조선의 정위: 표해운의 『조선지정학개관』을 중심으로", 『동아시아문화연구』 제61집 (2015. 5), 129-158; 황의서, "해방 후 좌우합작운동과 미국의 대한정책: 합작운동의 결과적인 실패와 관련하여", 『한국정치학회보』 제30집 제3호 (1996. 12), 183-202.

17 이종석, 『분단시대의 통일학』(파주: 한울, 1998), 59; 홍석률, "이승만 정권의 북진통일론과 냉전외교정책", 『한국사연구』 85호 (1994. 6), 137-180; 문정인·이상근, "한국 정당과 통일론", 『본질과 현상』 32호 (2013년 여름), 61-63.

18 안병욱·정병준, "남북한의 통일정책과 통일의 과제", 『역사와현실』 16호 (1995. 6), 66; 심지연, "박정희·전두환정권의 통일정책", 『통일시론』 3호 (1999. 7), 167-179; "통일논의는 70년대에: 박대통령 기화회견談 반공법 개정은 반대", 「경향신문」 (1966. 6. 8), 1면; 노중선, "역대국회는 통일문제를 어떻게 논의했나?: 누가, 어느 당이, 남북 어디가 과연 민족화해적이었나?" 통일뉴스 (2005. 3. 23.). <http://www.tongilnews.com/news/articleView. html?idxno =53193> (검색일: 2013년 4월 23일); 대한민국정부, "박정희 대통령 경축사: 제 25주년 광복절", 『관보』 5633호 (1970. 8. 25), 7; "단호한 결의로 승공

통일: 박 대통령 6·25 19周 맞아 담화", 「동아일보」 (1965. 6. 25), 1면.

19 Hepple, "The revival of geopolitics", S21−S36.

20 "제2부 박대통령의 광복절 제29주년 경축사", 통일부 남북회담본부 회담자료실 ＜http://dialogue.unikorea.go.kr/data/kdialogue/1265;jsessionid＝F6F7B401313FC1A9E278540025CFA46B＞ (검색일: 2013. 4. 25).

21 아태평화재단 편, "민족 자존과 통일 번영을 위한 '7·7 특별선언': 노태우 대통령, 1988년 7월 7일", 『김대중의 3단계 통일론: 남북연합을 중심으로』 중판, (파주: 한울, 2000), 361−363.

22 "민족통일과 관련한 노태우 대통령 특별연설", 연합뉴스 (1989. 9. 11), ＜http://100.daum.net/yearbook/view.do?id＝1773＞ (검색일: 2013. 4. 25).

23 "문목사 방북 범법행위", 「동아일보」(1989. 3. 30.), 1면; 김천식, "탈냉전기 이후 한국 통일정책의 민족주의와 국가중심주의적 성격", 『통일과 평화』 6집 2호 (2014), 27; "북한 접촉창구 정부로 일원화", 「동아일보」 (1988. 6. 2.) 1면.

24 박명규 외, 『연성복합통일론: 21세기 통일방안구상』, 개정판 (서울: 서울대학교 통일평화연구원, 2012), 6−14; 평화재단, "민족의 화해와 상생을 위한 통일구상: 화해·상생 통일론, '기다리는 통일'이 아닌 '함께 만들어가는 통일'", 평화재단 창립 5주년 기념식 및 기념 심포지엄 자료집 (2009. 11. 17), 프레스센터 20층 국제회의실, 40.

25 박세일, 『선진통일전략』 (서울: 21세기북스, 2013), 67−71.

26 선진화통일론은 한반도선진화재단에 속한 여러 연구자들에 의해 제기되었으나 본 논문에서는 박세일에 의해 종합·정리된 내용을 검토합니다. 선진화 통일론에 관련된 연구들에 대해서는 다음의 글들을 참고할 수 있습니다. 조영기·정낙근, "새로운 통일방안의 모색: 선진화통일방안", 이제는 통일이다: 한반도선진화재단 선진화통일정책 세미나 자료집, 배재대학교 학술지원센터 (2009. 11. 5), 28−48; 오승렬, "한반도선진화 통일의 대내외 전략 소고", 이제는 통일이다: 한반도선진화재단 선진화통일정책 세미나 자료집, 배재대학교 학술지원센터 (2009. 11. 5), 49−71.

27 박세일, 『선진통일전략』, 160−180.

28 위의 책, 181−190.

29 위의 책, 104−109.

30　위의 책, 110-118.

31　위의 책, 116.

32　위의 책, 77-80.

33　위의 책, 303-323.

34　한반도포럼, 『남북관계 3.0: 한반도 평화협력프로세스』 (서울: 중앙일보 통일문화연구소), 9-11.

35　위의 책, 92.

36　위의 책, 44.

37　위의 책, 45-46.

38　위의 책, 93-94.

39　위의 책, 91.

40　위의 책, 100-102.

41　평화재단, "민족의 화해와 상생을 위한 통일구상", 29-31; 헌법재판소 1996. 4. 25. 결정 92헌바47사건; 헌법재판소 1990. 4. 2. 결정 89헌가113사건; 권영성, 『헌법학원론』(보정판) (법문사, 2001), 158-159.

42　평화재단, "민족의 화해와 상생을 위한 통일구상", 32-37.

43　위의 글, 43-47.

44　위의 글, 48-53.

45　위의 글, 53-58.

46　위의 글, 58-61.

47　백낙청, 『한반도식 통일, 현재진행형』 (파주: 창비, 2006), 78-79.

48　위의 책, 81.

49　백낙청, 『2013년체제 만들기』 (파주: 창비, 2012), 170.

50　위의 책, 174-175.

51　백낙청, 『한반도식 통일, 현재진행형』, 82-84.

52　박명규 외, 『연성복합통일론: 21세기 통일방안구상』 (서울: 서울대학교 통일평화연구원, 2010), 12-14.

53　위의 책, 21.

54　위의 책, 21.

55　위의 책, 35.

56 위의 책, 48,

57 위의 책, 22 – 24.

58 위의 책, 24 – 26, 40, 169.

59 위의 책, 26 – 28.

60 위의 책, 42 – 44.

61 위의 책, 174.

62 위의 책, 194 – 198.

63 위의 책, 213 – 228.

64 박세일, 『선진통일전략』, 160 – 180.

65 봉쇄와 관여의 병행은 한국 정부가 이미 실행한 적이 있습니다. 김근식, "김
   대중 정부의 햇볕정책과 남북관계: 회고와 평가", 제3회 김대중평화학술회의
   발표자료집 (연세대 김대중도서관, 2013. 12. 5), 33 – 52.

66 백낙청, 『한반도식 통일, 현재진행형』, 75 – 80.

67 박명규 외, 『연성복합통일론』, 170 – 171; 한반도포럼, 『남북관계 3.0: 한반도
   평화협력프로세스』.

68 평화재단, 위의 글, 52 – 53.

69 박세일, 『선진통일전략』, 68 – 69, 119 – 128.

70 위의 책, 187.

71 위의 책, 187 – 189.

72 위의 책, 189.

73 콜린 플린트, 『지정학이란 무엇인가?』, 154 – 158.

74 평화재단, "민족의 화해와 상생을 위한 통일구상", 48 – 51.

75 백낙청, 『한반도식 통일, 현재진행형』, 81; 백낙청, 『2013년체제 만들기』 (파
   주: 창비, 2012), 170; 평화재단, "민족의 화해와 상생을 위한 통일구상", 8 –
   40.

76 박명규 외, 『연성복합통일론』, 81.

77 백낙청, 『한반도식 통일, 현재진행형』, 83 – 84.

78 박명규 외, 『연성복합통일론』, 235 – 236.

79 평화재단, "민족의 화해와 상생을 위한 통일구상"; 한반도포럼, 『남북관계 3.0』.

80 "개헌안 93.1% 찬성", 「경향신문」 (1987. 10. 28), 1.

81 예컨대 이명박 정부에서 제시되었던 '3대공동체 통일구상'은 평화공동체와 경제공동체를 민족공동체의 하위 개념으로 설정하였습니다. 박종철, "3대 공동체 통일구상의 특징과 이행구도", 『통일연구원 학술회의 총서 10-03』(서울: 통일연구원, 2010), 63-78.

82 한반도포럼, 『남북관계 3.0』, 100-102.

83 박명규 외, 『연성복합통일론』, 35.

84 평화재단, "민족의 화해와 상생을 위한 통일구상", 57.

85 박세일, 『선진통일전략』, 131-135.

3. 북한의 지정학적 담론과 그 변화:

북한의 국가정체성과 국가이익의 영토적 구성 *

남종우(통일부)

Ⅰ. 머 리 말

1990년대 초 소련 해체 직후 북한체제가 붕괴하고 한국 중심의 통일이 이루어질 것이라는 예측이 있었으나 북한체제는 여전히 존속하고 있으며 통일도 여전히 지난한 과제로 인식되고 있습니다. 냉전시대의 이념 대결이 끝나고 북한체제의 내구력이 소진되어 감에도 불구하고 20여년 이상 남북 분단이 지속되고 있는 한반도 상황을 설명할 때, 종종 동북아시아 정세의 변하지 않는 요인으로서 '지정학적 요인'이 거론되기도 합니다. 그러나 이렇게 지정학적 요인을 강대국 중심의 관점에서 주어진 불변의 지정학적 위치로 환원하는 논의는 한민족(한국 국민, 북한 주민, 그리고 해외동포 포함) 사이에 널리 퍼진 '지정학적 숙명론'을 강화시키고, 한반도 분단은 극복하기 어렵다는 통일비관론을 한국사회나 국제사회에 확산시킬 가능성이 높습니다.

사실 북한은 김정은 집권 이후 강도를 높여 지정학적 숙명론을 극복

* 이 글은 필자의 박사학위논문 중 일부를 수정·보완한 것으로 자세한 내용은 Nam, Jongwoo (2012) The geographical construction of national identity and state interests by a weak nation−state: the dynamic geopolitical codes and stable geopolitical visions of North Korea. Ph.D. Dissertation. University of Illinois at Urbana−Champaign. 참조.

- 64 -

하였다고 주장하고 있습니다. 북한의 김정은 제1위원장은 집권 이후 가장 큰 정치행사였던 2012년 김일성 생일 100주년(2012. 4. 15.) 기념식 연설에서 "예나 지금이나 나라의 지정학적 위치는 변함이 없지만 렬강들의 각축전 마당으로 무참히 짓밟히던 어제날의 약소국이 오늘은 당당한 정치군사강국으로 전변되었으며 우리 인민은 그 누구도 감히 건드릴 수 없는 자주적 인민으로 존엄 떨치고 있습니다"라고 주장하였습니다. 이러한 주장은 북한에게 있어 또 하나의 중요한 정치행사였던 2015년 당 창건 70주년(2015. 10. 10.) 행사에 즈음하여 김정은 제1위원장이 노동신문에 기고한 "위대한 김일성, 김정일 동지 당의 위업은 필승불패이다"라는 글에서 "렬강들의 각축전장으로 수난많던 조선반도의 지정학적 숙명론은 이미 과거사로 되었으며 사회주의 우리 공화국은 자기 운명의 주인, 지역과 세계 정세 발전의 주체로서의 권리와 영향력을 당당히 행사하고 있다"고 재확인되었습니다. 일본 조총련 기관지인 조선신보는 이러한 주장을 두고 '지정학적 요충지론'으로 해설하였습니다.[1]

　　이 글은 북한의 이러한 주장과 해설이 북한의 지정학적 담론과 그 변화과정 속에서 나온 것이라는 인식에서 출발합니다. 사실 동북아에서 북한이 차지하고 있는 지정학적 위치는 북한이 보유한 자산이며,[2] 지정학적 요충지론은 북한이 자신의 지정학적 지위를 전략적 자산으로 활용하는 지대추구 전략의 담론이라고 할 수 있습니다. 그러나 북한은 그러한 전략적 자산으로 우리 민족 구성원에 퍼져 있는 지정학적 숙명론을 극복했다기보다는, 오히려 한민족의 지정학적 숙명론을 강화시키는 결과를 초래하고 있습니다. 북한은 특히 핵개발을 통해서 한민족의 자주권을 고양했다고 주장하고 있으나, 실제로는 외세에 대한 한민족 구성원(특히 북한 주민)의 극단적 피해의식을 이용하여 폐쇄적이고 대결지향적인 '지정학적 담론'을 구성함으로써 개방화·세계화 시대에 오히려 한민족의 평화와 번영을 위협하는 상황을 만들고 있기 때문입니다. 북한은 과거 구한말의 위정척사파처럼 급변하는 세계정세를 외면하고 한반도가 개방되면 외세의 침략대상이 될 수밖에 없다는 시대착오적인 지정학적 인식을 북한 주민을 포함한 한민족 구성원에게 확산시키고 있다는 점에서 북한의 지정학적 담론에 대한 연구는 통일시대를 여는 데 있어 매우 중요한 의미를 지닌다고 하겠습니다. 한반도 통일시대를 열어 나가기 위해서는 현실적으로 강대국 중심의 세계정세에 대한 객관적 인식이 필요하지만, 분단시대를 넘어 새로운 미래를 열어 나가기 위해서는 한민족 구성원들이 통일시대에 맞는 새로운 지정학적 인식을 가져야 하며 이런 점에서 가장 먼저 극복되어야 하는 북한의 지정학적 담론을 살펴볼 필요가 있겠습니다.

   '지정학적 담론'은 비판지정학자들이 주로 제국주의시대 이후 탈냉전시대에 이르기까지 공간적 관점에서 국제정치적 패권을 차지하기 위한 서구 강대국들의 지리정치적 논리를 비판적으로 분석하는 과정에서 개발된 개념입니다. 따라서 비판지정학 연구들에서 북한과 같은 비서구 지역의 약소국에 대한 분석은 찾아보기 어려우며, 이는 비판지정학자들 사이에서도 약점의 하나로 지적되고 있습니다. 강대국의 지정학적 담론처럼 국제정치에 큰 영향을 끼치지는 못하더라도 약소국도 모든 나라가 가지고 있는 지정학적 문화를 바탕으로 나름대로의 지정학적 담론을 구성하고 있으며, 특히 북한처럼 강대국에 정면으로 대항하고 있는 약소국의 지정학적 담론은 강대국의 그것과는 다른 방식으로 국제정치에 일정한 영향을 미친다고 볼 수 있습니다. 이 글에서는 북한의 다양한 텍스트를 분석함으로써 북한의 지정학적 담론을 '비판지정학'(Critical Geopolitics)의 관점에 입각하여 분석하고자 합니다. 구체적으로 이 글은 북한이 1948년 정권수립 이후 2010년에 이르기까지 '국가성'을 유지하기 위해 자신의 국가정체성과 국가이익을 영토적으로 어떻게 구성해 왔는가를 살펴보고자 합니다.

Ⅱ. 이론적 고찰: 비판지정학과 지정학적 담론

   구체적인 분석을 위해 이론적 기반으로서의 비판지정학을 고전지정학과의 비교 속에서 살펴보고 비판지정학의 문제점을 검토하면서 분석의 중요한 수단인 지정학적 담론을 재개념화하고자 합니다.

1. 이론적 기반으로서의 비판지정학

비판지정학과 비교하여 '고전지정학'(Classical Geopolitics)은 지리와 국제정치의 관계를 고정되고 주어진 것으로 간주하고 강대국이 국제정치에서의 경성권력을 높이기 위해 핵심 공간을 어떻게 전략적으로 활용하는가를 설명합니다. 따라서 고전지정학적 논의에서는 통일과 관련해서 북한이 주변 강대국에게 얼마나 중요한 전략적 가치를 가지며, 한국이 한반도를 둘러싼 주변국의 지정학적 전략에 어떻게 대응해야 하는가가 중요한 주제가 됩니다. 반면에 비판지정학은 이러한 고전지정학이 주관적·문화적 현상 또는 '담론적 실천'에 불과하며, 지정학 연구에서 지리적 위치나 물리적 거리보다는 지리에 기반하여 형성된 세계관, 국제관계, 역사, 문화 등을 포괄하는 '지정학적 문화'3가 중요하다고 봅니다. 따라서 통일과 관련해서는 남북한과 주변국의 지정학적 문화가 무엇이며 이를 바탕으로 지정학적 담론을 어떻게 구성해 왔는가가 중요한 주제가 됩니다.

고전지정학이 국제정치에 대한 지리의 결정론적인 영향에 초점을 맞추는 데 비해 비판지정학은 지리가 국제정치 속에서 문화적으로 재구성되는 데 초점을 맞춥니다. 이는 지리가 자연지리뿐 아니라 인문지리도 포괄하며 지리가 하나의 지식체계로서, 서술자의 관점에 따라 다르게 기술될 수 있는 성격을 지니는 것으로 보는 지리학계의 '문화적 전회'에 영향을 받은 것이라고 할 수 있습니다. 하지만 비판지정학은 국제정치학계의 유사한 문화적 접근이라고 할 수 있는 '전략문화론'과 구별됩니다. 전략문화론이 한 나라의 엘리트들이 가지는 국제정치적 인식과 정치문화에 초점을 맞추는 데 비해, 비판지정학은 국제정치와 지리의 관계에 주목하면서 한 나라의 지리를 엘리트와 대중이 공유한다는 점에서 대중의 국제정치적 인식도 중요하게 취급하기 때문입니다. 비판지정학에서는 지정학을 신이 지

구를 조감하는 것처럼 현자가 국제정세에서 국가가 나아갈 길을 객관적·
전략적으로 제시하는 국정운영기술이 아니라, 국가 엘리트뿐 아니라 일반
시민 등 다양한 지정학적 행위자들이 신이 아닌 인간으로서 일정한 지표
위에서 오랜 기간을 정주하고 있는 입장에서 국제정세를 주관적·문화적
으로 해석하고 구성하는 행위라고 봅니다. 따라서 비판지정학은 국제정치
와 지리와의 관계에서 지리의 중요성을 강조하면서도 고전지정학류의 지
리결정론을 부정하며, 국제정치에서의 경성권력보다는 인식의 중요성을
강조하는 특징을 갖는다고 할 수 있습니다.

　　비판지정학의 많은 연구들이 텍스트의 해체 같은 포스트모더니즘의
방법론을 사용하여 지정학적 담론을 분석합니다.4 이러한 담론체계로서의
지정학을 분석하기 위해 비판지정학자들은 3개의 영역을 제시하고 있습니
다.5 이론가나 정부 전략보고서의 텍스트 해체를 통해 분석되는 공식지정
학(Formal Geopolitics), 정책결정자의 텍스트 해체를 통해 분석되는 현실
지정학(Practical Geopolitics), 그리고 대중문화의 텍스트 해체를 통해 분석
되는 대중문화지정학(Popular Geopolitics)이 그것들입니다.6 앞의 두 영역
이 엘리트의 영역이라면 세 번째 영역은 대중의 영역으로 한 나라의 지정
학적 문화에 대한 연구를 통해서 국제정치학계의 연구대상인 엘리트의 전
략문화와 대중의 국민감정을 공간적·지리적 관점에서 포괄적으로 고려할
수 있게 됩니다. 지정학적 문화가 중요한 것은 한 국가의 외교안보정책이
엘리트사회뿐 아니라 대중사회에서도 정당화되어야 하는데, 지정학적 담
론이 현실 국제정치에서 영향력을 갖는 것은 엘리트와 대중이 일정한 '장
소' 또는 '영토'에서 생활하면서 동일한 지정학적 환경 속에서 형성된 지정
학적 문화를 공유하기 때문입니다. 따라서 지정학적 문화를 연구하는 데
있어 국가의 '영토성'은 그 기초가 됩니다. 요컨대 비판지정학은 영토를 장
악하기 위한 경쟁과 그것에 대한 합리화수단으로서의 지정학 속에 숨어
있는 권력관계를 밝히고 지배적인 정부와 미디어의 재현에 도전적인 해석
을 제시하는 국제정치에 대한 정치지리학적 접근이라고 할 수 있습니다.7

2. 비판지정학에 대한 비판

하지만 하나의 정치공동체인 민족국가에 있어 영토성이 중요한데도 불구하고 그동안 비판지정학자들은 지정학적 담론에 영향을 미치는 영토성의 중요성과 영토의 지리적 구체성에 대해서 충분히 고려하지 못한 측면이 있습니다. 비판지정학자들은 영토성의 권력이 '타자성의 공간적 배제'에서 비롯되는 것으로 보았으나, 영토성이 그 나라의 엘리트와 대중이 지정학적 문화를 공유하는 데 기초가 되고 현장에서의 자연지리적, 인문지리적 사실들이 실천에 연관되는 부분이 충분히 부각되지 못하고 있는 것으로 보입니다.8

정치지리학자들은 영토성에 대해 지속적으로 연구하면서, 17세기 유럽의 베스트팔렌조약 이후 정착되어 온 민족국가 국제체제에서 국가주권이 국가 존립의 핵심요소이지만, 그 국가주권의 기초가 영토 정립을 통한 '공간의 지배'라는 점은 소홀히 다루어져 왔다고 지적해 왔습니다. 즉, 국가주권이 본질적으로 민족국가들이 사회적으로 약속한 '사회적 구성물'이라고 볼 때, 한 국가는 존립을 위해 끊임없이 일정 공간의 배타적인 지배 즉 영토의 일체성을 주장할 수 밖에 없게 된다는 것입니다. Murphy는 국가주권이 현대 국제정치의 조직원리로 인정받게 된 것이 지도상에서 명확한 선으로 구분되는 영토의 정립과 밀접한 관련이 있다고 보았습니다. 즉, 지도상의 명확한 선으로 표시되는 현재 국제체제의 국경선은 과거 불명확한 면으로 생각되어 온 과거 국제체제의 국경과 달리 국가존립의 핵심적인 역할을 하게 되었다는 것입니다.9 Taylor는 민족국가의 영토 통제가 국가존립의 핵심요소인 국가주권과 17세기 이전부터 형성되어 온 민족의 자연스러운 생활영역인 조국강토10를 연결하는 가장 중요한 '정치적 실천'이라고 갈파한 바 있습니다.11 즉 민족국가라는 용어는 민족과 국가라는 추상적 단위개념의 합성물이지만 영토를 통해 구체성을 획득하며, 한 국가의 영토는 조국강토와 국가주권의 상호 공고화를 통해 정립된다는 것입니다.12 따라서 국가 간 영토분쟁은 민족국가 국제체제에서는 국가의 존립을 위해 서로 양보할 수 없는 사안이 됩니다.

비판지정학자들은 민족국가체제에서 지정학적 담론이 서구 강대국은 물론 약소국에서도 구성될 수 있는데도 불구하고 세계적 범위에서 고전지정학을 비판하는 작업에 열중한 나머지 지역적 범위나 약소국의 지정학적 담론에 대한 연구를 소홀히 해온 것이 사실입니다. 비판지정학자들은 그동안 Mackinder 등 과거 강대국 외교정책의 이론적 기반을 제공한 지정학 이론가들에 대한 비판이나, 냉전 및 탈냉전 시대의 미국을 비롯한 서구 강대국의 외교안보정책과 대중문화를 사례로 그 뒤에 숨어 있는 지정학적 담론의 해체에 초점을 맞추어 왔습니다. 한국에서는 최근 비판지정학에 대한 소개13와 시론적 적용14이 이루어지고 있으나, 비판지정학적 관점에서 남북한과 주변국의 지정학적 담론을 구체적으로 분석한 연구는 찾기 어렵습니다.15 통일문제와 한반도 정세를 비판지정학적 관점에서 살펴보기 위해서는 세계적 범위에서 전개되는 서구 강대국의 지정학적 담론에 대한 해체를 넘어 동북아시아의 맥락에서 남북한의 지정학적 담론과 주변국의 지정학적 담론을 해체할 필요가 있습니다.

3. 지정학적 담론의 재개념화

이 글은 비판지정학의 이러한 단점을 보완하면서 지정학적 담론을 재개념화하여 북한을 분석합니다. 비판지정학자들은 지정학적 담론을 개념화하고 이를 실제 분석에 적용하였습니다. 지정학적 담론은 "국가안보에 대한 담론이 공간적으로 구성된 것"16이라고 할 수 있는데, 비판지정학의 대표적인 학자라고 할 수 있는 O'Tuathail은 외교안보정책이 담론을 통해서만 정당화되기 때문에 지정학은 실천보다는 담론에 대한 연구가 되어야 한다고 주장하였습니다.17 지정학적 담론에서는 구조-행위자의 관계에서 구조보다는 행위자의 자율성이 중시됩니다. 그러나 지정학적 행위자는 구조에 의해 영향을 받는 존재로, 강대국 중심의 국제정치 구조에서 민족국

가의 힘이 약할수록 약소국의 자율성은 제약받게 됩니다. 강대국의 지정
학적 담론은 강대국 중심의 지정학적 구조에 뒷받침되어 큰 자율성을 누
리게 되는 반면 약소국의 지정학적 담론은 강대국의 영향을 고려하지 않
을 수 없게 됩니다. 그러나 약소국이라도 위치해 있는 지정학적 환경과 지
정학적 담론을 구성하는 역량에 따라 그 경성권력에 비해 상대적으로 높
은 자율성을 가질 수 있습니다.18

　　이러한 지정학적 담론은 비판지정학의 3개 영역과 분석의 편의성을
감안할 때 '지정학적 코드'(geopolitical code)와 '지정학적 비전'(geopolitical
vision)으로 나누어 살펴볼 필요가 있습니다. 지정학적 코드는 전략적 중요
성의 측면에서 국경을 넘어 '장소들'의 가치를 평가하는 방식으로 국가이
익에 대한 정의, 이러한 국가이익에 대한 외부위협의 식별, 그러한 위협에
대한 대응, 그리고 그러한 대응에 대한 정당화를 포괄합니다.19 이러한 지
정학적 코드를 통해 한 국가가 국가이익을 위해 여타 국가와 어떤 관계를
가지고 그것을 어떻게 정당화하는가는 잘 볼 수 있으나, 대다수 국민들이
자국에 대해 가지는 '장소에 대한 감성적 애착'을 포착하기에는 어려운 점
이 있습니다. 따라서 이 글에서는 지정학적 코드와 함께 지정학적 비전이
라는 개념을 도입하여 국가이익을 위해 외국과의 관계를 지리정치적으로
형성하는 방식과 함께 국가정체성이 지리적 용어나 상징으로 표현되는 방
식도 살펴보고자 합니다.20 Mamadouh & Dijkink는 지정학적 담론의 유
형에 대해 논의하면서 지정학적 코드와 지정학적 비전의 개념적 유용성을
지적하였으며,21 Kolossov는 대중에 의해 구성된 하위 지정학 담론과 엘
리트에 의해 구성된 상위 지정학 담론을 구별한 바 있습니다.22 이 글에서
는 이와 같은 선행연구들을 참고하면서 지정학적 담론을 재개념화하여 북
한의 지정학적 담론을 분석하고자 합니다. 즉, 지정학적 담론이 국가정체
성에 대한 대중문화에서의 영토적 구성인 지정학적 비전과 국가이익에 대
한 엘리트의 영토적 구성인 지정학적 코드로 나눌 수 있다고 보고 양자의
관계를 중심으로 북한의 지정학적 담론을 분석하고자 합니다.23

Ⅲ. 북한의 지정학적 코드: 국가이익의 영토적 구성

지정학적 코드가 국가이익에 대한 엘리트의 영토적 구성이라고 할 때 북한의 지정학적 코드를 연구하는 데 있어 북한 엘리트의 국가이익에 대한 인식이 영토적으로 표출된 「김일성저작집」, 「김정일저작집」, 「로동신문」 등 공식문헌과 함께 외국과의 회담을 통한 최고지도자 및 당국자의 언급이 주요한 연구자료가 됩니다. 이 자료들을 북한 정권수립 이후 2010년까지 분석하면 북한의 지정학적 코드가 한반도의 지정학적 맥락에 따라 어떻게 변화되어 왔는지를 알 수 있습니다. 이 글에서는 주한미군문제, 유엔외교문제, 북한수도문제, 서해NLL문제 등 북한의 '영토요구'(territorial claim)와 관련된 4가지 이슈에 대한 북한 엘리트들의 인식과 행동을 살펴봄으로써 북한 엘리트들이 어떻게 국가이익을 영토적으로 구성했는지 보여주고자 합니다.

1. 한반도 전체에 대한 공격적 영토요구: 1950년대~1960년대

북한의 엘리트들은 정권수립 이후 1960년대까지 자신의 주권이 미치는 영토로서 한반도 전체를 상정하였으며 이 주권영토를 공격적인 방식으로 요구하였습니다. 먼저 북한 헌법상 북한의 수도는 1960년대까지도 여전히 서울이었는바 이는 한반도 전체의 수도로서의 서울의 위상을 정권수립 이래 20여 년간 인정한 것으로 볼 수 있습니다. 6·25전쟁에서의 선제남침은 이러한 영토 요구의 공격성을 여실히 보여주는 것으로 북한이 서울 탈환에 대하여 큰 의미를 부여한 것은 서울의 수도로서의 위상을 고려한 것입니다. 북한의 엘리트들은 남한에서의 주한미군의 주둔을 북한의 이러한 공격적 영토요구에 대한 근본적인 장애물로 인식하였습니다. 이에 따라 북한은 6·25전쟁 중 미군의 개입을 비난했을 뿐 아니라 정전협정 이후에 주한미군의 철수도 지속적으로 요구하였습니다. 다만 1958년까지는 중공군이 북한에 주둔하고 있었던 만큼 중공군이 철수한 이후 그 강도가 더욱 높아졌습니다. 유엔외교와 관련해서 북한의 엘리트들은 1949년과 1952년에 유엔회원국 가입을 시도하였으며, 구소련이 1957년과 1958년 두 차례 북한의 회원 가입을 지원하였으나 미국을 비롯한 자본주의권 국가들의 반대로 실패하였습니다. 또한 이 시기에 북한의 엘리트들은 서해 NLL을 문제화하지 않음으로써 한반도 전체에 대한 영토적 요구에 집중하였습니다. 특히 북한의 최고지도자 김일성은 남한 이승만 대통령의 북진통일론이라는 외부 경쟁과 1956년 8월 종파사건과 같은 내부 경쟁을 극복하는 과정에서 공격적인 방식으로 한반도 전체를 영토로 요구하였다고 할 수 있습니다.

2. 한반도 전체에 대한 방어적 영토요구: 1970년대~1980년대

북한의 엘리트들은 1980년대까지도 지속적으로 한반도 전체를 북한의 주권이 미치는 영토로 구성하였으나, 그 방식은 지정학적 환경의 변화에 따라 비공격적인 방식으로 변화하였습니다. 1970년대 미중수교 등 국제적인 데탕트 속에서 북한 역시 공격적이지 않은 방법으로 한반도 전체를 영토로 요구하였습니다. 북한의 엘리트들은 내부적으로 김일성의 유일지배체제를 법적으로 완성하는 1972년 헌법 개정을 통하여 북한의 수도를 평양으로 규정하고 수도가 실효적 지배 영토 밖에 있는 상황을 수정하였습니다. 주한미군에 대해서는 미군이 무력통일보다는 평화통일에 미치는 부정적 영향을 강조하면서 주한미군의 철수를 요구하였습니다. 게다가 미중수교를 전후하여 중국이 주한미군을 소련의 팽창을 막고 지역 안정을 유지하는 수단으로도 보는 등 한반도에서의 미군의 역할에 대한 중국과 북한의 인식 간에 양립할 수 없는 차이가 나타남에 따라, 북한의 엘리트들은 주한미군 철수와 정전협정의 평화협정으로의 전환 등을 유엔총회에서 주장하여 비동맹국가들의 지원하에 자신들의 주장을 담은 결의안(No.3390B)을 통과시키는 등 직접적인 대결보다는 우회적인 방법으로 일정한 성과를 거두기도 하였습니다. 서해NLL과 관련해서 북한의 엘리트들은 1970년대부터는 주로 경제해역 주장 등 비군사적 측면에서 서해NLL에 대한 공식적인 문제제기를 시작하였습니다.

3. 한반도 북반부에 대한 방어적 영토요구: 1990년대

공산주의권 붕괴 등 1990년대의 급속한 지정학적 맥락의 변화 속에서 북한의 엘리트들은 주권영토를 한반도 북반부로 한정하는 모습을 보이기 시작하였습니다. 먼저 1992년 헌법 개정 시 한반도 전체를 주권이 미치는 영토로 상정하는 '전국적 범위'라는 표현을 삭제하였습니다. 물론 노동당규약에서는 '전국적 범위'의 공산혁명이 여전히 규정되어 있으나 노동당이 북한 주민 전체에 대한 정당이라는 점을 감안하면 법적으로 북한 국가의 영토를 한반도 전체로 주장하는 것은 사실상 중단되었다고 할 수 있습니다. 북한의 엘리트들은 주한미군 주둔에서도 유연한 태도를 보이기 시작하였습니다. 1992년 Kanter 미국 대표와의 대화에서 김용순은 북미관계가 정상화된다면 북한도 미군의 남한 주둔에 반대하지 않는다는 언급을 한 바 있으며, 김일성도 1994년 Carter 미 대통령과의 대화에서 주한미군의 철수보다는 감축에 보다 관심을 보였습니다. 또한 1991년 남북한 동시 가입을 수용하면서 '하나의 Korea'라는 유엔외교의 기본 입장으로 변경하였으며, 서해NLL에 대해서는 영해의 개념을 강조하기 시작하면서 1999년, 서해 NLL 인근에서 실제로 군사적 도발을 감행하였습니다. 북한 엘리트들은 군사적 충돌 직후 해상경계를 분명히 하기 위해 남한과 협상 없이 서해상의 군사분계선을 일방적으로 선언하였습니다. 요컨대 이 기간 동안 북한 엘리트들은 주권이 미치는 영토로서 한반도 북반부에 초점을 맞추기 시작하였으며 공산혁명을 통해 영토를 회복하기 보다는 현재 실효적으로 지배하고 있는 영토를 자본주의의 팽창으로부터 지키는 데 주력하였습니다.

4. 한반도 북반부에 대한 공격적 영토요구: 2000년대

2000년대 미국의 '테러와의 전쟁'이라는 세계 지정학적 맥락 속에서 북한 엘리트들은 주권영토로 한반도 북반부를 공격적으로 요구하였습니다. 공식적으로는 여전히 주한미군의 철수를 주장하였지만 당시 최고지도자 김정일은 Albright 미국 국무장관과의 대화에서 한반도 남반부에 주둔하고 있는 주한미군이 동북아시아의 안정자 역할을 할 수 있다고 언급함으로써 북한의 국가이익에 대한 달라진 영토인식을 보여주었습니다. 북한의 엘리트들은 2006년 북핵실험과 관련하여 유엔결의안에 대해 "주권을 지키기 위한 핵실험"임을 강변하면서 유엔외교에서 '하나의 Korea'보다는 북한이라는 국가의 주권 수호를 강조하였습니다. 북한의 엘리트들은 2000년대에 서해NLL 인근에서의 군사충돌을 증가시켰으며 급기야 2010년에는 천안함 격침과 연평도 포격 사건을 일으켰습니다. 이로써 주권영토에 대한 공격적 요구가 절정에 달하는 모습을 보여주었습니다. 요컨대 북한의 엘리트들은 2000년대 들어 미국의 '테러와의 전쟁'에 대항하여 한국의 주권영토를 공격할 정도로 북한의 주권영토를 공격적으로 요구하였다고 할 수 있습니다.

5. 소   결

북한 엘리트들의 지정학적 코드를 영토요구의 측면에서 살펴본 결과, 북한은 1990년대 전후로 한반도 전체에 대한 영토요구에서 한반도 북반부에 대한 영토요구로 전환하였으며, 특히 2000년대 이후에는 한반도 북반부에 대한 영토요구를 공격적으로 하고 있는 것으로 나타났습니다. <표 1>은 북한의 국가이익의 영토적 구성을 영토요구의 측면에서 네 시기로 구분하여 정리한 것입니다.

표 1	영토요구의 측면에서 본 북한의 지정학적 코드의 변천			
영토구성 관련 이슈	1950–60년대	1970–80년대	1990년대	2000년대
주한미군	주한미군 철수	주한미군 철수	조건부 주한미군 주둔 인정	동북아에서의 주한 미군 역할 인정
유엔외교	남한 비난 외교	'하나의 Korea' 외교	남한 회원자격 인정	북한 주권수호 강조
북한수도	서울	평양	평양	평양
서해NLL	묵시적 인정	공식적 문제제기	남한 함정 공격	남한 영토까지 공격
영토요구	한반도 전체에 대한 공격적 요구	한반도 전체에 대한 방어적 요구	한반도 북반부에 대한 방어적 요구	한반도 북반부에 대한 공격적 요구

Ⅳ. 북한의 지정학적 비전: 국가정체성의 영토적 구성

　　지정학적 비전이 대중에 의한 국가정체성의 영토적 구성이라고 할 때, 북한의 지정학적 비전은 북한의 대중문화 자료에서 분석될 수 있습니다. 물론 북한의 대중문화가 엘리트문화와 구별될 수 있는가란 문제가 제기될 수 있으나, 지리정치적으로는 국민 대다수의 국가에 대한 장소적 애착이 표현된다는 점에서 대중문화가 존재한다고 할 수 있습니다.24 이 글에서는 현재까지도 발행되고 있는 북한의 대표적 대중잡지인 「천리마」를 주요 자료원으로 삼으면서 소설 등을 부가적으로 분석하였습니다. 북한의 지정학적 비전은 역동적인 지정학적 코드에 비해 높은 안정성을 보이고 있었으며, 이러한 안정성은 북한의 국가정체성을 위한 일관된 영토구성 전략에 따른 것으로 대체로 세 가지 경로를 통해 유지되어 온 것으로 보입니다.

　　첫째, 안보담론을 통해 주변국가를 '적' 또는 타자로 규정해 왔습니다. 둘째, 민족주의를 통해 북한의 자기정체성을 한민족과 한반도 전체를 수호하는 존재로 구성하여 왔습니다. 셋째, 그러한 자기정체성을 대중들이 자연스럽게 받아들이도록 한반도의 지리지식을 왜곡해 왔습니다. 이러한 정체성의 영토적 구성은 시대 간에 다소 차이는 있으나 지속적으로 안보 담론을 통해 주변국을 한반도를 위협하는 타자로 규정하고 민족주의를 통해 국가정체성을 구성하며 남한을 국토의 일부로 포괄하였습니다. 이러한 기본적인 양태는 건국 이후 2000년대 이후까지 변하지 않고 그대로 유지되고 있는 것으로 나타났습니다.

1. 안보담론을 통한 주변국의 타자화

　북한의 대중문화는 주변국의 긍정적 정체성은 무시하고 주변국은 한반도의 위협세력이라는 부정적 정체성으로만 구성하는 데 전력을 기울여 왔습니다. 특히 미국, 일본, 한국을 한반도의 영토적 일체성을 거부하는 세력, 즉 각각 제국주의, 군국주의, 사대매국주의의 화신으로 구성하여 왔습니다. 물론 이러한 구성은 시대별로 그 강조점이 변화하여 왔습니다. 문제는 이러한 구성이 북한이라는 국가가 탄생한 이후나 북한 지역에만 국한해서 구성되는 것이 아니라 북한이라는 국가가 성립되기 이전의 시기나 한반도 또는 한민족 전체를 대상으로 한다는 점입니다.

　첫째, 북한의 대중문화는 미국을 북한의 영토를 위협하고 자본주의 전파로 사회주의 사상을 오염시키는 '제국주의적' 타자로 구성하여 왔습니다. 이러한 구성은 크게 세가지 유형으로 구분할 수 있습니다. 한반도 분단 이후의 미국의 제국주의적 행태와 한반도 분단 이전의 미국의 제국주의적 행태, 그리고 미국 자본주의 사회의 문제를 부각시키면서, 미국을 분단 이후의 북한뿐 아니라 분단 이전을 통틀어 한민족 전체에 부정적 영향을 미친 국가로서 이질적인 문화로 인해 북한과 결코 가까워질 수 없는 국가로 일관되게 묘사해 왔습니다. 예컨대 19세기 중반의 제너럴셔먼호 사건은 북한의 대중잡지에 매우 자주 등장하는 주제로서, 미국의 상선 제너럴셔먼호가 조선의 영토에 와서 통상을 요구하다 김일성의 증조부인 김

응우가 이끄는 조선 백성들에 의해 대동강에서 침몰했고 이러한 상황은
분단 이후 1968년 푸에블로호 사건에서 그대로 재현됩니다. 때문에 미국
은 21세기가 되어서도 변함없이 백 년이 넘게 한민족의 영토를 넘보는 이
른바 "100년 숙적"이 됩니다. 이러한 구성은 분단 이후의 북미관계가 정리
된다고 해도 분단 이전과 한민족 전체에 대해 끼친 미국 제국주의의 악영
향이 남아 있는 한 북한이 미국과의 관계를 쉽사리 개선할 수 없다는 점
을 시사합니다.

둘째, 일본에 대해서는 미국 제국주의를 도와 한민족의 특성을 제거
하려는 '군국주의적' 타자로 구성하여 왔습니다. 역시 크게 세 가지 유형으
로 구분할 수 있습니다. 한반도 분단 이전의 일본의 제국주의적 행태, 한
반도 분단 이후의 일본의 제국주의적 행태, 그리고 민족 정체성을 약화시
키는 일본의 문화적 침투 문제(특히 일제식민지시대)를 부각시키면서, 일본
을 미국에 빌붙어 북한의 국가정체성과 한반도 지배를 추구하는 국가로
일관되게 묘사해 왔습니다. 예컨대 일본은 일제 강점기에 한국의 역사에
서 단군을 지우려 했으며 분단 이후에도 대동아공영권을 꿈꾸면서 미국이
아시아에서 제국주의를 팽창시킬 수 있게 도와주는 역할을 하고 있는 것
으로 그려집니다.

셋째, 한국은 미국의 꼭두각시 국가로 미국과 일본의 이익을 위해 남
한지역에 있는 한민족 동포들을 괴롭히는 '사대주의적' 타자로 구성하여
왔습니다. 마찬가지로 세 가지 유형으로 살펴보면 사대주의적 국가로서의
한국, 지옥같은 삶이 지배적인 한국사회, 그리고 문화적 식민지로서의 한
국을 부각시키면서 미국과 일본에 의한 한반도 지배로 자주성을 상실한
꼭두각시 국가로 일관되게 묘사해 왔습니다. 예컨대 한국은 미국이 여전
히 강점하고 있는 식민지이며 한민족 문화가 말살되고 경제적으로 궁핍한
사회로 그려집니다.

한편 중국과 러시아(과거 소련)는 미국, 일본, 한국과 비교하여 대중문
화 속에서 소개된 것이 매우 적으며 북한이 배우고 따라 가야할 국가라기

보다는 오히려 언제라도 북한의 자주성을 침해할 수 있는 '대국주의' 세력
으로 그려지고 있어 대중문화 속에서는 모든 주변국이 지속적으로 타자화
되어 왔다고 할 수 있습니다.

2. 민족주의적 자기정체성의 구성

　북한의 대중문화는 민족주의를 통해 민족정체성을 국가정체성으로 전
환시키면서 자기정체성을 구성하여 왔습니다. 북한의 대중문화는 한민족
이 외세에 저항했던 역사를 북한이 계승하여 미국을 비롯한 외세로부터
한반도를 지키는 수호자로 묘사한 반면 한국은 사대주의와 내부분열이라
는 부정적 역사를 되풀이하는 존재로 대비시켜 왔습니다. 따라서 북한의
정체성은 미국과 일본의 '제국주의'뿐 아니라 중국과 러시아(또는 구소련)
의 이른바 '대국주의'에도 대항하는 특성을 지닙니다. 첫째, 북한의 대중문
화는 주민들이 굴복하지 않는 한민족의 정체성을 외세의 압력으로부터 자
율적인 국가의 정체성으로 연결시키도록 교육하였습니다. 둘째, 국가 정체
성을 일원화하기 위하여 한민족의 혈통, 언어, 문화에서의 동질성을 이용
하였습니다. 사회주의권 붕괴 이후에는 특히 단일 혈통의 특징이 더욱 강
조되어 한국 정부의 다문화정책이 민족적 수치로 묘사될 정도로 국가정체
성의 가장 중요한 원천으로 간주되었습니다. 북한은 북한사회를 소위 '사
회주의 대가정'으로 상정하고 수령을 그 대가정의 아버지로, 당을 대가정
의 어머니로 의제함으로써 주민들로 하여금 수령과 당은 가정의 부모처럼
바꿀 수 없는 자연스럽게 주어진 절대적 존재로 생각하도록 만들었습니
다. 주체사상은 이러한 구성방식들을 체계화한 것으로 민족정체성을 국가
정체성으로 바꾸는 기제라고 할 수 있습니다. 결국 북한의 대중문화는 주
체사상을 통하여 민족정체성을 국가정체성화 하면서 북한이라는 국가의
정체성이 1948년 정권 수립 이전부터 존재했고 심지어는 단군조선으로부
터 계승된 것처럼 만들었습니다. 셋째, 북한은 국제정치적으로 주변민족을
침략하거나 해를 끼친 적이 없는 민족의 역사에서 한민족의 도덕적 우월

성을 찾고 이를 항상 정의로운 국가정체성으로 연결시켜 왔습니다. 따라서 민족통일을 위한 한국과의 전쟁은 정의로운 행위로 해석되며 미국이나 일본에 대한 무력사용도 자위적인 것으로 국제정치적인 면에서 정당한 행위가 됩니다.

3. 한반도 지리지식의 왜곡

북한의 대중문화는 그러한 자기정체성을 대중들이 자연스럽게 받아들일 수 있도록 한반도의 지리지식을 왜곡해 왔으며 그 정도가 점점 더 심해지고 있습니다. 한반도 지리지식의 왜곡은 크게 세 가지로 나누어 볼 수 있습니다. 한민족의 중심지로서의 평양,25 민족의 성지로서의 백두산, 국토 일부로서의 남한 지리 왜곡이 그것입니다.

첫째, 북한의 대중문화는 평양을 한민족의 중심지로 구성하기 위해 노력해 왔습니다. 북한의 미디어는 평양이 한반도 공산혁명의 중심지일 뿐 아니라 한민족의 심리적 고향으로 형상화해 왔습니다. 이러한 주장을 정당화하기 위해 북한의 대중문화는 평양이 한민족 최초 국가인 고조선과 한민족 역사상 가장 강성했던 고구려의 수도로서 한민족의 역사 전체에 걸쳐 가장 중요한 도시로 규정해 왔습니다. 1990년대 초반 평양에서 발견된 단군릉은 과학적 증명의 불가능성에도 불구하고 이러한 북한 주장의 과학적 증거로 동원되었습니다. 북한에서 최고의 문학작품으로 중시하는 김일성 관련 소설(제목 "영생")에 따르면 김일성은 1994년 사망 직전 대미 핵협상, 식량 확보와 함께 단군릉 개건을 국가적으로 가장 중요한 사업으로 간주하였습니다.

둘째, 북한의 대중문화는 백두산을 한민족의 성지로 구성하기 위해 노력해 왔습니다. 물론 남한의 대중문화 속에서도 백두산이 민족의 성산으로 묘사되기도 하지만, 북한에서는 백두산을 매개로 단군과 김일성을 연결시킴으로써 국가의 정당성을 확보하는 기제로 사용합니다. 즉 김일성과 그를 따르는 빨치산들이 백두산을 중심으로 한 지역에서 항일 게릴라

활동을 펼쳐 단군조선을 계승한다는 근거로 이른바 민족자주를 위한 혁명의 성지가 되는 것입니다. 북한의 대중문화는 백두산을 한반도의 '조종의 산'으로 규정하면서 백두산 항일공산혁명가계를 의미하는 '백두혈통'인 김일성－김정일－김정은이 대를 이어 북한을 통치하고 나아가 한반도 통일에 매진하는 것은 자연스러운 과정임을 암시합니다.26

셋째, 북한의 대중문화는 국토 일부로서의 남한의 지리지식을 왜곡해 왔습니다. 1960년대까지 북한의 미디어는 남한이 여전히 국토의 일부이지만 북한의 "자랑스러운" 산하나 지역과 달리 남한의 산하와 지역은 남한 정부나 미국에 의해 황폐화된 것으로 묘사하였습니다. 그러나 1970년대부터는 남한 지리에 대한 내용이 급격하게 줄었으며 2000년대에는 구체적인 지리지식이 거의 나타나지 않고 있습니다. 남한은 다만 미국의 식민지로서 일부 극소수의 부유층과 권력층을 제외하고는 빈곤과 차별에 고통받는 남한주민들이 사는 추상적인 공간으로 그려집니다.

V. 민족주의·안보담론의 극대화와 핵무기 보유

앞에서 살펴본 바와 같이 북한은 지정학적 비전을 구성하는 데 있어 일관되게 한반도 전체를 대상으로 하고 있는 반면 지정학적 코드 측면에서는 주변정세의 변화에 따라 한반도 북반부로 그 대상을 좁혀가고 있으며 그 영토요구의 강도는 점점 높아지고 있습니다. 국가의 정체성과 정당성을 유지하기 위해 여전히 민족강토를 한반도 전체로 보고 통일을 상정하고 있지만, 현실적으로 체제 유지를 위해 영토를 북반부로 한정하고 한반도 분단을 강화하고 있는 것입니다. 따라서 북한체제가 지정학 담론을 구성하는 과정에서 지정학적 비전과 지정학적 코드 사이에 내적 부조화가 심화될 수 밖에 없으며, 이는 지정학적 요인을 독재체제 유지의 주요한 근거로 삼는 북한의 정당화 위기로 연결될 것으로 보입니다.

그동안 북한의 체제 정당화는 민족주의와 안보담론에 의존하여 왔다고 할 수 있습니다. 북한뿐 아니라 많은 국가들이 양태와 강도는 다르지만 지정학적 담론의 구성과정에서 민족주의와 안보담론을 활용하는 데 이는 그것들이 영토성에 기반하고 있기 때문입니다.27 북한은 한반도의 지정학적 맥락 속에서 '주체사상'과 '선군사상'이라는 형태로 민족주의와 안보담론을 현지화하였습니다.28 북한은 변화하는 국제정세 속에서 북한의 지정학적 자율성을 확보하기 위해 민족주의와 안보담론으로 엘리트와 대중들을 묶고 국내외적으로 체제를 정당화하였습니다. 김일성 시대의 주체사상과 김정일 시대의 선군사상은 양자를 다 포함하는 것이나, 주체사상이 민족주의를 상대적으로 더 강조한 것이라면 선군사상은 안보담론을 더 강조한 것이라고 할 수 있습니다.

핵실험 이후에는 양자가 핵보유를 매개로 결합되면서 핵무기가 국가이익을 위한 수단을 넘어 국가정체성의 한 요소로 변화하고 있다고 할 수 있습니다. 최근 김정은 등장 이후 핵무기 보유가 헌법에 명문화되고 김정일의 최대 업적으로 규정된 것은 핵무기가 대중들의 국가에 대한 장소적 애착의 표상이 되어 국가정체성의 중요 구성요소로 변화했음을 보여줍니다.29 북한이 국가로서 지속하기 위해서는 국가정체성의 유지와 함께 지속적인 국가이익 확보 노력이 필요한데 핵무기 개발이 주변국 모두로부터 각국의 국가이익을 위협하는 것으로 인식되고 있을 뿐 아니라 변화하는 주변국의 정체성과도 충돌 가능성을 높이고 있다는 점에서 북한의 지정학적 담론은 지속적으로 재생산되지 못하는 위기에 봉착해 있다고 할 수 있습니다. 한반도의 비핵화는 김일성의 유훈이라고 하면서도 한민족과 한반도 전체를 외세의 침략으로부터 방어하기 위해 핵실험을 하고 있다는 북한의 주장은 주변국들에 의해 점점 더 외면당하고 있습니다. 뿐만 아니라 시장화의 진전 등 북한의 내부 변화 속에서 민족주의와 안보담론도 정당화 기제로 작용하기가 점점 더 어려워지는 것으로 보입니다.

VI. 맺음말

북한의 지정학적 담론은 한반도를 폐쇄적인 공간으로 보고 주변 강대국으로부터 조국강토와 국가영토를 자주적인 무력으로 지킨다는 인식을 기반으로 하고 있으나 이는 오히려 북한주민을 포함한 한민족의 평화와 번영을 위협하는 결과를 초래하고 있습니다. 반면 한국 국민들은 여전히 한반도를 세계에 열린 개방적인 공간으로 보지 못하고 통일시대에 맞는 국토인식을 가지지 못하고 있는 것으로 보입니다. 북한은 한국과 한민족의 지리·역사와 언어·문화를 상당 부분 공유하는 만큼 한국사회의 반면교사가 될 수 있습니다. 첫째, 주변국에 대한 인식에 있어 아직도 한국 국민들이 주변국을 타자로 구성하는 것은 본질적으로 북한 주민들과 큰 차이가 없다고 할 수 있습니다. 예컨대, 많은 한국 국민들이 일본, 중국, 러시아뿐 아니라 미국을 부정적으로 인식하고 있는 것은 한국사회가 여전히 외세 침략의 피해의식으로부터 자유롭지 못하다는 것을 보여줍니다. 대한민국의 국가 지위가 과거에 비해 상당히 상승했음에도 불구하고 지정학적 숙명론에서 벗어나지 못하고 있는 것입니다. 둘째, 자기정체성에 있어 단일민족의 신화에 집착하여 타민족을 거부하는 사회적 분위기도 북한과 유사합니다. 외형은 국제적인 개방사회로 변화되었으나 아직도 외국인 노동자나 농촌 다문화가정에 대해 인종주의적 차별의식을 버리지 못하고 있는 것이 그 예입니다. 이는 사회의 폐쇄성을 유지하는 것이 민족의 생존에 유리하다는 의식이 한국사회에 잔존하고 있다는 것을 보여줍니다.

사실 한국의 정부와 시민사회는 그동안 산업화와 민주화에 집중하면서 강대국 중심의 지정학적 숙명론에서 벗어나려는 노력을 소홀히 해왔다고 볼 수 있습니다. 세계에서 차지하는 한국의 국제적 위상이 날로 높아지고 있음에도 불구하고 한국 정부의 통일정책과 시민사회의 통일노력은 한반도의 지정학적 숙명론을 걷어내지 못하고 있으며 북한의 지정학적 담론이 한민족에 미치는 악영향을 제거하지 못하고 있는 것으로 판단됩니다.

이제 한국이 산업화와 민주화의 성공을 넘어 진정한 선진국으로 가기 위해서는 한국 정부의 통일정책과 시민사회의 통일노력이 한반도의 지정학적 숙명론을 불식시키는 데 있어 주도적인 역할을 해야 한다는 점에서 북한의 지정학적 담론을 극복하는 지정학적 문화를 만들어 나갈 필요가 있습니다. 세계화, 지역화, 개방화의 흐름 속에서 국경의 장벽기능이 축소되고 있는 시점에, 한국은 동북아시아의 지정학적 맥락을 고려하여 통일을 주도하는 지정학적 전략을 기획하고 추진해야 합니다. 이를 위해서는 과거의 수동적이고 폐쇄적인 지정학적 문화에 대한 반성을 기초로 주변 강대국의 지정학적 문화를 깊이 있게 이해하면서 우리의 능동적·개방적인 지정학적 문화를 만들어 나가야 할 것입니다.

[주 석]

1 "≪예나 지금이나 나라의 지정학적 위치는 변함이 없지만 렬강들의 각축전 마당으로 무참히 짓밟히던 어제날의 약소국이 오늘은 당당한 정치군사강국으로 전변되었으며 우리 인민은 그 누구도 감히 건드릴 수 없는 자주적 인민으로 존엄 떨치고 있습니다.≫ 조선반도는 대국들에 둘러싸여 있다. 그 지정학적 위치로 인하여 자기를 지킬 힘이 없을 때에는 사대와 망국을 숙명처럼 감수해야만 하였다. 한 세기 전 식민지 지배의 수난을 겪었던 조선민족의 모습이 바로 그러하였다. 그런데 올바른 영도가 구현되어 자기를 지킬 힘을 가지게 되면 그러한 지정학적 위치가 오히려 유리한 조건으로 된다. 조선은 자주의 로선에 따라 국력을 다지고 핵보유국, 위성발사국의 지위를 차지하였다. 4.15연설은 김정은 시대 조선의 외교전략을 예고하는 것이었다. 그것은 동북아시아의 한복판에서 주변국들이 벌리는 공방전을 다스리며 자기 나라의 핵심적 리익을 실현해나가는 ≪지정학적요충지론≫에 기초하고 있다"("격동의 동북아시아, 조일합의를 둘러싼 국제정치(중)", 「조선신보」 (2014. 7. 2)).

2 김상배 (2015) "서론: 네트워크로 보는 세계 속의 북한", 윤영관·전재성·김상배 엮음, 『네트워크로 보는 세계속의 북한』 (늘품플러스), 참조

3 지정학적 문화란 '지리(geography)와 정치문화(political culture)가 결합된 것'으로 한 국가의 외교안보정책의 지정학적 토양이라고 할 수 있습니다. 여기서 지리는 국가의 운명이나 전략문화를 결정하지는 않으나 필요조건을 제공하거나 제한요인으로 작용합니다.

4 비판지정학은 1980년대 이후 고전지정학에 대해 비판적 시각으로 접근하는 다양한 학문적 입장으로 볼 수 있으나. 이 글에서는 좁게 보아 O'Tuathail 등 일부 정치지리학자들이 포스트모더니즘의 방법론으로 지정학적 담론을 해체하는 학문적 조류로 봅니다.

5 O'Tuathail, G., Dalby, S. and Routledge, P (2006) *The geopolitics reader, 2nd edition*. New York: Routledge. 참조.

6 공식지정학은 지정학자 및 국제정치 이론가들의 이론을 분석하는 것으로 예컨대 O'Tuathail, Dalby and Routledge(2006)는 Mackinder(Heartland), Haushofer (Lebensraum) 등의 이론이 객관적인 과학이 아니라 강대국의 정치적 고려에

따른 주장에 불과하다는 점을 보여주었습니다. 현실지정학은 현직 대통령이
나 외교안보 당국자 등 정책결정자의 공식적 언급이나 논리적 정당화를 분석
하는 것으로, 예컨대 O'Tuathail, G. and Agnew, J. (1992)은 미국의 Reagan
대통령이 Mackinder의 지정학적 담론을 차용하여 소련의 위협을 얼마나 효
과적으로 전달했는지 분석하였습니다. 대중문화지정학은 신문, 방송, 영화,
잡지 등에서 나타나는 지정학적 재현(representation)을 분석하는 것으로, 예
컨대 Sharp(2000)는 미국의 대중잡지 Reader's Digest에 대한 분석을 통해 미
국의 대중문화가 지속적으로 시대상황에 맞게 소련을 잔인하고 비도덕적인
사회로 묘사하고 있음을 보여주었습니다. 이 세 영역의 지정학 명칭에 대한
번역은 지상현·콜린플린트(2009)를 따랐지만 그 내용을 보다 잘 반영할 수
있는 한국어 번역을 고민할 필요가 있다고 봅니다. O'Tuathail, G., Dalby, S.
and Routledge, P (2006) *The geopolitics reader, 2nd edition.* New York:
Routledge. O'Tuathail, G. and Agnew, J. (1992) Geopolitics and discourse:
practical geopolitical reasoning in American foreign policy. *Political
Geography.* 11: 190−204. Sharp, J. (2000) *Condensing the Cold War:
Reader's Digest and American Identity.* Minneapolis: University of
Minnesota Press. 지상현·콜린플린트 (2009) "지정학의 재발견과 비판적 재
구성: 비판지정학", 『공간과사회』 제31호, 160−199 참조.

7 콜린플린트 저, 한국지정학연구회 역 (2007)『지정학이란 무엇인가』(도서출
  판 길) 참조.

8 최근 비판지정학 연구들은 텍스트의 분석 이외에 민족지연구(ethnography)
  등 다양한 방법론을 도입하거나(Megoran, 2006), 지나친 언어(language) 위
  주의 분석을 비판하면서 지정학적 담론에 언어뿐 아니라 실천(practice) 부분
  을 포함할 것을 주장(Müller, 2008)하고 있습니다. Megoran, N. (2006) For
  ethnography in political geography: experiencing and re−imagining
  Ferghana Valley boundary closure. *Political Geography.* 25: 622−640.
  Müller, M. (2008) Reconsidering the concept of discourse for the field of
  critical geopolitics: towards discourse as language and practice. *Political
  Geography.* 27: 322−338 참조.

9 Murphy, A. B. (1996) The sovereign state system as political−territorial

ideal: historical and contemporary considerations. In Biersteker, T. Weber, C. (eds.) *State sovereignty as social construct*, 81-120. Cambridge: Cambridge University Press. 참조.

10 조국강토(national homeland)는 사실 지도상에서 명확한 선으로 표현할 수 없습니다. 조국강토의 주변부 지역은 여러 민족이 혼재하여 살거나 민족간 완충지역으로 비워져 있는 경우가 있기 때문입니다.

11 Taylor, P. J. (1994) The state as container: territoriality in the modern world-system. *Progress in Human Geography*. 18: 151-162 참조.

12 Sparke, M. (2005) *In the space of theory: postfoundational geographies of the nation-state*. Minneapolis: University of Minnesota Press. 참조.

13 지상현·콜린플린트 (2009) "지정학의 재발견과 비판적 재구성: 비판지정학", 『공간과사회』 제31호: 160-199 참조.

14 서승원 (2011) "21세기 동아시아 지정학과 한일 안보협력: 수렴되는 중견국의 외교안보적 선택", 『일본연구』 제15집; 이철호 (2007) "동아시아 국제관계의 공간적 변용과 해양아시아: 대륙-해양의 역학에 대한 비판지정학적 이해", 『동아연구』 제53호: 109-144; 허원영 (2014) "일본의 인식 변화와 해양정책의 전환: 동중국해 대륙붕 분쟁을 중심으로", 『한일군사문화연구』 제17집 참조.

15 Seung-Ook Lee(2014)는 예외적으로 비판지정학적 관점에서 북한을 구체적으로 분석하였습니다. Lee, Seung-Ook (2014) The production of territory in North Korea: 'Security First, Economy Next'. *Geopolitics*. 19: 206-226 참조.

16 Dalby, S. (1988) Geopolitical discourse: the Soviet Union as Other. *Alternatives*. 8: 415-442 참조.

17 O'Tuathail, G. and Agnew, J. (1992) Geopolitics and discourse: practical geopolitical reasoning in American foreign policy. *Political Geography*. 11: 190-204 참조.

18 예컨대 북한은 상대적으로 주변국에 비해 경성권력이 약한 약소국으로 평가될 수 있으나 한민족의 안정된 영토성을 바탕으로 강력한 사상통제체제를 통해 지정학적 담론의 구성에서 상대적으로 높은 자율성을 유지해 왔다고 할 수 있습니다.

19 지정학적 코드는 스케일에 따라 모든 나라가 이웃국가에 대해 갖고 있는 local-level, 다수의 국가가 이웃국가를 넘어 자신들의 힘을 투사하기 위해 갖고 있는 regional-level, 그리고 일부 소수 강대국만 갖고 있는 global-level로 구분할 수 있습니다. Flint, C. & Taylor, P. J. (2007) *Political geography: world economy, nation-state and locality.* 5th edition. Pearson Education Limited: 45 참조.

20 Dijkink(1996)는 지정학적 비전을 국가정체성이 지리적 용어나 상징으로 표현된 것으로 보았습니다. Dijkink, G. (1996) *National identity and geopolitical vision: maps of pride and pain.* London: Routledge 참조.

21 Mamadouh, V. and Dijkink, G. (2006) Geopolitics, international relations and political geography: the politics of geopolitical discourse. *Geopolitics.* 11: 349-366 참조.

22 Kolossov, V. (2003) High and low geopolitics: images of foreign countries in the eyes of Russian citizens. *Geopolitics.* 8: 121-148 참조.

23 과거 주류 국제정치학은 국가정체성이 주어진 것으로 보아 왔으나 1990년대 이후에는 국가정체성이 사회적으로 구성된다는 주장이 구성주의 국제정치학 자들에 의해 제기되고 있습니다. 즉 국가정체성은 민족국가들 사이에서 사회적으로 인식된 차이들에 의해 구성되는 것으로 국가정체성은 한 국가가 고유하게 보유해 온 것이 아니라 국제체제 속에서 관계적으로 형성된 것이라고 본 것입니다. 한편 국가이익도 주로 안보이익 등 물질적 관점에서 규정되어 왔습니다. 그러나 구성주의 학자들은 국가이익도 물질적으로 규정되기보다는 국가정체성에 따라 문화적으로 다르게 규정될 수 있는 경합적인(contested) 개념으로 인식되고 있습니다.

24 북한의 대중문화는 자본주의사회의 대중문화와 분명한 차이가 있으나 수령이 엘리트들의 우두머리일 뿐 아니라 대중들의 열망을 표현하는 역할도 한다는 점과 대중들을 위한 문화예술 매체의 존재, 그리고 자본주의 대중문화의 조작가능성을 감안하면 북한의 대중문화의 존재도 충분히 인정될 수 있다고 봅니다. 북한이 인민을 위한 체제를 표방하고 있는 만큼 북한의 문화 자체가 엘리트문화보다는 대중문화를 지향하여 엘리트문화와 대중문화를 구분하기 어려울 수도 있을 것입니다.

25 2015년 8월 15일 광복 70주년을 맞아 북한이 '민족의 자주권 수호'를 명분으로 기존 표준시보다 30분을 늦춘 '평양시간'을 제정한 것은 대중들의 일상생활에 기준이 되는 시간을 변경함으로써 평양의 한반도 중심성을 다시 한번 환기시키는 조치라고 해석할 수 있습니다.

26 최근 김정은 제1위원장이 "백두산 칼바람정신"을 강조하면서 중요한 시기에 백두산 천지를 오르거나 백두산지역을 방문하고 있는 것은 이러한 정당화 기제를 활용하고 강화시키는 것이라고 볼 수 있습니다.

27 민족들이 특정한 영토를 요구한다는 점에서 민족주의는 '영토적 이데올로기'(territorial ideology)(Anderson, 1988)이며, 안보담론은 영토보전을 절대화함으로써 국가를 고유하게 '영토적인 주체'(territorial subject)로 재생산(Kuus & Agnew, 2007)하기 때문입니다.

28 실제로 김일성은 사회주의 도입에 있어 현지조건(Korean Conditions)을 강조하였습니다. 그래서 조선의 지리와 역사에 대한 인식을 중요성을 강조하였습니다. 북한이 과학원 지리학연구소를 중심으로 500여 명의 과학자, 기술자, 전문가, 교원들이 참여하여 1982년부터 착수하여 1990년을 전후로 총 30권으로 발간한 『조선지리전서』는 김일성의 '조선혁명가들은 조선을 잘 알아야 한다'는 교시를 반드시 담고 있습니다.

29 북한의 노동신문은 "우리는 한 민족의 운명과 미래를 좌우하는 그런 위대한 유산에 대하여 말한다. 인공지구위성의 제작 및 발사국의 핵보유국의 존엄! 지식경제시대의 민족의 앞날을 앞당겨주신 새 세기 산업혁명! 피눈물로 꽉 찬 슬픔의 대하를 강성국가에로의 대진군 대오로 격변시킨 민족의 정신력! 대국들의 틈에 끼여 파란많던 이 땅을 누구도 넘겨다보지 못하게, 약소민족의 한 많던 민족을 가슴을 당당히 펴고 세계를 굽어보며 사는 존엄 높은 인민으로 영원히 되게 하여준 우리의 핵과 위성이다"(「로동신문」 2011. 12. 28. 리동찬, "김정일 동지의 혁명유산")라고 보도하며 핵개발을 김정일의 대표적인 업적으로 선전하였습니다.

4. 통일논의에서 신지정학적 담론의 유용성과 확장의 문제

홍면기(동북아역사재단)

Ⅰ. 문제의 제기

2016년 북한의 연이은 핵실험 이후 국제사회의 대북 제재국면이 계속되고 있는 가운데 한반도의 평화와 통일에 대한 불확실성과 위기감이 높아지고 있습니다. 그 가장 중요한 원인이 북핵문제와 북한체제의 불안정성으로 말미암은 것임은 말할 필요가 없을 것입니다. 그럼에도 불구하고 북핵문제를 둘러싼 팽팽한 줄다리기가 계속되고 남북한 간의 긴장국면이 구조화되면서 한국이 통일문제에 대한 주도권을 잃을지도 모른다는 우려가 제기되고 있는 것은 깊이 유념할 대목입니다.

신지정학에 대한 관심은 이처럼 난관에 봉착한 통일문제를 새로운 시각으로 살펴봐야 한다는 지식사회의 위기의식으로부터 출발한 것이라고 할 수 있습니다. 통일문제를 사고하고 실천하는 인식과 방법론에 대한 점검이 필요하다는 문제의식이 집약된 것이라고 할 수 있지요. 그러나 다양한 논의의 층차를 가진 신지정학이 남북한의 대치국면을 해소할 수 있는 방법론으로서의 적실성을 가질 수 있는지를 검증하는 것은 쉽지 않은 문제라고 하겠습니다. 격변하는 정세 속에서 신지정학이 정책결정자나 일반국민들에게 그동안의 지정학적 압박감을 넘을 수 있는 담론으로서의 유용성을 확보하기 위해서는 검토할 점이 적지 않다는 것입니다. 반면, 신지정학에 대한 '집단지성'의 논의가 기존의 지정학적 논리를 넘어서는 설득력

과 비전을 보여주지 못한다면 대중들은 지식사회의 새로운 노력도 별 것
이 없다는 체념의 정서를 확인하게 될 지도 모릅니다. 분단과 통일에 대한
냉철한 이해를 방해하고 감성적인 주장을 증폭시키면서 통일의지를 손상
시키는 부작용을 일으킬 수 있다는 것입니다.

　그러므로 지식사회가 정책결정자와 국민들에게 참신한 통일논리를 제
공하고, 고갈되어 가는 통일의 동력을 다시 살리고자 한다면 그동안의 논
의와 결과 질을 달리하는 비전과 정책을 제시할 수 있어야 할 것입니다.
이런 문제의식에서 이 글에서는 통일문제에 대한 새로운 접근법으로 제기
되고 있는 신지정학의 의의와 한계가 무엇인지, 어떻게 이를 통일정책의
물꼬를 트는 대안적 담론으로 확장, 발전시켜 나갈 수 있을 것인지에 대한
몇 가지 의견을 제시해 보려고 합니다.

Ⅱ. 길 잃은 통일논의: 인식론의 분열과 정책의 딜레마

　노태우 정부에서 마련된 남북기본합의서1 체제로 남북관계는 제도화
의 희망을 갖게 되었습니다. 그러나 그 이후 김대중, 노무현, 이명박, 박근
혜 정부를 거치면서 남북관계 내지 통일문제는 자기 진화의 길을 잃고, 안
팎의 정세에 따라 심하게 요동쳐 왔습니다. 북한, 통일문제에 대한 우리
사회의 논의도 건전한 수렴점을 찾아가기보다 보혁 간의 갈등이 심화, 재
생산되는 악순환을 거듭하고 있습니다. 이런 내부 분열이 누적되고, 여기
에 중국의 급격한 부상 이후 미중 간의 대립선이 뚜렷해지면서 남북한의
화해와 통일이 임박한 것 같았던 짧은 기간의 설렘은 무력감으로 바뀌었
습니다. '운명의 여신'이 이 땅에서 평화와 통일의 기회를 거두어 갈지도
모른다는 위기감, 북한의 변화를 유도할 마땅한 대안을 찾기 어렵다는 조
급함이 오늘 우리가 느끼는 현실이 아닌가 합니다. 여기서 통일에의 길을
찾지 못하고 있는 분단한국의 딜레마를 한국, 남북한, 한국과 외부로 나누
어 간략히 짚어 보겠습니다.

1. 권력의 수사(修辭)와 국민의 분열

통일은 본질적으로 이념과 정당성의 기반을 달리하는 두 정치권력 간의 통합을 의미하는 것입니다. 그러므로 통일이 우리 모두의 염원이라고 할지라도 그것이 정치권력적 맥락에서 완전히 자유로울 수는 없을 것입니다. 그러나 통일문제가 비민주적 권력이나 정치공학적 수사에 지배받으면 정책의 합리성과 균형을 잃게 될 위험성이 증가하게 마련입니다. 김대중 정부 이래 대북, 통일정책의 변화 폭이 커지면서 국민들의 입장이 심하게 갈리고 있는 것 또한 통일논의가 정권의 논리나 수요, 국내정치적 지형 등과 깊은 관련을 가지고 있음을 잘 보여주고 있습니다.

최근 정부의 예를 들어보지요. 김대중 정부는 대북포용정책을 표방하며 적극적인 대북정책을 구사하였습니다. 남북정상회담을 성사시키고 북한에 대한 햇볕정책을 추진하였지요. 노무현 정부는 김대중 정부의 정책을 계승하였으나 화해협력에 가속도를 내면서 보수층의 결집과 반발을 불러일으키게 됩니다. '퍼주기' 논란이 그 예입니다. 이어 등장한 이명박 정부는 북한붕괴에 대한 기대를 가지고 이전 정부의 합의와 정책기조를 부정하면서 엄격한 상호주의를 내세우게 됩니다. 이명박 정부의

상호주의를 김대중 정부 이래의 상호주의가 진화된 산물이라고 볼 수도 있을 것입니다. 그러나 이명박 정부가 상호주의라는 수사(修辭)에 기계적, 강박적으로 집착하여 정책의 유연성을 발휘하지 못함으로써 남북한 간 긴장을 초래하고, 통일논의를 퇴행시키는 등 적지 않은 부작용을 유발했음도 부정하기 어려울 것입니다.

이명박 정부의 보수적 분위기 속에서 태동한 박근혜 정부에 들어서 대북 보수기조가 더욱 강화되게 됩니다. 박근혜 정부는 '한반도 신뢰프로세스', '동북아 평화협력구상', '유라시아 이니셔티브' 등을 주요 대외정책으로 내세웠습니다. 이들은 궁극적으로 한반도의 평화와 통일이라는 목표로 수렴될 아이디어들이지만 상호 간의 정합성을 확인하기는 어렵다고 보

여집니다. 오히려 최근에는 북한에 대한 배제와 적대의 논리가 힘을 얻으면서 정책 상호 간의 불연속성이 부각되고, 통일논의가 사실상 실종되는 상황이 벌어지고 있습니다.

　행정부가 바뀌면서 북한이나 통일에 대한 정책이 변화되는 것은 자연스러운 일일 것입니다. 그러나 여기서 핵심적으로 지적하고자 하는 것은 진보, 보수성향이 강한 정권이 교대로 들어서면서 남북관계를 둘러싼 사회분열이 가속화되고, 통일의 동력이 급격히 떨어지고 있다는 것입니다. 이런 사회적 분위기 속에서 정책의 일관성과 유연성이 견지, 발휘되기 어려운 것은 당연한 귀결일 것입니다.[2]

　최근 한국사회에서는 세대, 계층, 지역별로 북한, 통일문제에 대한 입장이 크게 갈려 있습니다. 툭하면 '종북좌빨'이나 '보수꼴통'이라는 이념적 편가르기가 도지기도 합니다. 이렇게 사회적 균열이 깊어지고 있습니다만 우리 사회는 아직 소통과 화합의 길을 찾지 못하고 있습니다. 정치권은 정치권대로 통일한국의 비전을 펼치기보다 정치공학적 셈법으로 남북관계와 통일문제에 접근하는 행태를 계속하고, 지식사회와 언론도 한국호(號)의 지혜로운 안내자 역할을 다하지 못하고 있습니다.

　민주주의는 소수의견을 존중하고 정당과 여론 등을 통해 다양한 이익과 이견을 조정, 수렴해 갈 수 있는 장점을 가지고 있습니다. 그러나 요즘 한국사회에서 나타나는 이와 같은 극한적 갈등과 대치는 타자의 존재와 의견을 존중하는 민주주의 정신과는 거리가 먼 것입니다. 이들이 각기의 논리와 설명력을 가지고 있느냐는 차치하고라도 자신들만의 입장을 완강히 고수하다 보니 분열이 격화되고, 결국 통일논의의 사회적 합의기반이 급격히 잠식되고 있는 것이 작금의 현실이기 때문입니다. 이런 소모적 논쟁으로 말미암아 우리가 치루고 있는 기회비용은 참으로 막대한 것입니다. 모두 자신들만이 진정한 '애국자'임을 자처하지만 공공의 문제에 대한 건전한 논의를 막고 있다는 점에서는 오십보백보이지요. 이런 틈새로 "특별한 수가 있느냐, 설마 무슨 일이 나겠나"하는 체념과 패배의 심리가 만연하는 것은 아닌지 살펴야 할 것입니다.

2016년 5월 7차 당대회를 통해 핵보유를 기정사실화한 북한은 이제 무력위협을 일상화하고 있습니다. 그럼에도 불구하고 문제의 심각성에 대한 정치권의 인식은 여전히 부족해 보이고,[3] 분열된 사회는 각자의 주장을 권력화하며 역사의 내상(內傷)을 깊게 하고 있을 뿐입니다. 그것이 우리의 현주소입니다. 쿠오바디스(Quo Vadis)입니다.

2. '고슴도치와 여우'의 게임?

냉전 종식 이후 남북한은 고슴도치와 여우의 예화처럼 접점을 찾기 어려운 상극적 게임을 반복해 왔습니다. 북한의 집요한 '공세적 방어전략'(offensive defense strategy)에 우리의 대북정책은 이전과 다른 방법론이 수혈되지 않는 한 전략적 카드를 거의 소진한 것처럼 보여집니다.[4] 이런 상황에서 빠지기 쉬운 함정은 '여우의 신포도'와 같은 자기 합리화와 감정적 대응의 유혹입니다. 압도적 국력에도 불구하고 북한문제에 대한 돌파구를 찾지 못하는 시간이 길어지면서 대북정책의 딜레마를 반대 입장을 가진 사람들에게 투사(投射)하거나 핵무장 등 극단적 방법으로 북핵에 대응하자는 주장이 나타나는 것은 이런 사회심리를 잘 보여주는 현상들입니다.

전문가들은 한반도에서 전쟁이 발발하면 2차 세계대전에 버금가는 참혹한 피해를 각오해야 할 것이라고 지적하고 있습니다. 그럼에도 남북한의 군사주의적 기조는 완화의 기미를 보이지 않고 있고, 북한의 계속된 핵도발 이후 조성된 남북한 간의 군사적 충돌에 대한 공포심도 누그러지지 않고 있습니다.

앞서 역대 정부의 대북, 통일정책이 순조롭게 이어지지 못했다는 말씀을 드렸습니다만, 그 저변에는 1994년경부터 등장한 소위 '북한붕괴론'이 자리잡고 있습니다. 그러나 북한붕괴론은 현실화되지 않았으며, 많은 사람들은 내외부의 모순과 위기요인에도 불구하고 북한이 상당한 내구력을 보여줄 것이라고 평가하고 있기도 합니다. 북한이 국가로서의 의의를 상실한, 붕괴위기에 처한 '실패국가'(failed state)5라는 것에는 전문가들도 대개 동의를 하고 있습니다. 그러나 분명히 할 것은 북한의 '붕괴'에 대비하는 것과 북한붕괴를 '추진'하는 것은 완전히 다른 문제라는 점입니다.

　한반도의 지정학적 상황이나 역사적 경험을 한 세기만 돌려보아도 북한붕괴가 곧바로 통일로 이어질 것이라는 기대가 얼마나 순진한 것인지는 쉽게 알 수 있을 것입니다. 수많은 시나리오에 대한 치밀한 대안 없이 일이 벌어지면 '어찌어찌' 수습이 되고 통일이 될 것이라는 생각은 참으로 무책임하고 위험한 자기기만일 뿐입니다.

　6·25전쟁이 보여준 가장 분명하고도 비극적인 교훈은 미국이나 중국이 결코 한반도 전체가 상대방의 영향권에 들어가는 것을 좌시하지 않았다는 것입니다. 북한붕괴가 통일의 지름길이라는 주장과 자기희망적 기대는 한반도의 지정학적 경험은 물론 이 참담했던 민족상잔의 교훈조차 제대로 이해하지 못하는 몰역사성을 드러내는 것입니다. 통일문제를 보는 시각이 좁고 감정적이며, 상상력이 빈곤하다는 것을 보여주는 것이지요. 북한에서 벌어질 상황을 완전히 장악할 능력도, 평화를 위한 제도적 장치

그림 1 　미중 사이의 한반도를 풍자한 만화(중앙일보, 2010. 7. 26)

도 부재한 상황에서 북한붕괴가 통일로 곧바로 이어질 가능성은 매우 희박합니다. 최악의 경우 우리는 기나긴 내전과 재분단이라는 감당하기 어려운 혼란을 각오해야 할지도 모를 일입니다. 분단의 끝이 아닌 혼돈의 서막을 의미하는 것일 수 있다는 것입니다.

북한붕괴론의 또 다른 문제는 그것이 심정적으로 외세, 특히 미국 의존적 사고에 기대고 있다는 점입니다. 한미동맹이 한반도의 안전과 번영을 지지해 온 강력한 기반이었음은 의심의 여지가 없습니다. 그리고 그런 판단은 지금도 유효합니다. 그러나 한미동맹이 한국의 안전과 평화를 수호하는 역할을 넘어 통일의 주력, 주축이 되는 것은 또 다른 차원의 문제라는 것, '안보동맹'과 '통일동맹'은 명백히 다른 개념이라는 것을 잊어서는 안될 것입니다. 미국의 지지와 도움이 통일의 필요조건임은 분명하지만6 그것이 곧 통일을 보장하는 충분조건은 아니라는 것이지요.

우리는 지금 고슴도치처럼 다루기 곤란한 북한을 요리하기 위해서 '신포도'의 구실을 찾는 대신 기존의 발상을 뛰어넘는 이론적, 실천적 돌파구를 찾아내지 않으면 안될 상황에 처해 있습니다. 이런 인식과 정책의 돌파는 한반도의 지정학에 대한 해석과 역사기억의 구조를 다시 짜는 것으로부터 시작될 수 있을 것입니다.

3. '안과 밖'의 전도(顚倒)와 갈등의 이중나선

앞서 논의의 연장에서 다시 강조해 둘 것은 대북정책과 통일문제에 대한 이견이 '지정학적 진영론'으로 일탈하는 것은 매우 위험하다는 것입니다. 미국과 중국의 경쟁이 심화되는 상황에서 우리가 과도하게 한쪽에 경사하는 것은 주변국 간 마찰을 불러오고, 한반도를 또다시 강대국 충돌의 장으로 빠뜨릴 위험성이 크기 때문입니다.

한반도에서의 대륙, 해양세력 경합은 남과 북을 더욱 원심적으로 분리하게 되고, 우리 사회의 통일논의에도 심각한 분열을 조장하게 될 것입니다. 한반도가 강대국 정치의 각축장이 되고, 내부의 세력이 분열되었던 역사적 과오를 반복하게 된다는 것이지요. 물론 이런 이중의 분열이 현실화되기는 쉽지 않을 것입니다. 그럼에도 불구하고 이와 같은 우려를 떨칠 수 없는 것은 외부의 원심력이 우리의 대외의존적 의식구조와 뿌리 깊은 관련을 가지고 있다는 점 때문입니다.

통일의 주체는 한국(인)이며, 그 동력 또한 한국사회 내부에서 생성되고 동원되어야 함은 너무나 당연한 것입니다. 그럼에도 우리 역량으로 감내하기 어려운 북한붕괴론을 대북, 통일정책의 암묵적 전제로 삼고, 외세에 기대어 이를 이루어 나가려고 한다면 이는 매우 성급하고 위험한 것입니다. 통일문제를 우리가 주도한다는 입장을 확고히 하지 못하고 밖의 힘을 빌려 풀어 가려는 심리적 유혹을 뿌리치지 않는 한 통일은 끝내 잡을 수 없는 신기루가 될 것입니다. 남북관계 발전과 통일문제와 관련한 수많은 쟁점에 대한 우리와 주변국의 이익, 입장은 다를 수밖에 없기 때문입니다.7 이 점에서 정책당국이 통일의 긍정적 측면만을 강조하고, 통일과정에서 '비용'과 '희생'이 필수적임을 애써 말하지 않는 것은 바람직한 일이 아닙니다. 국민들이 치루어야 할 대가와 인내, 희생을 능동적으로 이해하고 공감하는 토태가 형성돼야 외부 원심력을 줄이면서 우리의 힘을 더해 갈 수 있게 될 것입니다.

정치가 '가능성의 예술'이라고 한다면 대북, 통일정책이 북한의 변화 가능성을 원천 부정하거나 실현되기 어려운 조건을 도덕적 기준처럼 강제함으로써 정책의 유연성을 포기하는 것은 현실적이지 않다고 보여집니다. 통일은 선악의 논리가 아닌 남과 북의 힘(power)과 정치사회적 능력의 우열에 따라 결정되는 문제이기 때문입니다. 근본주의적 경직성으로는 남북관계를 원만하게 풀어 나가기 어렵습니다. 북한으로 '직진'하지 못하다 보니 통일문제를 그 한 당사자인 북한 아닌 외국과 협의하고, 결국 외부에 도움을 청하는 딜레마가 생기게 되는 것이지요. 요컨대, 북한에 대한 경직된 선험적 전제가 통일문제에 대한 왜곡된 판단을 정당화하며 정책선택을 제한하거나 통일의 비전, 전략의 부재를 은폐하는 수단이 되어서는 곤란

하다는 것입니다.[8]

여기서 통일문제에 대한 사회적 목표와 이견을 수렴할 수 있는 사회적 합의기반을 복구하는 것이 긴급한 과제가 되고 있다는 점을 지적하지 않을 수 없습니다. 개인의 삶이 힘겨워지면 국민들은 공공의 일에 관심을 기울일 여력을 가질 수 없게 됩니다. 그것이 자신의 삶을 결정하는 중차대한 주제일지라도 말입니다. 남북관계를 비롯한 대외정책에 대한 분별력도 발휘되기 어렵게 되고, 정부나 정당의 통일론에 대한 비판적 이해와 지지기반도 형성되기 어렵습니다. 이 점에서 사회적 유동성의 확장, 빈부격차 해소 등 사회경제적 과제를 해소하면서 건강한 민주주의를 실천하는 것이야말로 통일역량을 축적하고, 그 생명력을 유지하는 첩경이요, 요체가 되는 것입니다.[9] 튼실한 국내정치적 토대 위에 사회구성원의 통일의지를 집약해 나갈 때 우리는 비로소 통일이라는 '역사적 순간'을 맞이할 수 있을 것입니다.

Ⅲ. 지정학적 위기의 재현과 신지정학적 통일논의

중국의 급격한 부상 이후 세계적 수준에서 미중 간 갈등과 경쟁이 가열되고, 남중국해, 유럽과 중동 등에서 지정학적 모순이 폭발하면서 일군의 학자들은 '지정학의 시대'가 다시 돌아오고 있다는 분석을 내놓고 있습니다. 그러나 다른 한편에서는, 과거의 지정학과는 구별되는 특징과 지향을 보여주는 신지정학에 대한 논의가 활발히 전개되고 있기도 합니다. 그리고 이런 논의는 한반도 국제정치를 권력정치적, 지정학적 시각에서 설명해 온 기존의 '습관화된' 논리[10]에 대한 돌파점을 제공할 수 있을 것이라는 기대를 높이고 있기도 합니다. 말씀드린 대로 북한, 통일문제에 관한 모순과 딜레마를 풀어 나갈 수 있는 새로운 담론으로 주목받게 된 것입니다. 그렇다면 신지정학은 우리에게 무엇을 설명하고, 어떠한 해결책을 줄 수 있을까요?

1. 통일문제에서의 신지정학 논의: 인식과 실천의 괴리

이명박 정부에서 대통령실장, 통일부 장관을 지낸, 그 자신이 한국의 대표적 지리학자이기도 한 류우익 교수의 신지정학에 대한 설명은 한국의 통일정책에 신지정학적 사고가 무엇이고, 어떻게 적용될 수 있는지를 보여주고 있다는 점에서 시사적입니다. 류 교수는 "시대정신은 단연 변화다. 문명의 패러다임이 변하고 있다. 변해야 한다. … 당연히 지정학적 사고도 변해야 한다. 변화된 패러다임에 유효한 새로운 지정학점 관점이 필요하다. 그것을 '신지정학'(new geopolitics)이라고 한다"고 하면서, 그 내용을 다음과 같이 요약하고 있습니다.11

표 1	신지정학 담론의 이론적 얼개
구 분	내 용
문 명	정보화, 글로벌라이제이션(globalization)이다. 전쟁이 아니라 평화다. 군사적 통치가 아니라 민간 주도 발전이다. 폐쇄된 공간의 제로섬 게임이 아니라 열린 사회의 경쟁과 협력을 통한 상생공영이다.
정 치	기존질서 유지가 아니라 새로운 질서의 창출이다. 중심과 주변은 고정되어 있지 않고 새로 형성되거나 변한다. 중국의 변화(G2)에 뒤이은 신흥개도국들의 부상을 보라. 민주화 바람과 흐름이 보편적 가치의 시대를 열고 있다.
구 도	양자관계가 아니라 다자관계이다. 정치뿐만 아니라 경제와 문화, 지식, 정보의 흐름이 관계망을 구성한다. 냉전적 구도는 사라졌다. 이분법이 아니라 복합중층적(複合重層的) 접근법이 필요하다.
전 략	물리적 위치가 아니라 관계적 위치가 중요하다. 공간적 거리뿐만 아니라 관계의 네트워크가 작동한다. 대륙 간 탄도탄 등장으로 재래식 전쟁개념은 의미가 약화되고 있다. 지역주의를 넘어 FTA는 전통적 영토 개념을 바꿔놓고 있다.
한반도	주변이 아니라 중심이다. 판이 바뀌고 주인이 달라지고 있다. 동아시아는 더 이상 극동(Far East)이 아니다. 반도는 열린 땅, 한반도가 변화의 중심이 되고 있다. 대한민국 능력과 위상이 높아졌다. 우리가 할 수 있다.

그러나 그가 설파한 이와 같은 내용이 이명박 정부에서 얼마나 구현되었는지는 또 다른 문제처럼 보입니다. 오히려 그가 인용한 구지정학의 문제12들과 냉전적 사고가 이명박 정부에서 두드러지면서 남북관계가 극도로 경색되었고, 이후에도 신지정학적인 가치를 구현하려는 정책적 노력이 눈에 띄지 않았기 때문입니다.

이와 같은 지식 담론과 현실정책의 괴리는 아직 우리 사회에서 신지정학적 사고가 충분히 성숙되고, 공유되지 못하고 있음을 반증하는 것입니다. 즉, 신지정학이 통일문제에 대한 새 접근법으로서 제기되고 있으나 그에 대한 '앎'과 '이해'와 '실천'이 일관성 있게 통합되지 못하여 통일문제 문제에 대한 과학적 해결방법으로서의 실증성을 아직 확보하지 못하고 있다는 것입니다.

2. 신지정학: 유용한 대안인가, 위안과 도피의 언술인가?

이 같은 신지정학에 대한 인식과 실천의 괴리, 기대와 현실 간의 간극이 해소되지 못할 경우 신지정학이 통일을 이루어 나가는 대안담론으로 자리잡기 어려울 것입니다. 정책결정자나 국민들이 신지정학이 등장하게 된 시대적 배경과 정신, 정책적 지향을 공유하지 못하면 그것은 기존 논의에 대한 대안으로서보다는, 소위 한반도의 지정학적 숙명론, 조건론을 달래는 위안의 언술로 둔갑할 지도 모른다는 것입니다.

신지정학이 급변하는 환경변화를 수용하면서 통일문제를 해석, 실천하는 담론체계로서의 유용성을 가지려면 국민들이 신지정학에 대한 정제된 개념을 명확히 이해하고 내면화해야 할 것입니다. 특히, 국가전략을 구상하고 실천하는 정책결정자들은 적어도 신지정학에 대한 '행동 수칙'(code of conduct) 수준의 사고체계를 갖지 않으면 안 될 것입니다. 이런 맥락에서 통일문제를 풀어 가기 위한 신지정학의 유용성, 그리고 논의의 방향과 관련한 몇 가지 문제를 확인해 보도록 하겠습니다.

첫째, 신지정학 논의가 '지정학적 숙명론'으로 굴레지워진 우리 역사

인식을 전환하는 한 계기가 되어야 할 것입니다. 한 국가의 대외정책은 고유의 역사적 경험을 해석, 적용하는 사고기반으로서의 전략문화(strategic culture)와 깊은 연관을 갖게 마련입니다. 그런데 아직도 많은 사람들은 한국의 역사가 지정학적 조건에 의해 '규정'되어 왔고, 이런 역사가 앞으로도 유형적으로 반복될지 모른다는 '생각의 감옥'에서 벗어나지 못하고 있습니다. 우리 미래를 개척해 나가기 위해서는 이런 두려움의 정서를 떨치고 진취적이고 전략적인 문화기풍을 수립하지 않으면 안 될 것입니다. 그렇게 하기 위해서는 통일과 미래에 대한 지정학적 편견을 철저히 해체하고 새로운 지정학적 논리로 한국의 역사를 조망하고 설계해 나가야 한다는 것입니다.

   최근 한국사회를 휩쓸었던 '상고사' 논쟁13은 미래에 대한 우리 안의 잘못된 두려움을 잘 보여주고 있는 예라고 생각됩니다. 역사적 사실에 대한 판단은 전문가들의 연구와 토론을 거쳐 확정될 문제이지만 적어도 한 가지 점은 분명히 해 두어야 할 것입니다. 일부 연구자들이 식민사관에 '찌든' 한국 사학계가 낙랑군 등 한군현이 한반도에 존재했다는 사실과 임나일본부설을 인정함으로써 한국의 역사강역이 남과 북으로부터 잠식당하고 있으며, 이런 식민사관으로는 통일을 기약할 수 없다는 주장을 하고 있다는 점입니다. 그러나 이런 주장은 사실상 폐기되거나 확립되지 않은 학설일 뿐만 아니라 국제정치의 생태와 기제가 전혀 달랐던 과거의 역사를 현재의 잣대로 재단하는 오류를 범하고 있다는 점에서 근본적인 문제가 있습니다. 이 같은 주장이 오히려 반도적 속성으로 한국사를 왜곡했던 식민사관에 스스로 얽매여, 확정하기 어려운 역사적 사실을 현재로 소환하면서 미래에 대한 불안을 부추기고 있다는 것은 매우 역설적입니다. 열린, 보편의 세계를 전제로, 문명사적 전환기의 진취적 역사발전을 전제하고 있는 신지정학적 사고가 전혀 수용되지 못하고 있음을 극명하게 보여주는 단면이기도 합니다. 더욱이 이 같은 프로파겐다식 주장에 일부 사회지도층이 감정적으로 동조하여 국민들의 역사적 패배의식을 조장하고 통일역량 결집에 해독을 끼치고 있음은 비극적이기까지 합니다.

통일논의와 그 실천과정에서 현실정치적 상황뿐 아니라 자기와 타자에 대한 인식체계 또한 매우 중요한 요소로 지적되고 있습니다. 신지정학이 대안적 방법론으로서 적실성을 확보하기 위해 한국사의 전개과정에 대한 해석의 전환을 담아내려는 노력이 뒷받침되어야 하는 이유입니다. 다른 학문과 마찬가지로 신지정학 논의도 기본적으로 서구에서 발원된 문제의식에 기초하고 있습니다. 그런만큼 신지정학 담론으로 통일문제를 논하자면 우리가 서 있는 역사적 상황과 기억 구조를 그 논의체계 안에 통합해 내야 할 것입니다. 역사성을 담아내지 못하면 신지정학 논의 역시 남의 손으로 내 다리를 긁는, '차용된' 지식에 길들여진 한국 지식생태계의 한계를 다시 한번 드러내게 될 개연성이 큽니다. 구체적 실천성을 갖기 어렵다는 것입니다.

둘째, 신지정학이 위와 같은 역사성을 담지할 때 어떤 정책을 상상하고 설계할 수 있느냐를 생각해 보아야 할 것입니다. 앞의 <표 1>에서 나타난 바와 같이 통일문제와 관련하여 신지정학은 새로운 질서의 창출, 복합중층적 접근, 상생공영 등을 통해 한반도가 동아시아 변화의 중심이 될 것을 표방하고 있습니다. 그러나 이미 지적한 바와 같이 1990년대 이후 우리 정부가 이런 상상력을 가지고, 한반도를 넘는 넓은 공간에서 통일전략을 설계하고 실천해 왔다고 보기는 매우 어렵습니다. 오히려 북을 전략적으로 공략하지 못하는 동안 이른바 '남남갈등'이 심화되어 왔고, 남북한과 그 주변지역의 긴장도 지속적으로 증가하고 있습니다.

한반도 상황을 좀 들여다 보면 사정은 더욱 엄중합니다. 한미동맹 문제는 앞에서 말씀드렸습니다만 중국과 일본도 유사시 한반도 개입의사를 공공연하게 드러내고 있습니다.14 '오래된' 억지들이지만 우리가 이런 지정학적 도전에 매우 둔감해져 있고, 그래서 '전략적 시간'을 낭비하고 있는 것은 아닌지 깊이 생각해 보지 않을 수 없습니다.

그렇다면 권력지정학적 관념에 포박된, 경직된 사고와 상상력의 빈곤이 현실적으로 북한과 한반도 통일문제를 풀어 나가는 데 어떤 문제를 일으키고 있는 것일까요? 한 가지 예를 들어보지요. 2015년 Scott Snyder와 Blad Glosserman은 한일관계의 교착상태 타개를 위해 △일본은 독도에 대한 주장을 포기하고, 과거사를 사과하며, △한국은 일본의 입장을 최종적이고 성의 있는 것으로 받아들이고, △양국이 전쟁행위를 하지 않을 것 (no-war clause), △일본은 한국 주도의 통일을 지지할 것 등의 내용을 담은 새로운 한일 우호조약(a New Japan-ROK Treaty of Friendship and Partnership) 체결을 제시한 바 있습니다.15 그러나 이런 제안은 한국에서 충분히 주목받고, 검토되지 못한 것 같습니다. 미중 간 전지구적 차원의 전략적 게임이 미일의 밀착을 조장하는 흐름 속에서 국제관계를 선제적으로 활용할 역발상의 계기와 플랫폼을 만들어 내지 못했다는 것입니다. 정주영 회장의 말대로 "그거 해봤어?" 식의 기업가정신을 정책결정자들에게서 찾아보기 힘들다는 것이지요. 이는 우리가 긴 호흡으로 한반도와 동아시아 문제를 보지 못하거나 우리 주도로 분단을 해소해 나갈 거시적이고 장기적인 담론을 치밀하게 구축하지 못하고 있다는 것을 단적으로 보여주는 대목이기도 합니다. 다른 한편, 우리 사회가 분단체제에 도사린 지정학적 '파국'의 위험을 모르거나 짐짓 외면하고 도피하면서 한미동맹 강화, 한중관계 중시 등의 이분법적 논리에 많은 에너지를 소진하고 있음을 보여주는 것이기도 합니다. 이전 정부에서의 '자주파'와 '동맹파' 간의 논전에서 한 단계 높아진 전략적 의제와 이에 대한 논의구조가 마련돼 있지 않는다는 것이지요.

셋째, 궁극적으로 신지정학 담론을 어떻게 국민들에게 설명하고, 통일 에너지를 극대화할 수 있는가의 문제입니다. 분단 100년을 코앞에 두고 있는 한국사회는 아직도 통일에 대한 가시적 전망을 갖지 못하고 있습니다. 심지어 구한말의 역사가 반복될지도 모른다는 탄식과 '망국론'16이 사회저변에 틈입하고 있는 형편입니다.

신지정학이 기존의 것과 다른 담론과 정책지침으로서 역할을 다하려

면 국민들이 신지정학의 가치와 전략 지향을 지지하면서 통일역량을 축적
해 나갈 수 있는 생태를 조성해 나가야 할 것입니다. 여기서 무엇보다도
중요한 것은 국민들이 통일문제를 어느 수준에서 이해하고 있는가 하는
것입니다. 그리고 이와 같은 국민적 인식 전환에 무엇보다 중요한 것은 통
일교육입니다.17

　　이와 관련하여 통일문제를 이해하는 우리 학문의 불모성을 지적하지
않을 수 없을 것입니다. 소위 지정학과 외교사가 그 단적인 예가 될 것입
니다. 유감스러운 일이지만 지정학이 한국의 명운에 결정적 영향을 미쳐
왔다는 얘기가 '지겹도록' 반복되어 왔음에도 불구하고 사실 그동안 우리
사회에서는 지정학이 무엇이고, 그것이 '어떻게' 우리의 운명을 좌우했는
가에 대한 논의가 본격적으로 이루어진 적이 없습니다. 대학에서 한국 외
교사를 체계적으로 연구하고 가르치는 분위기도 진작되지 못하고 있습니
다.18 이런 상황에서 지정학적 담론과 정세 변화를 꿰뚫어 보면서 통일과
그 이후의 역사를 열어 갈 비전을 만들어 나갈 수 있는 상상력이 발휘될
수 있을까요? 한국의 국제관계가 주변 강국에 의해 좌우되어 왔다는 인식
을 전복하기 위한 '대항담론'을 만들어 낸다는 것 자체가 애초에 불가능한
것이었다면 지나친 과장일까요? 지정학에 대한 연구와 교육이 제대로 이루
어지지 못하고 있는 형편에서, 그리고 한국의 역사, 특히 대외관계사에 대
한 주체적 인식을 담아낸 통사적인 한국 외교사조차 갖추지 못한 현실에
서 통일을 위한 신지정학의 담론을 완성하고 미래를 위한 역사를 설계할
비전과 신심을 국민들과 공유해 나가는 것은 지난한 과제가 될 수밖에 없는
것입니다. 우리 학문의 힘, 지식의 전략이 절실하고 시급한 까닭입니다.

　　요컨대, 신지정학이 우리 앞의 도전과 불확실성을 회피하거나 얼버무
리는 '희망고문'이 되지 않기 위해서는 적어도 지정학과 한국의 대외관계,
전략에 대한 연구가 활성화되고, 여기서 계발된 반전(反轉)된 인식체계가
통일에 대한 새로운 차원의 인식과 실천으로 연결될 수 있도록 해야 할
것입니다. 이렇게 함으로써 우리는 신지정학 이론의 가치체계와 정책영역

을 구체화해 나갈 수 있을 것입니다. 정책결정자와 국민들이 신지정학적 정신과 전략을 체화하게 되고, 궁극적으로 남북관계와 통일환경을 이전과 다른 국면으로 끌어올려 갈 수 있게 된다는 것입니다.

Ⅳ. 신지정학적 통일논의의 확장과 과제

위에서 본 것처럼 통일논의는 교착되어 있고, 국민들은 아직 한반도 의 지정학적 조건이라는 심리적 '장벽'을 뚫지 못하고 있습니다. 굳은 사고 의 관성을 떨치지 않으면 학습된 무기력을 벗어나기 어렵고 통일로 나아 가기 위한 과감한 상상력과 확신도 구하기 어려울 것입니다. 이와 같은 심 리적 상황에서 대중들은 한국사의 '원대한' 비전 대신 맹목적 애국주의나 남을 탓하는 편가르기로 일탈할 개연성이 높습니다. 사회 분열이 가속화 되는 것이지요. 이것이 우리 사회가 북한문제를 직접적이고 적극적으로 해결하려는 용기보다는 북한을 '건너뛰어' 통일문제를 풀어 보려는 유혹에 서 완전히 빠져나오지 못하는 원인이기도 합니다. 엄중해지고 있는 지정 학적 도전을 넘어 통일을 성취해야 한다는 책임감과 통일에 대한 다양한 접근법을 깨우치기에 앞서 "통일이 된다면..."식의 현실과 동떨어진 미래 상을 얘기하는 것이 통일교육의 주요한 관심사가 되고 있는 것도 그 한 단면입니다. 그렇다면 신지정학은 어떤 가능성을 얘기하고 있고, 이를 어 떻게 통일논의의 확장과 연계해 나갈 수 있을까요? 앞서 논의의 연장에서 몇 가지 점을 부연하도록 하겠습니다.

1. 신지정학적 담론의 정착을 위한 두 전제

신지정학적 논의의 확장을 위해서는 무엇보다 동아시아의 역사를 중 국과 일본, 혹은 대륙과 해양의 대립관계로 인식하는 역사해석을 경신(更 新)해 나가야 할 것입니다. 한반도를 강대국 정치가 소용돌이치는 권력정 치의 피동체가 아닌, 동아시아의 교류와 협력을 매개, 융합할 수 있는 공간으로 자리매김하는 상상력이 확보되어야 하고, 통일이 한반도를 넘어 동아시아 평화를 이끌어 내는 전략이라는 관점의 변화도 이루어져야 할 것입니다. 관점과 개념의 전환이 중요하다는 것입니다.19

　신지정학 논의를 통일을 지향하는 대안 담론으로 발전시켜 나가기 위해서는 우선 우리 사회의 '지정학적 감수성'(geopolitical sensitivity)을 높여 나가야 할 것입니다. 국제정세의 변화를 해독하고 유연하게 대응하는 능력을 키워 나가야 한다는 것입니다. 전 세계가 하나로 연결돼 가면서 지구 한 구석의 작은 변화가 다른 한편의 거대한 변화로 나타날 수 있게 되었습니다. 이른바 '나비효과'(butterfly effect)라는 것이지요. 다른 한편 우리의 선택이 장기적으로 지역, 세계적 수준에서 심대한 함의를 가질 수도 있게 되었습니다.20 이처럼 복잡하게 연결된 세계에서 지구 한 켠의 작은 지정학적 변화와 우리의 선택이 갖는 의미를 민감하게 감지하고 이해하지 않으면 안될 것입니다. 낱개 사실을 큰 구조 속에서 이해하는 감수성과 이를 우리의 정책, 전략과 연결지어 관찰하는 힘이 있어야 한다는 것입니다. 주변국에 비해 상대적으로 작은 크기의, 더구나 분단한국의 입장에서 이런 능력은 필수적인 것입니다.

　한편, 이제까지와는 다른 역사를 만들어 가기 위해서는 우리 역사를 좀 더 긍정적이고 진취적으로 해석해 내야 할 것입니다. 우리는 이 땅에서 수천 년 흥망성쇠의 역사를 이어왔습니다. 주변세력과 때로는 경쟁하고 갈등하면서, 또 때로는 교류하고 공존하면서 말입니다. 그런데 문제는 한국인들이 한국 역사상의 이런 진취적인 측면을 기억하기보다 지나친 지정학적 피해의식을 가지고 있다는 점입니다. 물론 우리가 힘과 지혜를 잃었을 때 한반도가 전화(戰火)에 휩쓸리게 되었다는 점을 뼈아프게 기억해 두어야 하겠습니다. 그러나 다른 한편, 우리가 대륙과 해양, 중국과 일본의 교류와 소통을 매개, 종합하면서 독자적 문화를 꽃피웠다는 사실도 잊어서는 안될 것입니다. 이런 관점에서 한국의 지정학적 경험과 자산을 편견의 안경을 벗고 객관적으로 평가해 보아야 할 것입니다. 한국이 동아시아

역사무대의 주요 행위자였고, 역내 국제관계 발전을 촉진할 잠재력을 지녔다는 적극적 역사인식이야말로 우리가 동아시아사를 견인해 갈 수 있다는 상상력의 근원이 되고, 미래 역사도 "우리가 하기 나름"이라는 자신감의 근원이 되는 것입니다.21

　　역사는 내러티브에 의해 구성되며, 그러므로 내러티브는 역사를 이해하는 주요한 방식이 됩니다.22 여기서 우리가 한반도와 동아시아 역사전개에 대한 독자적 내러티브를 얼마만큼 발굴하고 내면화할 수 있느냐 하는 것이 중요하게 됩니다. 한반도의 지정학적 경험과 미래에 대한 긍정적이고 진취적인 내러티브를 발굴하고 공유하는 것이야말로 세계사의 진운에 주도적으로 참여하면서 통일과 그 이후를 설계하기 위한 대전제이기 때문입니다. 바깥의 논리에 우리의 논리가 압도당하는 사회적 분위기나 중역(重譯)23의 학문체계로는 통일의 신지정학을 진전시켜 나갈 수 없는 것이지요. 바로 여기서 우리는 학문의 자기준거성과 역사적 사상(事象)에 대한 '언어적 전환'(linguistic turn)을 요구받게 되며, 이는 통일문제 인식에서도 마찬가지입니다.

　　우리가 남북관계와 통일문제에서 안고 있는 근본적인 딜레마는 "북한은 변할 것인가", "변한 북한은 우리에게 어떤 존재가 될 것인가"에 대한 불확실성과 잠재적 공포에서 비롯되는 것입니다. 이 때문에 통일을 갈망하고 추구한다고 하면서도 때로는 통일이 두려워지고, 급기야 통일로부터 도피하려는 심리적 갈등상황이 빚어지기도 합니다. 신지정학 논의는 궁극적으로 한반도의 역사와 지정학적 환경에 대한 오래된 편견을 극복하여 새로운 비전을 수립하는 것, 이를 토대로 통일의지와 역량을 극대화하기 위한 것이라고 하겠습니다. 이런 맥락에서 한반도 국제정치의 지정학적 맥락에 대한 이해력이 높아져야 하고, 우리의 언어로 우리 역사비전을 독자적으로 구성해 나갈 수 있는 이야기 구조가 발굴, 공유, 전승되어야 합니다. 이렇게 될 때 신지정학은 비로소 통일을 견인하는 담론으로서의 굳건한 토대를 갖게 될 것입니다.24

▲ 7.7선언을 소개한 1988년 7월 7일 (경향신문)

　한 가지 덧붙일 것은 통일방안과 신지정학의 관계입니다. 한국의 통일방안은 기본적으로 노태우 정부 시절 성안된 1989년의 '한민족공동체통일방안'의 골격을 유지하고 있습니다. 이 방안은 남북 교류협력 확대를 천명한 1988년 7·7선언의 연장선상에서 나온 것으로, 과도적 체제로서의 '남북연합'(Korean Commonwealth) 설정을 핵심으로 하는 단계론적이며 과정론적인 특색을 가지고 있습니다.

　이 통일방안은 여야가 지혜를 모은, 당시로서는 매우 훌륭한 것이었지만 냉정히 말해 그 실천성을 담보하기는 어려운 것이었습니다. 이는 남북관계가 냉전적 질서의 규정력을 벗어나 있지 못했기 때문이기도 하고, 국민적 합의와 남북한 간 신뢰가 부족한 상황에서 이념형(ideal type)의 통일방안이 곧바로 실천단계로 나아갈 수 없었기 때문이기도 합니다. 이후 정부가 바뀌면서 몇몇 통일방안들이 나오기도 했지만 이제는 국민들의 의식 속에 통일정책의 기본이 되는 통일방안이 있는지조차 희미해져 버렸습니다. 화해론적, 점진론적 접근법이 논의의 중심에서 밀려나고, 북한붕괴론 등 대북 강경론이 힘을 얻으면서 나타난 현상이라 하겠습니다.

　　이런 상황에서 남과 북 사이에 오갔던 수많은 합의와 교류협력 방안들은 정쟁의 대상으로 전락하기 일쑤였고, 남북한은 자신의 방안과 구상에 호응하지 않는 상대방을 비이성적이고 적대적 존재로 다시 한번 '타자화'하는 악순환을 거듭해 왔습니다. 이렇게 남북이 적대적으로 대치하게 되면서 남북관계에 대한 외부의 영향력이 증가된 것은 자연스러운 현상이지요. 방휼지쟁(蚌鷸之爭)의 고사처럼 남과 북이 서로 다투는 동안 제삼자만 실속을 차리는 것은 아닌지, 심지어 제삼자에게 우리 운명이 맡겨지고 있는 것은 아닌지 깊이 고민해 보지 않으면 안될 것입니다.

　　독일통일은 실용적 사고와 정책적 일관성의 승리였다고 할 수 있습니다. 실용성과 일관성이 실종된 '감정적' 대북, 통일정책은 우리를 역사적 승리의 길보다는 충돌과 파국의 길로 이끌어 갈 위험을 증가시킬 것입니다. 지금 우리에게 긴요한 것은 감정적 언사와 대응이 아닌 그동안의 통일논의에 대한 과학적 검토와 성찰에 기초한 전략적 대안을 만들고 실천하는 일입니다. 바로 이 지점에서 신지정학이 새로운 논의를 열어나가는 데 긴요한 개념과 방향성을 제공하고 있다고 보는 것입니다. 신지정학에 대한 심화된 논의를 통해 통일문제를 동아시아적, 세계적 문명전환의 문제로 볼 수 있는 시야를 열고, 이런 새로운 인식의 틀 속에서 북한, 통일문제를 "북한과 경쟁하지 않고 그 경쟁을 무력화하는" 제3의 방안을 모색할 수 있다는 것입니다. 일단 동아시아 역사경관의 변화에서 그 가능성을 탐색해 나갈 수 있을 것입니다.

2. 역사경관의 변화와 신지정학의 실천

　　신지정학은 기술의 진보가 가져온 시공간의 변화와 (민족)국가 단위를 넘는 국제정치 조직과 작동원리가 보편화되고 있다는 사실을 주된 배경으로 하고 있습니다. 사실 이와 같은 국제정치 환경의 변화에 따라 동아시아 '역사경관'(historical landscape)도 빠른 속도로, 그리고 전면적으로 바

사진 2   개성공단 전경

뀌어 가고 있습니다. 북·중·러 변경에서의 협력25이나 개성공단, DMZ의
평화적 이용, 그리고 부산—후쿠오카(福岡) 간 초광역권 구상 등이 그 대
표적인 예입니다. 이런 협력 프로그램들이 통일과 동아시아 공동체를 추동
해 나가는 동력이 되고 있음은 두말할 필요가 없을 것입니다. 특히, 이와
같은 경관의 변화가 한국이 역내 국가 간 협력공간을 창출하며, 지역질서
를 주도적으로 구상할 수 있는 '역사적 기회'를 제공하고 있다는 점에 주
목하지 않으면 안될 것입니다. 그야말로 한국이 그 지리적 위치로부터 누
릴 수 있는 기회인 것입니다. 그러나 문명전환의 시대에 민첩하게 적응하
지 못하고 주변 상황 추수에 급급하게 되면 우리 미래는 또다시 '외부의
압도'와 '내부의 분열'이라는 장면을 재현하게 될 것이라는 점에 경각심을
놓지 말아야 것입니다. 결국, 변화하는 환경과 미래를 얼마나 정확히 이해
하고 전략적 선택을 하느냐가 결정적으로 중요하게 된 것입니다.

    한국인은 한 세기 이상 식민과 분단, 동서냉전이라는 역사의 긴 터널
을 지나오면서 한반도와 그 너머 유라시아를 아우르는 거대한 공간을 삶

의 현장으로 경험하지 못해 왔습니다. 우리가 국경의 개념과 기능변화, 초
국경 협력 등과 같은 세계적 추세에 둔감하거나 이런 변화를 진취적으로
수용해 내지 못하고 있는 것은 대륙과 단절되었던 이런 경험의 결손과 무
관하지 않습니다. 통일과 통일 이후의 유력한 국력자원인 조선족, 고려인
등 재외한인 사회를 한민족 공동체의 유력한 자원으로 적극 통합해 내지
못하고 있는 것도 마찬가지 맥락입니다. 중국이 해외 화교자본과 네트워
크를 이용하여 개혁·개방의 추동력을 확보했던 것과 매우 대조적으로 우
리는 아직도 '보이지 않는 국력의 팔'인 이들과의 전략적인 네트워크를 통
일의 자원으로 활용해 내지 못하고 있습니다. 이것이 바로 위에서 지정학
적 감수성과 우리 역사에 대한 언어적 전환 등 신지정학적 사고의 확장을
강조한 또 다른 까닭입니다.

　　분단은 본질적으로 외세의 개입을 유인하기 쉬운 체제이며, 우리가
한반도나 지역질서에 대한 쟁점을 선점하기도 어려운 체제입니다. 이런
상황에서 과거의 권력정치적 지정학의 압력이 거세게 작용하게 되면 한국
의 미래를 쉽게 낙관하기 어렵게 될 것이고, 그것이 오늘 우리가 당면한
엄혹한 현실이기도 합니다. 여기서 재삼 강조해 둘 것은 분절된 동아시아
의 한복판에서 한반도가 분단되어 있으며, 그 분단체제야말로 우리의 생
존을 '직접적으로' 위협하고 있다는 점을 '철저히' 인식해야 한다는 점입니
다. 우리가 매우 취약하고 위험한 분단시대에 살고 있다는 현실을 명확히
자각하는 것이야말로 이 땅을 또다시 외세 충돌의 장으로 내주지 않겠다
는, 신지정학의 정신과 전략을 구현하겠다는 결의를 선명(宣明)하는 출발
점이 될 것입니다.

V. 맺는 말

　　남과 북이 갈라진 지 70년이 지났습니다만 한반도의 평화를 위한 제
도적 장치는 아직도 마련되지 못하고 있습니다. 전쟁과 폭력의 역사를 정

당화하려는 일본의 '역사수정주의'와 자신을 천하의 중심으로 생각하는 중국의 대국주의적 역사관도 위세를 더하고 있습니다. 그 가운데서 남과 북 사이에는 서로를 불신하고 견제하며 경쟁을 거듭하고 있고, 한반도를 둘러싼 안보딜레마(security dilemma)가 심화되고 있습니다. 북핵실험 이후에는 '평양진격', '서울해방' 등 살풍경한 언사가 교환되기도 하였지요.

그러나 북한붕괴론과 같은 자기희망적 담론에 매몰되는 것으로, 타자를 경계하고 원망하는 언술만으로는 닥쳐오는 위기를 극복하고 한반도의 평화와 안전을 담보할 수는 없습니다. 이런 위기의 시간에 신지정학에 대한 논의가 본격화되고 있는 것은 만시지탄의 감이 있기는 하지만 매우 의미있는 일이라 하겠습니다. 특히, 신지정학적 지향과 비전이 '통일 한반도'가 동아시아 역사상의 경험과 자산을 미래공간에서 전개해 나갈 수 있는 학문적, 정책적 단서를 찾아갈 방법론이며 실천전략으로서의 의의를 가지고 있다는 점에서 그러합니다.

그러나 신지정학이 이런 시대적 역할을 다해 나가려면 아직 보완할 점이 적지 않아 보입니다. 무엇보다 국민들이 우리가 처한 지정학적 환경을 과학적으로 이해할 수 있어야 할 것입니다. 정책결정자들은 역사적 책임감과 통찰력을 가지고 통일의 동력을 지속적으로 확충하는 한편, 긴 호흡을 가지고 변화하는 역사경관을 적극적으로 활용하기 위한 방안들을 강구해야 한다는 점은 위에서 강조한 대로입니다.

신지정학에 대한 논의가 현재 한국사회의 지적 생태계에 갖는 의미 또한 결코 작지 않습니다. 우리의 언어로 채워진 신지정학이야말로 역사해석의 방법으로, 현실인식의 잣대로, 그리고 미래를 열어가는 '실천지'(實踐知)로서의 역할을 해낼 수 있는 잠재력을 가지고 있기 때문입니다. 우리 사회의 통일논의와 정책을 숙성시켜 나가기 위해, 한반도를 미래 동아시아의 중심에 올곧이 세울 전략을 만들어 내기 위해 신지정학의 정신과 지향점, 구현방안을 천착해 나가야 할 것입니다. 한반도에 드리워진 지정학적 파국의 위험을 막기 위해 통일문제에 대한 발상의 전환이 긴급하며, 신지정학 담론은 이런 수요에 호응하여 보다 큰 전략적 캔버스에서 우리의 미래를 구상할 수 있는 방법론과 전략으로서의 가능성을 충분히 가지고 있다고 보여집니다. 흔히 정치학을 권력비판과 국가경영의 학문이라고 합니다. 같은 맥락에서 신지정학은 통일문제가 권력의 수사로 악용되는 것을 가려내고 가려낼 수 있는 비판적 안목을 기르는 동시에 새로운 가치와 지향성을 가지고 통일과정을 관리해 나가려는 문제의식을 추구하고 있습니다. 지정학적 권력정치의 잔존물인 분단체제를 극복할 이 소중한 지식의 원석(原石)을 우리의 것으로 다듬어 내기 위한 집단지성의 노력이 어느 때보다 절실한 이유입니다.

[주 석]

1 남과 북은 1991년 12월 13일 남북관계를 "나라와 나라 사이의 관계가 아닌 통일을 지향하는 과정에서 잠정적으로 형성되는 특수한 관계"라는 것을 인정하고, '남북 사이의 화해와 불가침 및 교류·협력에 관한 합의서'를 타결하였습니다.

2 이 점에서 독일통일은 타산지석이 되고 있습니다. 서독은 ① 점진적이고 장기적인 '작은 걸음' 정책, ② 유럽의 긴장완화와 신뢰축적, ③ 동독을 압도할 수 있는 체제적 유연성과 능력 비축 등에 일관된 노력을 경주하였습니다. 박관용, 남재희 외(1990), 『독일 통일에서 무엇을 배울 것인가』 연합통신, pp. 106-108; 이는 독일통일이 신뢰외교와 '일관성의 승리'임을 말해주는 것입니다.

3 한 언론은 외신들이 북한의 노동당 대회를 긴급뉴스로 타전하며 분주한 가운데 당사자인 한국의 국회는 '강 건너 불구경' 식이라고 비판하고 있습니다. "북 '7만자 선언한 날'… 달랑 1쪽짜리 논평 낸 여야", 「중앙일보」 2016. 5. 9.

4 "여우는 많은 것을 알고 있지만 고슴도치는 하나의 큰 것을 알고 있다"는 그리스 시인 아르킬로코스의 말은 여우가 온갖 꾀를 다 부려도 고슴도치의 한 가지 확실한 호신법을 이겨내기 어렵다는 뜻으로 읽힙니다. 이런 비유는 북한의 필사적인 생존전략으로 압박, 유인, 원조를 통해 북한을 정상적인 대화와 교류협력의 상대로, 국제사회의 성원으로 이끌어 내고자 하는 전략이 주효하지 못하고 있다는 한국의 딜레마를 설명하는 것이지요. 이런 상황에서 전략의 경신없이 북을 전략적으로 공략하기는 어려울 것입니다. 방법과 전략에 대한 원론적인 성찰이 중요하게 되는 배경입니다. 홍면기(2010), "장보고의 해상활동과 미래 한국의 국가전략-한반도 미래비전과 지정학적 정체성의 모색-", 『대외문물교류』, 해상왕장보고 기념사업회, p. 153; 여우와 고슴도치의 우화에 대해서는 Isaiah Berlin 저, 강주현 옮김(2007), 『고슴도치와 여우』, 애플북스, p. 7 참조.

5 Robert I. Rotberg(2003), "Failed States, Collapsed States, Weak States: Causes and Indicators", *State Failure and State Weakness in a Time of Terror*, Brookings Institute, pp. 1-25 등 참조.

6 미국의 도움과 지지가 없었다면 독일통일은 이루어지기 어려웠다는 것이 일반적 평가입니다. 많은 경우 서독의 적극적인 긴장완화, 교류협력 정책을 강조하지만 서독의 대미 신뢰외교가 통일의 원동력이 되었음은 간과해서는 안될 것입니다. 염돈재, "잘못 알려진 서독의 통일외교", 『외교광장』, 한국외교협회, 2016. 5. 11.

7 북한의 4차 핵실험 이후 드러난 북핵문제와 한반도 평화에 대한 미국, 중국과 한국의 입장 사이에 미묘한 입장 차이가 한 예가 되겠지요. 미중은 유엔안보리의 '결의 2270호'(2016. 3. 2)가 북한붕괴를 목표로 하는 것은 아니라고 하면서 한반도 평화협상 논의 등의 애드벌룬을 띄우기도 했습니다. 그럼에도 우리 정부는 남북관계를 궁극적으로 풀어내기 위한 출구전략을 명확히 하지 못하고 있습니다.

8 분명한 것은 통일은 우리가 이룩하는 과정이며 결과일지언정 '저절로' 오는 것이 아니라는 것입니다. 이런 문법에서 보면 "통일은 산사태처럼 온다"는 식의 표현은 적절하지 않습니다. 통일대박론에 대한 비판적 시각도 같은 맥락입니다. 미 랜드연구소의 Bruce Bennett은 북한 붕괴 이후를 철저히 대비하지 않으면 통일대박은 어렵다고 하면서 북한 군부와 중국의 설득이 중요하다고 지적하고 있기도 합니다. 「동아일보」, 2015. 11. 16.

9 결정적 시기에 동독주들민이 서독행을 선택한 것은 정치적 민주화, 지속적 경제성장, 산업민주화 등을 이룩한 서독이 '살만한 가치가 있는 사회'로 여겨졌기 때문에 가능한 것이었습니다. 박관용, 남재희 외, 같은 곳.

10 한반도 국제정치에 대한 여러 해석이 있을 수 있지만 '한반도의 지정학적 조건/숙명'이라는 언표가 국민들의 우리 역사와 통일에 대한 사고를 억압하는 핵심적 상징성을 갖는다는 점을 부인하기는 어려울 것입니다.

11 류우익 교수의 "신 지정학적 관점에서 본 한반도 통일"을 주제로 한 충남대 강연(2014. 11. 4) 요약.

12 류우익 교수는 ① 해양세력과 대륙세력이나 Heartland and Rimland라는 전통적 이분법, ② 한반도가 극동의 교두보라는 인식, ③ 중화사대주의와 식민사관에 기댄 패배주의 등을 구지정학(고전적 지정학)의 문제로 예시하고, 강대국의 현상유지론과 '북핵은 결국 우리 것'이라는 식의 감상적 주장을 경계하고 있습니다.

13 일부 실학자와 신채호를 비롯한 독립운동가들의 사론을 통해 고취되어 온 상
고사에 대한 관심은 해방 후에도 간헐적으로 학문적, 사회적 쟁점이 되어 왔
습니다. 2013년 국회가 '동북아역사왜곡대책특별위원회'를 설치하고, 다음해
3월 19일 '식민사학해체국민운동본부'(공동대표 이종찬, 인명진, 허성관)가 발
족하면서 상고사에 대한 논쟁이 재론된 바 있습니다. 고조선의 강역과 한군
현의 위치, 임나일본부설 등을 둘러싼 제 문제가 주요 쟁점들이었습니다. 최
근에는 한국 '상고사'에 대한 사회적 갈등을 학문적으로 풀어 나가야 한다는
논의가 본격적으로 제기되고 있습니다. 젊은 역사학자 모임(2017), 『한국고대
사와 사이비역사학』, 역사비평사 참조.

14 그동안 북한 급변이나 한반도에서의 무력충돌시 중국이 개입할 것이라는 주
장이 끊임없이 제기되어 왔음을 잘 알려진 사실입니다. 나카타니 겐(中谷元)
일본 방위상은 2015년 10월 한일 국방장관회담에서 한국의 실효적 지배범위
가 북한지역에 미치지 못하고 있다고 하면서 유사시 북한지역에 대한 군사적
진입 가능성을 강하게 시사한 바 있습니다. 「연합뉴스」, 2015. 10. 21.

15 Scott Snyder, Blad Glossermam(2015), *The South Korea – Japan Identity
Clash*, Columbia University Press, pp. 175. 이런 주장은 한국을 미일 안보구
도 속에 끌어들이려는 미국적 시각을 반영하는 것입니다. 그럼에도 한국이
일본과의 관계를 포괄적으로 풀어 갈 의제를 선점하지 못하고, 일본군 '위안
부' 문제 등 각론적 합의에 성급히 다가선 것은 아쉬운 대목이라 아니할 수
없습니다.

16 송호근, "불길한 망국 예감", 「중앙일보」, 2013. 12. 3

17 먼저 통일부 통일교육 교재에 통일문제를 이해하는 방법론으로 신지정학의
논리를 소개하고, 이를 차차 각급학교 교육에 도입해 나갈 수 있을 것입니다.
통일교육은 정부의 통일정책을 '주입'하는 것이 아닌 통일문제가 가지고 있는
다층적 의미와 전략적 과제를 '공감'하는 방향으로 개선되어야 할 것입니다.
이런 맥락에서 통일교육은 피교육자가 통일문제에 대한 인식체계를 스스로
구성해 나갈 수 있는 능력을 배양하는 데 강조점이 두어져야 할 것입니다.

18 그동안 대학에서는 주로 개항 이후의 대외관계, 즉 외세가 압도한 시기를 중
심으로 한국외교사로 가르쳐 왔습니다. 전 시기 한국의 외교/대외교섭사를
다루면서 한국 대외관계의 전통과 특징을 담아낸 교육이 이루어지지 못한 것

이지요. 2015년 동북아역사재단에서 고대에서 현대에 이르는 한국외교사를 통사적으로 구성하기 위한 사업에 착수한 것은 이런 문제의식을 반영한 것입니다. 이 사업의 의의에 대한 짧은 설명은 홍면기, "미래 백년대계의 학문자산 축적을 위한 한국 외교사 연구", 『동북아역사재단 뉴스』, 2016년 2월호, pp. 12−13.

19 "우리의 세계가 개념에 의해 구성되는 만큼, 개념 사용의 양상이 달라지면 사회 현실의 구성요건이 변화한다. 언어는 제약이기도 하지만 동시에 현실의 조건을 변화시킬 수 있는 강력한 자원이다." Quentin Skinner 지음, 황정아, 김용수 옮김(2012), 『역사를 읽는 방법 : 텍스트를 어떻게 읽고 해석할 것인가』, 돌베개에서의 논의 참조.

20 예컨대, 남중국해에서의 미중 경쟁, 우크라이나 사태 등은 한반도 상황과 관련해서도 중요한 지정학적 사건들입니다. 반대방향으로 우리의 제주해군기지 건설, 북한의 나진선봉 개발 등도 동아시아 차원에서 매우 큰 지정학적 의미를 가지고 있는 사건이라고 할 수 있습니다. 약간 성격을 달리하는 것이지만 중국과 일본의 역사왜곡 또한 이 지역에 대한 그들의 지정학적 기도와 깊이 연결되어 있음은 두말할 필요가 없습니다.

21 이는 국제정치에서 인식과 정체성의 중요성을 강조하는 구성주의적 사고와 상통하는 것이기도 합니다.

22 Hayden White 지음, 천형균 옮김(2013), 『메타 역사 : 19세기 유럽의 역사적 상상력』, 지식을 만드는 지식; 태지호 지음(2014), 『기억 문화 연구』, 커뮤니케이션북스 커뮤니케이션 이해 총서; 안병직(2004), "픽션으로서의 역사 : 헤이든 화이트의 역사론", 『인문논총』 51집, pp. 35−75 등에서의 논의 참고.

23 조재룡(2011), "중역(重譯)과 근대의 모험−횡단과 언어적 전환이라는 문제의식에 관하여−", 『탈경계 인문학』, 제4권 2호, pp. 5−36 등 참조.

24 이는 통일문제나 미래 동아시아의 평화와 질서를 강대국의 권력정치적 시각이 아닌, 한반도의 평화라는 시각에서 사유하고 전개해 가는 중심과 주변, 주체와 객체의 반전을 의미하는 것이기도 합니다. 이를 위해서는 정치학과 역사학의 학제적 연구, 특히 역사사회학의 기여가 필요하다고 할 것입니다. 역사사회학은 주어진 것으로(당연한 것으로) 간주되는 구조들이 어떻게 일련의 복잡한 사회적 과정의 결과물이 되었는가 혹은 한 사회가 변동하고 스스로를

재생산해 나가는 일정한 메커니즘을 탐색하고자 합니다. John Baylis 외, 하
영선 옮김(2012), 『세계정치론』, p. 214; Dennis Smith 저, 문현아 역(1994),
『역사사회학 이론』, 학문과 사상사, p. 10 참조.

25 이와 관련, 북·중 변경 지역을 동아시아 평화와 통일을 이끌어 내는 전략공
간으로 활용해야 한다는 논의가 있어 왔습니다. 홍면기(2006), 『영토적 상상
력과 통일의 지정학』, 삼성경제연구소; 동북아역사재단 편(2013), 『동아시아
평화와 초국경 협력』 등 참조.

Part 2
통일 관련 인식 및 담론의
신지정학적 이해

1. '신지정학'과 한국민의 통일인식

진영재(연세대학교 정치외교학과)

Ⅰ. 문제의식

　　1948년 이후 한반도에는 '대한민국'과 '조선민주주의인민공화국'이 각각 출범하면서 '남한'과 '북한'으로 분단되었습니다. 70년이 흐른 2016년 시점에 남한과 북한은 정치수준이나 경제수준에서 현격한 차이를 보이고 있습니다. 남한은 2년마다 행하는 이코노미스트지 민주주의 성취수준 평가에서 세계 20위권으로 일본과 함께 아시아에서 최고 수준으로 평가됩니다. 대조적으로 북한은 유례가 없는 전체주의 세습체제를 유지하고 있습니다. 남한의 경제규모는 GDP 규모나 수출규모를 종합하면 세계 10위권 정도로 평가될 수 있습니다. 대조적으로 북한은 남한 경제규모의 1/20 이하에 불과합니다. 정치적, 경제적으로 나타난 남북한의 현격한 격차하에서 한국민들은 통일에 대하여 어떠한 생각을 하고 있는지 궁금합니다. 한국민들에 대한 주요 인식조사들을 통해서 한국민들의 '통일관'과 본 도서의 주제인 '신지정학'과의 연관성을 파악해 보고자 합니다. 이를 위해서 대략 다음과 같은 네 가지의 가설(假說, hypothesis)적 상황을 생각해 봅니다.

　　첫째, 한국민들은 기꺼이 통일로 가는 과정에서의 혼란을 감수할 것인지, 아니면 통일과정에서 혼란과 불안정이 극대화된다면 그러한 통일의 과정에 대해서는 감수할 생각이 없는지 살펴보고자 합니다. 남한과 북한은 70년 동안 서로 다른 정치, 경제 체제하에 있었기에 통일로 가는 길이 결코 용이하지 않을 것입니다. 통일은 가까운 시일에 올 수도 있고, 반면에 여전히 많은 시간이 소요될 수도 있습니다. 민주주의 사회에서는 결과를 이루어 내는 과정이 중시됩니다. 한국민들은 통일이라는 결과물보다 통일이 이루어지는 과정을 더 중시할 수도 있습니다.

둘째, 남한주민은 통일 후 체제문제 및 정부형태에 어떤 선호를 가지고 있으며, 이를 통해서 남한중심의 이데올로기에 대한 집착이 어떻게 유지되거나 완화되고 있는지 살펴보고자 합니다. 통일을 상정하는 경우, 가장 근간이 되는 것은 통일된 한국의 정부형태입니다. 남한 중심의 통일이란, 남한의 정부형태를 유지하면서 북한의 정부형태를 흡수하는 것입니다. 현재 남한과 북한은 정치 및 경제수준에서 현격한 차이를 보이고 있습니다.

셋째, 통일을 위한 행위주체는 국가만이 아니며, 시민단체, 종교단체, 언론단체 등으로 다양화되고 있습니다. 남한과 북한 사이에 보다 많은 교섭 및 대화 채널을 통해서 '복합연계망'이 형성되는 경우에 보다 높은 통일 가능성을 예견하는 연구들이 많습니다. 이른바 통일과정에서 남한과 북한에 존재하는 다양한 행위주체들 사이의 '네트워크'에 대한 개념이 강조되는 것입니다. 사회구성원들의 통일문제에 대한 높은 관심도가 존재할 때, 보다 다양한 주체(또는 기관)들이 통일과정에서 행위자로 활동할 가능성에 대해서 기대할 수 있을 것입니다. 한국사회에 통일에 대한 높은 관심도를 가진 시민들이 많을수록, 그들이 몸담고 있는 다양한 사회 기관들의 통일과정에서 적극적인 역할을 기대할 수 있는 가능성이 높아질 것입니다. 통일 문제에 대하여 높은 관심도를 지닌 시민들은 국가가 주도하는 통일 정책을 일방적으로 받아들이기보다는 자신의 높은 관심도를 바탕으로 자신만의 능동적인 판단을 하게 됩니다. 통일을 성사시키는 과정에서 다수의 행위자가 존재하고 다수의 행위자 사이의 네트워크가 형성되는 것이 중요하다는 지적은 국제사회질서에서도 마찬가지입니다. '신지정학'에 따르면, 대국 중심의 소수 행위자에서보다 다양한 국가 행위자들과 그들의 네트워크 형성이 통일에 더 유리할 수 있다고 합니다.

넷째, 현대 사회에서는 정치독트린이나 정치원리 이상으로 행위주체들이 '개인적 경제편익'을 추구하는 성향이 강하게 나타날 것으로 기대됩니다. 국가 필요성 및 국가 당위성과 같은 '국가이성'보다도 '개인편익'이 강조된다는 의미에서 국가차원의 정치적 특수성 내지는 시의성, 역사성과 대비되어 개인들이 경제편익을 추구하는 경제 보편적 성향이 나타날 수 있습니다.

이상의 네 가지 가설적 상황들은 본 연구의 화두인 '신지정학'의 특성과도 연관되어 있는데 한국민들의 통일인식조사 결과를 살펴보고 경험적 증거들을 정리해 보고자 합니다.

II. 남한주민들의 통일인식과 '신지정학'의 연관성

1. 통일과정에 대한 인식

'신지정학' 관점의 중요 논점들 중의 하나는 '결과'(통일실현) 이상으로 '과정'(통일로 가는 길)이 중시된다는 것입니다. 당위론에 입각하여 통일이란 결과를 도출하는 것이 중요하다는 인식에 못지않게 통일을 이루는 과정에서 발생하는 혼란과 손해에 대해서 신경 쓰게 된다는 의미입니다. 남한주민들의 '한반도 통일과정에 대한 인식'을 두 차원으로 나누어 하나는 결과물로서의 통일 당위성에 대한 인식과, 또 다른 하나는 통일과정에서의 혼란과 상관없이 통일을 필연적으로 이루어야 할 것으로 인식하는지, 아니면 혼란이나 불안정을 무릅쓸 값어치는 없는 것으로 인식하는지에 대해서 살펴보려고 합니다.

2007년부터 2014년까지 조사된 서울대학교의 인식조사 자료를 통해서 결과물로서의 통일 당위성에 대한 인식을 보면 평균적으로 한국민들의 55% 정도가 '통일이 필요하다'고 생각하고 있음을 알 수 있습니다(<표 1> 참조).

대략 20% 초반의 응답률을 나타내고 있는 '반반'이라고 항목은 어떤

표 1	서울대학교 평화통일연구원, 2007-2014년[1]							
	2007년	2008년	2009년	2010년	2011년	2012년	2013년	2014년
통일이 필요하다	63.8	51.6	55.8	59.1	53.7	57.0	54.8	55.8
반반	21.1	24.9	23.6	20.8	25.0	21.6	23.7	22.5
통일이 불필요하다	15.1	24.9	20.6	20.8	21.3	21.4	21.5	21.7

전제조건이 수행되는 경우에만 통일의 당위성에 암묵적으로 찬성할 수 있는 응답자 집단으로 생각해 볼 수 있습니다. 만약 통일과정에서 부담이나 혼란이 발생한다는 상황을 설문항에 포함한다면 통일의 당위성에 대한 응답률이 어떻게 나타날지 궁금해집니다.

표 2	KBS, 2005-2014년[2]					
	2005년	2010년	2011년	2012년	2013년	2014년
반드시 통일이 되어야 한다	29.1%	28.0%	27.9%	25.4%	24.0%	22.9%
큰 부담만 없다면 통일되는 것이 좋다	36.1%	43.0%	47.1%	43.0%	45.1%	48.1%
상당기간 현 공존상태를 유지해야 한다	29.0%	22.2%	19.9%	24.6%	21.2%	15.8%
통일이 되지 않는 편이 더 낫다	5.7%	6.8%	5.7%	7.0%	9.7%	13.2%

설문항목에 직설적으로 통일과정에서의 혼란과 부담이 발생한다는 것을 전제로 하고 인식조사를 하는 경우에는, 결과물로서의 통일 당위성에 찬성하는 응답률이 그렇지 않은 경우의 절반 수준인 26% 수준으로 낮아집니다. 가장 많은 응답자가 대략 45%의 수준에서 '큰 부담만 없다면 통일되는 것이 좋다'라고 대답하고 있음을 알 수 있습니다. 이것은 큰 부담

이나 혼란이 없다는 것과 통일의 당위성을 복합하여 인식하고 있음을 보여줍니다. '상당기간 현 공존상태를 유지해야 한다'거나 나아가 '통일이 되지 않는 편이 더 낫다'라고 응답하는 비율은 합하여 대략 30-35% 정도로 나타나는데, 이러한 대답 역시 통일과정에서 발생하는 혼란이나 불안정한 상황에 대한 우려에서 비롯된다고 해석할 수 있습니다.

　그렇다면 통일과정에서 한국민들이 부담으로 여기는 그 구체적인 내용은 무엇일지 알아볼 필요가 있습니다. 한국민들은 사회적 혼란 이상으로 통일과정에서 발생하는 경제적 비용에 대해서 부담을 느끼는 것으로 조사되고 있습니다.

표 3　KBS, 2012-2014: 통일과정에서 가장 우려되는 점은 무엇이라고 생각하십니까?

	KBS 2012년	KBS 2013년	KBS 2014년
남한주민의 막대한 통일비용 부담	54.1%	49.0%	43.2%
실업과 범죄 증가 등 사회적 혼란	18.5%	20.3%	25.3%
정치, 군사적 혼란	15.3%	15.7%	15.2%
북한주민의 대량 남한 이주	11.1%	11.1%	12.5%

　남한주민들의 통일이란 결과물이 정치적인 민족과업 차원의 당위론적인 인식을 보여주면서도, 그와 더불어 통일과정에서 발생하는 비용과 부담 및 혼란에 대하여 많이 고민하고 있음을 보여줍니다. 결론적으로 남한주민들은 통일과정에서의 혼란과 비용을 최소화하는 것을 전제로 하여 통일이란 결과물을 받아들일 가능성을 보여줍니다.[3] 이때, 통일과정에서의 부담이나 혼란의 원인으로 인식하는 가장 주요한 변수는 '경제적 차원'의 통일비용부담이라는 것을 알 수 있습니다.

2. 통일한국의 체제에 대한 인식

남한주민들이 기존의 남한식 정치독트린에 집착하는지 알아보는 방법
중의 하나는 통일한국의 체제에 대해선 어떻게 생각하고 있는지를 살펴보
는 것입니다. 기존의 정치독트린은 남한과 북한 모두 자신의 체제가 우월
하다는 상대성 속에서 존속되어 왔습니다. 남한체제나 남한 정부형태를
통일 이후의 정부형태로 상정하고 있는지, 아니면 보다 완화된 태도를 취
하고 있는지를 볼 필요가 있습니다.

통일한국의 체제는 어떤 것이 적당한지 2009년부터 2014년까지 매년
실시한 서울대학교의 통일인식조사에 따르면, 가장 많은 사람들이 '남한체
제로 단일화'라고 응답하였는데 매년 대략 45% 정도로 상당히 일정한 수
준으로 나타납니다. 그다음은 '남북한 두 체제의 절충'이라고 응답하고 있
는데 대략 38% 정도로 안정되게 나타납니다. 가장 많은 응답이 '남한체제
로의 단일화'라고 답한 것은 민주주의 수준 및 경제 수준 격차에 기반한
남한의 우월적 상황 때문일 것입니다.[4]

표 4	서울대학교 2009-2014년: 통일한국의 체제					(단위: %)
	2009년	2010년	2011년	2012년	2013년	2014년
남한체제로 단일화	43.6	44.4	48.9	44.2	43.6	44.9
남북한 체제의 절충	39.1	39.8	35.6	37.7	35.4	37.9
남북한 두 체제 유지	13.3	12.6	12.3	15.1	16.9	13.2
어떤 체제도 무방	4.0	4.2	3.2	3.0	4.1	4.1

그럼에도 불구하고 '남북한 두 체제의 절충'이란 답이 38%란 것은 한
국민의 상당수가 남한체제만을 일방적으로 고집하고 있지 않음을 보여줍
니다. 양교의 해당 '신지정학' 프로젝트가 실시되는 상황에서 연구 참여자

들은 '남북한 두 체제의 절충'이란 내용을 보다 구체적으로 파악하기 위해서 TNS를 통해서 별도의 여론조사를 실시했습니다.5 질문의 내용은 "만약 남북한의 완전한 통일이 이루어진다면 통일한국의 정치체제는 어떠해야 한다고 보십니까?"였는데, 가장 많은 사람들인 37.7%가 '이원집정부제'로 답했고, 그다음이 각각 '대통령 중심제' 32.8%, '의원내각제' 16.1%로 답했습니다. 여기서 대통령중심제란 현재 남한의 정부형태이며, 대조적으로 이원집정부제란 남한과 북한의 정치체제를 서로 수렴한 것으로서의 정부형태라는 상징적 의미가 강한 것입니다.6 북한이란 존재를 존중하는 것과 우리 체제의 우월성에 대한 현실적 자신감을 갖고 있는 상황이 이분법적이라기보다 하나의 통합된 인식일 수도 있습니다. 즉, 한국민들이 이원집정부제를 원하는 것은 '대통령제'보다 '이원집정부제'를 채택하는 것이 현재 남한의 민주주의를 위해서도 좋고, 통일한국에서 북한을 포용하는 데도 좋다는 인식으로 해석할 수 있다는 것입니다. 보다 지엽적인 다양한 논의들이 존재하겠지만, 종합적인 관점에서 보자면, 한국민들은 남한이 북한보다 국가능력에서 우월하다고 인식하며 그러한 우월성을 유지하면서 북한을 포용적 관점에서 인식하고 있다는 의미입니다.

3. 행위주체의 다양화

통일과정에서 행위주체가 다원화되어 있다는 의미는 국가만이 주요한 행위자가 아니며 일반시민들과 주요기관들, 그리고 그들에 의한 '복합연계망'이 중요하다는 것이 '신지정학' 프로젝트의 시각입니다.

문제는 국가가 아닌 시민들이 주체로서 작용하고 있음을 어떻게 알 수 있느냐는 것입니다. 어떤 주체가 주체로서 행위하기 위해서는 대상물에 대한 '관심도' 여부가 가장 기본이 된다고 봅니다. 일단 어떤 행위자가 통일주체라고 할 수 있으려면 그 행위자는 통일에 대해서 관심이 있어야 합니다. 통일문제에 대한 관심을 지닌 시민들이 많을수록 그 시민들이 소속된 경제기관이나 사회기관들이 통일과정에서 주요한 통일 행위 주체로 기능

128   진 영 재

할 것입니다. 따라서, 통일과정에서 행위주체의 다원화 가능성 조사에 가장 기본이 되는 설문조사는 남한 주민들의 통일문제에 대한 관심도입니다. 나아가, 그렇게 통일에 대한 관심 주체들이 다양화될수록, 통일 관심 주체들 상호 간에 소위 '복합적 연계망'을 형성할 가능성이 높을 것입니다.

KBS와 연세대의 지난 10년 동안 통일문제에 대한 남한 주민들의 관심도 여부에 대한 인식조사 자료를 보면 통일문제에 '관심이 있다'는 응답이 매년 70% 정도로 매우 높은 수준에서 안정되게 나타나고 있음을 알 수 있습니다. 연도마다 약간의 편차는 존재하지만, 대체적으로 전체 응답자 가운데 대략 1/4에 해당하는 25%는 적극적 관심층으로 파악됩니다. 이렇게 본다면, 다양한 민간단체들은 시민들의 관심도를 바탕으로 국가-시민-사회기관들의 복합적 연계망을 형성할 수 있으며 정부는 다양한 민간단체들을 통일과정에서 활용할 수 있는 잠재성을 인지할 필요가 있을 것입니다.

표 5 KBS, 연세대, 2005-2014년: 선생님께서는 우리나라의 통일문제에 대해 어느 정도 관심이 있으십니까?

	KBS 2005년	연세대 2009년	KBS 2010년	KBS 2011년	KBS 2012년	KBS 2013년	KBS 2014년
매우 관심이 있다	25.1%	17.4%	27.4%	23.4%	24.6%	23.2%	23.6%
대체로 관심이 있다	48.6%	53.8%	49.1%	48.9%	49.2%	45.3%	43.9%
별로 관심이 없다	24.1%	24.6%	20.9%	25.6%	22.8%	25.8%	27.5%
전혀 관심이 없다	2.1%	2.9%	2.6%	2.1%	3.4%	5.7%	5.0%

한반도 통일과정에는 남한 내부의 의지 및 행위와 더불어 주변 강대국들의 영향력과 역할이 복합적으로 작용할 수밖에 없습니다. 한국민들은 통일과정에서 주변 강대국들의 영향력을 단일화 차원에서 인지하는지, 그리고 미국 중심에서 다변화될 가능성에 대해서도 남한주민들의 인식을 중

표 6	KBS, 2005-2014년: 한반도 통일에 가장 도움이 되는 국가는 어디라고 생각하십니까?[7]					
	2005년	2010년	2011년	2012년	2013년	2014년
미국	33.8%	30.0%	26.7%	19.5%	39.4%	35.4%
'없다'	**22.4%**	**40.3%**	**39.7%**	**51.7%**	**26.6%**	**30.7%**
중국	39.1%	23.4%	27.1%	21.6%	28.0%	29.6%
러시아	2.2%	1.5%	2.8%	2.1%	3.1%	2.3%
일본	1.2%	3.4%	3.0%	2.6%	2.9%	1.4%

심으로 파악해 보고자 합니다.

　　해당 자료에서 중요한 것은 '없다'라는 부분에 대한 해석일 것입니다. 시기마다 차이는 있지만, 가장 최근의 시기를 중심으로 미국, 중국, 그리고 '없다'가 각각 35.4%, 29.6%, 그리고 30.7%로 나타나고 있으니 대략 1/3 정도로 균일한 응답률을 보이고 있습니다. '없다'라는 의미에 대한 해석은 다양할 것입니다. '없다'라는 항목은 응답자들이 한국의 통일에 도움이 되는 국가를 한 개의 국가로 한정할 수 없다고 생각하고 응답한 항목으로 추론이 가능합니다. 그런 경우, 통일에 도움이 되는 국가는 한 개의 한정된 국가가 아니라 주변의 주요한 국가들과의 네트워크 구성체로 해석될 수 있습니다.[8] 다시 말해서, 주요 국가들(미국, 중국, 일본, 러시아)이 앞으로 어떻게 행동하는가와 연관될 수도 있고, 앞으로 다양한 주요 국가들 및 국제연합체들과의 긍정적 연계망 형성이 중요한 것으로 해석됩니다. 그렇기 때문에, 기존에 혈맹관계인 미국과도 관계를 유지하되, 그렇지 않았던 중국에게는 더 외교적으로 신경 써야 할 필요성을 반증해 준다고 봅니다.[9] 중국의 부상 이후 미국-일본의 밀월관계는 소위 샌프란시스코체제의 부활 논쟁을 가져오고 있는 상황입니다. '없다'라는 부분은 결국 통일 과정에서 한국이 미국, 중국, 일본, 러시아, 북한, 유럽연합 등 다양한 세력들과 복합연계망을 형성할 가능성이 크다고 해석해 봅니다. 대한민국이 복합연계망 속에서 한반도 통일의 주체로서 외교 역량을 강화하는 것이 한반도 통일에 도움이 될 것으로 예상해 봅니다.

4. '국가이성'(정치) versus '개인편익'(경제)

국가체제와 이에 따른 국가 이데올로기는 국가가 처한 상황과 역사에 영향을 받아 형성됩니다. '신지정학'의 관점은 지역이나 국가의 특수성보다 인류 '보편성'을 강조하는 관점입니다. 인간들은 자신이 속한 어떤 상황에서도 경제적 편익이나 이익을 추구한다는 인류 보편성의 원리로 설명될 수 있다는 것입니다. 국가의 이익과 개인의 이익은 일치할 수도 있지만, 상충할 수도 있습니다. 이를 바탕으로 통일문제에 대한 남한주민들의 '경제적 손익(損益, cost and benefit)에 대한 인식'을 살펴보고자 합니다.

서울대학교 평화통일연구원에서 두 가지의 개별적 질문("통일이 남한사회에 이익이 된다고 생각하십니까?"; "통일이 개인에게 이익이 된다고 생각하십니까?")을 통하여 남한주민들의 경제적 편익에 대한 인식조사를 하였습니다. 지난 10년간 두 가지 개별 설문항목에 대하여 '그렇다'의 응답 비율을 정리해 보면 다음과 같습니다.

표 7	서울대학교 평화통일연구원, 2007-2014년: 통일편익에 대한 기대감 (단위: %)							
	2007년	2008년	2009년	2010년	2011년	2012년	2013년	2014년
남한사회에 이익	55.8	47.5	53.2	53.5	50.7	51.6	48.6	55.9
개인에 이익	30.3	27.7	23.9	24.8	27.8	26.0	21.8	27.1

통일편익에 대한 남한주민들의 인식을 보면, 남한사회에 이익이 될 것에 동의하는 사람들의 숫자가 개인에게 이익이 될 것으로 생각하는 사

람들보다 두 배 정도 많은 것으로 나타납니다. 이렇게 본다면, 남한주민들 중 보다 많은 사람들이 통일이란 과제를 개인의 이익과 연계할 수 있는 것으로 생각하기보다는 국가이익 차원의 문제로 생각하고 있음을 알 수 있습니다. 그렇다면, 사회적 이익이 되는 통일문제에 개인의 비용발생인 통일세금 분담문제는 어떻게 생각하고 있는지 함께 살펴보겠습니다.

표 8	TNS, SBS, KBS조사, 2000-2014년: 통일이 되기까지 남한 국민들은 10년 이상 통일비용을 부담해야 될 것으로 예상됩니다. 선생님께서는 통일 비용으로 어느 정도까지 부담하실 용의가 있으십니까?							
	2000년 TNS – SBS	2005년 TNS – SBS	2005년 KBS	2010년 KBS	2011년 KBS	2012년 KBS	2013년 KBS	2014년 KBS
개인부담 할 수 없다	–	–	28.7%	41.8%	47.5%	39.6%	25.7%	25.6%
월 수입의 1% 미만	50.2%	45.9%	35.8%	33.6%	38.9%	41.4%	37.2%	38.6%
월 수입의 1%~5%	29.2%	33.5%	25.3%	19.5%	11.6%	15.7%	25.9%	25.1%
월 수입의 5%~10%	8.2%	8.3%	10.1%	5.1%	1.9%	2.6%	7.7%	6.7%
월 수입의 10% 이상	2.7%	1.9%				0.6%	3.5%	3.5%
모르겠다/ 무응답	9.7%	10.4%	–	–	–	–	–	0.5%

통일비용에 대해서 '개인세금부담을 할 수 없다'고 생각하는 사람들은 전체 국민의 최대 1/2에서 최소 1/4 정도로 추산됩니다. 최근에는 1/4 정도로 줄어드는 추세를 보이고 있지만 이는 개인경제사정(pocketbook economy)이나 사회경제사정(sociotropic economy)과 무관하지 않을 것입니다. 국민들의 경제생활에 대한 어려움이 증가하고 있고 이런 상황이 장

기화되는 분위기에서는 국가정책차원에서 통일비용도 복지비용과 함께 주요하게 다루어져야 할 것입니다.

시사적인 변동성이 인정되지만, 큰 그림에서 볼 때, 당시 통일인식조사 결과는 당시 국민 개인의 주머니사정이나 당시 사회경제지표에 따른 경제상황이 복합적으로 연관되어 있을 것입니다. 최근 몇 년간의 인식조사자료를 종합할 때, 남한주민들의 인식에 나타난 '한반도 통일'이란 민족과업이 정치적 당위성과 국가이성을 기반으로 하면서도, 동시에 경제적 편익논리를 벗어날 수 없음에 유념하여야 할 것입니다.

Ⅲ. 결론과 예상

최근 10년간 남한주민들에게 조사된 통일인식을 바탕으로 수집된 경험적 증거에 근거하여 다음과 같은 결론을 추론해 봅니다.

① 남한주민들은 통일 후 체제문제 및 정부형태 등에 대해서 남한만의 정치독트린이나 이데올로기에 대한 집착보다는 북한과 함께하려는 인식이 존재합니다. 남한주민들은 남한체제가 우월하다고 생각하여 남한이 주도하는 통일을 생각하면서도 통일 후의 정부형태에 있어서 북한을 포용할 수 있는 정부형태를 상대적으로 더 선호하고 있습니다. 통일 후의 정부형태로 현재 남한의 대통령제보다는 '이원집정부제'가 선호되고 있습니다.

② 남한 전체 주민의 2/3 이상이 통일문제에 대하여 관심이 있으며, 이로써 보다 많은 다양한 주체들이 통일문제에 대한 행위주체로서 활동할 가능성이 높습니다. 앞으로 통일과정에서 통일에 관심 있는 많은 시민들이 소속된 다양한 사회조직들이나 경제단체들을 통해 여러 국가와 여러 지역들과 복합적 네트워크가 형성되어 기능되면서 통일문제가 다뤄질 가능성이 큽니다. 나아가 그러한 복합적 네트워크는 통일이란 결과물을 만들어 내는 데도 유리합니다. 통일인식조사 자료들을 종합해 볼 때, 남한주민들 사이에서는 국제사회에서 소수의 단일 국가 중심으로 통일에 긍정적

역할을 기대하기보다는 여러 국가나 지역들과 연계망을 형성하는 것이 통일에 도움이 된다는 인식이 나타납니다.

③ 남한주민들에게도 역사적, 시사적 특수성과 연계된 정치독트린이나 정치적 명분 이상으로 인류보편성에 기인하는 행위주체들의 경제편익 변수들이 강조되고 있습니다. 통일은 민족적 과업이며 정치적 사안이기에 정치적 명분을 유지하면서도, 국민경제편익을 고려하여야만 보다 효과적인 통일정책을 수립하고 통일에 성공할 수 있을 것으로 판단합니다.

④ 한국민 중에서 '반드시 통일되어야 한다'는 비율은 대략 25%로 '큰 부담만 없다면 통일되는 것이 좋다'라는 응답 비율인 48% 정도의 절반 수준으로 나타납니다. 통일에 대한 국가차원의 당위성도 중요하지만, 통일과정에서 발생하는 경제적 부담에 대한 우려가 큽니다. 남한주민들은 통일시 발생할 부담과 불안정을 원하지 않으며 연착륙 과정을 원하고 있습니다. 어떤 희생을 치루고서라도 통일을 하겠다고 생각하기보다는 부담과 혼란이 최소화되는 통일을 원하고 있습니다. 정리하자면, 통일에 대한 당위성이나 기대감 역시 국민 인식 저변에 존재하는 것으로 파악되기에, 통일에 대한 당위성과 연착륙의 과정을 통한 통일이란 현실성이 공존하는 것으로 파악됩니다.

이상의 4가지 사안을 종합해 볼 때, '신지정학'적 관점이 최근 10년간 남한주민들의 인식에 경험적으로 나타나고 있음이 인정됩니다. '신지정학'적 관점은 통일문제에 접근함에 있어서 긴요한 설명력을 지니고 있다고 생각합니다. 인식조사가 이루어지는 때를 중심으로 대개 75%에서 80%의 응답자가 장·단기적 통일을 예측하고 있으며, 그중에서 가장 많은 응답자가 조사 시점을 중심으로 '20년 이내'라고 생각하고 있습니다.[10] 경험적 자료는 당시 시점에서의 국민인식입니다. 항상 급격한 사건이 발생할 수 있기에 경험적 자료에 대한 해석과는 별도로 통일이 급작스러운 사건을 통해서 가시화될 수 있음을 주의하여야 합니다. 그렇기에 더욱 더 대한민국 정부와 남한주민들에게 통일은 준비된 것이어야 할 것입니다.[11]

[주 석]

1 서울대학교 통일평화연구원의 의식조사 방법은 다음과 같이 정리됩니다.

서울대 통일평화연구원 의식조사 방식		
조사시기	2007년	2007년 7월 14일~7월 20일
	2008년	2008년 8월 21일~9월 10일
	2009년	2009년 7월 15일~8월 5일
	2010년	2010년 7월 12일~7월 27일
	2011년	2011년 7월 26일~8월 15일
	2012년	2012년 7월 5일~7월 31일
	2013년	2013년 7월 1일~7월 22일
	2014년	2014년 7월 1일~7월 22일
조사대상		전국에 거주하고 있는 만 19세 이상 65세 이하 성인 남녀 1,200명
조사표본		지역별, 연령별, 성별로 배분하고 난 후 각, 지역별로 모집단 비율에 따라 층화하여 최종조사 지점(통/반)을 추출하는 다단층무작위추출법(multi-stage stratified sampling)을 사용하여 표집함
조사방법		한국갤럽을 통해 1:1개별면접조사(face-to-face interview)방법으로 실시했으며, 자료수집 도구는 구조화된 설문지(structured questionnaire)를 사용함
표본오차		95% 신뢰수준에서 ±2.8를 넘지 않음

2 KBS의 국민의식조사 방식은 다음과 같이 정리됩니다.

KBS 국민의식조사 방식		
조사시기	2005년	2005년 5월 30일~6월 3일 / KBS방송문화연구팀
	2010년	2010년 8월 2일~3일 / 엠비존(Mbizon)
	2011년	2011년 8월 10일 / 엠비존(Mbizon)
	2012년	2012년 8월 6일~7일 / 엠비존(Mbizon)
	2013년	2013년 8월 6일~8일 / 한국 CNR
	2014년	2014년 8월 5일~7일 / 한국 CNR
	2015년	2015년 8월 10일~11일 / 리서치앤리서치
조사대상		전국 만 19세 이상 성인 남녀(2005년에는 7대 광역시로 한정) / 지역별, 성별, 연령별 인구 비례층화 후 무작위 추출

조사표본	1,000명(2012년 1,027명, 2011년 1,024명, 2010년 1,007명, 2005년 1,219명)
조사방법	유무선 RDD, 유선전화 50%, 무선전화 50%, 응답률: 12.0%(2015년), 응답률 11.5%(2014년),
표본오차	95% 신뢰수준에서 ±3.1%

3 통일비용이 들더라도 통일 이후에 현재 남한이 갖고 있는 사회적 문제들이 해결될 수 있는 기대감이 크다면 통일비용과 상관없이 통일이란 결과물을 원할 수도 있습니다. 다음의 설문조사는 통일이란 결과물이 한국사회의 문제점을 해결할 수 있는지에 대한 남한 주민들의 인식을 보여줍니다. 남한 주민들의 대략 25%는 통일이 실업문제를 해결해 줄 것으로 인식하고 있습니다. 여기에 부동산투기문제와 빈부격차문제를 모두 합치면 많게는 65%에서 적게는 50% 사이에서 사회문제 개선에 대한 기대감이 나타납니다.

〈서울대학교 평화통일연구원, 2007-2014년〉 통일 이후 사회문제 개선에 대한 기대감 (단위: %)							
	2007년	2008년	2009년	2010년	2011년	2012년	2013년	2014년
빈부 격차	17.7	10.1	14.7	15.8	13.2	12.2	14.8	14.1
부동산 투기	21.4	14.4	19.4	19.7	17.4	16.5	14.5	19.4
실업 문제	30.0	20.5	27.5	25.9	25.6	23.6	22.3	29.8
범죄 문제	9.2	5.8	9.3	9.1	6.9	6.0	6.2	7.9
지역 갈등	14.4	7.6	13.3	13.1	10.0	10.9	9.2	12.0
이념 갈등	17.3	8.2	16.4	16.4	16.4	13.5	10.2	13.6

4 2010년에 TNS와 SBS가 "한반도 통일은 어떤 형식으로 이루어질 것으로 생각하십니까?"라는 설문을 조사하였는데, '남한주도의 흡수통일'이 가장 많은 37.2%로 나타났습니다. 상대적으로 '국가대 국가의 대등한 통일'은 24.5%로 흡수통일 가능성보다 낮게 나타났습니다. 이것은 실제 통일은 남한 주도의 통일로 현실화될 가능성이 크다는 남한 주민들의 현실인식을 반영한 것입니

다. 해당 설문조사에서 응답자들의 상당수인 28.1%는 '통일가능성이 거의 없음'이라고 응답한 것도 흥미롭습니다.

TNS-SBS 여론조사	
조사시기	2010년 12월 28일~29일
조사대상	지역/성/연령 인구분포비례에 따른 할당추출법, RDD방식으로 생성한 유선전화번호 표집틀
조사표본	1,000명
조사방법	구조화된 질문지를 이용한 전화조사
표본오차	95% 신뢰수준에서 ± 3.1%p

5

TNS-연세대-서울대	
조사시기	2014년 10월 24일~25일
조사표본	전국 1,000명
조사대상	지역/성/연령 인구분포비례에 따른 할당추출법
조사방법	컴퓨터 보조 전화면접조사(CATI, Computer Assisted Telephone Interview), RDD방식으로 생성한 유선전화와 개인이동전화를 결합한 Dual Frame
표본오차	95% 신뢰수준에서 ± 3.1%p
응답률	13.0%

6 '이원집정부제'에 대한 응답이 높은 이유는 현재 한국민들은 높은 수준의 정치불신감을 반영하고 있다는 국내적 요인과 연계된 해석도 가능합니다. 정치혐오의 감정이 일인 주도의 제왕적 대통령제와 연관성이 있다는 인식과 상대적으로 대통령제보다 합의제적 성격이 강한 이원집정부제를 선호하는 응답이 높게 나타났다는 해석이 가능하다는 의미입니다. 하지만, 설문문항(questionnaire) 자체가 통일한국의 정치체제를 어떻게 생각하는지 질문한 것이며, 이에 응답한 그대로 해석하는 것이 좋을 것입니다.

참고로, 대통령제와 이원집정부제는 하나의 형태가 있는 것이 아니고 국가마다 헌법의 내용에 따라서 다양하게 나타납니다. 일반적으로 대통령제의 원형은 미국을 이원집정부제의 원형은 프랑스를 말합니다. 대통령제는 전체 국민들로부터 선출된 대통령 1인이 행정부의 수반이 되며, 행정부의 수반으로서의 대통령은 자신이 임명한 총리와 장관들과 함께 국정을 운영하게 됩니다. 이원집정부제란 전체 국민들로부터 선출된 대통령 1인이 행정부의 수반인 점에서는 대통령제와 차이가 없습니다. 하지만 이원집정부제하에서는 대통령이 임명한 내각(총리와 장관)이 입법부(의회)의 신임과 불신임의 대상이되기 때문에, 입법부의 다수 정당이 대통령이 속한 정당이 아닌 경우에는(즉, 야당인 경우에는) 야당 소속의 총리를 임명하여야 합니다. 이런 점에서 이원집정부제는 상대적으로 입법부와 함께 합의적 정치를 할 가능성이 높다는 것입니다. 하지만, 대통령의 정당이 입법부의 다수당인 경우에는, 대통령은 자신 마음대로 총리와 내각을 임명하며, 오히려 입법부까지도 장악한 결과를 가져오게 되어 합의제적 형태를 보이지 않을 수도 있습니다. 따라서, 이원집정부제라고 해서 더 분권형 권력제도라고 단언하기는 어려우나, 적어도 통일한국의 권력구조로 이원집정부제를 언급하는 하는 것은 그만큼 남한중심이라기보다 북한을 고려한 남북한 분권형/합의형 권력구조로 스테레오타입이 가능합니다. 의원내각제는 의회에서 행정부의 수반인 총리(수상)를 선출합니다. 입법부에서 다수를 차지한 정당의 지도자가 총리직을 맡게 됩니다.

7 통일에 가장 도움이 되는 국가에 대한 인식조사와 함께, 통일에 가장 저해가되는 국가에 대한 인식조사를 참조한다면 유용할 것입니다.

〈서울대 평화통일연구원〉 통일에 가장 저해가 되는 국가							
	2007년	2008년	2009년	2010년	2011년	2012년	2013년	2014년
미국	21.2	16.0	12.5	8.3	8.6	9.5	4.4	5.5
일본	25.8	34.5	17.7	10.4	11.6	12.3	16.0	25.1
북한	36.1	33.7	52.9	55.6	46.0	47.3	56.9	49.4
중국	15.6	14.6	15.9	24.6	33.6	30.5	21.3	17.7
러시아	1.3	1.2	1.1	1.2	0.3	0.4	1.3	2.3

잉글하트(Ronald Inglehart)는 그의 유명한 연구에서 세상이 변하는 이유로 '기간효과'(period effect)와 함께 '세대효과'(generation effect)를 언급한 바 있습니다. 그 내용을 한마디로 정리하면, 사람들은 자신의 청소년기에서 20세 중반까지의 경험을 소중하게 생각하면서 평생을 살게된다는 의미로 축약할

수 있습니다. 보다 더 세속적으로 표현하자면, 사람들은 자신들이 사회의 정책결정과정에 주체로서 활동하는 40세에서 50세 중반에 젊은 시절의 경험과 추억이 중요하게 영향을 미친다는 의미입니다. 따라서, 비록 경인지구의 대학생 통일의식조사이기는 하지만 참조해 보았습니다. 독자 여러분이 비교해 보시기 바랍니다.

〈흥사단 대학생 통일의식조사〉 통일에 가장 저해가 되는 국가				
	2007년	2010년	2011년	2014년
남한	2.0%	3.8%	3.3%	3.5%
북한	19.4%	26.3%	25.9%	37.0%
미국	53.2%	29.5%	27.2%	22.0%
중국	15.5%	34.2%	39.0%	31.3%
일본	7.6%	2.9%	1.6%	3.8%
러시아	1.5%	0.5%	0.6%	1.3%

흥사단 대학생통일의식조사 방식		
조사시기	2010년	2010년 10월 4일~15일 / 흥사단 대학생 회원
	2011년	2011년 11월 22일~12월 2일 / (주)리서치 플러스
	2014년	2014년 10월 27일~31일 / (주)리서치 플러스
조사대상	수도권(서울, 인천, 경기도) 4년제 대학교 대학생	
조사표본	2014년－1,120명/2011년－1,058명/2010년 1,119명	
조사방법	면접원에 의한 면접 설문조사	
표본오차	2014년－95% 신뢰수준에서 ±2.8% / 2011년－95% 신뢰수준에서 ±3.0% / 2010년－95% 신뢰수준에서 ±2.9%	

8 '통일을 이루는 데 가장 중요한 행위자는 우리 자신이다'라는 인식과도 연관성이 있다고 생각합니다.

9 이를 알아보기 위해서 연세대학교와 서울대학교는 TNS와 함께 해당 항목에 대한 통일인식조사를 별도로 시행하였으며 인식조사결과는 이를 경험적으로

뒷받침해 주고 있습니다.

〈TNS-연세대-서울대 여론조사, 2014〉 통일을 하기 위해서는 우리나라가 어느 나라에 외교적 역량을 쏟아야 한다고 생각하세요?					
미국	중국	일본	러시아	모름	응답거절
36.2%	52.1%	2.2%	2.0%	6.3%	1.2%

해당 설문조항은 기존에 잘하지 못했으니 앞으로 더 역량을 쏟아야 할 필요성을 물어보는 의미로 설문항이 개발되었지만, 불행하게도 포괄성을 지닌 문구상 이중적 해석의 여지가 있습니다. 설문조사 대상자가 해당 질문에 접했을 때, 외교적으로 가장 중요한 나라가 어디인가라는 의미로 들릴 수도 있습니다.

10 매년 인식조사 응답자 비율은 차이를 보이지만, 대체적인 경향을 보면 '20년 이내'로 생각하는 사람들이 대략 25% 정도로 나타나고 있습니다. '30년 이상'은 응답자 비율이 19% 정도로 나타나며, '30년 이내'는 응답자 비율이 15%정도로 나타납니다. 덧붙여서 '불가능'이란 응답자의 비율도 '30년 이상'이란 응답자 비율과 유사하게 나타납니다. '30년 이상'으로 답한 응답자는 '통일이 장기적으로 이루어진다'라고 생각하는 집단으로 구분할 수도 있지만, '통일은 장기적으로나 이루어질지 모른다'라고 생각하는 집단으로의 구분도 가능하다고 봅니다. 전체적으로 인식조사 해당 시점을 중심으로 '30년 이상' 또는 '불가능'이라고 답하는 응답자들을 "통일에는 긴 시간이 요구되거나 사실상 이루어지기 어렵다"고 생각하는 집단으로 구분하는 경우에는, 그렇게 생각하는 사람들의 규모를 대략 25%에서 많게는 40% 정도까지로 추정해 볼 수 있을 것입니다. 시간이 흘러도 매번 시점마다 '20년 이내'라고 생각하는 이유는 한국민들에게 통일의 당위성과 통일에 대한 기대감이 지속적으로 존재하기 때문일 것입니다.

〈서울대 통일평화연구원〉 통일의 방식과 시기							(단위: %)
	2007년	2008년	2009년	2010년	2011년	2012년	2013년	2014년
5년 이내	**3.7**	**2.3**	**2.8**	**3.4**	**2.5**	**2.9**	**3.7**	**2.3**
10년 이내	23.5	13.0	16.9	17.8	16.3	14.5	13.3	13.8
20년 이내	30.8	22.1	27.6	24.1	26.1	25.9	25.3	22.5
30년 이내	14.7	15.5	16.2	13.4	14.0	17.8	13.7	17.7
30년 이상	13.8	24.9	16.5	20.8	19.8	19.8	18.3	19.8
불가능	13.3	22.3	19.8	20.6	21.3	19.2	25.8	23.9

11 한국민들이 통일을 준비한다는 것은 구체적으로 어떠한 정책과 연관성을 지
니는 것인지 생각해 볼 수 있습니다. 한국민들의 대북정책에 대한 동의 비율
은 다음과 같이 나타납니다. 각각의 대북정책별로 이에 대한 남한주민들의
동의 비율을 정리하면 다음과 같습니다.

〈서울대학교 평화통일연구원, 2008-2014년〉 대북정책에 대한 동의 비율 (단위: %)							
	2008년	2009년	2010년	2011년	2012년	2013년	2014년
개성공단 유지		48.6	49.7	46.2	45.8	50.4	45.7
남북합의 계승	50.3	54.1	65.7	66.0	58.7	63.7	69.4
금강산관광 재개			60.2	61.3	62.5	57.4	49.9
북핵 해결 전 지원중단	42.1	47.4	46.4	45.5	41.6	54.4	49.0
정부의 삐라살포 차단		51.5	44.2	43.3	46.5	44.5	49.1
정부의 북한인권 문제 제기		61.5	69.5	63.9	64.6	60.8	65.8

2. '민족'과 '국가': 통일의 정당성을 무엇으로부터 찾을까?

―노태우~이명박 정부의 『통일백서』 분석―

서정민(연세대학교 정치외교학과)

I. 들어가며

최근 10여 년간 남북한 교류협력을 논할 때면 우리는 금강산관광과 개성공단을 떠올리기 쉬울 만큼 이 두 사업은 남북교류의 상징으로 인식되어 왔습니다. 특히 금강산관광의 경우는 사업 초기부터 수익성이 없음에도 불구하고 민족통일의 일환으로 추진될 만큼1 한때 남한 대북정책의 숙원사업이었습니다. 하지만 이명박 정부 시기인 2008년에는 금강산 관광사업이 중단되었고, 2010년 천안함 사태 이후 5·24 대북조치를 통해 개성공단을 통한 남북경협에 경색국면이 있었습니다. 더불어 일련의 북핵위기를 거치며 박근혜 정부 들어 2013년과 2016년 두 차례에 걸쳐 개성공단이 중단되는 등 남북경제협력이 난항을 겪고 있습니다. 이런 와중에 현재 금강산관광 산업 재개의 가능성은 극히 낮아졌습니다.

우선 이명박 정부가 금강산 관광 사업을 2008년 관광객 피격사건 이후 즉각적으로 중단한 것은 일종의 국가 간 '맞받아치기 전략'(tit-for-tat), 쉽게 말해 북한이 우리의 뒤통수를 때리니 우리도 북한의 뒤통수를 친 격이었습니다. 하지만 이것은 금강산 사업 처음부터 문제시되어 온 수익성의 문제, 2008년 이후 관광객 및 수익률 감소2에 따른 실효성을 고려한 결정으로 해석될 수도 있습니다. 왜냐하면 같은 대북사업임에 불구하고 이명박 정부가 폐쇄까지는 하지 않았던 개성공단의 경우 2005년 이후 수익률 및 생산액이 꾸준히 증가했기[3] 때문입니다. 이러한 상반된 결정은 이명박 정부가 대북사업을 기존 '민족 화해' 등의 당위적 입장보다 '국익'을 위한 실리적 입장을 견지한 결정으로 해석됩니다. 여기에 북한의 관광객 신변 안전 보호 및 사과라는 '국민보호'의 당위적 명분까지 합쳐짐으로써 이명박 정부 이후 금강산 관광의 재개 여부는 요원해지고 말았습니다.

흔히 통일의 문제를 다룰 때 거론되는 민족주의를 학문적으로 정의하면 '정치적 단위와 민족적 단위가 일치해야 한다고 주장하는 정치적 원리'[4]라 할 수 있습니다. 통일이야말로 이러한 민족 공동체에 단일한 정치적 단위로서 통일국가를 수립하는 민족주의의 실천입니다. 이런 측면에서 1991년 노태우 정부의 '남북 사이의 화해와 불가침 및 교류·협력에 관한 합의서'에서 남한과 북한의 관계를 국제사회의 국가 간의 관계가 아닌 "특

사진 1   개성공단 운영 중단

박근혜 정부는 2016년 2월 10일부로 남북경협의 상징적 사업이었던 개성공단 운영을 전격 중단하였습니다(출처: 연합뉴스).

수관계"를 사용한 이유도 여기에 있습니다. 예컨대 대한민국과 미국 간의 관계는 민족적 단위와 정치적 단위가 일치한 현대 민족국가5 간의 '국제관계'입니다. 하지만 서로 통일을 지향하는 남한 정부와 북한 정부와의 관계는 이러한 국제관계와는 다르기에 이러한 특수한 용어를 사용해 왔습니다. 그런 측면에서 이명박 정부가 북한 정부를 상대로 일종의 '실리적 외교'를 취한 것은 기존의 남북관계 인식에 변화가 있다는 점을 보여줍니다. 기존의 연구 역시 이전 남한 정부와는 다른 북한을 바라보는 이명박 정부의 시각을 "정상관계"6 "남북관계의 보편성"7이란 어구로 지칭하기도 하였습니다. 이러한 공통점은 이명박 정부가 남북관계에 있어서 '원칙', '실용주의', 그리고 '상호주의'를 강조하며 내세우면서 마치 국가 간의 외교관계와 유사한 접근을 취한다는 점입니다. 요컨대, 민족 공동체가 하나가 되는 통일이라는 관점에서 바라보면, 이명박 정부 이후 최근의 대북정책은 접근은 북한을 민족공동체의 일원으로 바라보는 인식의 정도가 그만큼 줄어드는 경향이 있습니다.

　사실 '통일정책' 또는 '대북정책'이라는 두 어구 역시 다른 관점을 가정하고 있으며, 최근 10여 년간은 후자의 용어가 더욱 대중적으로 사용되고 있습니다. 그러므로 남한 정부 공직자들이 자신의 정책을 설명함에 있어서 이러한 단어들을 선택하는 현상은 통일한국을 공간적으로 인식함에 있어서 '국가'와 '민족'이라는 개념이 서로 경쟁하는 담론투쟁의 장(field), 즉 싸움터로 보기 때문입니다. 그러면 최근의 국가 중심적 대북인식의 경향은 단순히 이명박 정부 이후의 특징일까요? 이 글은 이러한 경향의 추이를 시간의 흐름에 따라 살펴보기 위해, 노태우 정부부터 이명박 정부까지의 대북정책의 대국민 보고서라 할 수 있는 『통일백서』(이하『백서』)에 대한 담론분석을 실시하고자 합니다. 결론을 먼저 말씀드리면, 대한민국 정부가 정책을 대중에게 설명할 때, 이미 김대중 정부부터 점차적으로 민족보다는 국가 중심의 어휘를 자주 사용함으로써 대북정책을 정당화하려는 경향이 있어 왔다는 것이 이 글의 주장입니다.

Ⅱ. 이론적 논의

1. 대북정책 담론

그런데 앞에서부터 '담론'이라는 어려운 용어를 자꾸 사용하는데, 담론이 무엇일까요? '담론(discourse)'이란 단어는 프랑스의 철학자 미셸 푸코(Michel Foucault)에 의해 본격적인 학문의 주제로 부각되었습니다. 푸코를 해설한 영국의 정치학자 스튜어트 홀(Stuart Hall)에 의하면, 푸코는 '담론을 특정 역사적 시점에서 특정 주제에 대해 이야기하는 언어를 제공하는, 즉 그 주제에 대한 지식을 제공하는 이야기들의 집합이라 정의'하고, 그것이 우리가 사용하는 언어, 일상에서 행동하는 방식(conduct)을 형성하고 그것에 영향을 주는 의미를 지닌, 사회적 실천들을 포괄하는 개념이라고 합니다.8 그리고 특정 시점의 담론에 나타나는 특정한 사유의 방식 또는 지식의 특징을 푸코는 '에피스테메(episteme)'라 불렀고, 이러한 특징은 한 사회 내 다양한 제도들에서 통용되는 텍스트에서 드러난다고 합니다.9 이렇게 담론은 어떠한 대상에 대한 지식에 나타나는 의미를 결정하며, 이러한 지식은 제도적 장치와 기술을 매개로 일종의 권력을 행사합니다.10 여기서 권력이란 '위로부터의 강제력'과 같은 억압 또는 명령의 작용이 아니라 그러한 지식들이 그물과 같은 형태로 사회 곳곳에 퍼져 순환(circulate)하며 사람들이 일상에서 취하는 행동을 규정하는11 과정 그 자체를 의미합니다.12 권력의 순환을 통해 전개되는 특정한 담론과정은 거기에 걸맞은 특정한 정체성과 주체성을 만들어 내며, 담론분석은 이러한 과정 속에서 특정 사물이 표상되고, 생각되며, 실천되고, 연구되는 방식을 연구하는 방법론입니다.13

그렇다면 이를 이 글의 주제인 대북정책에 적용하여 풀어 설명하겠습니다. 특정 정부의 대북정책의 정당성 논리는 정책결정자가 북한을 인식하고 통일이 필요한 이유와 목표를 설정하는 그 시점의 정책담론의 특징, 즉, 에피스테메에서 비롯됩니다. 즉, 특정 시점에서 "북한을 어떻게 보는

| 사진 2 | 미셸 푸코 |

출처: 위키피디아

가?", "통일 문제를 어떠한 관점에서 인식할 것인가?"에 따라 대북정책 정
당화 논리도 변하기 마련이죠. 예컨대 어떤 시점에서 북한을 민족공동체
의 일부로 보려는 에피스테메가 강하면 대북정책 담론, 즉 대북정책 정당
화 논리 역시 북한과의 당위적 협조를 강조할 것입니다. 반대로 북한을 국
가 대 국가로서의 협상·관리·경쟁의 대상으로 보는 에피스테메가 강하면
대북정책의 정당성은 대한민국의 실리적 입장을 강조하는 방향으로 전개
될 것입니다.

　그러므로 특정 시점의 에피스테메에 따라 결정되는 대북인식과 이에
따른 대북정책 정당화 논리는 어떠한 정권, 남한 또는 북한 정부, 또는 정
책결정자 개인이 단독적, 일방적으로 결정하는 것이 아닙니다. 우선 대통
령은 행정부의 수반으로서 통일 관련 정책에 있어서 자신 또는 자신 측근
의 대북인식을 반영할 수 있는 제도적, 기술적 수단을 가지고 있습니다.
하지만 그(들)의 인식 역시 그들이 스스로 구성한 것이 아닙니다. 즉, 역대

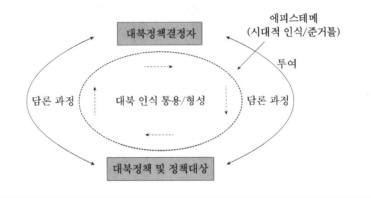

| 그림 1 | 대북담론과정과 대북 인식의 통용과 구성 |

정부의 대북정책에 나타난 시각의 역사적 축적, 그리고 자신이 인식하는 정책대상(대중 또는 북한 등)의 반응, 정책결정자(들)가 북한을 표상하는 특정한 이미지와 이전 정권에서의 경험, 정책 조언자 그룹, 그리고 대북정책에 대한 국민의 지지와 반대, 국제사회 환경에 대한 인식과 그것을 표상하는 다양한 발언들과 자료의 해석들에 의해 (재)생산되고 구체화됩니다. 이러한 대북정책의 담론과정은 정책결정자의 대북발언, 대북 지식 학술활동, 대북정책 보고서, 대북정책 결정 및 집행, 정책결정에 따른 대북정책대상들의 반응 모두를 아우르는 개념입니다<그림 1>.

2. '민족'-'국가' 공간인식 충돌의 장(field)으로서의 대북정책 담론

피에르 부르디외(Pierre Bourdieu)는 한 사회를 이루는 다양한 부문들이 각자의 고유한 규칙을 지니고 성패가 달려 있는 이득(profits at stake)을 위해 투쟁하는 장(field), 즉 싸움터라는 개념을 제시한 바 있습니다.14 대북정책 담론 역시 북한에 대해 대한민국 정부가 취해야 할 '정당한 정책'을 어떠한 방식으로 정의하느냐를 두고 다양한 세력들이 투쟁하는 싸움터입니다. 권위주의 정부시절에는 정부가 모든 통일정책을 독점하고 민간 부문에서는 반공주의를 내세웠습니다. 하지만 민주화와 경제 발전, 냉전의 종식 이후에는 북한체제에 대한 대한민국의 자부심이 고취되고, 김일성의 사망 이후에는 한때 북한 정권 붕괴의 가능성이 제기된 바 있습니다. 하지만 북핵 위기 이후 제기되는 북한을 다루는 방식에 대한 국내 정치 세력들 간의 갈등이 고조되었고, 김영삼 정부의 세계화 담론에 있어서의 국가 경쟁력 강조 및 IMF구제금융 극복이라는 다양한 사회적 변화가 있었습니다. 이러한 변화는 통일과 대북정책을 이해함에 있어서 민족공동체보다는 대한민국이라는 국가 중심의 담론이 펼쳐질 가능성이 많아지는 환경을 제공했습니다. 여기서 국내정치에 있어서 여-야 정권교체, IMF를 극복했다는 자신감의 맥락에서 펼쳐진 김대중-노무현 정부의 포용적 대북정책, 이에 대해 소위 '진보적 386세대'의 민족주의를 교조적으로 간주하고 애국적 세계주의를 내세운 뉴라이트 세력의 등장과 이명박 정부에의 기용15은 통일정책을 둘러싼 국가성과 민족성에 관한 다양한 논의를 양산하였습니다.

한편, 우리나라의 헌법 제3조는 "대한민국의 영토는 한반도와 그 부속도서로 한다"라고 정하고 있습니다. 흔히들 국가의 3요소를 영토, 국민, 주권이라고 하는데요, 이 문구는 대한민국이라는 국가 주권이 당위적으로 추구하는 영토적 범위를 선언하는 문구입니다. 즉, 현재 북한의 영토 역시 대한민국의 영토라는 것이고, 이럴 때 북한 정부는 헌법적 시각에서는 엄밀히 국가가 아니라 '유사 반국가 단체'가 됩니다. 그리고 북한주민들 역시 민족의 한 구성원으로서 남한주민들과 같이 대한민국의 국민의 일부가 됩니다. 그러므로 이 헌법 문구는 앞서 이야기한 민족주의적 시각에서의 통일, 즉 정치적 단위와 민족적 단위의 불일치를 극복하려는 통일의 의지를 표현합니다.

그러므로 통일의 문제에서는 언제나 '민족'과 '국가'라는 두 단위 간의 공간인식의 균열이 존재합니다. 이러한 상황에서 등장한 김대중 정부 이후 대북경협은 남과 북이 기존 권위주의 정부 시절에서 강조하던 '한민족', '겨레'와 같은 당위적, 정서적 공동체(게마인샤프트, Gemeinschaft)가 아닌 개인과 기업 간의 이해관계로 얽혀있는 이익사회(게젤샤프트, Gesellschaft)로 엮일 수 있다는, 새로운 공간을 상상할 수 있는 계기를 제공하였습니다. 쉽게 말해 예전에는 '무조건 통일'이라는 입장이 '남과 북이 실리적 이익을 취할 수 있는 경제문제에서 통합을 이루자'는 방식으로 변화한 것이지요. 그리고 이러한 대북정책을 남한사회에서 정당화하는 과정, 특히 정권에 대한 당시 야당(이명박 정부 이후 여당, 즉 2016년 기준 새누리당)에게 설득하는 과정은, 대한민국이라는 국가적 이익에 부합한다는 논리를 취할 수밖에 없었습니다. 이 과정에서 대북정책의 대내적 정당성 논의는 '국가'라는 또 다른 정치적 단위, 특히 대한민국의 이익을 강조할 수밖에 없다는 인식을 낳기 시작했으며, 이것이 당시 야당(이명박 정부 이후 여당, 2016년 기준 새누리당)을 위시한 사회세력을 포괄하는 하나의 공간적 인식이 되었습니다. 이들은 기존의 남과 북의 대치 상황에서의 '민족'이 아닌 '대한민국'이라는 또 다른 상상과 그것의 상대적 이익에 대한 추구를 강화시켜 나갔습니다.

그러므로 남북 간 통합을 염두에 둔 대북정책이자, 동시에 대한민국의 정치경제정책인 남북경협을 정당화하기 위해서 두 가지의 정치적 공간인식이 충돌하게 되었습니다.16 즉, 남북경협은 기존의 정치적 통일을 대체하는 사실상의 통일 상태를 추구하는 실리 중심의 담론인데, 그 프로젝트의 의도와는 달리 기존의 민족적 당위와 같은 통일의 필요성 감소를 야기할 수 있게 됩니다. 이는 또한 기존 민족통일의 관점에서 강조하던 남북 공동의 대표적 정치적 체제에 대한 상상의 감소로 이어지고, 기존의 남과 북 대치 상황에서 대한민국이라는 국가제도의 상대적 우위를 강조하는 방향으로 이어집니다. 그리고 이는 또다시 대한민국의 실효적 지배에 놓여있지 않은 민족공동체의 일원으로서의 북한 주민에 대한 공감 가능성을 감소시킬 수도 있으며, 이는 대한민국 내의 기존의 정치적 균열을 매개로 일종의 '남남갈등'이라는 정치적 동원기제가 작동하는 환경을 제공합니다. 이렇게 정부가 대북정책을 어떠한 방식으로 정당화하는지에 따라, 그것을 정당화함에 있어서 '민족적 대의'를 중시하느냐와 대한민국의 '국가적 이익'을 중시하느냐가 달라질 수 있습니다.

3. 대북정책 담론으로서의 『백서』 분석의 의의

그렇다면 이 글에서 『백서』를 다루는 것은 어떠한 의의가 있을까요? 사실 대북정책 정당화 논리에 따라 변화하는 사회 구성원들의 대북 인식을 규명하기 위해서는 대북정책의 대상들의 담론들(예컨대 북한의 대남 성명서, 시민단체들의 활동 등) 역시 살펴볼 필요성이 있습니다. 하지만 『백서』라는 대북정책 대국민 보고서 역시 앞에서 그림으로 표현한 대북담론 과정의 일부이므로, 대북정책 대상의 담론으로부터 영향을 받아 작성된 문건입니다. 기본적으로 정부가 공식적으로 발간하는 『백서』는 대북정책이라는 특정 대상이 지닌 의미를 표현하는 지식의 총체이며, 여기에 특정 언어의 빈도가 높을수록 그 언어가 가리키는 의미의 비중이 높다고 할 수 있습니다. 그리고 이러한 비중은 역대 정부의 대북정책의 정당성의 논리를 통해 강화되는 대북인식의 특징이 어떻게 변화했는지를 알 수 있게 합니다.

하지만 한 가지 중요한 사실은 이러한 대북정책 정당화 논리의 변화가 직접적으로 실제 대북정책을 급격하게 변화시키지는 않는다는 점입니다. 노태우 정부에서의 '남북 사이의 화해와 불가침 및 교류·협력에 관한 합의서' 이후 역대 남한정부의 대북정책은 공식적으로는 남한과 북한이 공존하는 가운데 평화적인 수단으로 통일을 향한 점진적인 정책을 실천하자는 기본취지를 지녔고, 줄곧 이어져 왔습니다. 하지만 문민정부인 김영삼 정부 이후 어떠한 정책을 펼침에 있어서 시민사회에 대한 정당성을 확보해야 할 필요성이 늘어났으며, 이러한 노력은 1990년에 처음 발간되어 현재까지 이어진 『백서』가 추구하는 목표이기도 합니다.

특히 냉전 이후 북한과의 통일 전망이 높아지는 한편, 북한 역시 김일성 사망 이후의 일인지배체제가 예상외로 지속적으로 유지되어 오면서 북한을 어떻게 바라보고 대북정책을 수립하며 그것을 정당화할 것인가에 대한 각계의 상충되는 시각이 제기되어 왔습니다. 『백서』는 이러한 환경에서 정부가 대북정책의 정당성을 국민에게 전달하기 위하여 발간한 공식 문서로서 대북담론을 갈무리하려는 정부의 공식 입장을 이해하는 데 도움을 줄 수 있는 글입니다. 그리하여 『백서』에는 역대 다양한 세력이 집권해 온 정권이 자신들의 대북정책을 정당화하고 이를 일반 국민들에게 설득하는 논리가 반영되어 있습니다. 때문에 해당 정권의 다양한 구성인사, 시대적 변화, 핵 도발 등 해당 시점의 북한의 대남행위에 의해 변화하는, 해당 시점의 북한을 어떻게 인식하느냐에 관한 담론의 특징(에피스테메)을 반영할 수밖에 없습니다. 그리고 이러한 변화를 표현하기 위한 단어의 선택, 수사적 어조 등은 정책결정자들의 대북인식의 변화를 가늠할 수 있는 중요한 지표가 됩니다. 예컨대 김대중 정부 이후 '통일정책'이란 단어가 '대북정책'으로 대체된 것 역시(본고 Ⅲ장 2절 참조) "북한을 어떻게 볼 것인가?"에 대한 인식을 반영하며, 이는 실제로 정책의 정당성 논리에 영향을 주고 있는 것이 사실입니다.

구체적으로 이 글은 이명박 정부까지의 대북정책 정당화 논리에 통용된 담론분석을 위해 『백서』가 처음 발간된 1990년의 노태우 정부부터 금강산 관광이 중단된 2008년의 대북정책을 다룬 2009년의 『백서』들17의 '발간사' 부분과 해당 정부의 대북정책 서술 부분을 연구 대상으로 삼았습니다(구체적 장절은 이 글의 뒷면 [첨부1] 참조).

Ⅲ. 대북정책 정당화 담론에 대한 분석

1. 민족-당위적 입장과 국가-실리적 입장

담론분석은 『백서』를 집필한 가상의 텍스트 저자에게 "통일은 왜 하여야 하는가?", "북한과 남한은 어떤 관계인가?", "통일을 추진하는 데 있어서 고려되어야 하는 요소는 무엇인가?"라는 가상의 질문을 던졌을 때 답이 되는 문구와 해당 문구가 들어간 문장들을 가려내는 방식으로 진행되었습니다. 구체적으로 통일의 정당성을 민족 단위로 당위적 과제의 측면에서 서술하는 입장을 '민족중심－당위(이하 민족당위)적 입장', 국가의 경제적 이익, 선진화와 같은 실리적 측면, 덧붙여 북한의 체제 변화의 유도의 입장18에서 서술하는 입장을 '국가중심－실리(이하 국가실리)적 입장'으로 구분하고, 남한과 북한이 공존하거나 국제사회 및 인류 보편적 평화의 측면에서 서술하는 입장을 '중립적 입장'으로 구분하였습니다<표 1>. 그리고 해당 유형에 해당하는 문구의 빈도수와 각 유형별 비율을 수치화함으로써 연도에 따라 어떠한 입장에 비중이 실리는지에 대한 분석을 시도해 보았습니다.19

　　<표 1>의 문구 중 몇 가지의 분류근거를 설명하겠습니다. 우선 "민족공동체 통일방안"과 같이 민족 관련 주제를 단순 서술하는 제목 및 구문의 "민족"이라는 단어는 빈도수 계산에서 제외되었습니다. 하지만 통일의 구체적인 목적을 표현하는 "민족통일", "겨레의 통일"과 같은 방식으로 서술하는 부분은 민족중심－당위적 입장으로 구분되었습니다. "화해", "협력"의 경우 통일을 위한 과정적, 수단적 의미가 강하며, 그 자체로는 민족당위 또는 국가실리적 가치를 내포하지 않으므로 중립적 입장으로 보았습니다. "복리" 또는 "복지" 역시 복지를 양적, 물질적 개념으로 정의할 경우 실리적 입장으로 규정할 수 있으나 정신적, 심리적, 가치적, 질적 개념으로 정의할 경우에는 당위적 입장이 혼재되어 있고, 문맥에 따라 당위－실리의 정도가 달라지므로 복지의 경우 일괄적으로 중립적 입장으로 분류하였습니다. 또한 북한의 국호(조선민주주의인민공화국)와 남한의 헌법 구문(자유민주적 기본질서)을 고려하여 "민주주의"와 "자유민주주의"를 구분하여 전자를 중립적 입장, 후자를 국가실리적 입장으로 구분하였습니다. 여기서 '국가중심'이라는 말은 남한에 실질적인 이익이 된다는 입장뿐만 아

표 1	각 입장별 문구의 예		
민족중심–당위적 입장	중립적 입장	국가중심–실리적 입장
민족사적 의의	공존공영	국민적 합의
민족의 숙원	화해와 협력	합리성과 효율성
겨레의 소원	남북관계의 개선/제도화	지속적 성장
민족통일	인도주의적 고려	현실주의적 통일
1민족 1국가로의 통일	도덕적 윤리, 정의와 질서	선진국 진입
민족의 밝은 미래	정치적, 경제적 자유	자유민주주의 이념 구현
통일조국을 위한 소명	민주적 공동체	국토 잠재력 극대화
동포애의 확산	공동체의식	북한을 개혁·개방
전통적인 관습	복리, 복지, 인권	내실 있는 통일
민족공영	인간의 존엄성	대북 경제협력의 확대
한민족의 우수성과 자부심	성숙한 선진시민	남북의 대결적 측면
민족에 대한 약속	세계에 대한 약속	시장경제체제 우월성
민족의 동질성 회복	한반도 문제의 국제화	북한에 대한 차별적 대응
민족내부의 문제	이산가족 문제의 해결	경제 분야 중심
정경분리의 원칙	인도적 차원의 지원	북한의 무력도발 해소
	동반자로서의 북한	남북간 상호이익/상호주의
	국제문제	호혜적 관계
	냉전구조의 해체	적대적 존재로서의 북한
	사실상의 통일상황	실사구시적 차원
	경제공동체의 형성	상호주의적 원칙
	상호신뢰	남한정부의 남북관계 주도
	동북아 평화번영/안정	경제와 안보의 균형적 발전
	남북간 인적왕래 급증	철저한 안보태세 확립
	한반도/동북아 평화	국민통합
		동북아 경제중심
		국가발전전략
		지경학적 특성
		실용/생산성
		국군포로, 납북자 문제 해결
		북한에 대한 일방적 지원
		남북한 주민
		국토이용의 효율성
		정경분리의 원칙

니라, 남한 또는 북한의 입장에서 상대방 체제 및 이념에 위협이 되거나 부정하는 의미 역시 포괄합니다.

여기에 위에서 제시한 중립적 단어의 꾸밈말 또는 제시맥락이 "민족"이라는 단위(예컨대 민족평화, 민족복리 등)일 경우 민족당위적 입장으로 분류되었습니다. 반면에 "남북한의 상호이익"은 남북이라는 측면에서 중립적 입장으로 분류할 수 있으나 기존의 남과 북이라는 별도의 두 체제 각자의 이익을 도모한다는 의미이므로 국가실리적 입장으로 분류하였습니다. "경제공동체"라는 단어는 일면 국가실리적 입장으로 읽히지만, 경제적 이익과 손해가 발생함에 따라 폐기하거나 실시하는 것이 아니라, 남과 북이 협력하여 공존하자는 당위적 의미 역시 내포하므로 중립적 입장에서 파악하였습니다. 그리고 이 역시 "민족" 또는 "경제적 상호의존"과 같은 꾸밈말에 따라 민족-당위 또는 국가-실리적 입장으로 구분하였습니다.

이 글에서 가장 주목할 문구는 민족당위적 입장과 국가실리적 입장 두 입장 모두로 해석될 수 있는 "정경분리의 원칙"이라는 문구입니다. 1998년 『통일백서』에 따르면 정부는 1998년 4월 30일 이 원칙에 입각하여 「남북경협활성화조치」를 발표했습니다.[20] 우선 이 원칙은 정치적 이익을 가지고 경제적 이익을 함부로 판단하거나, 또는 그 반대를 방지한다는 측면에서 두 부문의 이익을 산술적으로 계산하여 단순 비교하지 않는 원칙입니다. 즉, 한쪽 가치의 논리로 다른 가치를 대체하거나 산술적 총합을 계산할 수 없는 수 없는 양자 간의 갈등관계가 내재되어 있습니다. 때문에 대북정책의 결과가 정치(또는 경제)에서의 가치에 저촉된다고 해서 경제(또는 정치)에서 얻을 수 있는 이익의 가치를 평가절하하지 않겠다는 입장입니다. 그러므로 이 문구는 그 문구가 가리키는 주어와 목표에 주안점을 두어 포괄적으로 파악해 분석해야 합니다. 예컨대 단순히 "정경분리의 원칙"이라는 문구가 나오고, 이것이 "민족전체의 공동발전과 번영"이라는 맥락에서 제시되었으면 민족당위적 입장으로, "시장경제의 원리", "기업인의 자율적 판단에 따라 남북 간 경제협력"이라는 맥락이 제시되었으면 국가

표 2	연도별 『통일백서』 연구 텍스트 내 입장별 문구 회수 및 비중		
연도	민족중심–당위적 입장	중립적 입장	국가중심–실리적 입장
1990	117(50.65)	80(34.63)	34(14.72)
1991	(미발간)	(미발간)	(미발간)
1992	133(42.90)	119(38.39)	58(18.71)
1993	26(47.27)	17(30.91)	12(21.82)
1994	73(59.35)	35(28.45)	15(12.20)
1995	17(44.74)	14(36.84)	7(18.42)
1996	(분석제외)	(분석제외)	(분석제외)
1997	26(36.62)	30(42.25)	15(21.13)
1998	9(14.76)	26(42.62)	26(42.62)
1999	(미발간)	(미발간)	(미발간)
2000	11(17.74)	33(53.23)	18(29.03)
2001	13(25.00)	23(47.06)	15(28.84)
2002	22(22.92)	52(54.16)	22(22.92)
2003	18(20.00)	49(54.44)	23(25.56)
2004	9(9.57)	52(55.32)	33(35.11)
2005	12(10.91)	65(59.09)	33(30.00)
2006	1(1.72)	38(65.52)	19(32.76)
2007	1(2.86)	24(68.57)	10(28.57)
2008	6(7.89)	44(57.89)	26(34.22)
2009	1(1.30)	33(42.86)	43(55.84)

– 문구 개수(빈도율*%)
* (해당 문구 수)/(입장별 문구 회수 총합)×100, 소수점 2째 자리 반올림

실리적 입장으로 간주해야 합니다.[21]
　　예컨대 한 경제학적 연구[22]에 따르면 경제적으로는 이익이 안 되는

금강산관광도 정치적인 이익이 있으므로 추진해야 한다는 결론에 이르렀지만, 실제 정부의 입장에서는 남한, 북한 정부 사이의 정치적 갈등이 있더라도 그와는 별도로 민간 주도, 시장 경제적 논리에 입각한 경제적 협력을 보장해 주겠다는 의미로 "정경분리의 원칙"이라는 문구가 쓰인 바 있습니다.23 더불어 남북관계의 문제에서 "정경분리의 원칙"의 도입은 대북관계 개선을 위한 명분을 세분화하여 경제적 이익이라는 실리적 입장을 도입하였습니다. 이는 기존의 포괄적, 추상적, 당위적, 정치적으로만 인식하였던 대북정책의 명분을 두 가지로 분리했다는 점 자체에 있어서 오히려 실리적 입장이 당위적 입장을 대체할 가능성을 제공하기도 하였습니다. 이러한 기준에 따른 분류 결과는 <표 2>와 같으며, 입장별 빈도율 (%) 포인트 변화 추세를 그래프로 나타낸 것이 <그림 2>입니다.

자료에 따르면 민족당위적 입장의 문구는 전반적 감소세를 보이지만 반대로 국가실리적 입장은 상승세를 보이고 있습니다. 이 자료에서 가장

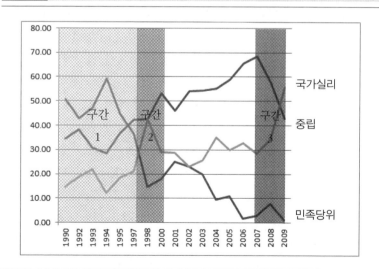

그림 2 입장별 빈도율(%)의 각 연도 포인트 변화 추세

흥미로운 것은 민족당위적 입장과 국가실리적 입장의 감소/상승 추세가 매년(특히 구간1) 거의 정확히 대칭적으로 나타나고 있다는 것입니다. 즉, 민족당위적 입장이 증가하면 국가실리적 입장은 감소하며, 그 반대도 마찬가지의 추세를 보입니다. 중립적 입장의 경우 지속적 증가를 보이다가 2008－2009년 사이(구간3)에서 국가실리적 입장에 의해 역전되었습니다.

2. 시점별 민족당위/국가실리적 어구 빈도 분석

　그렇다면 앞의 자료를 시간적 순서에 따라 주목할 만한 구간들을 중심으로 분석해 볼까요? 우선 노태우 정부와 김영삼 정부 기간인 (구간1)을 보겠습니다. 1990년－1992년까지 노태우 정부 기간에는 항상 민족당위적 입장이 다른 입장에 비해 우위를 보였습니다. 특히 당시에는 변화된 국제 정세와 북방외교 등 한국의 자주적인 노력, 민주화 이후 국민의 의견수렴의 필요성이 부각되는 가운데에서도, 통일 문제만큼은 '민족당위적'일 수밖에 없다는 입장이 지배적이었습니다. 특히 <u>'민족'과 '국가'의 개념을 정의하고 민족이 국가에 대한 우위에 있다는 점을 명문화하는 부분</u>[24]은, 마치 『백서』의 저자가 본 연구자의 질문을 미리 알고 답하는 부분처럼 느껴질 정도였습니다. 이러한 경향은 김영삼 정부 시절인 1993년까지 이어져오다가 1997년에 들어 민족당위적 입장이 중립적 입장에 역전되고, 1998년 (구간2) 이후부터는 국가실리적 입장에 크게 역전됩니다. 국가실리적 입장은 백서가 발간된 이후로 대체로 증가 추세에 있는데, 이는 노태우 정부부터 강조되어 온 통일정책의 국민적 합의, 1994년 이후 "선진한국"과 같은 단어의 빈도수 증가, 즉 김영삼 정부 들어 지속적으로 강조되어 온 신한국 담론과 1996년 OECD 가입에 맞추어 전국적인 세계화 흐름의 강조 등의 영향이 작용한 것으로 보입니다. 특히 김영삼 정부 시기에 들어서는 국가실리적 입장이 "감상주의의 탈피"와 같은 단어로 보다 강조되었습니다. 하지만 전반적으로 노태우－김영삼 정부 기간에는 민족당위적 입장이 통일정책 정당성의 주요 논거가 되었습니다.

(구간2)를 보면, 1998년 통일백서의 경우 국가실리적 입장이 이미 민족당위적 입장의 비중을 넘어서고 중립적 입장과 대등할 정도로 빈도가 크게 증가하고 있습니다. 이 시점은 직관적으로 1997년 말 외환위기 및 IMF구제금융 도입 후 한국 정치경제의 전반적인 구조조정을 이루는 시기에 더하여 김영삼－김대중 정부의 정권교체가 맞물린 시기라는 것을 알 수 있습니다. 즉, 김대중 정부는 정부 초기부터 경제위기 극복이라는 국익실리적 입장을 국가정책 전반의 영역에서 극대화할 필요성이 있었으며, 이는 통일정책을 표현하는『백서』에도 반영이 되어 있습니다. 하지만 (구간2) 이후 2000－2001년 들어 민족당위적 입장이 증가하는데, 이는 2000년 남북정상회담의 성과[25]와 대북경제협력을 일종의 민족적 성과와 요구로 평가했기 때문입니다.

특히 2002년부터 2005년까지, 통일정책을 설명하는『백서』내에는 김영삼 정부 시절 발표된 1994년의 "민족공동체 통일방안"에 대한 장절을 따로 구분하여 실었습니다. 즉, 김대중 정부와 이후 노무현 정부의 대북정책이 김영삼 정부의 성과를 계승했다는 점이 2005년 백서까지 꾸준히 강조되었습니다. 이는 당시 정부가 통일정책의 정당성을 민족당위적 입장에서 찾고자 하는 노력을 명맥으로나마 유지하면서, 2000년대 초반 일종의 '퍼주기' 식의 남북경협에 대한 야당(즉 1994년 김영삼 정부 당시 여당, 2016년 기준 새누리당)측의 비판을 무마하려는 시도로 해석될 수 있습니다. 특히 2002년, 정부는 "통일정책"이라는 표현보다 "대북정책", 구체적으로 "대북화해협력정책"이라는 용어를 의도적으로 사용하겠다는 점을 스스로 밝힙니다.[26] 이는 하나의 민족공동체를 가정한 통일정책보다 대한민국/조선민주주의 인민공화국 <u>양 정부 당국의 구분 그 자체</u>를 강조하는 문구이며, 국가실리적 입장에 가까운 것으로 분류됩니다.

중립적 입장의 경우 2000년대 들어 지속적인 증가 추세를 보이는데, 이는 남북경제협력이 지속적으로 증대되는 시기와도 맞물립니다. 특히 노무현 정부가 추구한 "동북아공동체 담론"과 같이 민족 형태와는 또 다른 공동체를 목표로 통일정책을 서술하는 경향은 이런 추세를 강화시키는 것으로 나타납니다. 그리고 2004년 들어 대북정책 기조를 설명하는 장절에 북한 핵문제 및 6자회담의 진행상황을 서술하는 부문에서는 한국정부가 북한을 일종의 외교적 협상 대상으로 인식하는 경향이 강해집니다. 특히 북한 핵문제의 3원칙(북한 핵 불용, 대화를 통한 평화적 해결, 한국의 적극적 역할)에서 한국이 미국, 중국과 같은 유관 국가들과 역할경쟁을 해야 한다는 점을 부각시킴으로써 국가실리적 입장이 강화되었습니다. 이러한 입장은 "동북아 물류중심국가"와 같은 당시 정부의 정책적 목표에 부합하는 국익과도 직결된 논리였습니다. 특히 김영삼 정부부터 꾸준히 강조해 온 "국민의 여론 수렴"과 같은 국내정치적 이익, 대북경제협력을 추진하며 얻은 성과로서의 남북교역 액수와 같은 실물적 지표를 언급하는 부분 역시 이러한 경향을 강화시켰다고 볼 수 있습니다.

　참고로 2005년 민족당위적 입장이 잠시 급등하는 부분은, 당시 통일부 장관이었던 A장관[27]의 발간사에 나온 구문의 영향입니다. 참고로 2003, 2004년 B통일부 장관, 2006년 D장관의 발간사에는 "민족"이라는 단어조차 등장하지 않았다가, 2008년 E장관의 발간사에서 다시 소폭 등장하고, 2009년 F장관의 발간사에서 다시 사라졌습니다. 또한 2006년부터는 그나마 남은 "민족공동체 통일방안" 장절이 아예 삭제가 되고, 북핵문제에 대한 서술이 이를 대체해 왔음이 드러났습니다. 이 시기 민족이 한 번 등장한 사례를 구체적으로 살펴보면 2006년의 "민족경제의 균형적 발전", 2007년 "한반도와 우리 민족의 미래에 관한 비전과 실천 전략을 담고 있는 통일정책", 2009년 "7천만 우리민족이 행복하게 살고 나아가 통일을 준비하는 것"에 그쳤습니다. 이외에도 2005년 텍스트의 경우 C장관의 발간사와 "민족공동체 통일방안"의 설명부분을 제외하면, "민족"이라는 단어는 "한민족의 공멸을 초래할 수 있는 어떠한 전쟁도 배제", "북한 핵문제는 7천만 민족의 생명과 안전에 직결되는 문제일 뿐 아니라 민족의 공동번영을 가로막는 중대한 장애물"과 같은 문구에 간헐적으로 나타났습니

다. 그리고 김영삼 정부 시기부터 줄곧 등장하였던 "민족공동체"와 같은 문
구들은 2009년에는 이명박 대통령의 신년사를 인용하는 부분에서 "<u>7000</u>
<u>만 국민</u>"으로, 상생공영 정책을 서술하는 부분에서는 "남북한 <u>주민</u>이 모
두 행복한「행복공동체」"라는 단어들로 대체되어 버렸습니다. 즉, 이제는
더 이상 "민족공동체", "동포", "겨레"라는 단어들은 정부가 대북정책을
국민들에게 설득하기 위한 단어로 받아들여지지 않고 있다는 점이 나타납
니다.

　이런 측면에서 2009년 이명박 정부의 통일백서28에서의 국가실리적
입장의 반등/중립적 입장의 하락을 이명박 정부만의 특수성으로 해석하기
에는 무리가 있습니다. 즉, 이미 백서가 출간된 초기부터 대북정책을 서술
하고 이에 대한 정당성을 찾는 데 있어서 민족당위적 입장과 국가실리적
입장이 서로 대립적인 위치를 점유하고 있었습니다. 특히 『백서』는 정부
의 대북정책의 성과를 국민에게 설득함으로써 다양한 이해관계를 가진 국
민들의 지지와 투명성을 확보하는 취지의 문건이기에 국가실리적 입장에
서 서술되는 경향이 많을 수밖에 없습니다. 이러한 입장은 대북경제협력
이 증대되고 가시적 수치 형태의 성과가 확보됨으로써 『백서』에 반영될수
록 심화되었습니다. 그리고 이는 이명박 정부만의 특성이 아니며, 오히려
1997년 외환위기와 2000년대의 대북경협, 노무현 정부의 동북아공동체 담
론과 남한정부의 주도권 강조의 부분에서 강화되어 온 일종의 시대에 따
른 지배적 인식 틀(에피스테메)의 영향을 받은 것으로 해석됩니다.

　특히 이명박 정부의 엄격한 상호주의 역시 김대중 정부의 『백서』에서
부터 나타난 "상호주의 원칙"의 발전으로 보는 것이 타당합니다. 이와 관
련하여 한 학자는 앞에서 언급한 푸코의 영향을 받아 한 사회의 지배세력
과 저항세력이 자신의 정당성을 확보하는 언어 선택이 대립적이지 않다는
점을 지적한 바 있습니다. 즉 지배자의 입장에서 사회에 대한 개입과 정책
의 정당성을 확보하기 위한 단어가 오히려 피지배자가 지배자를 공격하기
위한 단어로 재생산될 수 있다는 점을 보여준 바 있습니다.29 이는 김대중

정부가 당시 야당의 비난을 잠재우기 위해 선택한 "상호주의의 원칙" 구문이 오히려 다음 여당, 즉 당시 야당이 전 여당의 대북정책을 비난하고 자신의 대북정책을 정당화하는 구실로 작용했다는 점을 보여줍니다. 쉽게 말해 김대중 및 노무현 정부가 "상호주의의 원칙"에 입각한 만큼 국익을 중요시하며 대북협력을 강조할수록, 이명박 정부 이후에는 그 원칙에 따라 남한에게는 이익이 없는 기존 대북정책을 폐기하는 근거가 되어 버립니다. 그리고 이러한 장기적 경향에 따라 남북관계에 대하여 여전히 민족적 당위로서의 통일 목표에 입각한 "특수관계"라는 점이 명시되고는 있으나, 실제로는 상호 이익을 추구하는 통합 대상으로의 국가 대 국가의 "일반관계" 경향이 강화되고 있습니다.

　　정리하면 이명박 정부의 대북정책 정당화 논리를 "엄격한 상호주의 원칙"으로 개념화할 수 있지만, 그러한 논리가 해당 정부'만'의 고유한 논리이자 특징이라 할 수 없습니다. 앞에서도 언급한 바와 같이, 금강산관광 중단과 같은 대북사업 중단은 기존의 민족당위적 입장에 따른 정치적 결정, 즉 "정경분리의 원칙"에 따라 추진되어 온 정책을 오히려 "정경분리의 원칙"에 따라 경제의 논리에 따른 국익이 정치를 압도하는 현상으로도 볼 수 있습니다. 그리고 이러한 원칙은 역대 남한 정부의 『백서』의 담론분석에 따르면 김대중 정부 때 처음 도입되었습니다. 그러므로 이명박 정부 이후 한국의 대북정책의 상호주의 원칙의 기원은 해당 정부가 아닌 김대중 정부 이전부터 내재되어 있었다고 해석할 수 있을 것입니다.

3. 분석의 함의

　　한 연구에서[30] 지적한 바 있듯이 국가 간의 "통합"의 목표는 경제적 번영과 복지증진, 즉 이익(interest)에 맞추어져 있는 반면, 민족 간의 "통일"의 목표는 민족의 생존과 안보, 즉 민족적 안락성(comfort)에 맞추어져 있습니다. 즉 "민족통일"은 당위적, 감성적 호소력이 강하며, 반대로 "국가통합"은 합리적, 실리적 설득력이 강합니다. 이런 측면에서 민족당위적 입장의 감소와 국가실리적 증가의 경향의 증대, 그리고 이것이 두드러진 이명박 정부의 경향은 김대중, 노무현 정부 스스로 "통합"을 추구한다고 『백서』에서도 명시한, 대북경제협력의 성격에 내재되어 있었습니다.

이렇게 남북관계에 있어서 민족개념이 빠져 버리는 현상은 비단 『백서』만의 특징이 아닙니다. 서울대학교 행정대학원 통일정책 연구팀이 발간한 한 저서[31]에 따르면, 대중 담론에서는 "북한은 더 이상 같은 민족이 아니다"라는 입장, 즉 이미 남한의 자본주의적 사회에서는 용납될 수 없는 삶의 방식이 북한의 구성원들에게 내재되어 있다는 점이 부각되고 있습니다. 이제 혈통적 민족주의보다는 경제적, 문화적 차이에 따른 새로운 구분이 남한 내 전 사회적으로 제도화되고 있으며, 이러한 구분은 남한주민과 북한주민 사이의 동질성보다는 차이를 부각시키는 담론으로 활용되고 있습니다.

특히 세계화와 전 지구적 신자유주의화의 흐름 속에서 문화적, 인종적, 전통적 특징보다는 특정 집단의 자본주의 사회에서의 적응 가능성에 대한 인식을 강조하는 경향이 강해지고 있습니다. 이러한 과정에서 일상에서 마주하는 탈북자들을 '쓸모없는' 인재로 규정하고, 이들은 민족구성원으로 볼 수 없다는 입장으로 이어질 위험이 있습니다. 이를 다소 확대해석하여 앞선 프랑스의 사례와 같은 기존의 혈통적 인종주의가 문화적 인종주의로 대체되는 현상,[32] 즉 자본주의 사회의 문화와 사회주의 정권 이하의 문화적 삶의 양식의 차이에 따른 북한주민들에 대한 공감의 가능성이 저해되는 과정으로 이해될 수 있습니다. 정책의 정당성을 찾는 어휘들에도 '이제는 쓸모없는' 당위적인 민족 개념 고수에 대한 거부감이 존재합니다. 앞에서 언급한 뉴라이트의 애국적 세계주의 역시 이러한 경향을 내포하고 있으며, 이는 통일에 대한 시각으로 이어져 박근혜 정부의 "통일은 대박", 즉 '통일은 곧 국가이익'(그러므로 이익이 되지 않으면 폐기할 수 있다, 또는 통일은 당위적으로 해야 하지만 그것을 정당화하는 논리는 우리에게 가져다주는 이익에 있다)이라는 실리적 관점을 극대화하는 흐름과도 무관하지 않습니다.

사진 3　　박근혜 대통령 신년 기자회견 연설장면(2014. 1. 6.)

박근혜 대통령은 2014년 1월 6일 신년 기자회견에서 "통일은 대박"이라는 표현
을 씀으로써 당위적 통일이 아닌 이해관계에 기초한 통일의 필요성을 공식화했
습니다(출처: YTN보도 갈무리).

Ⅳ. 결　　론

　　결국 이 글은 통일에 대하여 '같은 민족이지만 고유한 단일국가를 가
지고 있지 못하다가 새로이 하나의 민족국가로 탄생하는 하나의 민족주의
적 현상이므로, 통일의 문제를 논할 때 민족의 개념을 제외시키는 것은 논
리적 오류'33라는 입장을 한 번 더 환기시키고 싶습니다. 북한의 체제위기
와 남한과의 커다란 이질성, 북핵 문제 등을 고려하면 단순히 민족당위적
입장에서 통일을 추진하는 것은 시대착오적인 감상주의로 오인될 가능성
이 높습니다. 이런 측면에서 김영삼 정부부터 추진되어 온 한국의 통일(또
는 대북)정책은 '통일의 실질화', '실질상의 통일'의 상태를 일차적으로 추
구하는 단계적, 점진적 입장에서 추진되어 왔습니다. 어쩌면 김대중, 노무
현 정부의 '대북'정책 역시 이러한 민족적 당위성이 근본적으로 내재되어
있었기에, 그 위에서 남북교류의 현실화를 위한 인센티브를 구축하는 과

정이었다고 볼 수도 있습니다. 더불어 1987년 민주화와 1997년 외환위기, 급속한 세계적 변화의 추세 속에서 일반 대중에게 민족이라는 당위만을 가지고 통일을 추진하는 것은 더 이상 설득력이 없다는 시대적인 맥락도 작용합니다. 특히 세계화 및 다문화주의적 흐름에서는 '민족주의=위험'이 라는 인식조차 부정할 수 없으며, 폐쇄적 민족주의가 가지는 또 다른 '타 자'의 형성의 위험은 '민족'이라는 단어에 언제나 똬리를 틀고 있습니다.

　민족주의 연구사에 한 획을 그은 미국의 학자 베네딕트 앤더슨 (Benedict Anderson)은 민족(nation)을 "상상의 공동체"로 정의하며, 우리 가 사는 근대 이후의 민족주의는 기존 중세 이전의 시공간 인식과는 다른 형태로, 서로 얼굴을 마주한 적이 없는 개인들이 '같은 시공간을 공유하고 있다는 인식'으로부터 출발한다고 서술한 바 있습니다.[34] 하지만 그의 다른 연구에서는 이에 덧붙여 이미 죽은 과거의 선조-현재를 살아가는 안면부 지의 개인들-아직 태어나지 않은 미래의 후손들을 이어주는 선형적인 민 족 서사 역시 강조합니다.[35] 남한과 북한 모두 현실적인 교류가 극도로 제 한된 상태에서, 그나마 민족주의가 있었기에 '내가 한 번도 만나 본 적은 없 으나 한반도에 누군가가 나와 같은 시간을 공유하고 있다'라는 개념이 설득 력을 가졌습니다. 하지만 남과 북의 현실적 조건에서는 이러한 인식 자체가 공유될 수 있는 경향이 본 연구가 보여준 바와 같이 점차 약해지고 있습니 다. 같은 것을 공유하고 있다는 인식보다 서로 다르고 각자에게 이익이 되 기 위한 선택을 한다는 입장이 강화될 경우 통일의 당위성은 쇠락하기 마련 입니다.

　이런 시점에서 20세기 초 사회과학을 대표하는 학자들 가운데 한 명 인 독일의 막스 베버(Max Weber)의 주장을 다시 되새길 필요가 있습니다. 그가 19세기 후반 당시 경제이익에 기초한 파당적 합리주의에 빠진 독일 지배층의 정치적 미성숙을 해결하고, 정치의 논리가 경제의 논리에 침식 되지 않기 위해 민족주의를 역설했다는 점은 민주화 이후 한국정치와 통 일담론에 주는 시사점이 큽니다.[36] 물론 그의 민족주의 역시 당시 전 세계적인 제국주의적 성격을 다소 내포하고 있었다는 점에서 한계가 있었지만, 정치적 공동체의 한 단위로서 민족이라는 형태 그 자체는 가치중립적으로 도입할 수 있습니다. 특히 '통일'정책이 대한민국 역대 정권의 정책 논제 목록에서 완전히 사라지지 않을 것이라면, 민족이라는 개념에 대한 인식 자체는 꾸준히 강조될 필요가 있으며, 이는 통일 이후의 남과 북의 주민들의 화합에도 필요합니다. 그리고 이는 국내정치적으로도 성숙한 시민의식의 고양과 통일에 대한 정당성을 확립하는 효과 역시 가져올 수 있습니다. 이를 굳이 개념화하자면 근대 민족국가 수립 과정에서의 민족 개념의 유동성, 상상적 특징을 긍정함과 동시에, 그것이 가지는 실제적인 효과의 장단점을 취사적으로 선택하는 '전략적 본질주의'(strategic essentialism) 역시 필요합니다.

　　이 글의 한계점과 과제를 지적하며 글을 마치고자 합니다. 이 글은 민족당위적 입장과 국가실리적 입장을 구분함으로써 통일을 당위적으로만 이해하고 민족 개념 자체에 대한 성찰이 부족한 측면이 있습니다. 왜냐하면 통일 역시 한반도를 살아가는 '주민'들이 선택할 문제이지, 단순한 민족적 요청에 따라 무조건 이루어져야 하는 것이 아니기 때문입니다. 그리고 단어 및 문구를 분류하는 과정에서 연구의 목적에 따른 선택적 편견 역시 간과할 수 없습니다. 특히 3장 <표 1>의 예에서 국가실리적 입장에 대한 구문이 확연히 많다는 점은 2000년대 이후의 담론을 너무 국가실리적으로 분석한 것은 아니냐는 비판이 있을 수 있을 것입니다. 하지만 주목해야 할 것은 그만큼 민족당위적 입장을 지칭하는 구문 역시 급격히 줄어들었다는 점을 지적한 것이 이 연구의 성과라 할 수 있습니다. 덧붙여 담론 분석과 같은 질적 연구는 경우에 따라 해당 담론의 저자가 연구에 참여하는 상호검토를 요청한다는 점에 있어서 이 연구의 신뢰도에 의문을 던질 수도 있습니다. 하지만 본 연구에서 시도한 접근과 유사한 연구를 적어도 3명 이상의 복수의 연구자들이 공동으로, 그리고 장기적으로 진행한다면, 본 연구가 가지는 함의를 충분히 살릴 수 있으리라 판단됩니다.

[첨부 1] 연도별 『통일백서』의 분석 텍스트

연 도	텍 스 트
1990	• 발간사(최호중 장관) • 제1장 2절, "제6공화국 통일정책과 한민족공동체 통일방안"
1991	※ 발간되지 않음
1992	• 발간사(최영철 장관) • 제2장 1절, "통일환경 변화와 통일정책 기조" • 제2장 2절, "한민족공동체 통일방안과 민족통일에의 비전 제시"
1993	• 발간사(이영덕 장관) • 제1장 1절, "세계질서의 변화와 한민족의 미래" • 제2장 2절, "새로운 통일정책 방향의 제시" • 제2장 3절, "3단계 통일방안과 실천정신"
1994	• 발간사(이홍구 장관) • 제1장, "새로운 통일환경" • 제2장, "우리의 통일정책"
1995	• 발간사(나웅배 장관) • 제1장 1절, "분단사의 회고와 전망"
1996	※ 영문판으로 발간되었으므로 연구대상에서 제외
1997	• 발간사(권오기 장관) • 제1장 1절, "분단사의 전개" • 제3장, "김영삼정부의 통일정책 기조"
1998	• 발간사(강인덕 장관) • 제2장, "「국민의 정부」 출범과 대북 포용정책의 추진"
1999	※ 발간되지 않음.
2000	• 발간사(박재규 장관) • 제1장 2절, "대북포용정책의 추진배경" • 제1장 3절, "대북포용정책 목표, 원칙, 역사적 의미" • 제1장 4절, "대북포용정책의 주요 과제 및 추진성과"
2001	• 발간사(박재규 장관) • 제1장 1절, "대북화해협력정책 추진"

2002	• 발간사(정세현 장관) • 제1장 2절, "대북화해협력정책 주친 배경" • 제1장 3절, "대북화해협력정책 내용" • 제1장 5절, "통일방안과 대북화해협력정책"
2003	• 발간사(정세현 장관) • 제1장 2절, "대북화해협력정책의 추진"
2004	• 발간사(정세현 장관) • 제1장 1절 2항, "민족공동체 통일방안" • 제1장 2절, "평화번영정책의 내용" • 제1장 3절, "평화번영정책의 성과"
2005	• 발간사(정동영 장관) • 제1장 1절 2항, "민족공동체 통일방안" • 제1장 2절, "평화번영정책의 내용" • 제1장 3절, "평화번영정책의 성과"
2006	• 발간사(이종석 장관) • 제1장, "평화번영정책의 추진"
2007	• 제1장, "평화번영정책의 추진" ※ 발간사 누락
2008	• 발간사(이재정 장관) • 제1장, "평화번영정책"
2009	• 발간사(현인택 장관) • 제1장, "상생과 공영의 대북정책"

[주　석]

1 오수열, "김대중정부의 대북정책과 금강산사업의 평가." 『한국동북아논총』 25(2002): pp.1 – 18.

2 이현경, "이명박정부의 대북정책과 남북경협의 전망." 『통일과 평화』 2(1, 2010), pp.160 – 161에 인용된 통일부, 「남북협력동향」 참조. 2014년 10월 현재 통일부 자료에는 관광객 수의 증감만 제시되어 있기 때문에 수익을 판단하기에는 무리가 있으나, 2006 – 2009년 동안 2007년의 지난해 대비 102.5%의 증가를 제외하고는 금강산 관광객은 매해 줄어드는 경향을 보여 왔습니다.

3 같은 글.

4 Ernst Gellner, *Nation and Nationalism* Second Edition (USA: Cornell University Press, 2006), pp.1 – 7.

5 민족국가(nation – state)는 맥락에 따라 '국민국가' 또는 '민족국가'로 번역됩니다. 보통 국가 성립 이전에 혈통적, 인종적 종족집단이 있었고, 이러한 종족집단이 원초적이고 영속적인 입장에서는 민족이라는 단어를 선호합니다. 한반도 통일의 문제에서 'nation'은 국가 이전에 존재하는 공동체가 있다는 점이 강조되므로 민족이라는 번역어를 사용하겠습니다.

6 최진욱, "이명박 정부의 대북정책과 북한의 반응: 새로운 대북정책을 위한 제언." 『통일정책연구』 17(1, 2008), p.57.

7 박종철, "상생공영 정책과 대북포용정책의 비교: 기능주의의 한계와 제도주의의 실험." 『국제정치논총』 49(4, 2009), p.424.

8 Stuart Hall, "Introduction" in *Representation: Cultural Representation and Signifying Practice* edited by. Stuart Hall (London: Sage Publication Ltd.1997), p.44.

9 앞의 글, p.44.

10 앞의 글, pp.46 – 47.

11 앞의 글, pp.49 – 50.

12 푸코는 권력을 지배/저항을 막론하고 모두에게 작용하는 주체 없는 과정(process without subject)라 칭한 바 있습니다. 이는 권력을 특정 주체의 이익을 피지배자에게 강제하는 것이 아니라 지배자/피지배자를 막론하고 특정

담론과 지식을 매개로 작동하는 권력과정의 영향을 받는다는 말입니다. 이를 보다 정치학적 단어로 풀어보면 정책결정자가 내리는 결정과 이에 따라오는 정책, 그리고 그 정책의 결과로서 정책대상 행위자 모두 특정 시점에서 결정된 인식의 힘의 영향에 따라 사고, 결정, 행동, 대응한다는 것을 의미합니다. Michel Foucault, *The History of Sexuality: An Introduction*, trans. by Robert Hurley (New York: Vintage Books, 1980), pp.93－96.

13 Hall(1997), p.6.

14 L. D. Wacquant, "Towards a Reflective Sociology: A Workshop with Pierre Bourdieu" *Sociological Theory* 7(1989) pp.26－63.

15 전재호, "2000년대 한국 보수주의의 이념적 특성에 관한 연구: 뉴라이트를 중심으로."『현대정치연구』7(1, 2014) pp.165－193.

16 이런 현상을 두고 영국의 사회학자 밥 제솝(Bob Jessop)은 정치경제정책에는 국가에 의한 특정한 정치적 공간인식을 한 사회에 당연한 것으로 받아들이게 하는 과정이 필요하다고 주장한 바 있으며 이를 '헤게모니 프로젝트'로 칭한 바 있습니다. Bob Jessop, *State Theory － Putting Capitalist States in their Place* (GB: The Pennsylvania State University Press, 1990); Bob Jessop, Neil Brenner and Martin Jones, "Theorizing Sociospatial Relations." *Society and Space* 26(2008) pp.389－401.

17 2016년 5월 현재 통일부 홈페이지(www.unikorea.go.kr)에 따르면 1996년의 경우 영문판으로만 발간된 상태이며, 1992년, 1999년은 발간되지 않고 해당 연도의 내용은 2000년도판에 수록이 되었습니다. 영문판의 경우 한글판의 어법과 함의(connotation) 표현방식이 다르므로 동일한 연구대상으로 간주하기 어려우므로 연구에서 제외되었습니다.

18 '북한의 체제 변화 유도의 입장'은 통일의 목적 자체를 북한의 체제전환의 계기로 삼는다는 입장이며 이는 북측 정부의 입장에서는 남한 정부만의 배타적인 이익이라 해석될 수 있습니다.

19 이러한 단어 빈도수를 통한 담론분석은 노동자들에게 특정 주제에 대한 질문을 던진 후 그들이 작성한 답변을 가지고 사용자에게 가진 태도를 순응, 저항, 타협으로 구분한 기존 연구를 참고하였습니다. 박해광, "노동자 담론 : 순응, 저항, 타협."『계급, 문화, 언어』(서울: 한울아카데미, 2003), 제6장.

20 1998년도 『통일백서』, 제3절.

21 즉, 여기에서는 "민족당위적 입장"을 정치적 가치의 추구로 보고, "국가실리
   적 입장"을 경제적 가치의 추구로 보았습니다. 예컨대 "돈 안 되면 남북경협
   을 실시하지 않는다"는 입장은 남한 정부가 북한 정부를 대함에 있어서 "국
   가실리적 입장"을 추구하는 것입니다.

22 이상만, "금강산 관광개발 사업의 문제점과 정책적 과제." 「통일문제 국제학
   술회의」 (동국대학교 북한학연구소 발표문, 1999), pp.23 – 34.

23 1998년, 2000년도 『통일백서』.

24 19990년도 『통일백서』, p.85; 1992년도 『통일백서』, pp.84 – 85.

25 2000년 남북정상회담에 대한 평가는 이듬해인 2001년 『백서』에 나타나 있습
   니다. 그래프에도 2001년의 민족당위적 입장이 2000년대 최고의 포인트로 나
   타납니다.

26 2002년 『통일백서』, 1장의 각주 1.

27 여기서는 개별 장관의 이름을 익명 처리하도록 하지만, 첨부에 나온 자료에는
   해당 연도의 장관들의 실명이 명시되어 있습니다.

28 역시 이명박 정부 시기 발간된 2008의 『백서』는 그 전 해인 2007년의 정
   책과 성과를 설명하는 백서이므로 이명박 정부의 입장으로 볼 수 없습니다.

29 Herzfeld, Michael, "Structured Nostalgia: Time and the Oath in the
   Mountain Villages of Crete," in *Cultural Intimacy: Social Poetics in the
   Nation–State* (New York: Routledge, 2005), pp.147 – 182.

30 김혁, "한반도 통일에 대한 이론적 접근: 기능주의적 통합론에 대한 비판과
   그 대안의 모색." (한국정치학회 1996년도 연례학술회의 논문집, 1996), p. 6.

31 서울대학교 행정대학원 통일정책연구팀, 『남과 북, 뭉치면 죽는다』 (서울: 랜
   덤하우스중앙, 2005).

32 Étienne Balibar, "Is There a 'Neo–Racism'?" in Étienne Baliar and
   Immanuel Wallerstein, *Race, Nation, Class: Ambiguous Identities* (London:
   Verso, 1992), pp.17 – 27.

33 김혁(1996), pp.4 – 5.

34 Benedict Anderson, *Imagined Community* New Addition (New York:
   Verso, 2006).

35 Benedict Anderson,"The Goodness of Nations." in Peter van der Veer and Hartmut Lehmann (eds.), *Nation and Religion — Perspectives on Europe and Asia* (New Jersey: Princeton University Press, 1999), pp.197 – 203.

36 Max Weber, "The Nation State and Economic Policy" in Peter Lassman and Ronald Speirs (eds.) *Marx Weber: Political Writings* (Cambridge: Cambridge University Press, 1994[1895]), pp.1 – 28.

3. 신지정학 논쟁과 통일

지상현(경희대학교 지리학과)

I. 들어가며

아마도 독자들은 "지정학이라는 단어를 들어보셨습니까?"라는 질문에는 대부분 고개를 끄덕일 것입니다. 북한이 미사일 발사 등으로 한반도의 긴장을 고조시킨다든지, 중동 어디에선가 무력 충돌이 일어나면 어김없이 뉴스에는 '한반도 지정학 리스크'로 주식시장이 출렁였다든지, 중동정세 불안으로 국제유가가 폭등했다든지 하는 기사가 등장합니다. 또한 자세히 살펴보면 많은 교과서, 신문 기사와 칼럼, 서적, 학술논문 등에서 '한반도의 지정학적 위치'라는 표현을 빈번하게 사용하고 있는 것을 알 수 있습니다. 이 표현은 너무 많이 사용되어서 이제는 상투적이라는 느낌까지 들기도 합니다. 예를 들어 "한반도의 지정학적 위치는 유라시아 대륙과 태평양을 이어주는 … "으로 시작하는 서술은 우리나라의 매우 전형적인 소개 글 중에 하나입니다.

일단 지정학이라는 단어는 우리에게 낯설지 않은 단어임은 분명합니다. 아마도 지리와 정치에 관한 어떤 것을 말하는 것으로 추측되지만 지정학이 무엇인가라는 질문에 명쾌하게 답할 수 있는 사람은 많지 않습니다. 정치학, 경제학, 사회학, 언론정보학 등은 대학에도 학과가 개설되어 있고, 많은 전공자들이 활동하고 있습니다. 그러나 지정학과 혹은 지정학자라는 단어는 생소합니다. 적어도 우리나라에는 지정학과가 없으니까요. 물론 외국도 마찬가지입니다. 그런데 왜 우리는 지정학이라는 단어에 익숙할까요?

우리가 지정학이라는 단어를 자주 접하거나 사용하고 있다면 지정학이 무엇이고 지정학적인 논리와 주장은 우리에게 어떤 의미가 있는지 한 번 살펴보는 일은 의미가 있을 것입니다. 특히 통일이라는 문제 앞에 지정학은 어떤 이야기를 들려줄 수 있을지 알아보는 것은 매우 현실적인 의미가 있을 것입니다.

  학계에서는 1990년대 초반부터 신지정학이라는 용어가 유행이 되기 시작하였습니다.1 이 용어는 그 맥락에 따라 매우 다른 의미로 해석될 수 있습니다. 첫째, 단순히 '새로운 지정학'이라는 의미로 기존의 지정학적 질서, 특히 제2차 세계대전과 냉전시기로 대표되는 대결과 갈등의 부정적인 지정학적 질서를 벗어난 평화와 협력의 지정학이라는 의미로 사용되기도 하였습니다. 이는 일종의 미사여구로 국제정치나 지역 내 역학관계의 변화를 다른 말로 표현한 것에 불과합니다. 예를 들어 "동아시아의 신지정학을 향하여"라는 표현은 "동아시아의 평화와 협력의 국제정치를 향하여" 정도의 의미를 지닌다고 할 수 있겠습니다.

  반면 지정학과 신지정학을 학술적으로 살펴보면 조금 더 복잡하지만 우리가 생각해 볼 만한 지점이 많아집니다. 이는 지정학을 단순히 미사여구나 자신의 주장을 멋지게 포장하기 위한 현학적인 단어의 선택으로 볼 것이 아니라, 그동안의 지정학은 어떤 것이었고, 주된 이론과 주장은 무엇인지, 그리고 왜 신지정학이라는 단어가 지정학을 대체하고 있는지에 대해서 알아보는 노력을 필요로 합니다. 이제부터는 지정학에서 신지정학이 탄생하게 되는 과정과 신지정학이 우리가 원하는 통일의 문제에 접근하는 데 어떤 시사점을 주는지 생각해 보려 합니다.

II. 자리가 운명을 결정하는가? 신지정학 논쟁

  신지정학 논쟁을 이야기하려면 지정학에 대한 간단한 언급을 필요로 합니다.2 지정학을 간단히 이야기하면 정치를 지리로 설명하는 것입니다.3

즉, 정치에 영향을 미치는 여러 가지 요인 중 지리에 초점을 맞추는 것입니다. 지정학이란 용어를 만들어 낸 Kjellen 역시 한 국가의 정치를 이해하기 위해서는 그 국가가 처한 지리적 환경이 가장 중요하다는 점을 강조했습니다. 이러한 초기 지정학에 대한 논리는 인간의 문화가 환경의 영향으로 만들어진다는 환경결정론에 영향을 받았습니다. 물론 인간과 조직 그리고 국가는 지리적 환경에 영향을 받을 수밖에 없습니다. 그러나 이를 지나치게 강조하게 되면 문제는 달라집니다. 초기의 환경결정론자들은 인간의 문명과 문화에 가장 큰 영향을 미치는 것이 환경이라고 주장했습니다. Semple과 같은 학자는 미국 이민 초기 단계에서 애팔래치아 산맥의 오지에 살고 있는 앵글로색슨족을 조사한 후 이런 결론을 내립니다. 전 세계에서 가장 문명화된 국가인 대영제국의 구성원인 앵글로색슨족이 미국 동부의 산골에 정착하여 살게 된 후 높은 문맹률, 알콜중독, 가정폭력, 지독한 가난과 근친상간 등 문명의 퇴보현상을 보인다는 점을 강조하며, 환경의 중요성을 설파하였습니다.[4] 이와 같이 환경을 위주로 사회를 이해하는 시각은 국가 간의 정치를 설명하는 데도 동원되었습니다. 국가가 위치한 환경이 중요하다는 점이 강조되기 시작합니다.[5]

　환경을 구체적으로 이야기하자면, 다른 국가의 침략을 방어하기에 좋은 영토(높은 산맥으로 가로막혀 있다든지, 바다로 둘러싸여 있는 경우), 좋은 기후, 풍부한 지하자원 등이 빈번하게 언급되었습니다. 또한 주위에 어떤 나라가 있는지도 중요한 환경의 요소가 되었습니다. 이러한 가정에 기반하여 몇몇 학자들은 '거대한' 일반 이론을 만들어 냅니다. 영국의 지정학자 Mackinder는 인류의 역사를 돌아보면 자원이 풍부하고 침략이 어려운 동부 유럽을 차지한 세력이 유라시아 전체를 지배하고, 나아가 세계를 지배할 수 있어, 동부 유럽 지역이 전략적 핵심지역(pivot area) 혹은 심장지역(Heartland)이라고 주장합니다. 오랜 역사를 통해 이 지역을 침략하는 데 성공한 세력이 몽골제국밖에 없다는 점이 이를 반증한다고 주장합니다. 따라서 동부유럽지역을 지배하는 세력이 세계를 통제할 수 있다는

Heartland Theory를 주장하였습니다.[6] 반면 미국의 해군제독인 Mahan은
육상의 군사력보다는 자유로이 병력을 이동할 수 있는 해군력에 초점을
맞추었습니다. 그는 바다, 특히 유라시아의 외곽지역(rim)을 지배하는 세
력이 세계를 지배할 수 있다고 주장하며 Rimland Theory를 주창하게 됩
니다. 이러한 오래된 이론은 여전히 우리의 사고방식을 지배하고 있습니
다. 여전히 대륙세력과 해양세력으로 세계를 나누어 보는 것이지요. 이런
식으로 생각하다 보니 우리나라는 대륙세력과 해양세력이 만나는, 남들이
탐내는 지정학적 위치로 여겨지는 것입니다.

　　이러한 지정학 이론들은 제2차 세계대전 시기에 비극적인 전성기에
이르게 됩니다. 히틀러의 정치스승이라고 불리는 하우스호퍼(Haushofer)는
그동안의 지정학 이론을 나치 독일의 확장을 위해 집대성합니다. 대륙세
력과 해양세력으로 세계를 나누는 기존 이론을 응용하여 전 세계를 독일
과 일본, 미국, 소련 등이 나누어 지배하는 구상(Pan region model)을 만들
었으며 이는 히틀러에 의해 실행되기에 이릅니다. 또한 번영하는 게르만
민족이 생존하기 위해서는 그에 상응하는 생활공간(Lebensraum)이 필요하
다는 주장을 펴게 됩니다. 이는 주변국에 대한 침략으로 이어집니다. 일본
역시 만주사변을 일으키고 태평양전쟁이라는 파괴적인 선택을 했던 이면
에는 대동아공영권이라는 지정학 이론이 바탕이 됩니다. 일본과 한반도,
만주 그리고 동남아시아를 하나의 일본의 세력권이자 운명 공동체로 묶는
제국주의적 지정학이었지요. 당연히 제2차 세계대전 이후 지정학은 가짜
학문, 파멸적인 제국주의에 부역한 학문으로 낙인 찍히고 학계에서 사라
지게 됩니다.

　　지정학을 이야기하는 것이 금기시된 전후 시대를 지나 1990년대 초반
이 되면서 소수의 정치지리학자들이 지정학을 다시 언급하기 시작합니
다.[7] 대표적인 학자가 아일랜드 출신의 지리학자 ÓTuathail입니다. 그는
박사학위 논문에서 지정학을 학문이 아닌 정치적 전략이라고 주장합니다.
즉 국가가 처한 환경이 국가의 대외전략과 운명을 결정한다는 것은 지나

친 일반화를 넘어 특정 시각의 정치적 판단을 정당화하기 위한 전략이라는 것입니다. 따라서 기존의 지정학 이론은 그럴듯해 보이지만 실제로 그것을 증명할 방법은 없고, 자신이 예언한대로 추진해 버리면 그것이 실행되는 것으로 보이는, 일종의 환상을 만들어 내는 작업쯤으로 전락합니다. 그의 선구적인 연구 이후에 많은 학자들이 과거의 지정학을 비판하고, 왜 그러한 지정학적 사고가 당연한 것으로 받아들여졌는지를 연구하게 됩니다. 이러한 연구경향을 신지정학이라고 부르거나 더 정확하게는 비판지정학(Critical Geopolitics)이라고 부르게 되었습니다. 우리의 경우에 비추어 보면 우리가 반도에 있는 국가는 대륙세력과 해양세력의 빈번한 침략에 놓이게 된다는 주장을 받아들여 대외정책을 고민하는 것이 아니라, 대륙세력과 해양세력이 반도에서 충돌한다는 주장이 왜 사실로 받아들여지는가를 연구하게 되는 것을 의미합니다.8 이제 지정학은 국가의 운명에 영향을 미치는 지리적 위치나 환경을 연구하거나, 국가의 전략을 연구하는 학문이 아니게 되었습니다. 오히려 어떤 나라에서 어떠한 국제정치적 주장이 만들어진다면 그 이유가 무엇인가에 대한 질문이 우선시 됩니다. 이러한 문제에 대해 답을 하기 위해서 신지정학 연구는 국가의 위치와 영토자원이 아닌, 역사, 문화, 사회, 미디어 등으로 관심을 확장하게 됩니다.

Ⅲ. 신지정학의 세계

이제 간략하나마 신지정학의 등장과 그 배경을 이야기했습니다. 이제 신지정학이 무엇에 관해 이야기하는지 알아봐야 할 차례입니다. 다시 과거의 지정학, 즉 고전지정학9과 신지정학의 논리구조를 비교해 보겠습니다. 고전지정학에서 가장 중요한 점은 국가의 위치입니다. 최근 고전지정학의 시각에서 정부나 기업에 지정학적 분석과 정보를 제공하는 Stratfor라는 회사의 지정학적 해석을 유튜브에서 쉽게 찾아볼 수 있습니다. 대부분의 포맷은 동일합니다. 한 국가의 위치를 세계지도에서 보여주며, 산맥이 어떻게 배치되어 있고, 바다로의 접근성이 어떤지를 분석하며 분석을 진행합니다.10 즉 국가의 안보, 방어의 용이성, 그리고 외부와의 교류 등 국가의 위치에서 비롯된 정치·경제적 분석을 보여주고 있습니다. 이러한 분석은 고전 지정학의 대표적인 시각을 보여주고 있습니다. 즉 국가의 위치가 모든 분석의 기본인 것입니다. 우리가 흔히 들어왔던 부동항에 대한 러시아의 집착에 가까운 추구는 바로 국가의 위치에서 비롯된 것이니 국가의 위치가 중요하지 않은 것은 아닙니다. 그러나 신지정학은 그 국가의 위치로 모든 것을 환원하는 논리를 다시 생각해 볼 것을 요구하고 있습니다.

신지정학에서는 한 장소 혹은 지역이 어떻게 이해되고 묘사되고 해석되는가가 중요합니다. 즉 장소에 대한 의미가 부여되면 그에 대한 정책이 만들어지는 것입니다. 다시 말하면 중요한 위치, 유리한 위치, 불리한 위치 등은 절대적으로 존재하는 것이 아닙니다. 이 과정에서 '공간의 재현' (representation)이라는 점이 등장합니다. 공간(장소, 국가, 지역이라고 해도 무방합니다)이 어떻게 사람들에게 인식되는가의 과정이 바로 재현의 과정입니다. 최근 역사학자 김시덕은 흥미로운 주장을 펼치고 있는데요, 한반도의 지정학적 위치의 중요성은 임진왜란 이후의 인식이라는 점을 주장하였습니다. 즉 임진왜란 전까지 한반도는 중국의 입장에서는 변방이었으나, 일본이 "명나라로 가는 길을 빌려달라"는 주장을 조선에 한 이후 중국은 한반도를 자신들의 방어를 위한 중요한 지역으로 인식하게 되었다는 것입니다.11 이 주장에서 한반도의 가치는 절대적인 것이 아니라 일본의 행위, 그리고 중국의 인식을 통해서 만들어졌다는 논리적 구조를 보여주고 있고 이는 신지정학이 주장하는 바와 일치합니다. 한 지역 혹은 국가의 지정학적 위치는 만들어지고 변화하기 때문입니다.

우리나라의 주변국이 서로를 이해하는 시각 역시 신지정학적 관점으로 살펴볼 수 있습니다. 우리의 주변국, 더 정확하게는 북핵 6자회담에 참여하는 남북한과 미국, 일본, 중국, 러시아를 우리는 어떻게 나누고 있는지 생각해 보면, 대체적으로 미국과 일본을 한 그룹으로, 중국과 러시아를 한 그룹으로 묶고 있습니다. 이러한 분류에 대해서 이견을 제시하기는 어렵습니다. 북한에 우호적인 세력과 남한에게 우호적인 세력으로 나누어 보거나, 과거의 공산주의 세력, 자본주의 세력으로 나누는 것이 가장 합리적이기 때문일 것입니다. 그러나 일부에서는 이를 대륙세력과 해양세력으로 나누기도 합니다. 이러한 대륙과 해양의 분류는 한반도에서는 매우 당연한 것으로 여깁니다. 그러나 신지정학적 해석은 좀 다릅니다. 신지정학은 이러한 대륙과 해양의 분류는 일반적인 현상이라고 보기 어렵다는 것입니다. 반대로 대륙과 해양세력의 분류법이 한반도에서 옳은 것으로 받아들여지는 이유는 '우연히도' 한반도의 북쪽 대륙에 북한에 우호적인 과거의 공산권 두 맹주가 있기 때문이라는 것입니다. 예를 들어 같은 반도인 이탈리아에서는 이러한 대륙과 해양의 분류는 별 의미를 갖기 어렵습니다. 이탈리아 반도에서 대륙세력과 해양세력이 충돌하고 있다고 하는 것은 무리가 있어 보입니다. 물론 유라시아 외곽의 국가들12을 이러한 대륙과 해양세력의 충돌지점으로 해석하는 것은 가능하지만, 이 역시 과거 냉전시기 소련과 중국의 이념적 확장정책과 이에 맞서는 미국의 봉쇄정책의 결과이지 그 위치 자체가 문제가 되는 것은 아닐 것입니다. 일례로 우리는 이러한 대륙과 해양의 결절 지점으로서의 반도를 부정적으로 인식해서 '반도의 숙명'이라는 용어가 통용되지만, 30년 전쟁의 피해를 고스란히 겪은 근대 독일에서는 '대륙의 숙명'이라고 부를 수 있는 지정학적 표현이 등장하기도 하였습니다.13 유럽의 중간에 위치하기 때문에 다른 세력이 부딪히는 좋지 않은 자리라는 것이지요.

　　위에서 살펴본 바와 같이 신지정학은 장소가 어떻게 재현되고 인식되는가에 관심이 있습니다. 그리고 이러한 재현과 인식의 과정을 좀 더 체계적으로 살펴보기를 원했습니다. 그 과정에서 체계화된 것이 바로 공식지정학, 현실지정학, 대중지정학의 구분입니다. 신지정학에서 공식, 현실, 대중지정학의 구분은 지정학이 실천되는 분야에 기초를 두고 있습니다. 공식지정학은 국가의 공식적인 지정학적 선언에 대해 연구합니다. 주로 정부의 고위관료나 정부의 연구소 등에서 발표되는 지정학적 발표에 초점을 맞추게 됩니다. 예를 들어 우리나라 국방부가 매년 발표하는 국방백서에 명시된 우리의 주적개념 같은 것입니다. 정부에서 발간한 백서에 우리의 적은 누구임이 명확히 드러나 있는 것이지요. 따라서 공식지정학은 국가의 적이 누구이고 동맹이 누구인지를 대내외에 드러내고 이러한 국제정책을 승인받는 과정입니다. 반면 현실지정학은 국가의 고위관료나 정치인 군부의 고위 정책결정자의 발언과 실천에 관심을 갖습니다. 공식지정학이 일종의 선언이라고 본다면, 현실지정학은 그의 구체적인 실천과 정당화라고 볼 수 있습니다. 1990년대 중반의 북한의 '서울 불바다 발언', 최근 한반도를 둘러싼 논쟁의 핵심 중 하나인 사드 배치, 미군과의 합동훈련 등이 바로 현실지정학적 실천입니다. 또한 북한의 위협적인 발언에 대응하는 발언 등이 모두 현실지정학이 관심을 갖는 부분입니다. 이를 통해 우리나라의 대외정책의 구체적인 모습이 드러나게 되는 것이지요.

지금까지 공식지정학과 현실지정학까지 살펴보았습니다. 사실 여기까지는 엄청나고 새로운 내용이 등장한 것은 아닙니다. 국가의 공식적인 대외정책의 입장을 분석하고, 현실에서 어떠한 정책을 펴고 어떠한 발언을 하는 지를 연구하는 것은 비단 신지정학에서만 이루어지는 일은 아니기 때문입니다. 이제 한 가지가 남았습니다. 대중지정학입니다. 대중지정학은 조금 더 자세히 설명할 필요가 있을 것 같습니다. 이는 대중지정학이 말 그대로 일반 '대중'에 관심이 있기 때문이기도 하려니와, 신지정학이 주장하는 중요한 내용 중의 하나가 지정학은 명사가 아니라 동사라는 것입니다. 즉 지정학은 하는 것, 지정학은 잘 짜여진 이론체계로 대외정책을 수립하고 평가하는 기준이 되는 것이 아닌 사람들이 매일매일 하고 있는 것이라는 의미입니다. 그렇다면 누가 지정학을 하는가가 중요하겠지요. 이에 대한 신지정학의 대답은 대통령이나 정치인, 고위 관료, 군부의 의사결정자는 물론이거니와 '우리 모두'가 지정학을 하고 있다는 것입니다. 이 내용을 설명하려면 담론이라는 개념을 사용해야 합니다.

담론을 이야기하기 전에 '지정학을 하다'라는 이야기를 좀 더 해야겠습니다. 지정학을 한다는 것을 자세히 살펴보면, 첫째, 사람들은 지정학을 하는 데 무엇을 기준으로 삼아 어떤 가치판단하에서 지정학을 하는지 궁금할 수 있습니다. 둘째, 국가가 행하는 지정학 행위에 대해서 우리는 평가와 판단을 할 수 있습니다. 두 가지 모두 지정학을 하는 행위입니다. 직접적으로 지정학을 하거나 혹은 타인이 행하는 지정학을 평가하기도 하는 것이지요. 첫 번째 사례로 2010년 연평도 포격을 사례로 들어보겠습니다. 연평도 포격 사태는 우리에게 엄청난 충격을 주었습니다. 남북한이 서로의 영토에 직접적인 포격을 하였기 때문입니다. 우리 병사와 민간인의 피해가 있었고, 포격의 상황이 TV를 통해서 보도되었습니다. 이 과정에서 다수의 신문사들이 검은 연기가 솟아오르는 연평도의 사진을 1면에 보도하였습니다. 포격당한 연평도와 이를 걱정스럽게 바라보는 사람들이 항구에 서성이고 있었습니다. 그런데 나중에 살펴본 결과 신문사마다 사진이 조금 달랐던 것입니다. 인터넷상에서는 일부 신문사들이 사진의 채도와 명도를 조절하였다는 논란이 일었습니다. 여기서 사진의 후보정에 관한 언론 윤리에 대해서 논하려는 것은 아닙니다. 단지 분명한 점은 같은 장소에서 찍은 사진에서 포격으로 인한 검은 연기의 색이 사뭇 달랐다는 것입니다. 즉 어떤 사진을 보도에 사용할 것인가는 언론사의 선택이었고, 북한의 도발로 인한 현장의 처참함과 사태의 위중함을 강조하는 방식에서 차이가 났다는 점입니다. 신지정학은 이러한 과정을 지정학을 하는 것으로 인식합니다. 북한이 무력도발을 감행하였다는 사실에는 변함이 없지만, 어떠한 느낌과 감정을 전달할 것인가는 언론사의 선택인 것이지요. 이 지점에서 언론사는 지정학을 하는 주체이며, 가치중립적이지 않습니다. 비슷한 사례로 중동에 파병되는 병사들의 사진을 보도할 때 전장으로 나가는 병사들의 사기를 북돋는 장군의 늠름한 연설 모습을 보여줄 것인가 아니면 가족들과 이별의 포옹을 하는 안타까운 감정을 전달할 것인가 역시 지정학 행위의 일종입니다. 테러집단과의 전쟁은 국가안보를 위해 필수불가결한 국가의 행위라고 판단하는 사람들은 가족과의 안타까운 포옹을 보도하는 사진에 불편함을 느낄 것이고, 미국의 일방적인 테러와의 전쟁에 비판적인 시각을 가진 사람들은 그 반대의 느낌을 가질 것입니다.

신지정학은 사람들이 지정학에 대해서 내리는 평가는 단순히 이성적인 사실에만 근거한다고 판단하지 않습니다. 사람들은 국제 정치의 세부적인 부분을 모두 다 알 수 없고, 제한된 정보만을 근거로 판단을 내리게 됩니다. 따라서 어떠한 정보를 접하는가 혹은 어떠한 견해에 지속적으로 노출되어 있는가가 중요할 것입니다. 대중지정학은 이러한 문화적 영향에 관심을 갖게 됩니다. 신지정학의 초기단계부터 신지정학자들은 대중의 시각에 영향을 미치는 다양한 매체의 지정학적 선택과 판단에 관심을 가져왔습니다. 재미있는 사례만을 들어보면, Dodds와 같은 학자는 007영화를 분석의 대상으로 삼고 있습니다. 007영화에서 나타나는 적이 누구인가를 분석하게 되는 것이지요. 또한 특정 지역(예를 들어 발칸반도)이 영화에서 어떠한 이미지로 재현되는지에 관심을 갖습니다.14 최근 영화에서 히어로물이 많은데요, Dittmer는 Captain America를 분석하고 있습니다. 누가 적인지, 그리고 Captain America가 보호하고자 하는 미국은 어떠한 공간으로 비춰지는지 분석하고 있습니다.15 독자 여러분도 여러분이 좋아하는 영화, 드라마에 나타나는 악의 세력이 누구인가를 살펴보면 또 다른 재미를 찾아보실 수 있을 것입니다.

일부 독자들은 아마 위의 설명에 동의하지 않을 수 있습니다. 영화나 드라마는 허구의 현실이며, 인간의 현실적인 판단은 이와는 별개일 수 있기 때문입니다. 그러나 신지정학자들은 특정한 표현, 정확히는 재현(representation)에 반복적으로 노출되는 것은 우리가 생각하는 것보다 더 큰 영향이 있다고 설명합니다. 이러한 이유로 신지정학을 포스트모더니즘 지정학이라고도 합니다. 즉 우리의 결정과 판단이 이성적이고 사실에 기초한 부분으로만 설명할 수 없고, 우리가 접하는 정보의 이야기 체계, 느낌, 이미지에 영향을 받는다는 것입니다. 이러한 이야기 중 반복적으로 만들어지고 전파되고 공유되는 집합을 담론이라고 합니다. 담론은 사회의 구성원에 의해 공유되기 때문에 담론에 기반한 이야기를 주고받으면서 이야기가 기반하고 있는 담론체계가 사실로 받아들여지게 될 가능성이 높습니다. 즉 상호강화의 과정을 겪게 됩니다. 신지정학에서 담론의 분석은 핵심적인 위치를 차지하고 있습니다. ÓTuathail의 말을 빌리면, 담론은 단순한 발언이나 텍스트가 아닙니다. 담론은 그러한 발언이나 글들을 의미있게 만드는 일종의 규칙이라고 정의되고 있습니다.16 따라서 지정학적 담론을 연구하려면 다양한 지정학적 발언들의 이면에 존재하는 논리적 규칙들을 찾아야 하는 것입니다.

Ⅳ. 지정학 담론과 통일

1. 통일담론의 대중지정학

이제 통일을 대중지정학의 담론을 통해 접근해 보고자 합니다. 통일에 대한 논의는 우리에게 새로운 것이 아닙니다. 무력에 의한 북진통일, 남북한 총선거 실시, 민족화합민주통일방안, 한민족공동체통일방안, 대북화해협력정책(햇볕정책), 비핵개방3000, 그리고 최근 통일대박론까지 통일에 대한 많은 논의와 선언이 있었고 수많은 발언과 글들이 존재합니다. 이러한 공식적인 통일론과는 달리 우리는 통일에 대한 정책을 평가하는 기준이 있고, 통일에 대해서 개인적인 견해를 펴기도 합니다. 일반인들이 통일에 대해서 이야기하고 평가하는 것을 지정학을 하는 행위로 볼 수 있다고 했습니다. 그렇다면 이러한 이야기의 논리구조를 이루는 것이 통일 담론이라고 할 수 있겠습니다. 이러한 통일 담론에 대해서는 많은 연구가 이루어져 왔습니다.17 이 중 몇 가지의 담론이 비교적 자주 언급되고 있는데 무엇보다 당위성 담론이 있습니다. 즉 남북한이 통일을 해야 하는 이유는 당연하다고 보는 것이지요. 이러한 당위론을 뒷받침해 주는 것이 민족주의 담론입니다. 한 민족이 하나의 국가를 이루는 민족주의의 명제는 여전

히 유효하기 때문입니다.18 이러한 담론들이 대체적으로 통일의 당위성 혹
은 현재 분단상황의 비정상적인 상황을 강조한다면, 경제적 번영 담론은
통일로 얻을 수 있는 이익에 초점을 맞추고 있습니다. 최근의 '통일대박'
역시 이러한 담론이 논리적 근거가 됩니다. 앞에서 담론은 어떠한 이야기
가 의미를 갖게 되는 논리적 구조라고 말씀드린 바가 있습니다. 통일대박
이라는 주장을 듣고, 대부분의 국민은 통일로 얻을 수 있는 경제적 이익을
떠올리게 됩니다. 그리고 이러한 연상의 과정 이면에는, '남한의 자본 및
기술력과 북한의 자원과 노동력의 결합'이라는 진부하고 상투적이지만 여
전히 설득력 있는 논리가 우리 안에 내재되어 있는 것입니다. 즉 지정학적
발언이 의미를 갖게 되는 논리적 규칙인 것입니다. 또한 분단으로 지불해
야 하는 경제적 비용 역시 우리 사회의 구성원들이 비교적 분명하게 인지
하고 있는 것으로 경제적 통일담론을 구성하는 요인 중 하나가 됩니다. 사
실 많은 통일에 관한 대중적 논의를 담론으로 단순화하면 몇 가지로 귀결
되는 것을 볼 수 있습니다. 민족주의적 당위성과 민족의 번영, 경제적 이
익과 정치적 안정과 발전19의 범주에 속하는 담론들입니다.

　　통일의 방법에 대한 담론 역시 몇 가지로 귀결됩니다. 남북화해협력
을 주장하는 시각에서는 교류와 협력으로 북한의 점진적인 변화를 이끌어
낼 수 있다는 논리가 기반이 되며, 정반대의 시각에서는 북한의 자발적인
변화를 기대하기는 어려우며, 북한의 붕괴를 추진하거나 잘못된 행동에
제제를 가해서 변화를 이끌어 내고자 합니다. 많은 말들의 향연이 있지만
크게 두 가지의 논리구조가 있는 것으로 보입니다. 최근 TV토론 등에 나
오는 북한에 대한 비유는 무력을 사용해서 이웃을 겁박하는 건달로 묘사
됩니다. 이에 대한 대응을 놓고 서로 다른 의견을 가진 토론자들이 이야기
합니다. 일반적인 결론은 "왜 그런 행동을 하는지 알아보고 대화하자" 혹
은 "본때를 보여줘야 한다"는 의견입니다. TV에 출연하는 패널들의 논의
역시 이러한 비유의 수준에 머무르고 있음을 감안하면, 일반인의 대화에
서 이보다 더 세련되고 구체적인 논의가 이루어지기는 어려울 것입니다.

신지정학의 대중지정학은 이 수준에서 담론을 논의하자는 것입니다. 즉 일상생활에서 사용되는 예와 논리를 살펴보아야 한다는 것입니다.

2. 반통일담론의 대중지정학

왜 통일을 해야 하는지에 대한 담론이 있다면 왜 통일을 (지금) 해서는 안 되는가에 대한 담론도 존재할 것입니다. 최근 젊은 세대 사이에서 통일에 대한 회의감이 높다는 점을 감안하면 반통일담론에 대한 고민이 더 필요한 시기가 아닐까 합니다. 더구나 반통일담론에 대한 학술적 연구는 통일담론 연구에 비해 부차적인 것으로 치부되어 왔습니다. 연구에 따르면 반통일담론은 통일담론에 비해서 잘 드러나지 않는다고 합니다.[20] 위에서 살펴본 것처럼 우리나라의 통일담론은 민족주의적·당위론적 성격이 강하여 이를 거부하기 어렵기 때문입니다. 그러나 대중지정학의 시선에서는 다양한 반통일담론을 찾아볼 수 있습니다. 예를 들어 통일 비용에 대한 부담, 문화적 차이와 사회혼란 등이 있습니다. 통일에 대한 반대의 의견들이 여과 없이 게시되는 인터넷 사이트를 보면 반통일 의견이 많은데 대체적으로 경제적 부담과 사회혼란을 우려하는 논리가 바탕을 이루고 있습니다. 이러한 의견들은 "엄청난 세금을 부담해야 한다", "서독과 동독의 경제력 격차보다 심한 남북한", "북한의 인프라는 손댈 수준이 아님", "북한 노동력의 유입으로 임금이 하락할 것임", "예멘처럼 사회적 혼란이 극심해져 다시 전쟁으로 이어질 것임", "북한군 특수부대원들과 함께 살아가야 함" 등입니다. 대체적으로 통일로 인한 경제적 부담과 정치·사회적 혼란에 초점을 맞추고 있습니다. 최근 민족주의적 통일론에 정면으로 반박하는 논리도 있습니다. 한민족 2국가의 체제도 수용 가능하다는 것이지요.

그러나 더 큰 문제는 이러한 반통일담론이 설득력을 갖게 되는 사회구조에 있습니다. 앞에서 말씀드린 바와 같이 담론은 이야기들이 의미를 갖게 되는 논리구조이며, 이러한 논리구조는 그 사회 고유의 역사적·정치적 상황에 뿌리내리고 있습니다. 최근 지정학계에서는 이러한 담론이 강화되는 과정에서 공간적 실천(spatial practice)이 중요하다는 점이 강조되고 있습니다.21 이러한 공간적 실천을 강조하는 이유는 즉 자신이 접한 이야기의 담론구조를 자신의 경험에 비추어 사실이라고 판단하면 더욱 확신을 갖게 된다는 것입니다. 즉 담론이 그저 말과 말의 만남으로 이루어지기도 하지만 사람들의 경험을 바탕으로 구체적으로 구성된다는 것입니다. 최근, 10여 년간의 햇볕정책의 실시와 이후의 보수정권의 집권 이후 반통일 담론이 늘어나고 있다는 연구가 등장하고 있습니다.22 대체적으로 햇볕정책에도 불구하고 북한의 핵개발이 지속되고 있으며, 북한의 도발적인 언사와 행위들에 대한 국민의 피로감이 주된 원인인 것으로 보입니다.

3. 반통일담론의 대중지정학: 공간적 경험

이러한 늘어나는 반통일담론 중 최근의 특징적인 현상은 다문화 사회의 도래, 특히 한국계 중국인의 유입 및 탈북자와의 경험을 통한 것입니다. 과거의 통일에 대한 반대의견이 비교적 '상상' 속에서 혹은 독일과 예멘처럼 '타자'의 경험을 통해 만들어진 것이라면, 한국계 중국인의 유입과 탈북자의 증가를 통해 이러한 비관적인 추측이 현실화되고 있는 것입니다. 이제 한국계 중국인을 만나는 일은 일상생활의 일부가 되고 있으며, 탈북자의 이야기들은 TV등 매체를 통해 지속적으로 접하고 있습니다. 그러나 이들과의 경험 중 부정적인 측면만이 강조되어 반통일담론을 강화하는 논리로 사용되고 있습니다. 인터넷에 떠도는 이야기들 중 이를 대표하는 표현 중 하나는 "수능시험에 대한 모의고사격으로 탈북자와 비슷한 말투와 옷차림과 사고방식을 가진 조선족23들을 직접 상대하고 경험하면서, 북한인들에 대한 어느 정도 구체적인 모습이 머릿속으로 그려지기 시작한다면 더욱 그럴 것이다"와 같은 것입니다(인터넷 댓글 <서울에서 쓰는 평양이야기>). 즉 통일 이후 북한사람들과의 함께 살아가는 구체적 모습을 한국계중국인과의 공간적 경험을 통해 유추하기 시작했다는 것입니다.

통일과 북한에 대한 논쟁적인 글들이 활발히 게재되고 있는 <서울에

서 쓰는 평양이야기>를 통해 살펴보면 한국계 중국인 그리고 탈북자와의 공간적 경험이 몇 가지의 반통일담론으로 이어지고 있는 것으로 보입니다. 첫째는 현재 한국계 중국인과의 공존이 가져다주는 이질감과 불편함이 통일 이후의 북한주민과의 삶과 비슷할 것이라는 논리입니다. "더욱이 조선족을 10년 이상 한국사회에서 보고 실망해 버린 지금은 통일의 이유와 에너지를 찾을 때 민족이 아닌, 다른 패러다임을 찾아야 할 때입니다"와 같은 글은 이러한 부정적인 경험을 통해 민족주의에 기반한 통일의 당위성에 문제제기를 하고 있습니다. 둘째는 통일 이후 사회적 혼란은 분명하며, 현재 한국계 중국인과의 문제점이 확대 재생산될 것이라는 점입니다. "통일 되어서 딱 100만 명만 휴전선을 넘어 서울로 들어와 보십시오? 100만 명이 죽창 들고 시위하고 난동 피면 공권력은 그 자리에서 사라지고 서울은 헬게이트의 정문으로 다이빙할 겁니다." "20만 명에 달한다는 북한의 특수부대원들." "전 통일이 솔직히 두렵습니다 … 북한인들과 같이 살아야 한다면 고통이 얼마나 따를까요?" 등과 같이 구성되는 담론은 현재의 다문화 사회에서 일어나는 부정적인 사회현상이 더욱 심각해질 것이라고 하는 점에서 비롯됩니다. 또한 현재의 지역격차와 지역감정이 확대 재생산될 것으로 예측되는 미래에 대한 두려움 등의 담론들이 만들어지며 공유되고 있습니다. 지정학에서의 담론이 어떤 언사가 사실로 받아들여지게 되는 지정학적 현실에 기반하고 있다는 신지정학의 이론을 재차 강조한다면 이러한 반통일담론의 구성은 통일에 대한 추진력에 큰 장애가 되는 것임에 분명합니다.

V. 신지정학 논쟁과 통일: 낙관론을 경계하며

　　그동안의 신지정학 논의는 일종의 낙관론 위주로 진행되어 왔습니다. 신지정학 자체가 과거의 대립과 갈등에서 화해와 협력의 공간을 상정하였다는 점에서 이러한 낙관론이 근거가 없는 것은 아닙니다. 그러나 신지정학의 여러 논의 중 담론, 특히 대중지정학의 담론에 초점을 맞추어 본다면 신지정학적 전망이 그리 녹록하지만은 않습니다. 통일담론이 지속적으로 만들어지고 공유되고 있지만, 그 이면에는 반통일담론 역시 빠른 속도로 구성되고 있기 때문입니다. 특히 통일담론은 여전히 선언적·추상적 수준에 머무르고 있으므로, 북한의 위협과 동아시아 국제정치적 불안정성이 지속되고 있는 현실을 직시해야 할 것입니다. 한편 반통일담론은 현재 일어나고 있는 부정적인 상황만을 강조하고 정제되지 않은 형태로 표출되고 있습니다. 하지만 이러한 반통일담론은 일상생활의 구체적인 맥락을 기반으로 구성되고 있기 때문에 이에 대항하는 담론의 구성을 찾아내는 것이 쉽지 않습니다.

그동안 통일론과 통일담론에 비해 반통일담론에 대한 연구와 관심이 낮았음을 감안하면 반통일담론에 대항할 구체적인 통일담론의 구성이 시급합니다. 이러한 통일담론의 구성은 기존의 민족주의적·당위적인 형태에서 머무르는 것은 큰 반향을 기대하기 어렵고, 북한의 변화를 상정한 기능적인 측면, 즉 북한의 점진적인 변화를 통해 긍정적인 통일의 모습이 만들어질 것이라는 주장 역시 현 한반도 정세에서 입지가 좁아지고 있습니다. 이러한 상황에서는 오히려 반통일담론에 대항하는 구체적인 정보와 사실들에 대한 연구가 필요할 것입니다. 예를 들어 예멘에 대한 연구, 자세히는 예멘과 우리의 상황이 등치될 수 없다는 점, 내전의 조건이 무엇인가에 대한 연구, 북한의 특수부대원들과 함께 살아야 한다는 두려움이 있다면, 통일 이후 구 동독의 군인과 정보요원들이 어떻게 사회에 통합되어 갔는가에 대한 연구 등의 작지만 구체적인 연구가 더 필요할지 모릅니다. 신지정학이 우리의 통일에 대해 주는 메시지는 분명합니다. 통일의 신지정학은 구성원들이 만들어 가는 것이며, 그 구성원은 언제나 일반 대중을 포함해야 한다는 점입니다. 따라서 동아시아와 세계적 스케일의 지정학 연구와 함께, 우리의 일상을 둘러싸고 있는 반통일담론의 논리적 구조에 대해서 구체적으로 지적하고 공유하는 연구가 필요할 것입니다.

[주 석]

1 냉전의 종식 이후 지정학에 대한 키신저(Henry Kissinger), 브레진스키
(Zbigniew Brzezinski)와 같은 대중 정치인의 언급이 지속되었고, 최근에는
'지정학의 부활'이라는 용어도 많이 등장하고 있습니다. 이언 모리스(Ian
Morris)의 '왜 서양이 지배하는가(Why the West Rules for Now)', 로버트 카
플란 (Robert Kaplan)의 '지리의 복수(The Revenge of Geography)', 하름 드
블레이(Harm de Blij)의 '왜 지금 지리학인가(Why Geography Matters)' 등
의 저작들은 모두 지정학적 인식을 강조하고 있다는 공통점이 있습니다.

2 신지정학의 탄생과 기존 지정학과의 차이점에 대해서는 지상현·콜린플린트
(2009) "지정학의 재발견과 비판적 재구성 비판지정학", 『공간과 사회』, 31
(단일호), 160-199.를 참고.

3 일반적으로 지정학은 국제정치에 영향을 미치는 지리, 예를 들어 국가의 위
치, 자원, 영토가 정치에 미치는 영향에 관한 것으로 알려져 있습니다.

4 Semple과 같은 초기 환경결정론자들의 시대에 환경의 영향력은 절대적인 것
으로 인식되었습니다. Semple, E. (1901). The Anglo-Saxons of the
Kentucky mountains: A study in anthropogeography. *The Geographical
Journal* 17(6), 588-623.

5 국제정치학에서도 환경의 중요성에 대한 강조는 새로운 것이 아닙니다. 예를
들어, Sprout, H., & Sprout, M. (1957). Environmental factors in the study
of international politics. *Journal of Conflict Resolution.* 309-328.

6 Mackinder, H. (1890). The geographical pivot of history. *Royal
Geographical Society* 23(4), 421-437.

7 프랑스의 Lacoste와 같은 학자들은 영미권 지리학계와는 별도로 오래전부터
프랑스 고유의 지정학적 연구를 지속하였고, 신지정학과 비슷하게 지정학적
문화를 강조하며, 냉전적 지정학 논리에 비판적인 시각을 보여주고 있습니다.

8 지상현(2013)은 간단한 통계적 검증을 통해 이와 같은 '반도의 숙명' 논의는
논리적 근거가 희박하다는 점을 보여주었습니다.

9 신지정학이 성립된 이후 과거의 국가운영 위주의 지정학을 고전지정학으로
명명하였고 널리 사용되고 있습니다.

188 지 상 현

10 북한 지정학에 대한 설명도 외부에서 침략 가능한 루트와 지형적 이점을 중심으로 설명하고 있는 것을 볼 수 있습니다. (https://www.youtube.com/watch?v=85rvUc6SP0E)

11 김시덕 (2015). 『동아시아, 해양과 대륙이 맞서다』, 메디치미디어. 중국의 한반도의 재현 중 하나는 한반도가 중국대륙을 겨냥하고 있는 흉기의 모양이라는 설이 있습니다. 이는 한반도와 중국의 관계를 대결적으로 바라보는 일종의 재현이며, 한반도의 지정학적 위치에 대한 표현이기도 합니다.

12 사울 코헨(Saul Cohen)은 유라시아의 외곽, 즉 유라시아 대륙과 대양이 만나는 지역을 shatter belt라고 명명하고, 이 지역은 대륙세력과 해양세력이 맞서는 지역으로 지속적인 대륙세력과 해양세력의 확장과 개입전략으로 인해 정치적 안정을 기대하기 어렵고 분쟁이 발생할 가능성이 높다고 지적하고 있습니다.

13 Djkink, G. (1996). *National Identity and Geopolitical Visions: Maps of pride and pain.* New York: Routledge.

14 Dodds, K. (2003). Licensed to stereotype: geopolitics, James Bond and the spectre of Balkanism. *Geopolitics*, 8(2), 125−156.

15 Dittmer, J. (2005). Captain America's empire: reflections on identity, popular culture, and post−9/11 geopolitics. *Annals of the Association of American Geographers*, 95(3), 626−643.

16 ÓTuathail, G. & Agnew, J. (1992). Geopolitics and discourse: practical geopolitical reasoning in American foreign policy. *Political geography*, 11(2), 190−204.

17 이병수 (2010). "통일의 당위성 담론에 대한 반성적 고찰", 『시대와 철학』, 21(2), 355−388; 김성민·박영균 (2010). "인문학적 통일담론에 대한 비판적 성찰", 『범한철학』, 59, 507−533; 김학노·김두현 (2013). "햇볕정책 이후 통일담론의 지형", 한국과국제정치 (KWP), 29(3), 49−85; 박명규 (2008). "한국 내셔널 담론의 의미구조와 정치적 지향", 『한국문화』, 41, 245−262.

18 박명규(2008)는 한국 내셔널 담론은 국민, 민족, 종족으로 구성되며, 이러한 담론이 통일논의와 연결되는 지점을 분석하고 있습니다. 국민으로 대표되는 대한민국 국가중심주의, 민족국가의 완성이라는 시대적 소임, 다민족 다문화

의 연장선상에서 통일을 받아들이기가 그 핵심이 되고 있습니다.

19 백낙청의 분단체제론에 기반한 통일담론은 분단체제로 인해 남북 모두 분단
체제로부터 이익을 향유하는 정치적 왜곡이 일어나고 있음을 강조하고 있습
니다. 즉 남북의 정치적 안정과 발전의 출발은 통일이 되는 것입니다.

20 김형준·김도종 (2000). "남북관계와 국내정치의 갈등구조: 통일담론을 중심
으로", 국제정치논총, 40(4).

21 Müller, M. (2008). Reconsidering the concept of discourse for the field of
critical geopolitics: Towards discourse as language and practice. *Political
Geography*, 27(3), 322−338.

22 김학노·김두현 (2013). "햇볕정책 이후 통일담론의 지형", 『한국과국제정치
(KWP)』, 29(3), 49−85.

23 공식적인 용어는 한국계 중국인이지만 원글의 어감을 그대로 드러내기 위해
사용합니다.

Part 3

남-북한 실질협력의 재고찰

1. 접경지대 경제특구와 통일의 신지정학:

대만의 금문과 한국의 '서해평화협력지대' 사업에서 나타나는 영토화와 탈영토화의 공간정치

박배균(서울대학교 지리교육과)

Ⅰ. 들어가며: 통일은 우리에게 과연 무엇인가?

최근 우리나라에서 남북관계가 큰 사회적 이슈입니다. 제4차 북핵문제가 터졌고, 그에 대한 대응으로 우리나라 정부는 개성공단에서 철수할 것을 결정하고, 그에 또다시 북한 정부는 개성공단 폐쇄를 결정하는 식의 줄다리기가 계속되면서 남북 간에 군사적 긴장이 차츰 고조되고 있습니다. 이런 상황들을 보면서 여러 고민이 생길 수밖에 없는데, 그것은 바로 통일이란 것이 우리에게 도대체 무엇인가라는 겁니다.

얼마 전까지만 해도 통일은 민족의 숙명이자 역사적 당위라고 여겨졌습니다. 본래는 하나의 나라였으나 해방되고 나서 강대국들의 이권 때문에 불행히도 분단된 민족을 하나로 통일하는 것이 자연스러운 상태로의 복원이며, 시대의 숙명이자 누구도 거부할 수 없는 책무라는 식으로 우리는 배웠습니다. 더불어, 한국 정부는 민족공동체 통일론이란 이름하에 1) 남북 간의 화해협력단계, 2) 남북연합 단계를 거쳐, 3) 통일국가 단계로 나아가는 3단계 통일 방안을 제시하고, 2000년대 초중반까지 남북 간의 교류를 적극 추진하였습니다. 남북정상회담, 남북 간 스포츠 교류, 이산가족 상봉, 금강산관광, 개성관광 등 다양한 방식의 남북 간 교류가 추진되었고, 그런 배경하에서 이제 조금만 더 노력하면 통일이 될 수도 있겠다는 생각이 우리 국민들 사이에 널리 퍼지기도 했습니다.

그런데 최근 상황이 급변하고 있습니다. 2000년대 후반부터 지금까지의 상황을 보면 과연 통일이 가능할 것인가라는 의문이 자연스럽게 들 수밖에 없습니다. 특히, 북핵위기와 남북 간 군사긴장 등과 같은 불편한 상황이 지속되면서 통일의 현실적 가능성에 대해 심각한 회의감이 드는 것이 사실입니다. 더구나 통일의 문제를 보다 더 냉철하게 살펴보면, 과연 통일을 당위적으로 반드시 이루어야만 하는 것인가 의문이 들기까지 합니다. 어떤 사람들은 경제적 측면에서 통일의 당위성을 이야기하기도 합니다. 남한의 자본주의가 지속적인 성장을 할 수 없는 한계에 봉착했는데 이것을 돌파하기 위해서는 북한과 합쳐 새로운 시장을 형성하는 것이 필요하다는 것입니다. 하지만, 이러한 주장과는 반대로 서로 다른 체제하에서 60년을 살았기 때문에 통일을 하려면 치러야 할 비용이 너무 크다고 지적하면서, 통일에 보다 신중할 필요가 있음을 지적하는 사람도 있습니다.

지난 60여 년간 남북한 사회가 경험한 여러 상이한 경험들은 이 둘을 매우 이질적으로 만들어 놓았습니다. 특히, 지난 2~30여 년간 남한사회가 겪은 민주화와 세계화의 경험은 남과 북 사이에 매우 큰 차이를 만들어 놓았습니다.1 민주화의 영향으로 이전 반공 이데올로기를 바탕으로 독재를 펴던 권위주의 정권 시절에 팽배했던 북한에 대한 많은 편견과 이데올로기들로부터는 상대적으로 자유로워졌지만, 동시에 북한체제의 억압성에 대한 반감도 증가하였습니다. 또한, 세계화가 진전되면서, 민족적인 것이 무엇인가에 대한 의문이 증가하고 있기도 합니다. 이러한 상황 속에서 통일로 인해 초래될 현실적인 여러 문제를 신중하게 생각하지 못하고, 통일을 막연히 지향해야 할 것으로 받아들이고 추구하는 경향에 대한 비판론이 최근 늘어나고 있습니다. 즉, 유럽처럼 평화롭게 공존하면서 자유롭게 왕래할 수 있고 교류하고 소통하는 관계 정도만 되어도 충분하지, 굳이 그 많은 비용을 지불해 가면서 통일까지 해야 할 필요가 있느냐는 것입니다.

　이러한 상황들을 고려해 보면 통일에 대한 새로운 접근법이 필요하다는 생각이 듭니다. 이제는 통일에 대해 좀 더 거리를 두고 생각하는 것이 더 현명할 수 있습니다. 통일의 필요성을 이야기할 때 전제로 설정하는 것이 분단으로 인한 문제와 불편함이고, 이에 대한 유일한 해결책이 분단 이전의 원래 상태로 돌아가는 것, 즉 통일이라는 믿음입니다. 하지만, 통일이란 답을 미리 정해 놓지 말고 차라리 분단으로 인한 문제부터 정확히 파악하고, 그다음에 이 문제를 해결하기 위해서 좋은 방법이 무엇인지 찾는 방식으로 접근해 보는 것은 어떨까요? 통일만이 유일한 방법이라고 좁게 바라보지 말고, 여러 가지 다양한 방법과 가능성들을 열어 놓고 유연하게 사고해 볼 필요가 있습니다. 통일을 당위로 설정하지 않고 탈분단의 문제를 해결하고, 남북 간에 평화적 관계를 진전시킬 수 있는 방법은 무엇일까요?

　간단히 요약하면, 이제는 안보와 민족주의적 관점보다는 평화의 관점에서 통일에 대해 접근해야겠다는 말입니다. 즉 탈분단의 유일한 길은 통일밖에 없다는 사고를 극복할 필요가 있습니다. 분단을 극복하는 것이 반드시 통일일 필요가 없다는 점을 객관적으로 인정해야 합니다. 통일보다 평화가 더 중요한 가치입니다. 남과 북 사이에는 독자적 개별성, 역사성이 뚜렷하게 있는 것이 사실인데, 무조건적이고 급격한 통일 추구는 남북한 중 어느 한쪽을 부정해야 할 가능성을 키우게 되고, 그것은 오히려 평화를 위험에 빠뜨리고 군사적 긴장을 더욱 심화시킬 수 있습니다. 즉, 하나의 원리를 강압적으로 강요하거나 동화시키려고 하는 통일보다는 현재 존재하는 차이와 개별적인 상이함을 인정하면서 유연한 방식으로 통합과 평화를 고민하는 태도가 더 적절하지 않을까 생각됩니다.

　본 글은 이러한 문제의식하에서 다음의 질문들에 대한 답을 찾기 위해 쓰였습니다. 대안적 통일론이 함축하는 사회·공간적 의미는 무엇일까요? 이런 통일론 속에서 우리는 영토와 국경을 어떻게 이해해야 할까요? 한반도의 탈분단과 평화 진전에 기여하는 국가 영토성은 어떤 것일까요?

이를 구체화하는 데 도움을 줄 수 있는 공간전략은 어떤 것일까요? 이 문제들에 대한 답을 구하기 위해서, 구체적으로는 다음 3가지 이슈에 초점을 두고 논의를 전개하려고 합니다. 첫째, 통일문제를 남북관계라는 특수한 시공간적 맥락과 조건에 국한해서 파악하기보다 동아시아의 평화와 영토적 긴장 완화라는 보다 큰 맥락에서 바라보기 위해, 국가 영토를 절대시하지 않는 관점을 바탕으로 영토의 문제를 이해하고 설명하려 합니다. 특히, 영토에 대한 관계론적이고 상대주의적인 입장을 바탕으로 동아시아의 국경과 접경지역의 변화과정을 살펴보려 합니다. 둘째, 대만의 금문과 한국의 서해안 접경지역을 사례로 동아시아의 접경지역에서 나타나는 초국경적 교류와 영토적 긴장의 복합적 상황을 영토화와 탈영토화의 공간정치라는 관점에서 설명하려고 합니다. 셋째로 이러한 논의들을 바탕으로 동아시아의 평화를 도모함에 있어서 특구를 활용하는 공간전략이 어떠한 가능성과 한계를 가지고 있는지를 살펴보려고 합니다.

II. 국가 영토성에 대한 관계론적 이해: 이론적 배경

1. 국경의 복합적 의미

먼저 국가의 영토와 국경에 대해 생각해 봅시다. 우리에게 국경이란 어디일까요? 국경이라고 하면 연상되는 곳은 어디인가요? 국경을 가 본 적은 있나요? 이러한 질문들에 대해 대부분의 사람들은 휴전선, 판문점, DMZ, 혹은 독도나 마라도 등을 연상하면서, 군복무 시절을 휴전선의 철책에서 보냈거나, 휴전선이나 독도를 관광차 다녀온 사람이 아니면 대부분 국경이란 곳을 가 본 적이 없다 생각할 것입니다. 하지만, 해외여행을 다녀온 경험이 있는 사람은 모두 국경 통과를 경험하게 되어 있습니다. 게다가 여기서 국경 통과를 경험했다는 것은 단지 비행기를 타고 하늘 위에서 국경을 통과하는 것이 아니라, 실제로 발로 걸어서 국경을 통과하는 것을 말합니다. 이렇게 이야기하면 대부분은 황당하다는 표정으로 의아해하면서 그것이 어떻게 가능하냐고 되묻습니다. 우리는 비행기를 타고 해외여행을 갈 때 공항에서 반드시 <사진 1>과 같은 출입국심사대를 통과하게 되어 있습니다. 이러한 공항의 출입국심사대가 일종의 국경 역할을 하는 곳입니다. 대한민국 입국을 위한 적절한 비자가 없는 사람들은 이 출입국심사대에서 입국이 저지되어 본국으로 돌아가야 합니다. 하지만, 아주 예외적이긴 하지만, 어떤 사람들은 공항의 출입국심사대 안쪽 공간에서 오랜 기간을 머물며 난민처럼 지내기도 합니다. 이처럼 대한민국 입국이 허용되지 않더라도 공항의 특정 공간에서 머무는 것이 가능한 것은 출입국심사대 안쪽의 공간이 완전한 대한민국 영토가 아니라고 인정이 되기 때문에 가능한 것입니다. 즉, 공항의 출입국심사대는 대한민국 영토의 경계선과 같은 기능을 수행하기 때문에 국경이라 할 수 있습니다. 실제로 영국 런던의 히드로우 국제공항에서는 출입국심사가 이루어지는 곳을 명시적으로 '영국 국경(UK Border)'이라고 표시하고 있습니다(<사진 2> 참조). 이처럼 국경은 우리의 일상으로부터 아주 멀리 위치하고 있는 것이 아니라, 우리의 삶 속에 의외로 가까이 존재하고 있습니다.

사진 1　　인천국제공항의 출입국심사대

사진 2 　영국 히드로우 국제공항의 출입국심사대

　　이것을 통해 알 수 있는 것은 국경이 의외로 우리 상식과 다른 모습을 띄고 있다는 것입니다. 그렇다면 국경, 접경지대는 어떤 공간이며, 우리에게 어떤 의미와 이미지로 다가오는 곳인가요? 국경에는 상반되는 의미와 이미지가 부여될 수 있습니다. 하나는 갈등과 긴장의 장소로서 이동과 흐름을 막는 장벽입니다. 국경에 대한 이러한 이미지는 다음의 <그림 1>과 <사진 3>에서 잘 나타납니다. <그림 1>은 2010년 11월 23일 벌어진 연평 포격에 대한 같은 해 11월 24일자 동아일보의 기사에서 서해안의 남북한 접경지대와 포격의 상황을 도식화하여 보여준 그림이고, <사진 3>은 2010년 12월 1일의 한경닷컴 기사에서 보여준 연평포격에 대한 텔레비전 뉴스의 화면을 캡쳐한 이미지입니다. 이 두 이미지는 국경을 군사적 긴장과 충돌이 가득한 갈등의 공간으로 묘사하고 있습니다.

　　하지만, 앞에서 보여준 <사진 1>과 <사진 2>에서 나타나는 국경의 이미지는 많이 다릅니다. 물론 공항의 출입국심사대에서도 출국과 입국을 심사하는 과정에서 어느 정도의 긴장과 갈등이 발생할 수 있습니다. 특히, 입국 비자의 자격을 둘러싸고 심사관과 입국하려는 사람 사이에 극

그림 1	연평포격을 다룬 동아일보 기사(2010년 11월 24일자)에서 형상화된 서해안 접경지대의 이미지

http://news.donga.com/3/all/20101124/32820177/1?ref=false

사진 3	연평포격에 대한 뉴스보도 화면

http://hei.hankyung.com/news/app/newsview.php?aid=201012015986k

도의 긴장 상태가 발생하기도 합니다. 하지만, 대부분의 사람들은 공항에서의 출입국심사대를 통과할 때 그리 큰 긴장감을 느끼지는 않습니다. 오히려 해외여행을 떠난다는 약간의 설렘, 혹은 긴 여행 끝에 이제 집으로

| 사진 4 | 중국 단둥지역의 중국-북한 국경 표지판 |

필자 촬영

돌아왔다는 안도감 같은 긍정적 느낌과 이미지를 가질 가능성이 더 큽니다. 즉, 이런 식의 국경에는 교류와 소통의 통로로서의 의미가 더 크게 부여됩니다. 이와 비슷한 예를 한두 가지만 더 들어보겠습니다.

<사진 4>는 중국 단둥의 북-중 국경지역에서 흔히 볼 수 있는 북한과 중국 사이 국경임을 나타내는 표지판입니다. 이 표지판에는 여러 가지 경고문구와 사인들이 있습니다. 철조망 위로 올라가거나 넘어가지 마라, 물건을 던지거나 주고받지 마라는 내용과 함께 국경이란 점을 명확히 드러내는 표시를 해 놓았는데, 왜 이렇게 해 놓았을까요? 북한과 중국 사이의 이동을 제약하는 장벽임을 드러내고 북한에 대한 경비를 강화하여 중국으로 탈북하는 사람들을 막거나, 혹은 중국이 북한의 핵실험에 대한 국제적 대북제재에 동참하여 북한에 대한 봉쇄를 더욱 확실히 하기 위해서 이런 표시판을 만들어 놓았을까요? 그것보다는 관광객을 끌어모으기 위해서입니다. 국경임을 드러내는 표지판을 만들고, 다른 장소와 다른 국경적 특성을 과도하게 드러냄을 통해 구경거리를 만들어 관광객을 유인하

사진 5	중국-북한 국경표지판 옆에 설치된 가판대

필자 촬영

려는, 일종의 국경관광의 전략인 것입니다. <사진 5>는 <사진 4>에서
보여진 국경 표지판 바로 옆에 위치한 좌판대의 모습입니다. 국경 표지판
을 만들어 사람들을 끌어모은 다음 그 바로 옆에서 각종 상품과 기념품을
파는 장사를 하는 것입니다. 즉, 국경이 장벽 역할을 하면서 이동과 흐름
을 막고 있음을 극적으로 드러나게 하여 하나의 구경거리 상품으로 만들
고, 이를 통해 사람들을 끌어들이고 경제적 이득을 추구하는 전략을 중국
정부가 적극적으로 활용하고 있는 것입니다.

　이와 비슷한 곳은 북－중－러 접경지역에서도 발견됩니다. <사진
6>은 러시아의 하산지역에서 두만강 하류의 북－중－러 접경지역을 보고
찍은 사진인데, 이 사진에는 중－러 국경 너머 높이 세워진 거대한 타워가
하나 있습니다. 국경을 안보와 통제의 관점에서만 보면, 이 타워를 국경지
대의 허가받지 않은 이동과 통행을 감시하기 위해 세워진 감시탑으로 이
해할 수도 있지만, 실제는 감시탑이 아니라 관광객을 끌어모으기 위해 중
국 정부가 설치한 전망대입니다. 일상에서 보기 힘든 국경의 경관을 관광

사진 6　북-중-러 접경지대에 국경관광의 일환으로 세워진 중국의 전망대

필자 촬영

상품으로 만들기 위해 설치된 국경관광의 중요한 수단인 것입니다. 이러한 사례들을 통해 강조하고 싶은 바는 국경이나 접경지대가 쉽게 생각하는 것처럼 장벽으로 인해 막힌 긴장과 갈등의 장소만이 아니라, 장벽이 만들어낸 차이와 이질성으로 인해 역설적으로 사람들이 모여들고 새로운 교류와 소통의 필요를 만들어 내는 공간이 되기도 한다는 것입니다. 즉, 국경은 1) 갈등과 긴장의 장소로서 이동과 흐름을 막는 장벽, 혹은 2) 초국경적 교류와 소통의 통로라는 두 가지의 상반된 의미를 가지는 공간이라 할 수 있습니다. 그리고, 이 두 가지의 상반되는 의미와 그와 관련된 힘들이 다층적인 공간 스케일을 통해서 복합적으로 상호작용함을 통해 구체적으로 구성되는 현실의 국경은 근대 국민국가의 영토적 주권 개념에 입각한 닫혀 있는 국경이라는 이념형과는 매우 상이한 모습을 보여줍니다.

2. 국경의 네트워크적 영토성

관계론적 관점에서 국경을 이해하기 위해서는 극복해야 할 인식론적

경향들이 있습니다. 하나는 국민국가의 영역성을 근대국가의 고정불변하고 영속적인 속성으로 간주하는 '방법론적 영역주의(methodological terri-torialism)'입니다.[2] 근대 사회과학의 많은 이론들은 이러한 방법론적 영역주의의 영향하에 세계가 경계가 지워진 배타적인 영토들로 구성되어 있다는 생각을 너무나 당연시하면서, 실제로 이들 영토들이 사회적으로 구성되고, 끊임없는 갈등과 논쟁 속에 놓여 있으며, 경계를 가로지르며 넘나드는 다양한 이동과 흐름의 힘들에 의해 항상 영향을 받고 있다는 사실을 무시하고 있습니다.

　또 하나는 영토(혹은 경계)와 이동(혹은 네트워크)을 서로 모순적이고 대칭적 관계에 놓여 있는 것으로 치부하는 이분법적 태도입니다. 많은 경우에 영토는 배타적인 울타리가 쳐져 있고, 그 내부에는 영토의 성격을 특정 방향으로 규정하는 특정한 방식의 규제, 질서, 시스템, 가치 등이 존재하며 작동하는 공간이라고 이해합니다. 특히, 영토 내부에 포함된 사회－문화적 속성들을 특정한 방식으로 규정하기 위한 통제와 억압의 시스템이 작동하고, 이를 통해 사람들과의 사회적 관계를 그 영토에 뿌리내리게 만들며, 이러한 영토화된 시스템은 자신의 내재적 논리를 가지기 때문에 새로움과 변화에 소극적이거나 저항적인 경향을 보인다고 이해되기도 합니다. 반면에 네트워크는 경계를 뛰어넘는 이동, 연결, 흐름 등을 통해, 영토적 속박에서 벗어나 자유와 해방을 추구하게 해 주며, 새로운 변화를 추구할 수 있게 해 주는 역동성의 매개체가 된다고 이해되는 경향이 있습니다. 이처럼 영토와 네트워크는 서로 대립하면서 충돌하는 관계에 있는 것으로 이해되는 경향이 있습니다.

　하지만, 최근 이러한 사고에 대해 다양한 도전들이 이루어지고 있습니다. 전통적 사고관은 영토 내부에는 고유한 어떤 것, 그리고 그 장소의 진정성을 지닌 어떤 특별한 것이 그 영토에 뿌리내려져 있다고 믿는 경향이 있습니다. 하지만, 이러한 전통적 입장에 대한 한 대안으로 최근 관계론적인 영토관이 제시되고 있습니다. <그림 2>에서 볼 수 있듯, 영토라

| 그림 2 | 본질주의적 영토관과 관계론적 영토관 |

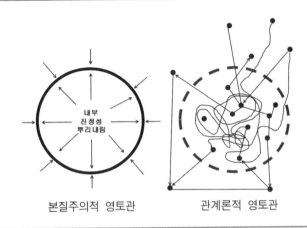

본질주의적 영토관   관계론적 영토관

는 것이 존재는 하지만 막힌 것이 아니라 구멍이 뻥뻥 뚫려 있어서, 영토
안팎에 있는 수많은 힘과 행위자들이 교류하고 소통하고, 그것이 누적되
어 만들어지는 것이 영토라고 생각하자는 것이 관계론적 영토관의 핵심적
주장입니다.3 실제로 대한민국 영토가 그렇습니다. 최근 인천공항에 누
군가 몰래 들어오려다가 잡혔다거나, 항구에서의 밀항시도가 적발되었다
는 기사들이 언론매체에 자주 등장하고 있습니다. 하지만, 이는 전혀 새삼
스러운 이야기가 아닙니다. 이런 식의 국경의 넘나듦은 옛날부터 있었으
며, 이러한 일들을 100% 막는다는 발상 자체가 비현실적입니다. 국경을
몰래 넘나드는 일들이 마치 예전에는 없었다가 요즘 갑자기 생긴 엄청난
큰일인 것처럼, 그리고 이로 인해 우리 국가의 안보가 절단 날 위협 사태
에 빠진 것처럼 호들갑을 떠는 것은 영토를 절대시하는 전통적 사고에 빠
져 영토에 대한 완벽한 통제가 현실적으로 가능하다고 믿는 전형적 태도
라고 할 수 있습니다.
  영토와 국경을 대안적으로 이해하기 위해서는 영토 - 네트워크 이분

법을 극복하고, 영토와 네트워크가 복합적으로 상호규정하는 관계에 있는 것으로 파악하는 것이 중요합니다. 사실 영토는 그 경계가 뚜렷한 공간 범위가 아니라, 네트워크를 바탕으로 만들어진 영향권이라고 봐야 합니다. 깡패조직의 예를 들어봅시다. 각 집단의 영향권인 소위 영역은 누가 선으로 그어 놓아서 만들어진 것이 아니라, 각 깡패집단들이 그 구성원들 사이의 네트워크를 바탕으로 만들어 놓은 세력권입니다. 국가의 영토도 비슷합니다. 물론 국제법상 선을 긋고 경도와 위도를 정해 놓지만, 이를 선언했다고 해서 영토가 자동으로 지켜지는 것이 아닙니다. 영토를 제대로 유지하고 관리하기 위해서는 젊은이들을 징집하여 군대에 보낼 수 있는 능력, 이 젊은이들에게 전기와 수도를 공급할 수 있는 능력, 군인들을 이곳저곳으로 이동시키는 데 필요한 도로망 등과 같은 다양한 망과 네트워크가 있어야 합니다. 즉, 영토는 네트워크의 효과라 말할 수 있습니다.

　그렇다면 네트워크란 무엇인가요? 최근 들어, 유목민적 주체성과 탈영토화의 논리와 힘을 강조하면서 네트워크적 사고를 지향하는 주장들이 많이 제기되고 있지만, 네트워크의 분포와 연결을 실제로 보면 탈영토화의 논리로만 설명하기 힘든 부분을 발견하게 됩니다. 즉, 현실의 네트워크적 연결이 펼쳐지는 방식은 공간상에서 균등하게 펼쳐지는 무한대의 확장과 그로 인한 탈영토화의 경향이 아니라, 네트워크의 몇몇 주요 지점을 중심으로 뭉치고 집약되어 국지화된 연결망이 공간상에 차등적으로 분포하는 것입니다. 따라서, 네트워크적 연결성은 탈영토화와 영토화라는 두 상반된 힘을 동시에 지니고 있다고 할 수 있습니다.

　결국 영토와 네트워크는 서로 모순되고 상충되는 대립적 힘이 아니라, 서로 섞여서 불가분적으로 결합되어 있다고 볼 수 있고, 이를 가르켜 '네트워크적 영역성(networked territoriality)'라고 부릅니다.4 <그림 3>은 네트워크적 영역성을 형상화하여 보여주는 것인데, 여기서 한 꼭지에 달린 포도송이처럼 군데군데 네트워크들이 국지화되어 있는 모습을 볼 수 있습니다. 이렇게 국지화된 네트워크망들을 중심으로 사회적 관계의 영토

| 그림 3 | 네트워크적 영역성 |

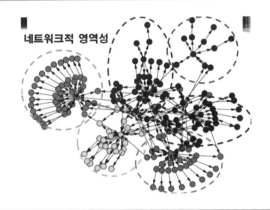

화가 발생할 수 있고, 이렇게 나타나는 영토화의 힘이 네트워크적 영역성이라는 것입니다.

　　이러한 네트워크적 영역성의 관점에서 국경을 바라보게 되면, 국경과 접경지역이라는 것도 안보와 장벽이라는 영토화의 논리로만 설명되어서 안 되고, 이동과 연결성에 바탕을 둔 탈영토화의 논리도 동시에 작용하는 곳으로 이해되어야 합니다. 즉, 접경지역은 영토성과 이동성의 복합적 교차공간으로 이해해야 하는 것입니다. 국경과 접경지역에는 항상 이동과 연결을 지향하는 힘과 반대로 이러한 흐름을 저해하는 다양한 힘들이 복합적으로 상호작용하면서 만들어 내는 영토화와 탈영토화의 공간정치가 작동하며, 이를 통해 국경과 접경지역의 현실적 모습과 의미가 구성됩니다. 국경에는 이동과 흐름을 막고 저해하려 하는 힘도 있지만, 동시에 경계를 뛰어넘어 이동과 흐름을 촉발하려는 힘도 존재합니다. 그 둘 사이에 긴장관계가 발생하는 곳이 국경지역이고, 그 길항관계 속에 국경지역의 성격이 규정됩니다. 이러한 영토화와 탈영토화의 공간정치를 어떻게 규정하고 통제하는가에 따라 국경과 접경지역이 긴장과 갈등의 장소가 될 수도 있고, 초국경적 교류와 소통의 장소도 될 수도 있는 것입니다.

　　접경지역에서 형성되는 경제특구는 국경 인근에서 경제활동의 초국경
적 이동과 교류를 허용하는 특수한 지역입니다. 국민국가의 영토 내에서
주권의 차별적 적용이 허용되는 일종의 '예외적 공간(spaces of exception)'
으로서,5 접경지역에서 이동성과 영토성이 특정한 방식으로 만날 수 있도
록 조율해 주는 공간이 될 수 있습니다. 따라서, 접경지역의 경제특구는
이동성과 영토성의 길항관계에서 기인하는 영토화와 탈영토화의 공간정치
를 관리하고 통제하는 데 있어 매우 유용한 공간전략이라 할 수 있습니다.
경제특구라는 공간 전략을 어떻게 잘 활용하느냐에 따라 국경 혹은 접경
에서 이동성과 영토성의 긴장관계를 영토적 긴장을 완화하고 평화를 진작
시키는 방향으로 조절 할 수도 있고, 그 반대의 방향으로 끌고 갈 수도 있
을 것입니다.

Ⅲ. 대만의 금문과 한국 서해안 접경지역에서 나타나는 영토 화와 탈영토화의 공간정치

　　이제까지 국경과 접경지역을 바라보는 대안적인 관점에 대해 이야기
하였습니다. 이제는 이러한 관점을 바탕으로 동아시아의 두 접경지역에서
일어난 영토화와 탈영토화의 공간정치에 대해 이야기해 보겠습니다. 두
이야기 중 하나는 중국과 대만 사이의 접경지역에 위치한 대만의 금문도
에 대한 것이고, 다른 하나는 한반도 서해안에서 북한과 남한 사이의 접경
지역인 서해 5도를 둘러싸고 벌어진 일에 관한 것입니다. 전자는 성공적
인 탈영토화의 과정을 거쳐 국경이 긴장과 갈등의 장소이기보다는 소통과
교류의 통로로 작동하고 있는 경우이며, 후자는 탈영토화의 힘이 영토화
의 힘에 의해 제압되면서 더 큰 긴장과 갈등의 장소로 국경이 자리매김한
경우입니다. 이 두 사례에 대한 비교를 통해 우리는 분단을 극복하고 평화
를 촉진할 수 있는 공간전략은 어떠해야 하는지 보다 구체적으로 고민할

수 있을 것입니다.

1. 영토화와 탈영토화의 롤러코스터: 대만의 금문도

1) 금문과 전통적인 흐름의 경제

　150평방km의 면적과 7만여 명의 인구를 가진 금문은 대만의 영토에
속한 섬이지만, 대만의 본섬으로부터 남서쪽으로 350km나 떨어져 있는
외딴 변방의 섬입니다. 하지만 이 섬은 중국 복건성의 샤먼으로부터는 불
과 8km의 거리에 위치하여 육지와 매우 인접한 섬입니다. 원래 중국의 샤
먼과 같은 경제적 생활권에 속해 있던 금문이 대만의 영토에 속하게 된
계기는 1949년 국공내전에서 국민당이 인문해방군에 패퇴하여 중국 본토
에서 대만으로 물러나는 와중에 금문이 중국과 대만 사이 군사적 대치의
최전선에 놓여지게 되었기 때문입니다. 특히 1949년 하반기 금문의 古寧
頭지역에서 국민당군이 인민해방군을 패퇴시키고 나서, 대만에 자리를 잡
은 蔣介石정권은 금문과 마조도를 중국 본토를 되찾기 위한 전진기지로
건설하기 시작합니다. 이로 인해 금문과 샤먼 사이에는 굉장히 굳건하고
폭력적인 냉전적 장벽이 놓여지게 되었고, 금문은 고립된 변방의 섬이 되

그림 4 　금문, 샤먼, 대만 본섬의 위치

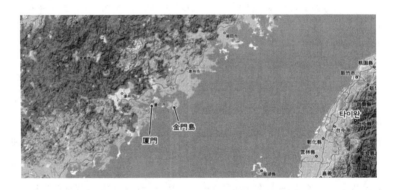

었습니다.

그런데, 이러한 고립된 변방의 섬이 되기 전의 금문은 남중국과 동남아에 걸쳐 형성된 해상무역과 교역의 네트워크를 중심으로 형성된 흐름의 경제에 깊이 편입되어 있었습니다. 특히, 19세기 중반 이후에는 금문인들의 해외 이주가 본격화되면서 초국가적 노동력 이주의 흐름에서도 중심적 역할을 담당하였습니다. 1600년대 이전부터 형성된 금문의 국제적 교역 네트워크는 금문의 노동력이 해외로 나가 일할 수 있는 중요한 기반으로 작용하였습니다. 금문인들의 해외 이주가 본격화된 것은 19세기 중반부터 20세기 중반까지의 기간 동안이었는데, 이때 상당수의 금문인들이 경제적 기회를 찾아 싱가포르, 인도네시아, 브루나이, 말레이시아, 태국, 필리핀 등 동남아 곳곳으로 진출하였습니다. 금문인들이 형성한 국제적 이동과 이주의 네트워크는 금문 지역이 흐름의 경제를 바탕으로 형성되는 데 중요한 기반이 되었습니다. 특히, 해외로 이주한 금문인들이 고향에 있는 그들의 가족과 친지에게 보내는 송금은 금문의 경제를 지탱하는 중요한 바탕이 되었습니다. 이처럼 1949년 이전 금문 지역은 동남아를 비롯한 넓은 지리적 범위에서 형성된 교역과 이주의 네트워크에 깊이 연결되어 있었고, 그러한 네트워크에 기반하여 형성된 흐름의 경제가 금문의 경제적 삶을 뒷받침하고 있었습니다.

2) 흐름의 단절과 새로운 연결, 그리고 국가 스케일의 영토화

흐름의 경제에 기반하여 경제적 삶을 영위하던 금문은 냉전 지정학의 영향 속에서 국공대치의 최전선이 되면서 금문과 샤먼 사이에 국경이 설치되면서, 흐름의 경제로부터 단절된 외로운 고도로 변하게 됩니다. 양안의 군사적 대치와 긴장은 1954년의 '구삼전쟁', 1958년의 '팔이삼포전', 1960년의 '육이칠포전'과 '육이구포전' 등과 같은 국지적인 전투로 인해 특히 고조되었습니다. 게다가, 1958년의 '팔이삼포전' 이후부터 중국의 인민해방군은 '홀숫날에 공격하고 짝숫날에 쉬는' 포격을 시작하여 1978년 12월 중미수교가 이루어질 때까지 지속하였습니다.6 이런 상황 속에서 금문

전역은 요새화되고 군사적 영토화를 경험하게 됩니다. 전지정부체제가 수
립되어 군인에 의한 통치가 시작되면서, 주민의 일상생활은 엄격히 관리
되고 통제받게 됩니다. 군사적 영토화에 의해 야기된 금문의 고립은 심각
한 경제적 어려움을 낳았습니다. 특히, 해외의 금문 출신 이주자들이 보내
주던 송금에 의존하던 이민송금경제가 붕괴되면서, 많은 금문인들이 경제
적 궁핍에 시달려야 했고, 심지어 해외의 자녀로부터 송금이 도착하지 않
아 생계가 힘들어진 노인들이 자살하는 일이 발생하기도 하였습니다.7

중국 복건성의 일부로서 샤먼과 동일한 경제권을 형성했던 금문은 흐
름의 경제가 단절되면서 샤먼으로부터 떨어져 나와 졸지에 대만 영토의
일부가 되었습니다. 하지만, 1950년대 말까지 금문은 대만과도 완전히 연
결되지 않은 고립의 섬으로 남아 있었습니다. 이러한 고립의 섬이 대만의
본섬과 새로운 연결을 맺고 대만의 국민경제에 편입되어 국가 스케일의
영토화를 이루게 되는 중요한 계기를 제공한 것은 금문산 고량주의 전국
적 확산이었습니다. 금문의 전지정부는 흐름의 경제의 단절로 인한 경제
적 어려움을 해소하기 위해 여러 시도를 하였는데, 그중 하나가 금문 주둔
군인들의 술 수요에 대응하기 위해 시작한 고량주의 자체 생산이었습니
다. 금문고량주가 지금은 대만을 대표하는 술로 인정되고 있지만, 1950년
대 중반까지만 해도 금문고량주는 금문도에 주둔한 군인들만을 위한 술이
었습니다. 게다가, 1950년대 중반까지 금문도에 주둔한 군인들은 대부분
중국대륙 출신이었습니다. 그러다 보니 금문의 고량주가 대만 본토에 알
려질 기회는 거의 없었습니다. 이러한 상황이 바뀌게 된 계기는 1950년대
말 무렵이 되면서 중국대륙 출신 군인들이 노쇠하여 대만 본섬 출신의 군
인들로 교체되기 시작한 것입니다. 대만 본섬의 군인들이 금문도에 배치
되면서 비로소 대만 본섬과 금문도 사이에 본격적인 대규모의 이동과 연
결이 시작되었습니다. 그리고 이들의 이동을 따라 금문고량주도 대만 본
섬에 알려지기 시작합니다. 전장에서의 군인들의 무용담과 독한 술이 결
합되어서 금문도의 고량주가 남자의 술이라고 각인되면서, 대만에 날개

그림 5	금문의 국가적 영토화

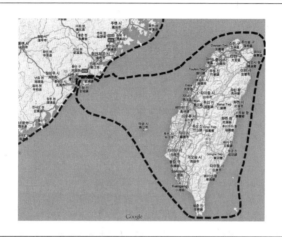

돈친 듯 팔려 나가기 시작했습니다. 고량주가 그렇게 팔리기 시작하니까 금문도의 경제적 수입도 급격히 늘어났습니다. 이를 계기로 금문은 대만 본섬과 본격적으로 연결되고, 대만 중심의 국민경제에 완전히 통합되면서, <그림 5>에서 보여지는 것과 같이 진정한 의미의 국가적 영토화를 경험하게 됩니다.

3) 민주화, 탈냉전, 그리고 탈영토화의 힘: 부활하는 흐름의 경제

　　1980년대 이래 탈냉전, 민주화와 같은 변화들이 대만 사회에 영향을 미치게 되고, 이러한 변화의 소용돌이 속에서 대만을 중심으로 한 국가적 영토화에 완전히 편입되었던 금문은 새로운 탈영토화의 힘에 영향을 받게 됩니다. 1979년 1월 1일, 미국은 중국 본토의 중화인민공화국과 국교 정상화를 하고, 대신 대만의 중화민국과는 국교를 단절하였습니다. 그와 함께, 중국은 20여 년간 지속되었던 금문과 마조에 대한 포격을 중지하였습니다. 1949년 이래로 양안 사이에 존재하던 군사적 긴장이 극적으로 완화된 것입니다. 이러한 탈냉전의 상황은 대만 정부의 권위주의적 통치방식

에 대한 국민적 저항을 불러왔고, 그간의 경제적 번영을 통해 성장한 중산
층을 중심으로 민주화 운동이 촉발되었습니다. 1987년 마침내 비상사태와
계엄령이 해제되고, 대만은 전반적인 민주화의 길로 들어서게 됩니다. 민
주화의 진전과 함께 중국 본토와의 연결과 접촉을 금지하던 여러 규제들
도 완화되면서 탈영토화의 힘들이 등장하기 시작합니다. 중국 본토인과의
직접적이고 공식적인 접촉은 여전히 금지되었지만, 비공식적이고 개별적
인 경제적 거래는 이루어지기 시작했고, 대만 사업가들이 중국 본토에 투
자하기 시작하였습니다.

　　그런데, 이러한 탈영토화의 힘에 저항하는 영토화의 힘도 만만치 않
았습니다. 양안 사이의 군사적 긴장의 완화가 금문의 탈군사화를 즉각 이
끌지는 않았으며, 1980년대 내내 금문에는 지속적으로 군사시설이 유지되
거나 확충되었습니다. 또한, 1987년, 대만 본섬에서는 계엄령이 해제되었
지만, 안보상의 이유로 금문도와 마조도에서는 계엄령이 계속 유지되었습
니다. 하지만, 이러한 영토화의 힘은 금문 주민들을 중심으로 로컬한 스케
일에서 조직된 탈영토화의 힘에 의해 극복됩니다. 안보의 논리하에서 폐
쇄와 고립, 권위주의적 통치에 고통을 겪던 금문과 마조의 주민들은 연대
하여 연안 섬들에 대한 계엄령 해제를 요구하는 시위를 벌였고, 다양한 민
주화 운동을 전개하였습니다. 이러한 주민들의 저항에 의해 갖가지 탈영
토화의 조치들이 취해졌습니다. 1989년 대만 본섬으로의 민간전화가 허용
되었고, 1990년 출입허가시스템이 폐지되어 금문도 주민들이 대만으로 자
유롭게 오갈 수 있게 되었으며, 1992년 7월 금문도의 계엄령이 마침내 해
제되었습니다. 이와 함께 금문에 주둔하던 군대도 철수하여 본격적인 탈
군사화가 이루어집니다.

　　금문의 탈영토화가 급격히 진전된 또 하나의 계기는 2001년 1월 1일,
중국과 대만 사이에 실시된 '소삼통' 정책이었습니다. 소삼통이란 중국과
대만 정부가 양안관계를 좀 더 발전시키기 위해 대만의 금문과 마조, 중국
의 廈門과 馬尾사이에 무역, 우편, 화물의 직접적 교류를 허용하는 정책을

지칭합니다. 이 소삼통의 실시를 계기로 대만의 금문과 마조는 접경지역에서 예외적인 조치가 허용되는 특구로서 기능을 하게 됩니다. 소삼통은 1949년 이래로 금문과 廈門사이에 놓여졌던 장벽의 높이를 급격히 낮추었고, 이를 계기로 중국 관광객의 금문 방문이 허용되었습니다. 소삼통을 통한 이러한 변화는 금문이 냉전 시기의 고립과 영토적 단절의 상황에서 서서히 벗어나, 양방향을 향한 흐름의 경제로 재접합하고 있음을 의미하는 것 입니다.

이제까지 간단히 살펴본 것처럼 1990년대의 탈냉전 지정학의 조건은 냉전적 갈등의 최전선으로 군사적 영토화에 의해 중국 쪽으로는 단절된 채, 대만 쪽 방향으로 연결과 이동이 고정되어 있던 금문이 탈영토화를 통해 양방향 흐름의 경제에 재접속하는 계기를 마련해 주었습니다. 특히, 탈군사화로 인한 지역경제의 침체를 극복하기 위한 대안으로 추진된 관광업 육성정책으로 인해 대만 본섬과 중국으로부터의 관광객 방문을 장려하였고, 이를 통해 금문은 초지역적인 이동과 흐름에 보다 열려 있고, 그러한 이동과 흐름으로 인해 만들어진 경제적 부에 좀 더 의존적인 장소로 변모하였습니다.

4) 지속되는 영토화와 탈영토화의 긴장관계

이처럼 금문에 중국과의 교류에 있어 특별한 혜택과 지위를 부여한 소삼통 정책은 중국과 대만 사이의 접경지대를 긴장과 갈등의 장소에서 평화와 교류의 장소로 바꾸어 매우 성공적인 특구전략이었다고 평가할 수 있습니다. 하지만, 이러한 전반적인 탈영토화와 흐름의 경제가 복원되는 와중에도, 여전히 영토화와 탈영토화의 긴장은 지속되고 있습니다. 특히, 탈냉전과 탈군사화 이후 금문의 경제를 재형성하는 데 있어 이동과 흐름의 논리가 경계와 영토의 논리를 완전히 대체하지는 못하고 있습니다. 탈영역화를 경험한 이후에도 금문의 경제에는 여전히 이동성과 영토성의 모순적 상호작용이 역동적으로 이루어지고 있습니다. 또한, 금문이 흐름의 경제와 이동의 네트워크 속에 다시 복귀하는 이러한 상황이 오랜 기간 동안 고립과 단절을 겪은 금문에 장밋빛 미래를 보장해 주는 긍정적인 조건인 것만은 아닙니다. 흐름과 이동의 경제는 가치와 사람을 금문으로 불러오는 기회를 제공하기도 하지만, 장소적으로 형성된 사회경제적 기반을 붕괴시키고 새로운 착취와 경제적 불평등의 가능성을 높이기도 하는 이중적 성격을 가졌기 때문입니다. 실제로 소삼통 이후 금문과 廈門사이의 이동과 흐름이 강화되고 있는 현재의 상황은 금문의 장소성과 대만의 영역성을 둘러싼 새로운 논쟁과 갈등의 조건을 제공하고 있습니다.

2. 물음표로 남겨진 탈영토화: 한국의 서해 5도

1) 분단체제와 영토화의 논리: NLL을 둘러싼 영토적 갈등

한국에서 대만의 금문도와 비슷한 역사와 장소성을 지닌 곳이 백령도, 연평도 등을 포함하는 서해 5도 지역입니다. 이곳도 대만의 금문과 비슷하게 북한과는 지척의 거리에 있지만 국경에 가로막혀 단절되어 있고, 그보다 훨씬 멀리 떨어진 (백령의 경우 인천까지 220km) 인천과 연결되어 있는 외로운 고도입니다. 대만의 금문과 비슷하게, 한국의 서해 5도 지역도 냉전 지정학의 상황에 의해 영토적 분단을 맞이하기 전에는 북한의 인접 지역들과 동일한 생활권에 속하여, 이동과 흐름을 공유하고 있었습니다. 하지만, 냉전 지정학에 의해 한반도에 강요된 분단체제는 이들 생활권을 가로지르는 장벽을 서해안에 설치하면서, 영토화의 논리가 이 지역을 지배하도록 만듭니다.

1953년 정전협정에 의해 한국전쟁이 끝난 이래로 정전협정이 평화협정으로 바뀌지 않고 지속되어, 평화상태를 보장하는 평화체제가 한반도에 부재하였고, 이러한 조건은 서해안 접경지역에도 영향을 주었습니다. 특히 휴전협상에서 유엔군측과 공산측의 첨예한 이견으로 인해, 서해상에서 서해 5도 등 수역도서의 통제주체를 의미하는 규정 이외에 해상 경계선이 어딘지에 대한 어떠한 규정도 정전협정에서 제시되지 않았습니다. 그렇게 뚜렷한 해상경계가 설정되지 않은 상태에서 정전이 이루어지고, 정전협정

그림 6	NLL과 북한이 주장하는 서해해상군사분계선[8]

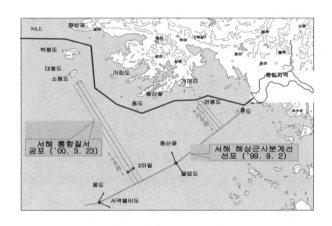

이 시행된 지 한달 후인 1953년 8월 27일, 유엔군이 이전에 일종의 전쟁 수역으로 규정하였던 클라크 라인을 철폐하고 대신 NLL(서해북방한계선) 을 설정합니다. 여기서 NLL은 유엔군의 함정과 항공기의 북상 항행을 방 지하기 위해 설치된 것으로, 서해 5도와 북한측 육지와의 중간선에 연하 는 좌표와 동해상 육상분계선의 동일 위도에 설정되었습니다.

이처럼 서해상에서 남북 간의 경계선이라 할 수 있는 NLL이 남북 간 의 합의가 부재한 상태에서 유엔군의 편의에 의해 임의적으로 설정됨에 따라, 이후 서해상에서 남북 간에 영토적 긴장과 충돌이 지속되는 빌미가 됩니다. 정전 후 북한은 한동안 잠잠했으나 전쟁의 상처를 어느 정도 극복 하고 해군전력을 재건하고 나서 1955년 3월, 12해리 영해 설정을 선포하 고, 이를 서해안에도 적용함으로써 간접적으로 NLL에 대한 거부의사를 표 시합니다. 그리고 1970년대 초반부터 NLL에 대한 명시적 거부의사를 표시 하고 침범하기 시작합니다. 1974년 어선 피격 및 피랍, 1975년 북한 선박 23척의 월선, 1976년 1월 북한공군기 백령도 상공 침범 등이 대표적 사례들입니다. 그리고 이러한 NLL에 대한 북한의 저항은 지속되어 1999년 9월, 북한은 NLL보다 남쪽에 해당되는 서해 해상군사분계선을 선포하면서 (<그림 6> 참조), NLL을 정면으로 부정합니다. 이러한 상황 속에서 1999년과 2002년의 1, 2차 연평해전이 벌어지게 되는 것입니다. 이처럼 분단체제하에서 만들어진 NLL을 둘러싼 남과 북의 갈등이 서해상에서 영토적 긴장과 갈등을 야기하는 중요한 조건이라 할 수 있습니다.

2) 서해에서 존재했던 탈영토화의 힘과 논리

분단체제하에서 서해 5도 지역은 남과 북의 갈등 속에서 안보의 논리에 기반한 영토화의 힘이 강하게 표출된 곳이지만, 서해 5도의 지리적 특성은 이 지역이 영토화의 논리에 의해서만 지배되도록 내버려 두지는 않았습니다. 분단에 따른 영토화의 과정이 진전되기 이전에 서해 5도 지역은 현재 북한에 속한 대동만, 룡연반도, 해주 등과 연결된 생활권을 형성하고 있었습니다. 백령도와 대청도는 북한의 룡연, 태탄, 장연 등과 하나의 생활권을 이루고 있었고, 연평도는 북한의 해주, 옹진, 강력, 벽성, 청단 등을 중심으로 형성된 생활권에 속해 있었습니다(<그림 7> 참조). 이

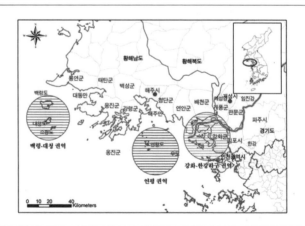

그림 7 서해안 접경지역의 주요 생활권9

러한 지리−역사적으로 형성되고 존재해 왔던 생활권은 서해의 접경지역
에 영토화의 논리뿐 아니라 탈영토화의 논리도 작동하게 만드는 중요한
맥락적 조건입니다.

　서해안의 전통적 생활권에 기반한 경제적 활동과 사회적 관계망은 분
단에 따른 남북의 영토화와 그로 인한 남북 간 사람과 물자의 통행과 교
류의 금지로 인해 파괴되었지만, 해류의 흐름과 물고기의 이동과 같은 자
연현상은 인간이 만든 경계와 영토를 초월하여 지속되어, 현재 서해안 접
경지역에서 탈영토화의 힘이 발생할 수 있는 물질적 근거로 작용합니다.
연평도를 위시한 서해 5도 지역은 예로부터, 조기, 꽃게, 놀래미, 우럭 등
어족자원이 풍부한 중요 어업지역이었습니다. 원래 연평도는 일제시기부
터 우리나라 3대 조기 파시 중 하나로 꼽힐 정도로 큰 조기 파시가 열리
던 곳이었습니다.10 이후 어업의 현대화로 인한 조기 어족의 고갈로 1960
년대부터 연평의 조기 어업은 쇠퇴하고, 그 대신 1980년대 무렵부터는 꽃
게잡이가 이 지역의 중요한 어업 활동이 되었습니다. 그런데 이 조기나 꽃
게와 같은 어족 자원들은 남과 북이 만들어 놓은 경계선에 구애받지 않고
움직이는 초국경적 존재이기 때문에, 이를 쫓는 남북의 어민들이 종종
NLL과 같은 경계선을 우발적으로 가로지르는 사건이 발생하기도 하였습
니다. 따라서, 남북한 당국은 어족 자원의 초경계적인 이동과 흐름으로 인
해 초래되는 어민들의 우발적 월경을 통제하고 관리하는 데 상당히 많은
노력을 기울여 왔습니다. 하지만, 그러한 노력이 항상 성공했던 것은 아니
고, 우발적인 경계의 돌파는 남북 간의 군사적 긴장과 충돌을 야기하기도
하였습니다. 1999년과 2002년에 각각 발생한 1, 2차 연평해전은 모두 꽃
게잡이를 위해 NLL을 넘어 남하한 북한 주민의 어선과 그를 호위하던 북
한해군 함정에 대해 남한의 해군이 대응하던 과정에서 발생한 불행한 사
건들이었습니다.

　이처럼 서해안에서 지속적으로 강화되는 영토화의 힘과 그에 따른 남
북 간 긴장상태의 심화는 남북관계를 진전시키는 데 도움이 되지 못할 뿐

그림 8	서해평화협력특별지대 조성 계획도

출처: http://www.pressian.com/news/article.html?no=61396

만 아니라, 서해안 접경지역에 거주하는 주민들의 생활도 힘들게 만들고 있습니다. 이에 이런 긴장의 상황을 다소나마 해소하기 위해 다양한 탈영토화의 시도들이 추진되었습니다. 먼저 남북 공동어로에 대한 시도가 있었습니다. 이는 서해 5도 지역이 중요한 어장으로서 서해안 접경지역 남북한 어민들의 경제활동에 중요한 기반이 되는데, 해상경계선이 어민들의 자유로운 어업활동을 방해하고 있으니, 남북의 어민들이 해상의 경계선에 구애받지 말고 자유롭게 어로활동을 할 수 있는 구역을 만들자는 아이디어입니다. 이는 남한의 통일부 장관이 1982년 2월, 20개 항에 걸친 남북협력과제들을 북한에 제의하면서, '남북공동어로수역을 설정하자'는 제안을 포함함으로써 시작됩니다. 그리고, 1992년 9월 17일에는 남과 북이 '남북 사이의 화해와 불가침 및 교류·협력에 관한 합의서'에서 수산자원에 대한 공동개발에 합의하기도 합니다. 이후 공동어로에 대한 남북 간의 협의는 2002년의 남북정상회담을 기화로 급진전되었고, 급기야 2007년에는 남북정상이 서해평화협력특별지대를 설치하고, 그 일환으로 공동어로수역을

표 1	서해평화협력특별지대의 주요 사업과 추진 방향[11]
해주경제특구 건설	– 남측에게는 기업의 활로이자 신성장동력, 북측에게는 산업발전의 토대 마련 – 중장기적으로 해주–개성–인천을 연결하는 '서해3각 경제벨트' 형성
해주항 활용	– 단기적으로 물자수송로 확보 및 남북 항만 간 교류 촉진 – 중장기적으로 해주와 남측을 연결하는 물류 네트워크 형성
한강하구 공동이용	– 남측에게는 골재난 해소, 북측에게는 경제적 수익 – 골재채취로 인한 수위저하 효과, 만성적인 임진강 수해방지에 도움 – 준설을 통한 내륙 뱃길 확보, 개성공단의 해상수송로 확보
민간선박의 해주직항로 통과	– 해주–남측 항로단축으로 인한 물류비용 절감 – 남북 해군 및 해운당국 간 협력을 촉진하고, 해주경제특구 활성화에 기여
공동어로 구역과 평화수역	– 조업구역 확대와 수산협력을 통한 남북 어업인의 직접적 소득 증대 – 남북 군사력의 해상완충수역 형성, 서해 평화정착에 기여 – 제3국 어선의 불법조업 방지, 민족 자원 보호 효과

설정하기로 합의하기에 이릅니다.

　서해상에서 추진된 탈영토화의 시도들 중 가장 포괄적이고 종합적이면서 야심차게 추진된 것이 노무현 대통령에 의해 추진된 서해평화협력지대 사업이었습니다. 2007년 10월 4일 남북정상회담에서 "남북관계를 통일지향적으로 발전시켜 나가기 위한 한 방편으로 서해지역을 공동어로수역으로 지정하고 평화수역화하고 이와 관련해서 서해평화협력지대를 건설하자"고 남북 정상이 합의를 합니다. 특히, 서해 해상의 평화정착을 위해서는 군사적 대결의 관점이 아니라, 경제협력의 관점에서 문제를 풀어 나가자는 발상의 전환을 강조하면서, 서해에서 NLL을 중심으로 공동어로수역을 만들고, 해상평화공원을 설립하고, 한강하구는 공동이용 개발하는 수역으로 하고, 해주와 인천, 강화를 연결하는 공동경제특별구역을 만들어 대결 상태를 해소하고 평화를 구축하자는 합의를 남북 정상들이 하게 됩니다. 중국과 대만 사이의 소삼통 합의와 비슷한 식의 합의가 남북 정상 간에 이루어진 것입니다.

3) 탈영토화 노력의 좌절과 영토화 논리의 강화

하지만, 남북의 정상이 큰 틀에서 합의한 이 계획은 구체화되어 실현되지 못합니다. 특히, 남북정상회담 이후 공동어로와 평화수역 설정에 있어서 구체적 합의를 위해 개최된 남북 국방장관회의에서 실질적 합의에 이르지 못합니다. 이는 양측이 공동어로와 평화수역의 설정을 논함에 있어서 NLL이라는 선에 의해 규정된 영토의 논리에서 벗어나지 못하였기 때문입니다. 이처럼 서해평화협력특별지대 조성 사업이 구체적 성과를 내지 못하고 있는 동안 남한에서는 2008년의 대통령 선거에서 정권교체가 되면서 남북 정상 간의 합의는 급격히 무력화되게 됩니다. 특히, 2008년 대통령 선거 이후, 안보와 영토성의 논리를 강조하는 보수 세력으로 정권이 교체되면서, '서해평화협력지대' 사업은 사실상 좌절됩니다.

게다가 분단체제에 기대어 기득권을 유지하고 있는 보수정치세력은 정치적 반대세력을 공격하기 위해 NLL 이슈를 정치적으로 이용하기 시작합니다. 특히 국제법적으로 여전히 애매한 지위에 있는 NLL에 영토선적 의미를 부여하면서, 2007년의 남북정상회담에서 탈영토적 상상을 통해 남북 간 긴장과 갈등을 완화하기 위해 이루어 내었던 여러 가지 합의들을 정치적으로 공격하고, 안보와 영토화의 논리를 바탕으로 부정하였습니다. 설상가상으로 2009년 이후 북한의 로켓발사, 핵실험, 천안함 침몰사건, 연평도 포격 등의 사건들이 연이어 발생하면서, 서해안에는 탈영토화의 논리보다는 영토화의 논리가 다시금 득세하게 되었습니다. 즉, 서해에는 분단체제가 여전히 강하게 유지되고 있고, 영토화의 힘이 지속되고 있습니다. 게다가, 4차 북한 핵실험과 이에 따른 한국 정부의 개성공단 폐쇄로 서해에서 남북 간의 군사적 긴장과 영토적 갈등은 그 어느 때보다 높은 상황에 이르렀습니다.

3. 금문과 서해 5도의 차이

금문과 서해 5도 지역 모두에서 영토화와 탈영토화의 공간정치가 긴장관계를 유지하면서 나타났지만, 현재 그 두 힘의 균형추는 양 지역에서 상이한 지점에 위치하고 있습니다. 대만의 금문에서는 탈영토화의 힘이 영토화보다 우위를 점하고 있고, 한국의 서해안 접경지역에는 영토화의 힘이 탈영토화의 힘보다 훨씬 강하게 표출되고 있습니다. 이러한 차이가 일어난 것은 어떠한 원인과 배경 때문일까요? 아마도 양 지역의 차이를 만드는 가장 큰 요인은 두 지역이 처한 거시적 차원의 지정 – 지경학적 조건의 차이일 것입니다. 중국의 개방, 중미수교, 중국의 정치 – 경제적 부상 등과 같은 조건들은 중국 – 대만 간의 양안관계에서 탈냉전 지정 – 지경학적 힘의 영향력이 증가하는 상황을 만들었습니다. 이러한 조건은 대만의 금문에서 탈영토화의 논리가 영토화와 안보의 논리를 넘어 강하게 표출될 수 있는 거시적 기반을 제공했다고 할 수 있습니다. 반면, 한반도에는 여전히 분단체제가 지속되고 있고, 남과 북 사이에 냉전적 긴장관계가 지속되고 있습니다. 특히, 북핵문제가 심화되면서, 남북 간의 긴장과 갈등 또한 더욱 깊어지고 있습니다. 이러한 상황 속에서 서해안의 접경지역에서 탈영토화의 논리가 힘을 얻기란 쉽지 않습니다.

이러한 거시적 지정 – 지경학적 차이는 많은 사람들이 이미 잘 알고 있는 사실이어서, 굳이 또다시 반복할 필요는 없을 것 같습니다. 따라서, 이 글에서는 대만의 금문과 서해 5도 지역이 로컬한 스케일에서 가지는 정치 – 경제적 조건의 차이에 대해 주목하고자 합니다. 대만의 금문도에서 탈영토화의 논리가 더 큰 영향력을 가지게 된 배경 중의 하나는 금문의 로컬 행위자들이 자신들이 처한 장소기반적 이해와 정체성을 바탕으로 국가 스케일의 안보 논리에 의해 강요된 영토화 논리를 거부하고자 하는 의지가 더 강했기 때문이라 생각합니다.

이와 관련하여 1) 인구, 2) 역사, 3) 경제의 3가지 차원에서 간단히 살펴보겠습니다. 첫째, 금문은 현재 인구가 7만 명으로 1만 명에 못 미치는 서해 5도보다 훨씬 많은 인구를 가지고 있는 섬이어서, 금문도 로컬 스케일의 정치－경제적 이해관계가 대만 중앙 정치에 미치는 영향력이 서해 5도에 비해 훨씬 큽니다. 이는 대만의 민주화 이후 계엄령이 해제되는 과정에서 잘 드러났는데, 80년대 후반 민주화가 진전되면서 대만의 국민당 정부는 대만 본섬에서는 계엄령을 해제하였지만, 금문과 마조 등 양안의 접경지역에 대해서는 계엄령을 계속 유지하려 하였습니다. 하지만, 앞서도 논하였듯이, 금문과 마조의 주민들이 자체적으로 조직한 민주화 운동의 여파로 대만 정부는 금문과 마조의 계엄령도 해제할 수밖에 없었습니다. 이러한 역사적 경험에서도 잘 드러나듯이, 금문의 지역 행위자들은 로컬한 차원의 이해와 정체성을 바탕으로 국가적 스케일의 안보 논리에 기반하여 강요된 영토화의 힘을 극복할 여지를 더 크게 가지고 있었습니다. 둘째, 근대 시기의 역사적 경험이 대만 본섬과 금문에서 상이합니다. 특히, 금문은 대만 본섬과 달리 일제강점기를 겪지 않았습니다. 이러한 차이는 금문의 주민들이 대만 본섬의 사람들과 다소 상이한 장소적 정체성을 가지게 하는 중요한 배경이 됩니다. 물론 오랜 기간 동안 중국과 겪었던 영토적 긴장과 전쟁의 위험 속에서 깊이 각인된 국민당 지향의 정체성이 여전히 강하게 작동하고 있지만, 대만 본섬과는 상이한 역사 속에서 만들어진 금문의 장소적 정체성은 탈냉전의 새로운 상황 속에서 로컬한 정치－경제적 이해관계를 위해 탈영토화의 논리를 쉽게 받아들이게 하는 조건이 됩니다. 셋째, 금문은 고량주 경제의 성공을 기반으로 상대적으로 높은 경제적 자립의 조건을 가지게 되어, 경제적 차원에서 대만의 중앙정부와 국가에 대한 의존도가 낮습니다. 따라서, 금문의 지역 행위자들은 국가적 차원의 안보적 이해에 기반한 영토화의 논리를 절대시하기보다는, 지역 차원의 경제적 이해를 바탕으로 탈영토화의 논리를 보다 쉽게 받아들일 수 있었습니다.

　서해안 접경지역의 로컬한 정치－경제적 조건은 대만의 금문과는 많은 차이를 보입니다. 물론 서해안 접경지역에서도 지역 주민들이 로컬한 스케일에서 가지는 장소의존적 이해는 국가적 차원의 정치적 이해와는 상이하기 때문에, 로컬한 스케일에서 나타나는 영토화와 탈영토화의 길항관계는 대한민국이라는 국가적 스케일의 그것과는 다소 차이를 보입니다. 서해안 접경지역은 오랜 기간 동안 안보의 논리하에서 경제활동과 개발행위에 제약이 가해져서, 경제적 낙후의 문제가 심각했습니다. 그러다 보니 자신들의 생활에 또 다른 제약을 가할 수 있는 과도한 안보 논리에 대해서는 거부감이 강하고, 동시에 새로운 경제적 기회를 가져다줄 수 있는 지역개발에 강한 욕구를 가지는 경향이 있습니다. 따라서 '서해평화협력특별지대'를 일종의 지역개발의 기회로 여기고 긍정적으로 받아들이기도 하였습니다. 또한, 서해 5도의 어민들은 공동어로를 통해 이전에는 접근 불가능하던 북한 지역의 어장에서 작업할 수 있는 가능성에 대해 긍정적으로 생각하였고,12 서해안에서 급증하고 있는 중국 어선들의 불법어로에 대해 공동어로를 통해 남과 북이 공동으로 대응할 수 있을 것이라고 우호적으로 생각하는 경향도 존재하였습니다.

　　하지만, 서해안 접경지역의 정치－경제적 조건은 대만 금문의 그것과는 많이 달라 탈영토화의 논리가 강하게 표출되기 힘들었습니다. 먼저 대만 금문에 비해 서해 5도 지역의 경제적 기반은 매우 취약합니다. 서해 5도 지역에는 금문의 고량주 산업과 같이 지역경제에 많은 이익을 가져다주는 특출한 산업활동이 존재하지 않습니다. 꽃게어업과 관광업이 약간의 경제적 이득을 가져다주지만, 꽃게어업은 어족자원의 감소와 중국 어선들의 불법조업으로 인해 어획량이 급감하고 있고, 관광업은 안보불안과 관광 인프라의 미발달 등으로 지역경제에 큰 도움이 되고 있지 못합니다. 이런 상황에서 서해 5도의 지역경제는 거의 전적으로 중앙정부의 지원과 군부대의 주둔으로 인해 초래되는 기지경제에 의존하고 있는 형편입니다. 따라서, 대만의 금문과 달리 지역 행위자들이 국가로부터 자율적인 목소리를 내기 힘든 구조를 가지고 있습니다. 이와 더불어 서해 5도 지역은 한국 전쟁 이래로 역사적으로 매우 강한 반공적 정체성을 가진 곳입니다. 이는 서해 5도 지역에서 탈영토화의 논리가 지지를 얻기 힘들게 만드는 역사적 조건입니다. 특히, 남북 간 군사적 충돌의 최전선으로서 여전히 강고하게 작동하는 분단체제의 이데올로기하에서 지역 주민들의 상당수는 보수적인 정치적 성향을 가진 경우가 많아, 안보와 영토화의 논리를 쉽게 극복하지 못합니다. 로컬한 차원에서의 탈영토화와 영토화의 공간정치는 국가적 차원보다는 다소 다른 양상을 보이지만, 정작 중요한 것은 서해5도가 분단의 역사성 속에서 만들어진 곳이다 보니 여전히 분단체제의 이데올로기와 영토화의 논리가 강하게 작동하는 곳이라는 점입니다. 결국 대만의 금문에서와는 달리 한반도의 서해안 접경지역에서는 이동성과 탈영토화의 논리가 영토화의 논리를 극복하지 못했습니다.

Ⅳ. 맺음말: 영토화—탈영토화의 롤러코스터 속에서 특구 전략의 가능성과 한계

결론적으로 서해안에서는 여전히 분단체제가 강력히 유지되고 있고, 영토화의 힘이 지속되고 있다고 볼 수 있습니다. 이런 상황 속에 4차 북핵실험과 개성공단 폐쇄라는 일련의 사건 속에서 지금 긴장이 극단적으로 증폭되고 있습니다. 대만 금문도와 서해 5도는 안보 장벽 논리로만 설명되지 않는 이동성과 영토성이 복합적으로 교차하는 접경지대라고 할 수 있습니다. 그러나 상이한 방식의 영토화—탈영토화의 공간정치 과정을 통해 두 접경지역의 현 상황은 매우 다릅니다. 한국 서해 5도는 안보와 영토성 논리가 중심이 되면서 갈등과 긴장의 장소로 계속 남아 있는 반면, 대만의 금문도는 이동성과 경제의 논리가 중심이 되는 교류와 소통의 통로로 변하고 있습니다.

두 지역에서 모두 특구 전략이 적극 사용되었습니다. 하지만 그 효과는 상반되게 나타났습니다. 대만의 소삼통 전략은 성공을 거둔 반면에 한국의 서해평화협력지대 전략은 실패했습니다. 특구전략은 1) 축적의 스케일을 확장하여 정치－경제적 이익을 얻으려는 탈영토화의 힘과 2) 기존의 지방적이거나 국가적인 영토 내의 사회적 질서와 조절의 방식을 유지, 보호하려는 영토화의 힘 사이에 벌어지는 매우 구체적인 권력투쟁과 타협의 결과물로 이해해야 합니다. 즉, 특구 전략의 구체적 모습과 그로 인한 효과는 영토화 논리와 탈영토화 논리가 복합적으로 상호작용하면서 만들어 내는 결과물입니다. 영토화의 논리보다 탈영토화의 논리가 우세를 점하게 되면 특구 전략은 국가의 영토성을 약화시키면서 접경지역을 교류와 소통의 장소로 바꾸는 데 성공할 가능성이 크겠지만, 반면 영토화의 논리가 여전히 강고하게 작동하면 접경 지역의 특구는 갈등과 긴장의 장소로 작동할 가능성이 큽니다.

　　이러한 경험을 앞서 언급했던 새로운 통일의 관점과 연결시켜 생각해 보면, 한반도의 평화를 위해서는 동아시아에서 국가 간의 영토적 긴장을 완화시키고 평화를 진전시킬 수 있는 새로운 이동성의 체제를 만들 필요가 있음을 알 수 있습니다. 특구 전략은 여기서 가능성과 한계를 동시에 가지고 있다고 말할 수 있습니다. 특구 전략의 가능성으로서는 국가의 영토적 유연성을 증가시켜서 이데올로기적 갈등과 충돌의 여지를 줄여 주고 다양한 사회경제의 공존가능성을 높인다는 점입니다. 이를 통해 분단체제 극복과 평화체제의 정착에 기여할 수 있습니다. 하지만 그 한계도 존재하는데, 이는 다양한 공간적 스케일에서 발생하는 영토화와 탈영토화 사이의 길항관계에 영향을 받기 때문에 그 효과를 쉽게 낙관하기 힘들다는 것입니다. 흐름의 경제를 활성화하고 자본의 이동을 촉진하는 방법에만 과도하게 의존하다 보면 착취와 투기에 노출될 위험이 있고, 특구를 유치하려는 도시와 국가 간에 과도한 경쟁을 유발시킬 수도 있습니다. 또한 특구를 둘러싸고 새로운 영토적 긴장이 발생할 가능성도 존재합니다. 한반도를 둘러싸고 계속 변화하는 상황 속에서 통일전략으로서, 또한 탈분단과

평화증진의 전략으로서, 접경지역에 어떠한 특구를 만들 것인가라는 우리
가 보다 적극적으로 고민하고 현명한 판단을 해야 할 주제가 아닐까 생각
합니다.

[주 석]

1 박명규·이근관·전재성 외 (2010). "연성복합통일론: 21세기 통일방안구상", 서울대학교 통일평화연구원.

2 Brenner, N. (2004). *New State Spaces: Urban Governance and the Rescaling of Statehood.* Oxford: Oxford University Press.

3 Massey, D. (1997). "A Global Sense of Place." In Barnes, T. and Gregory, D. (eds.) *Reading Human Geography*, 315–323, London: Arnold.

4 Painter, J. (2006), Territory–network, Paper presented in the Annual Meeting of the Association of American Geographers.

5 Ong, Aihwa (2007). *Neoliberalism as exception: mutations in citizenship and sovereignty.* Durham: Duke University Press.

6 김민환 (2014). "경계의 섬과 포격전의 기억: 단절과 이동의 변증법과 대만 금문島의 냉전 및 탈냉전," 사회와 역사 104, 45–76.

7 지앙붜웨이(江柏煒) (2013). "변경과 과경: 동아시아 시선 속의 금문 지역사 연구", 『아시아리뷰』 3(2)(통권 6호), 65–104.

8 한반도 평화포럼 (2011). "서해평화협력특별지대 구축 실행방안 연구: 서해 평화번영과 인천 이니셔티브".

9 인천광역시 역사자료관 역사문화연구실 편 (2005). "(근대문화로 읽은) 한국 최초 인천 최고", 인천광역시.

10 한반도 평화포럼 (2011). "서해평화협력특별지대 구축 실행방안 연구: 서해 평화번영과 인천 이니셔티브".

11 남북정상선언 이행종합기획단 (2007). "제1차 남북총리회담 합의서 해설", 12–13(2007년 11월 16일).

12 홍성걸 (2007). "남북정상회담, 남북수산협력을 위한 새로운 출발점", 『월간 해양수산』 277, 1–3.

2. 초국경 소지역협력과 소다자주의 그리고
   동북아 지역정치 변동

신범식(서울대학교 정치외교학부)

Ⅰ. 문제 제기

이 글은 한반도 통일 문제가 지역형성 문제와 연관되어 있다는 인식하에 당사자주의 내지 강대국 정치의 산물로 통일과정을 이해하기보다는 이 양자 사이에 위치한 초국경 소지역협력과 소다자주의가 지니는 가능성을 충분히 검토하고 이를 활용하기 위한 적극적 구상이 신지정학적 관점에서 추진되어야 한다는 주장을 검토해 보려는 목적을 가지고 있습니다.

탈냉전 이후 통일과 관련된 다양한 제안과 논의들은 거의 한결같이 북핵문제에 걸려 좌초되는 경우가 많았습니다. 2016년 1월의 4차 북핵 실험으로 현재 한국에서의 통일논의는 당분간 매우 위축되는 국면으로 들어갈 수밖에 없어 보입니다. 하지만 이런 시기일수록 통일에 대한 지나친 비관을 경계하면서도 비현실적 기대를 일으키는 장밋빛 전망 등의 극단적 사고방식을 피하고 보다 현실적인 통일논의를 이끌어 갈 필요가 있습니다. 특히 통일로 가는 다양한 경로를 인정하면서 어떤 미래의 경로에 대하여도 공통적으로 긍정적인 영향을 미칠 수 있는 방안들에 대하여 많은 논의가 필요합니다. 따라서 이 글에서는 남－북 양자관계가 끌어가는 통일이나 미－중 관계와 같은 강대국 세력관계에 의하여 제약되는 통일논의에서 벗어나 소다자 협력을 추동할 수 있는 초국경 소지역 형성 전략이 갖는 지역적 의의를 중점적으로 살펴보도록 할 것입니다. 이 같은 논의는 남북관계가 경색되고 미중 간 전략적 경쟁이 고조되고 있는 상황에서도 한국이 통일을 위한 노력을 꾸준히 경주해야 한다는 생각과 맥을 같이 합니다.

모두가 주지하다시피 근래 들어 동북아시아에 대한 관심이 증대되고 있습니다. 이것은 중국의 부상과 아시아 지역의 빠른 경제성장은 물론 이 지역에서 점증하고 있는 안보상 도전들이 미국의 "아시아 회귀" 정책으로 연결되는 현실과 관련이 있습니다. 이 지역의 중요성이 빠른 속도로 증대되고 왔음에도 불구하고 지역을 하나로 묶는 협력체가 없다는 점은 지역의 안정과 번영을 지속하는 데 걸림돌이 될 수 있습니다. 물론 동북아에서도 지역주의에 대한 다양한 논의와 지역협력의 시도가 있었지만, 아직 동아시아를 하나로 묶어 주는 틀은 존재하지 않습니다. 따라서 동아시아는 존재하는가, '동아시아 공동체'는 신화인가, 그것은 가능한 목표인가 등과 같은 질문은 동아시아 대전환의 시대를 살아가고 있는 우리에게 매우 절실한 질문이 되었습니다. 특히 미국과 중국이 동아시아 지역질서 주도권 경쟁을 심화해 가고 있는 가운데, 동아시아 공동체까지는 아니어도 지역의 협력구조를 형성하여 안정과 공영을 추구하게 되기를 바라는 기대는 더욱 고조되고 있습니다.

따라서 통일의 문제를 남북한 간의 문제로만 인식하거나 강대국 정치의 소산으로만 이해하려는 시각을 넘어서 이들을 포괄하는 지역질서의 안정화를 바탕으로 협력의 제도를 추구하는 과정에서 생각해 보려는 시각이 중요합니다. 현재 동아시아에 진행되고 있는 다양한 초국경 소지역협력은 동아시아의 지역형성과 관련하여 많은 생각거리를 제공해 줍니다. 이런 문제의식을 가지고 이 글은 동아시아 초국경 소지역협력 및 소다자주의에 대한 검토를 통하여 통아시아 지역협력의 달성 가능성을 평가해 보고자 합니다. 이 같은 시도는 우리로 지역 내 국제정치의 중층적인 구조에 대한 이해와 상호연관성의 가능성을 탐색하게 해 주고, 나아가 경제적인 협력과 안보적인 경쟁성이 어떻게 상호보완하면서 미래지향적 지역질서를 형성하는 데 기여할 수 있을 것인가에 대한 해답을 찾는 데 도움을 줄 것으로 기대됩니다.

Ⅱ. '동아시아'라는 지역 형성의 과거, 현재, 미래

본격적인 논의에 앞서 '동(북)아시아'라는 용어와 용례의 변천 그리고 동아시아 지역주의에 대해 잠시 생각해 볼 필요가 있습니다. '아시아'라는 용어는 고대 그리스인들이 중근동을 '아쑤바'라 부른 데서 유래했다고 합니다. 이 용어는 주로 유럽 대륙에 살고 있는 다양한 민족들이 자신들을 그리스·로마 '문명'의 영향하에 역사·문화적 공통점을 지닌 동류로 인식하게 된 정체성의 대칭체로서 외부적 '야만' 내지 '이질성'을 담아낼 개념으로 '아시아'를 자주 사용하면서 지속되었습니다. 이후 17세기 유럽에서 제작된 많은 지도들이 '아시아'라는 지명을 비유럽 권역을 지칭하는 광역 지명으로 널리 사용하게 되었고 비로소 그 지구적 용례를 획득하게 된 것으로 보입니다.

하지만 정작 아시아 대륙에 살던 민족들이 스스로를 아시아인으로 인식하게 된 것은 그리 오래되지는 않았습니다. 지리적 개념으로서 아시아는 점차 유럽이 팽창하는 과정에서 '대상'으로 인식되기 시작했으며, '유럽의 팽창'은 한편으로는 유럽 국가들 사이의 '국제사회' 관념을 강화시켰고, 다른 한편으로는 유럽국들 위주의 '국제사회'에 속하지 않은 아시아 지역에 거주하는 사람들을 '아시아인'으로 부르게 되었습니다. 타자의 시선으로 자신을 규정하는 오리엔탈리즘적 결과로 등장한 아시아라는 용어를 통해 아시아 지역인들은 스스로를 인식하게 된 것입니다. 물론 아시아의 지리적 일원이었던 일본이 빠른 근대화를 통해 서구 국제사회로 진입한 뒤 아시아를 향한 전략을 구상하면서 일본이 이끄는 아시아 근대화를 지향하는 '흥아론'(興亞論)과 일본은 아시아를 벗어나 서구의 일원으로 나아가야 한다는 '탈아론'(脫亞入歐論)의 논쟁이 일기도 했지만, 이 인식 속에 나타난 아시아는 또 다른 오리엔탈리즘의 산물로 볼 수밖에 없습니다. 이런 일본

제국의 전략적 구상과 달리 아시아인들에 의한 '청-조-일 3국 동맹론'이
나 '동양평화사상' 같은 논의도 잠시 있었지만, 이후 일본의 영향권을 염두
에 두는 동아시아를 대상으로 하는 '동아협력체론'이나 '대동아공영권' 등
의 논의는 제국주의의 산물이라는 성격으로부터 자유롭지 못했고 아시아
의 주체적 지역형성을 이루기에는 역부족이었습니다. 이런 상황은 탈제국
주의의 시대에서도 지속되어 냉전 시기로 연결되었고, 지구적 수준에서
형성되었던 냉전은 동아시아의 분열로 자연스럽게 귀결되었습니다. 동북
아시아나 동남아시아와 같이 지리적으로 좀 더 세분화된 개념은 미국의
아시아 전략과 그 군사력의 운용을 위한 작전 권역과 연관되어 등장하였
고, 아시아의 주체적 지역형성 노력이 등장하기까지는 상당한 시간이 소
요되었습니다.[1]

　　문명의 대칭 개념, 팽창과 식민의 대상, 군사적 작전의 대상 등과 같
은 오리엔탈리즘의 산물로서의 아시아에 대한 이해는 탈냉전과 함께 마침
내 주체로서 지역 형성을 위한 가도에 등장하게 되었습니다. 탈냉전은 지
역 블록화라는 전(全) 지구적 물결을 형성하게 되었고, 이 과정에서 동아
시아 지역통합에 대한 다양한 논의가 제기되어 왔습니다. 동아시아 지역
통합, 동아시아 공동체, 동아시아 국제사회, 동아시아 지역주의, 동아시아
(지역)아키텍처, 아시아·태평양협력체 등과 같은 다양한 개념들이 제시되
고 토론되어 왔으며, 동아시아 지역은 유행과도 같이 자연스런 개념으로
수용되기에 이르렀습니다.

　　하지만 다양한 동아시아 지역주의 논의와 달리 이 지역에 팽배한 '지
성적 회의주의' 또한 만만치 않습니다. 동아시아 국가들 간의 이질성, 커
다란 발전의 격차, 문화적 동질성 기반의 취약, 지역협력 기재(mechanism)
의 부재 등은 동아시아의 협력과 통합의 취약한 기초를 상정하며, 이에 더
하여 중국과 미국의 경쟁과 지역의 새로운 분열구도 형성은 동아시아 지
역협력과 통합에 대한 비관적 전망만이 가능하다는 주장이 그것입니다.
과연 이런 지성적 회의주의의 비전은 적절한 것일까요?

'지역'이 무엇인가를 설명하는 다양한 논의가 있습니다. 이와 관련된 두 시각, 즉 본질주의(essentialist) 관점과 구성주의(constructivist) 관점은 흔히 잘 대비됩니다. 전자는 지역이 지니는 내재적 속성이 지역을 하나 되게 만드는 본질로 작용한다는 점을 강조하고 있는 반면에,2 후자는 지역의 특성이란 만들어진 것으로, 지역은 상호작용의 누적과 시간이 만들어 낸 산물이라는 점을 강조합니다.3 이처럼 지역을 다양한 주체들의 사회적 관계들이 특정한 장소를 중심으로 하여 공간적으로 구체화되고 물화되면서 구성되는 것으로 이해하는 후자의 시각은 좀 더 설득력이 있어 보이며, 점차 힘을 얻어 가고 있습니다. 이러한 구성주의적 시각은 점차 사회공간의 내재적 연관성을 구체적으로 연구하면서 사회공간적 관계를 장소(place), 영역(territory), 스케일(scale), 네트워크(network) 등의 네 차원으로 나누어 설명하는 종합적 인식으로 발전하였습니다.4 이런 의미에서 동아시아의 지역형성과 통합에 대한 이해는 '지역의 발명'(invention of a region)이라는 관점으로 접근하는 것이 더 타당할 수 있다는 주장이 가능해 보입니다.

　사실, 21세기 현재 동아시아라는 지리적 공간에서 벌어지고 있는 정치적 변동은 매우 심대합니다. 기존질서가 느슨해지면서 새로운 질서를 형성할 수도 있는 힘의 상관관계의 변동이 발생하고 있습니다. 그 중심에는 중국의 부상과 미국의 상대적 약화가 관찰됩니다. 중국은 경제 초강대국화에 따른 급속한 종합국력 상승을 기반으로 2008년 세계경제위기 이후 G2시대의 주역으로 올라섰으며, 새로운 5세대 지도자 시진핑은 "중국의 꿈"이라는 21세기적 제국으로서의 중국을 다시 꿈꾸고 있습니다. 이런 중국의 부상에 대해 대응하지 않을 수 없는 미국은 내부의 재정비와 더불어 대외적으로는 아시아로의 귀환을 서두르고 있습니다. 테러와의 전쟁의 여파와 세계경제 위기의 타격으로 상대적인 영향력의 하락을 경험했던 미국은 기술혁신에 기반을 둔 셰일혁명을 통하여 에너지 시장에서의 우위를 바탕으로 경제적 활력을 되찾게 되었고, 군사력을 아시아 지역에 집중시키면서 신(新)동맹네트워크를 정비하는 한편 환태평양경제협력체(TPP)의 구축을 통해 아시아 국가들과의 경제적 연대 다지기에도 애를 쓰고 있습니다. 2020년대 어느 시점에 중국의 국내총생산(GDP)이 미국의 그것을 추월하게 되더라도 상당 기간은 군사력을 위시하여 미국의 종합국력이 우위인 시간을 보내게 될 것이고, 특별한 계기를 만나기 전까지는 중국의 미국 따라잡기는 가속화될 것임에 분명합니다. 특히 중국 경제의 고속 성장 시대가 마감되면서 미국 추격이 버거워짐에도 불구하고 중국은 적어도 아시아에서의 중국의 실질적 영향력을 강화하기 위한 노력을 강화할 것이기에 동아시아 지역에서 미국과 중국의 전략적 경쟁은 더욱 강화될 것이 분명해 보입니다.

미－중 경쟁으로 불안정해지고 있는 동아시아의 지역정치 지형에 일본의 최근 행보는 불안감을 가중시키고 있습니다. 장기 경제침체로 고민이 깊던 일본이 후쿠시마 사태 이후 심각한 위기의식에 사로잡히면서 엘리트는 리더십 위기에 봉착하게 되었습니다. 이를 돌파하기 위한 방편으로 내부로는 평화헌법을 개정하여 무장을 정당화하는 보통국가화 전략을 추진하면서 아베노믹스라는 국가주도형 경제 활성화 정책을 강화하고 있으며, 밖으로는 동아시아 공동체론으로부터 급속히 후퇴하여 일－미 동맹을 강화하는 방향으로 치달리고 있습니다.

게다가 북한의 젊은 지도자 김정은의 예측 불가능한 대외정책은 이 지역의 위기를 더욱 심화시키는 중대 변수로 남아 있는 것이 사실입니다. 김정은의 핵－경제 병진노선, 장성택 등 지도자들의 처형과 엘리트의 동요 등은 개혁·개방을 감당하기에 버거운 북한의 속내를 더욱 깊이 내보여주고 있습니다.

한편 성장의 한계에 도달한 한국의 경제에는 양극화, 인구노령화, 이념적 지형의 분열로 인한 통합적 정치실현이 난망한 가운데, 한반도의 통일과 동아시아의 지역협력 촉진 등을 통한 국면전환을 일궈 내야 한다는 목소리도 높아가고 있습니다만, 아직 국가적 방향성을 제대로 잡은 것으로 보이지는 않습니다. 이 거대한 과제가 중견국 외교를 통하여 얼마나 달성될 수 있을지는 아직 미지수이지만, 분명한 것은 어떤 전략과 어떤 제휴를 통하여 지역의 안정과 협력 그리고 통합의 동학을 창출하고 강화해 갈 것인가가 한국 중견국 외교의 중요한 방향을 결정하는 기준이 되어야 한다는 점은 분명합니다.

특히 한반도의 분단과 대립이 동아시아 지역의 형성과정에서 나타난 역사적 산물이라는 점을 상기해 볼 때에, 통일의 문제는 남북 간 양자관계만으로 환원될 수 없는 지역적 성격을 지닌 문제로 인식되어야 하며, 지역 형성과정의 일부로서 통일이 가지게 되는 성격에 더 집중할 필요가 있습니다. 물론 이 지역 형성과정에는 남북은 물론 지역에 대한 정체성과 이익을 지니는 관련국들이 참여하기 때문에 역내 국제정치의 영향을 강하게 받게 될 것입니다. 하지만 이때 중요한 것은 그 과정을 국가 대 국가의 관계로만 한정해 이해해서는 안 된다는 점입니다. 국가 간의 관계로만 지역 형성의 과정을 이해하다 보면 다양한 스케일과 네트워크의 관점에서 지역 형성을 위한 구조를 창출할 수 있는 가능성을 놓치기 쉽기 때문입니다.

동아시아에는 다양한 스케일의 지역협력을 창발해 가는 과정이 진행되고 있습니다. 따라서 우리는 현재 동아시아에서 진행 내지 구성되고 있는 통합적 '장소'의 특징과 가능성을 분석하고, 그를 바탕으로 어떤 전략적 강조점에 집중할 것인가를 밝히는 것이 필요합니다. 또한 소지역, 네트워크, 이동과 흐름으로 포착되는 상호작용 등에 깊은 주의를 기울여야 할 것입니다. 이 과정에 대한 이해가 없이 지역형성의 전략이나 중견국 외교를 논하기는 쉽지 않을 것입니다. 결국 동아시아에서 지역은 분명히 형성 과정에 있다고 이야기할 수 있습니다. 하지만 그 형태는 아직 비정형적인 상황에 머물고 있다고 잠정적으로 이야기해 볼 수 있을 것입니다. 따라서 우리는 이 같은 지역 내 다층적인 상호작용을 종합적으로 이해하고 그에 기초한 적절한 지역 형성의 전략을 추구하는 가운데 통일문제를 새로운 각도에서 조명해 가야 합니다.

Ⅲ. 초국경 소지역협력과 동아시아

탈냉전 이후 세계화가 진행되는 가운데 지구적 수준에서 진행되어 온 거시적인 이동과 흐름의 중요성 못지않게 초국경 소지역협력에 대한 관심이 커지고 있습니다. 이는 탈냉전 이후 국경을 넘는 경제적 흐름이 강화되면서 새로운 사회적 및 공간적인 결과가 만들어진 이후 더욱 강화되고 있습니다. 이에 따라 '국경(혹은 경계) 연구'(border study)가 중요한 관심을 받게 되었습니다.

국경연구에 따르면 경계는 경치를 만들고 근본적으로 소통 및 정착의 패턴 그리고 자원에 대한 접근에 영향을 주는데, 국경을 넘어서는 상호작용의 증대는 새로운 상호작용의 패턴을 형성함으로써 지역성의 변화를 추동하게 된다고 합니다.5 이 같은 과정을 통하여 기존의 경계는 국내적 및 국제적 차원의 영향으로 밀리고 당기는 과정을 거치면서 국경에 접한 지역들이 독특한 소지역적 성격과 구조를 가진 초국적 공간(trans-border space)을 구성하게 됩니다. 따라서 탈냉전 이후 지구적 변화를 관찰함에 있어서 주목하여야 할 부분은 지구적, 지역적 및 지방적 수준에서 중층적으로 일어나는 상호작용과 힘의 교차가 탈국경화(de-bordering), 재국경화(re-bordering), 초국경화(trans-bordering)라는 과정을 가져오게 되고, 이는 결국 '초국경 소지역'(trans-border subregion)의 형성으로 귀결되고 있다는 점입니다.

초국경 소지역이란 어떻게 정의될 수 있을까요? 한센(Hansen)은 국경에 대한 인접성에 의하여 그 경제적 및 사회적 생활이 직접적이고도 중요한 영향을 받는 국가 하위의 지역들을 "국경지역"(borderland)이라 정의한 바 있습니다.6 또 두카체크(Duchachek)는 의사소통과 문제해결을 가능하게 하는 다양한 공식 및 비공식 네트워크의 총체가 국가 하위의 공동체 내지 영토지역을 양자 내지 삼자 수준에서의 정책 결정과 연관되도록 만들 때에 이를 "초국경 지역주의"(transborder regionalism)라고 설명하였습니다.7 저명한 동아시아 전문가 스칼라피노(Scalapino)는 생존과 성장을 위해 노력하는 다양한 비정부적 주체들에 의해 자원과 인력 그리고 자본, 기술 및 경영을 결합하여 정치적 경계를 가로질러 작동하는 경제적 단위가 형성될 수 있는데, 이를 "자연경제구역"(Natural Economic Territories: NETs)이라고 정의하였고, 동아시아에서 이 NETs가 역내 협력과 통합을 추동하는 중요한 동력이 될 것이라고 내다보기도 했습니다.8

'초국경 소지역'은 국경연구에서 지적된 바와 같이 ① 연속되거나 인접한 다수의 국경 지방들이 참여하여 통합되면서, ② 다양한 배후지를 가진(혹은 배후지가 없이 그 자체로 기능하는) 도시들의 위계적 연계 내지 클러스터가 형성되고, ③ 지방과 국가는 물론 광역 지역 및 지구적 시장에 대한 다양한 수준의 연결고리를 가진 초국적 경제체제가 형성되며, ④ 국가적 내지 초국적 개입을 배제하지 않지만 지방 정부 수준에서의 강력한 자율성과 역할이 강화되면서, ⑤ 역사적 연계, 이민의 고리, 인종적 유사성, 하위문화적 정체성 등과 같은 초국경적 연계가 작동하는, 지방보다는 넓은 공간적 및 경제적 단위체를 지칭하는 것으로 이해해 볼 수 있습니다.9 따라서 초국경 소지역은 글로벌 경제와 국민국가 정치경제를 매개하는 기능을 하는 동시에 국민국가와 지방이라는 층위의 사이에 존재하는 국경 지방들 사이에 나타나는 국경 안에서 뿐만 아니라 월경(越境)적인 상호작용과도 관련되는 다층적 기능을 수행하는 단위로서의 특징을 지니게 됩니다.

이 같은 초국경 소지역의 형성과 관련하여 동아시아에서는 어떤 실제적인 시도가 있어 왔는지 살펴보는 것이 필요합니다. <그림 1>을 참조하여 북쪽에서 남쪽으로 이동하면서 살펴보겠습니다.

첫째, 환동해 소지역(① TESS: Trans-East Sea Subregion)입니다. 이는 러시아 극동과 한반도의 동해안 지방 그리고 일본의 서해안 지방을 포괄하는 환동해 지역을 일컫는데, 이 소지역에서는 항만 네트워크의 구성 가능성이 높아 물류분야에서의 강점이 부각되고 있는 소지역입니다. 특히

| 그림 1 | 동아시아에서 발전하고 있는 소지역들 |

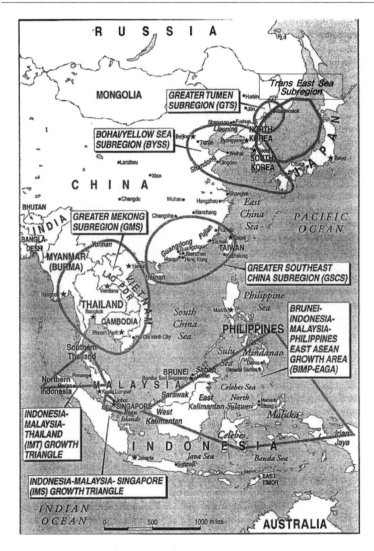

출처: Chen(2005)의 <표 1>을 수정

러시아연안을 통과하는 북방 항로의 활성화가 가시화됨에 따라서 그 물류
요충지로서의 강점이 주목되고 있습니다. 최근 들어서는 관광 및 계절별
노동이주 등의 흐름이 점차 강화되고 있는 특징이 있습니다. 현재 도시 간
네트워크가 구성되어 소지역협력을 위한 논의가 진행 중입니다.

둘째, 광역두만강 소지역(② GTS: Greater Tumen subregion)입니다.
중국, 북한과 러시아 국경 지역을 연결시키는 두만강 유역에 형성되고 있
는 소지역입니다. 이 지역은 헤이룽장성 및 지린성 등 해운 물류의 한계를
가진 중국 동북 지방이 중앙 정부의 도움을 얻어 동해로의 바닷길을 열기
위한 적극적인 이니셔티브를 취하면서 한층 주목을 받고 있습니다. 창춘
－지린－투먼 개발계획과 같은 시도가 그것입니다. 특히 북한의 나진항과
러시아의 자루비노항 등의 개발이 본격화되면서 중국, 러시아, 북한 사이
의 협력이 본격적으로 추동되고 있는 소지역으로, 이 소지역은 블라디보
스톡－청진－옌지로 연결되는 대(大)삼각협력 지대와 자루비노－나선－
훈춘으로 연결되는 소(小)삼각협력 지대가 겹쳐지는 구조를 가지고 있습
니다. 최근 이 소지역에 관심을 가진 한국과 몽골 등이 합하여 소지역협력
을 위한 협의체 GTI를 국제기구화하려는 노력이 진행되면서 광역화된 소
지역협력 논의가 진행되고 있습니다.

셋째, 발해－황해 소지역(③ BYSS: Bohai/Yellow Sea Subregion)입니
다. 중국의 랴오닝성과 산동 지방, 북경과 톈진 지방, 한국의 서해안 지방,
그리고 일본의 큐슈 지방을 포함하는 범위입니다. 광역두만강 소지역
(GTS)과의 차이점은 발해－황해 소지역을 구성하는 지방들은 내부적인 교
통연결망이 비교적 잘 발달해 있으며 오직 해상 경계선으로만 나뉘어 있
다는 특징을 지닙니다. 이 소지역에 북한의 협력을 어떻게 이끌어 낼 것인
가는 지역 평화와 안정 그리고 공동번영을 위한 중요한 도전이 되고 있습
니다.

넷째, 광역남동중국 소지역(④ GSCS: Greater Southeast China Sub-
region)입니다. 중국의 광동성과 복건성 지방으로부터 시작하여 홍콩과 마

카오 지방 그리고 대만을 포함하는 지역입니다. 이 지역은 일찍이 중국이 개혁개방을 시작하면서 소삼통 정책을 통해 교류의 물꼬를 트고 대삼통을 통한 교류의 확대를 성공적으로 진행시킴으로써 대립적이었던 중국과 대만 사이의 양안관계를 획기적으로 개선시킨 계기를 마련한 초국경 소지역의 대표적인 사례입니다.

다섯째, 광역메콩강 소지역(⑤ GMS: Greater Mekong Subregion)입니다. 중국 운남성, 미얀마, 라오스, 태국, 캄보디아와 베트남에 걸쳐 형성되고 있는 소지역으로, 다른 소지역들과 달리 중국 운남성을 제외하면 모두 국민국가들이 참여하는 지역이라는 특징이 있습니다. 하천을 공유하는 지역으로서 하천을 중심으로 하는 교류협력을 활성화시키는 다양한 프로젝트들이 진행되고 있습니다.

여섯째, 인도네시아-말레이시아-싱가폴 성장삼각지대(⑥ IMS-GT: Indonesia-Malaysia-Singapore growth triangle)입니다. 싱가포르를 축으로 말레이시아의 조호르(Johor) 지방과 인도네시아의 리아우(Riau) 지방을 포함하는 소지역으로 역내 허브포트와 배후지의 유기적 관계 속에서 경제성장의 동력을 창출하고 있는 소지역입니다.

일곱째, 인도네시아-말레이시아-타일랜드 성장삼각지대(⑦ IMT-GT: Indonesia-Malaysia-Thailand growth triangle)입니다. 태국의 14개 지방, 말레이시아의 4개 지방 및 인도네시아 수마트라섬 내 2개 지방을 포함하는 소지역으로 해양 동남아시아와 대륙 동남아시아를 연결하는 교량 역할을 통하여 성장을 추동하고 있습니다.

여덟째, 브루나이-인도네시아-말레이시아-필리핀 동아세안 성장지역(⑧ BIMP-EAGA: Brunei-Indonesia-Malaysia-Philippines East ASEAN Growth Area)입니다. 이곳은 브루나이의 다루살람(Darussalam) 지방을 비롯해 인도네시아, 말레이시아, 필리핀의 여러 해양 지방들로 구성되어 있는 분산적 소지역으로 해양 동남아시아의 특징을 결합하여 느슨한 협력의 네트워크를 구축하고 있습니다.

각각의 소지역에 대한 많은 연구들이 진행되어 왔으며, 현재도 진행되고 있지만, 이들을 일일이 살피는 것이 지면상 불가능한 관계로 그간의 연구 성과들이 공통으로 지적해 온 동아시아에 등장 내지 시도되고 있는 소지역협력의 특징을 간략히 살펴보면 다음과 같습니다.[10]

우선, 유럽이나 북미의 지역 동학에서는 동아시아에서 성장하고 있는 소지역협력과는 달리 중앙정부가 주도하는 통합의 성과가 더 크게 나타나는 것으로 보입니다. 하지만 동아시아 소지역협력 과정에서는 중앙정부보다는 소지역(subregion)을 구성하는 다양한 단위들이 주체가 되어 상호작용을 통하여 시도하는 통합적 노력이 더 효과를 거두고 있습니다. 물론 중앙정부의 역할이 없이 이것이 가능하다는 것을 의미하는 것은 아니지만, 적어도 국가 전체를 대변하는 중앙정부가 소지역협력의 전면에 나서기보다는 소지역을 구성하는 지방들과 민간의 참여가 훨씬 중요하다는 점을 보여줍니다.

또한 다른 광역 지역에 비하여 동아시아에서의 소지역협력은 공간적 범위에서도 좀 더 작은 공간을 중심으로 나타나고 공식적인 제도화의 정도도 높지 않으며 비공식적 거버넌스가 더 유용하게 작동하고 있다는 특징을 보입니다.

그리고 동아시아 지역주의에 대한 관찰에서 중앙정부들이 주도하여 국가를 연계하는 기획에 비하여 초국경 소지역협력의 동학에 따른 지역적 결과가 가져올 변화가 훨씬 중요해지고 있다는 점입니다. 물론 중앙정부 간 협상을 통한 국가들의 연계와 협력구도의 창출은 광범위하고 급속한 변화를 가능하게 하지만, 동아시아에서 나타나는 강대국의 경쟁과 안보적 경쟁성의 고양은 이러한 변화에 대한 기대를 요원하게 만들고 있는 것이 사실입니다. 따라서 동아시아에서 지역의 형성 전략은 아래로부터 또는 소지역 협력으로부터 광역의 정부 간 협력으로 나아가는 것이 더 적절한 방법이라는 시각이 점차 힘을 얻어 가고 있습니다.

동아시아에서 나타나는 소지역협력의 유형을 다른 지역에서 나타난

표 1	초국경 (소)지역협력의 유형

		거버넌스 유형	
		중앙정부들 간 협력이 주도하는 유형	시장−(지방/중앙)정부 간 상호작용이 주도하는 유형
경제 통합 정도	강함	무역연합, 정치연합 (NAFTA, EU)	초국경 소지역 (④, ⑤, ⑥)
	약함	느슨한 국가 간 연대 (서아프리카경제공동체, 영연방)	초국경 소지역 (①, ②, ③, ⑦, ⑧)

지역협력의 유형과 비교해 보면 <표 1>과 같습니다. 중요한 것은 유형
의 어떻게 나뉘는가보다 중앙정부가 주도한다고 경제적 통합의 정도가 꼭
높은 것은 아니며 지방의 다양한 주체들이 주도한다고 경제적 통합의 성
과가 낮게 나타나는 것도 아니라는 점입니다. 다만 모든 경우에서 공통적
으로 나타나는 것은 경제협력과 통합의 제도화를 추동하기 위해서는 중앙
정부의 역할이 필수적이라는 사실입니다. 하지만 이것이 중앙정부가 주도
하는 형태만이 성공적인 경제협력과 통합을 이룰 수 있다는 것을 의미하
지는 않는다는 점을 기억해 둘 필요가 있습니다.

결국 동아시아 소지역협력의 요체는 아래로부터의 협력의 동인과 실
질적인 교류를 추동하는 힘과 이것을 제도적으로 뒷받침하는 위로부터의
노력이 함께 어울릴 때에 효과적인 지역통합이 가능하다고 할 수 있겠습
니다. 그렇지만 현재 동아시아에서 전개되고 있는 국가 간 안보적 긴장과
강대국 경쟁구도의 경직성을 고려할 때에 지역협력은 작은 범위에서, 그
리고 아래서부터 추동되는 것이 적절하다는 점을 다시 강조할 필요가 있
어 보입니다. 왜냐하면 강대국이 주도하는 환태평양경제공동체(TPP)나 포
괄지역경제공동체(RCEP) 등과 같은 광역 지역협력체는 결국 강대국 간 대
립의 구도 속에서 진행될 수밖에 없기 때문입니다. 하지만 아래로부터의
협력의 모티브를 견지하는 초국경 소지역협력은 이 같은 경쟁성으로부터

상대적으로 자유로울 수 있다는 장점을 가집니다.

　따라서 우리는 통일의 새로운 신지정학을 창출해 내기 위하여 한반도를 둘러싼 ①, ②, ③과 같은 소지역협력의 활성화에 노력을 경주할 필요가 있습니다. 여러 조건의 차이에도 불구하고 ④와 같이 중국 동남부 지방과 대만 등이 만들어 낸 소지역협력의 성과는 한반도 주변의 소지역협력에 대해 지니는 많은 생각거리와 참고할 점들을 보여줍니다. GSCS의 초국경 소지역협력은 양안관계의 긴장을 풀어낸 기재로 평가될 수 있으며, 금문~하문의 소지역을 중심으로 하는 양안 간 대립구도의 극복 과정에서 대만－광동성－복건성으로 연결되는 초국경 소지역의 형성과 경제적 교류의 활성화는 결정적인 역할을 한 것으로 평가됩니다.

　그렇다면 소지역협력과 광역지역협력은 상호작용과 무관하게 두 개의 다른 차원에서 진행되는 움직임인가, 이들 간극을 연결하면서 상호 긍정적인 지역협력의 상승작용을 창출할 수 있는 방법은 없는 것인가 하는 질문이 자연스레 제기될 수 있을 것입니다. 이에 대한 다양한 방안들 가운데 이 글에서는 소다자주의에 주목할 필요가 있다는 점을 강조해 보고 싶습니다. 특히 한반도 문제를 풀기 위한 노력과 관련해서도 소다자주의는 당사자주의적 해법(남북관계의 개선과 돌파구 마련)과 국제주의적 접근(6자회담 등과 같은 국제적 협력구도의 창출 등) 등과 비견될 수 있는, 아니 어쩌면 현재와 같은 동북아 국면에서는 더 유용한 해법으로 주목해 볼 필요가 있습니다. 특히 초국경 소지역협력을 활용하여 소다자주의를 활성화하는 전략은 아직까지 많은 논의가 이루어지지 않은 분야로 주목할 필요가 있습니다.

IV. 동아시아의 소지역협력과 소다자주의

　이미 지적한 바와 같이 동북아시아에서는 지역협력을 추동하기 위한 다양한 정부 간 대화채널을 가동하여 보았지만 커다란 성과가 없었습니다. 이는 주지하다시피 지역협력을 위한 국제적, 지역적 정치안보 구조로부터 기인하는 장애요인이 강하게 작동하고 있기 때문입니다. 최근 동북 아에서 형성되고 있는 국제 및 지역정치의 대립적 구도를 우회하고 협력 의 한계를 보완해 활성화시키는 방안으로 소다자주의가 주목을 받으면 서11 새로운 지역의 지역질서 변화를 추동할 수 있는 가능성 높은 요인으 로서의 검증 대상이 되고 있습니다.

소다자주의는 3자 내지 4자의 소수 국가들을 중심으로 지역협력을 추 진하거나 특정한 기능적 협력의 목표 달성하기 위하여 협력을 추진하는 국가들 간의 노력을 지칭합니다. 이 글에서는 소다자주의가 지니는 두 가 지의 커다란 기능에 주목하고자 합니다. 하나는 이미 밝힌 바와 같이 지역 의 아래로부터의 협력 동력을 창출해 내는 초국경 소지역협력을 활성화하 고 공고화하는 데 소다자주의가 유용할 수 있다는 점입니다. 그리고 또 다 른 하나는 소다자주의가 지역정치 구도에 영향을 미칠 수 있는 가능성을 가진다는 점입니다. 왜냐하면 소다자주의는 많은 국가들이 참여하는 다자 주의보다 의견조율이 더 쉬우며, 상호보완적 구조를 갖출 경우 지역협력 을 추동하는 강력한 플랫폼을 형성할 수 있는 기반으로 주목받고 있기 때 문입니다. 이 같은 양면적 기능을 수행해 낼 수 있는 동북아시아의 지역 형성을 위한 중요한 전략적 도구로 활용되어야 한다고 생각됩니다. 따라 서 전 절에서 소다자주의의 소지역형성과 관련된 고리에 대해 추적했으 나, 이 절에서는 소다자주의가 지니는 지역 세력망구도에 영향을 미칠 수 있는 가능성에 대해서 더 논의해 보도록 하겠습니다.

현재 동북아에서 주목받는 소다자주의로는 한－미－일, 한－중－일 삼각관계를 들 수 있습니다.12 한－미－일 삼각관계는 최근 한일관계의 역사문제 등을 둘러싼 갈등과 난항으로 적지 않은 우려를 자아내고 있음 에도 불구하고 동북아에서 가장 강력히 작동하고 있는 '사회적 자본'으로 파악될 수 있습니다. 그리고 한－중－일 삼각관계 역시 역사문제와 영토 문제가 존재함에도 불구하고 향후 동북아시아의 지역협력을 촉진시킬 수 있는 강력한 플랫폼으로 발전해 갈 가능성을 지니고 있는 것이 사실입니다. 일본의 최근 행보가 한국 및 중국에 긴장을 유발해 오고 있음에도 불구하고 한국은 한−중−일 협력사무국을 서울에 설치하고 소다자주의가 효과적으로 작동하기 위한 중간자 역할을 수행해 오고 있습니다.

하지만 이 같은 소다자주의는 그 자체로서의 의미 못지 않은 중대한 기여를 할 수 있습니다. 소다자주의 협력은 동북아시아의 지역정치 구도를 안정화하고 나아가 경제 및 안보 분야에서의 지역주의와 협력을 진전시킬 수 있는 중요한 역할을 할 수 있습니다. 중견국 외교를 통한 영향력의 확대와 역할 찾기가 절실한 한국의 입장에서는 동북아 지역 수준에서

그림 2 2010년대 중반 동북아시아 세력망구도

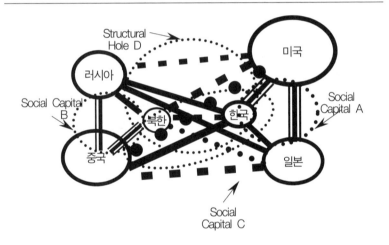

동맹	전략협력	포괄전면협력 선린우호협력	선택적 제한 협력 경쟁	갈등 적대
강화·유지 국면	높은 수준	포괄전면	선택적 최소협력	갈등
조정 국면	중간 수준	선린우호협력	낮은 수준 경쟁	적대

활용할 수 있는 중요한 권력의 원천으로서 소다자주의를 적극적으로 활용해 갈 필요가 있습니다. 좀 복잡한 설명이 될 수 있겠지만 이에 대해 좀 더 상세히 설명해 보도록 하겠습니다.

<그림 2>는 2010년대 초중반에 형성되었던 동북아 국가들의 세력망(network of powers) 구도를 시각화해 본 것입니다. 동맹이나 전략적 협력 그리고 우호협력관계 및 경쟁·갈등·적대 등을 기준으로 각 국가 행위자들의 관계를 연결선으로 표시해 보았습니다.

버트(R. Burt)는 통합형 네트워크의 강점을 '사회적 자본'(social capital)으로, 분절형 네트워크의 균열을 '구조적 공백'(structural hole)으로 설명하였는데,13 이를 국제정치에 적용하면 흥미로운 논의가 가능해집니다. 사회적 자본은 3개 이상의 국가들이 공동의 전략을 형성해 낼 수 있는 관계망을 이야기하며, 구조적 공백은 네트워크상에서 전략적인 목적으로 한두 개의 링크를 추가로 연결함으로써 채워질 수 있는 관계의 공백을 의미합니다. 따라서 이 개념을 동북아 국가들 사이의 관계망에 적용해 보면 지역정치 세력망구도의 네트워크적 의의를 파악해 볼 수 있으며, 소다자주의가 어떻게 지역정치 구도에 영향을 미칠 수 있는지를 설명할 수 있습니다.

특히 이 구조적 공백은 중개(brokerage)를 통해 정보 확산 및 네트워크상의 상호작용을 통제하려는 국가들이 자국이 활용할 수 있는 전략의 대상으로 커다란 주목 받게 되는데, 이는 구조적 공백을 연결하는 중개자가 많은 정보를 취득함으로써 사회적 자본을 향상시킬 뿐 아니라 자신의 위치권력을 증대시킬 수 있기 때문입니다.14 가령 동북아 지역정치에서 나타나는 분절형 네트워크(구조적 공백 D)로서 북한에 대하여 구조적 의의를 지닌 링크인 동맹관계의 중국이 대북관계에서뿐 아니라 동북아시아 전체에서 미국 못지않게 중대한 역할을 하는 것은 바로 이 같은 구조적 공백을 활용할 수 있는 중국이 가지고 있는 동북아 세력망구도의 관계적 속성에 기인하는 측면이 큽니다. 그런데 이 같은 구조적 공백을 메우기 위한 노력에는 많은 자산 투자가 요청됩니다. 더구나 최근과 같이 북핵문제가 심화되는 상황에서는 동북아시아에서 북한을 중심으로 만들어지고 있는 구조적 공백을 메우는 일이 한국만의 힘으로는 물론 북한을 제외한 동북아 5개국이 힘을 합쳐도 쉽게 풀 수 없는 문제가 되어 버렸습니다. 도리어 중견국 외교를 통하여 동북아 지역질서의 변동과 지역의 형성을 추동하고자 하는 한국의 입장에서는 구조적 공백을 메우려는 노력 못지않게 초국경 소지역협력을 통해 소다자주의적 사회적 자본을 활성화시키려는 전략이 훨씬 수월하고 유용해 보입니다.

동북아 지역정치에서 나타나는 소다자 통합형 네트워크로는 이미 지적한 바 있는 한-미-일 삼각관계(사회적 자본 A)와 한-중-일 삼각관계(사회적 자본 C)가 대표적이고, 우크라이나 사태 이후 악화되고 있는 미-러 관계의 영향과 북한의 핵개발로 인해 협력 가능성이 높아지고 있다고 추정되는 북-중-러 삼각관계(사회적 자본 B)가 있습니다. 북-중-러 삼각협력의 경우 한-미-일 남방 삼각협력과 대칭되는 북방 삼각협력이라는 이름으로 동북아의 신냉전 시대의 도래를 우려하는 논자들이 자주 거론하는 소다자주의인데, 사실 중국과 러시아가 지니는 경쟁적 속성이 구조적으로 완전히 해소되기 어려운 점, 특히 북한에 대한 러시아의 독립적 영향력의 추구 노력이 지속되고 있는 점 등을 보면 완전한 사회적 자본으로 이들 관계가 조율되기에 한계가 있는 것도 사실입니다. 하지만 상술한 동북아 초국경 소지역협력 ②가 3자 사이에서만 이루어지는 협력으로 발전해 갈 경우, 남방삼각과 북방삼각의 구조적 연계성이 줄어들 수 있는 우려는 분명히 존재합니다. 그런 의미에서 이 지역에 대한 관찰과 함께 광역두만강개발계획(GTI: Greater Tumen Initiartive) 등과 같은 초국경 소지역개발협력 사업에 대한 적극적인 참여는 한국외교 중요한 목표가 되어야 합니다.

이 연장선상에서 6자회담의 한계와 남북관계 개선의 난항에 대한 대안으로 남한과 북한을 주변국과 엮어 내는 다양한 소다자 구조도 상정해 볼 수 있습니다. 대표적으로 남-북-러, 남-북-중 삼각관계를 활용하는 방안이 있을 것입니다. 이는 이미 나진－하산 프로젝트나 단동－신의 주를 중심으로 하는 다양한 비공식적 네트워크와 소지역 형성을 위한 노력으로 시도된 바 있습니다. 이외에도 남한－북한－중국(동북지방)－러(극동지방)의 접경지대 초국경 소지역협력을 가능하게 하는 광역두만강개발계획(GTI)의 추진이 다시 연결될 수 있는 지점이 됩니다. 하지만 아직까지 시도되지 않은 소다자주의 협력으로서 한－러－일의 소다자주의 협력을 바탕으로 북한 내지 중국의 동북지방을 포합해 내는 환동해 초국경 소지역협력의 추진 등은 매우 유망한 신흥 권력의 원천으로 이해될 수 있습니다.

결국 소다자주의를 통한 효용은 크게 소지역협력의 형성을 통한 상호의존성과 관계의 안정성을 가져오는 측면과 지역 세력망구도에서 균형을 통하여 강대국 경쟁성을 완화하고 광역 지역협력을 추동하는 기반을 만들 수 있다는 점으로 요약하여 이해해 볼 수 있겠습니다.

V. 통일한국의 등장과 동북아 지역질서 변동

위에서 분석한 동북아 세력망구도에서 드러나는 사회적 자본과 구조적 공백에 대한 사고는 통일한국의 출현 이후 동북아 질서를 상상하고 전망하는 데에도 유용합니다.[15]

<그림 3>에서 보이듯이 통일한국 등장 이후 동북아 세력망구도에서 가장 중요한 질서건축의 기본축은 역시 미－중 관계가 될 것입니다. 이 기본축이 지니는 동북아 질서의 기초로서의 기능은 변화하지 않을 것으로 보입니다. 미－중 관계를 전망하는 다양한 시나리오들이 있을 수 있습니다. 많은 이들이 시간은 중국편이라는 입장을 취하기도 하지만, 중국의 GDP가 2020년대 어느 시점엔가 미국을 추월하고 나서도 중국이 미국의 종합적 국력을 추월하기까지는 상당한 시간을 필요로 할 것으로 보입니다. 그리고 중국이 가진 빈곤, 지역격차, 민족문제 등 내부적 문제와 환경,

| 그림 3 | 통일한국의 등장과 동북아 세력망구도 |

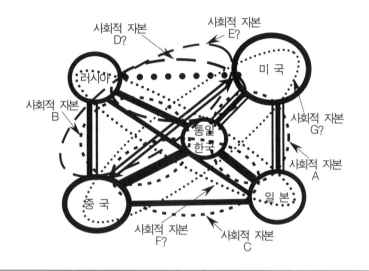

부패, 민주화 등 새로운 도전은 중국의 미국 추월을 어렵게 만들 가능성도 낮지 않습니다. 너무 먼 미래를 예측하는 일은 쉽지 않고 현재 추세를 기반으로 최대한 연장해도 21세기 중반까지가 고작일 것입니다. 그리고 그 시기까지 미국과 중국은 견제와 협력의 이중적 관계를 유지하면서 비교적 양국관계를 협력적 기조 속에서 타협적, 공생적 구도로 끌고 가던가 아니면 갈등적 관계가 지속되지만 더 악화되지 않도록 어렵사리 관리해 가는 식의 두 유형 중 하나의 양태로 나타나거나 혹은 두 유형이 반복되어 나타날 가능성도 높아 보입니다.

　　한편 한반도 통일이 이루어진다는 것은 기존 동북아질서의 안정성을 저해하고 다자주의 협력체의 건설을 방해했던 가장 중요한 원인 중 하나인 북한을 중심으로 형성되어 있던 '구조적 공백'이 상당 부분 메워지면서 그 구조적 제약성이 현격히 줄어들 것을 의미합니다. 따라서 한반도를 중심으로 얽힌 여러 이해구조의 난맥들이 다양한 종류의 소다자주의적 3각 내지 4각관계를 통하여 여러 층위의 사회적 자본으로 전환됨으로써, 미-중관계로 구성된 지역질서의 기본축을 보완하는 형태의 새로운 지역질서가 형성될 가능성이 높아 보입니다. 특히 미-중관계가 안정적 타협이든 갈등적 균형이든 간에 힘의 균형 상태에 가까워 가면 갈수록 이런 종류의 다양한 사회적 자본의 역할이 가지는 중요성은 더 높아지게 될 것으로 보입니다.

이 같은 동북아 지역질서에서 활성화될 수 있는 다양한 사회적 자본에 대한 논의가 실제적인 의미를 가지기 위해서 그리고 그들 중 어떤 사회적 자본이 동북아 지역질서의 변동에 영향을 미칠 것인가를 적절히 평가하기 위해서는 통일과정에 대한 논의가 좀 더 필요합니다. 그것은 통일한국이 어떻게 등장할 것인가, 즉 남북 간 통일의 방식에 대한 질문과도 연관됩니다. 한국이 주변 강대국들의 전반적인 합의와 지지 속에서 통일을 이루었는가, 아니면 갈등적 상황 속에서 어렵사리 얻어 낸 것인가에 따라 통일한국의 입지와 주변국들의 대응에 따른 외교환경은 차이가 클 것입니다. 즉 통일과 관련된 다양한 시나리오가 존재하지만, 일단 통일이 이루어질 수 있는 가능성이 가장 높은 시나리오는 북한의 내부문제(급변사태, 소요, 엘리 충돌 등)로 인하여 혼란이 발생한 가운데 한국이 미국 그리고 중국의 도움을 받아 적극적으로 북한 사태에 개입하여 통일을 이루게 되는 경우와 남북 간 대화와 교류를 통해 자연스러운 통합의 과정을 밟아 나가는 경우로 대별될 수 있을 것입니다. 문제는 전자의 경우 주변국들의 이해관계가 자연스럽게 조정되어 합의에 도달하는 것이 가장 좋지만, 다소 불만스러운 조건이 있더라도 잠정적 합의에 의해 그것을 관리해 나갈 수 있을 때에만 통일을 이룰 가능성이 높다는 점입니다.

이 같은 점을 고려할 때 통일한국이 등장할 수 있는 조건들을 단순화하는 것이 필요한데, 이를 위해서 미국과 중국이 갈등하는 상황에서는 통일이 어려운 것으로 인정하여 통일 가능 환경조건에서 미-중 갈등 상황

은 제외하고, 또한 남－북 간 전쟁 같은 극단적 상호작용도 제외하여 생각
해 보는 것이 필요합니다. 왜냐하면 미－중 간 갈등양상이 지속되는 상황
에서 북한 내 급변사태의 발발과 한국의 적극적 개입은 결합되기 쉬운 조
건은 아니기 때문입니다.

　우리는 미－중관계의 양상과 남－북 관계의 형태를 각각 두 가지로
나누어 결합하는 식으로 <표 2>와 같은 네 시나리오를 상정해 볼 수 있
습니다. 통일 가능성의 정도라는 관점에서 보면 시나리오－Ⅰ이 통일에 도
달하기에는 많은 외교적 노력이 필요한 시나리오며, 시나리오－Ⅳ는 통일
을 이룰 가장 수월한 시나리오이고, 시나리오－Ⅱ와 시나리오－Ⅲ은 각각
남－북 간 상호작용의 노력과 주변국 외교에 대한 노력을 요하는 시나리
오로 이해됩니다.

　그렇다면 각각의 시나리오가 상정하는 통일한국의 등장 상황에서 어
떤 동북아 세력망의 사회적 자본이 가장 중요한 역할을 할 수 있을 것인
가를 밝히는 것은 현재의 소다자주의 전략을 마련하는 데 중요한 지침을
제공해 줄 수 있습니다. 이미 밝힌 바와 같이 미국과 중국 양자관계가 일
정한 정도의 힘의 균형 범위에 도달하게 되면 양자 관계가 갈등적 양상을
보이느냐 아니면 타협적 양상을 보이느냐의 문제보다는 그 주변의 사회적
자본을 누가 어떻게 더 잘 동원할 수 있는, 소다자주의 전략을 추진하느냐
가 더 큰 영향을 끼칠 수 있게 될 것이기 때문입니다.

　첫째, 시나리오－Ⅰ의 상황에서 <그림 3>의 [사회적 자본 A]와 [사
회적 자본 B]는 경쟁적 관계에 놓일 가능성이 높습니다. 여기서 한국은

표 2	통일한국 등장 시나리오	
방식 미－중관계 양상	북한 내 급변사태 발발과 남한의 적극적 개입에 의한 통합	남북 간 대화를 통한 주체적이며 자연스러운 통합
관리되는 갈등적 상황	Ⅰ	Ⅱ
타협적 균형 상황	Ⅲ	Ⅳ

양 사회적 자본의 중요한 고리로서 그 전략적 가치를 높이 인정받게 될 수 있지만, 안보적 의존성과 경제적 의존성 사이의 불일치로 인하여 내부적으로는 분열되고 외부적으로 이질적 압력에 노출될 가능성 또한 높아질 수 있습니다. 하지만 이러한 사회적 자본을 건설적으로 활성화하는 것은 미-중 사이에서 한국이 양자관계를 통해 균형화(balancing)를 추구하려는 시도에 비해 한국으로 하여금 훨씬 더 유연한 운신의 폭을 가질 수 있도록 만들어 줄 수 있습니다. 즉 미-중 사이에서 한국이 직접적 균형자 역할을 추구하는 것은 피하는 것이 좋겠습니다. 도리어 대칭적 사회적 자본의 활성화를 통해 한국에게 가해지는 압력을 분산시키고 완화시키는 정책을 구사해 나가는 것이 필요하겠지요. 특히 이 상황에서 한-미-러 사이에 [사회적 자본 D]를 활성화시킬 수만 있다면 이 방안은 한국 정부의 자율성의 공간을 크게 확대시킬 수 있을 것으로 보입니다.

둘째, 시나리오-Ⅱ와 Ⅲ의 상황에서 [사회적 자본 A]와 [사회적 자본 B]는 시나리오-Ⅰ에서와 같이 경쟁적이지는 않으나 다소의 보완과 조정을 필요로 하는 상황적 압력은 여전히 존재할 수 있습니다. 특히 시나리오-Ⅱ와 Ⅲ의 상황은 통일과정에서 미국의 한국에 대한 지지 및 지원에 근거한 한국의 적극적 개입이 이루어지는 경우인데, 이때에 중국을 설득할 외교적 수단을 잘 준비하지 못할 경우 갈등적 내지 분쟁적 상황이 장기화될 가능성이 높습니다. 특히 시나리오-Ⅰ과 Ⅲ의 상황에서 통일한국은 중국의 양해를 얻기 위하여 한미 동맹의 정도를 완화하고 좀 더 중립적인 입지를 강화해야 한다는 높은 압력에 노출될 것으로 보입니다. 이 때에 [사회적 자본 F]가 상황을 타개하는 중요한 기재가 될 수도 있을 것으로 보입니다.

셋째, 시나리오-Ⅳ의 상황은 시나리오-Ⅱ의 상황과 더불어 한국의 자발적이며 주체적인 외교의 공간을 확장시킬 수 있는 여건이 조성되는 상황으로, 이 경우 [사회적 자본 A]와 [사회적 자본 B]가 모두 활성화될 가능성이 높으며, 이를 바탕으로 일본의 역할을 안정화시키면서 [사회적 자본 C]를 활성화하는 것이 가능해 질 수도 있을 것입니다. 이는 [사회적 자본 D 또는 E]의 활성화 가능성을 높이면서 동북아 안보 및 번영을 위한 다자협력체의 출현을 위한 조건을 마련하는 계기로 작동하게 될 수 있을 것입니다. 이 조건하에서 한미 동맹의 미래적 발전을 위한 역할이 지속될 가능성이 높아 보입니다.

VI. 맺 음 말

동북아시아 지역정치 구도에서 미-중을 비롯한 주변 강대국들이 보이는 강대국정치 및 그 경쟁성의 영향이 강화되고 있는 가운데 당사자주의에 입각한 한반도 상황의 타개와 개선도 난망해 보입니다. 이에 한국에는 중견국 외교의 자산으로서 새로운 권력의 원천을 발굴하는 노력이 필요하다고 보아, 이 글은 그 가능한 선택지의 하나로 초국경 소지역협력을 활용한 소다자주의를 활성화하는 전략이 지니는 유용성과 의의를 평가해 보았습니다.

문제는 우선 이 초국경 소지역의 형성을 추동하는 기재에 대한 미시적 분석이 좀 더 보완될 필요가 있습니다. 이와 관련된 우리의 경험이 일천할 뿐만 아니라 이에 대한 심층적인 연구도 많지 않은 것이 우리의 현실입니다. 그런 의미에서 이 책에 실려 있는 소지역협력에 대한 몇몇 장들은 주목할 가치가 충분히 있어 보입니다. 또한 초국경 소지역협력이 가지는 전술한 바와 같은 가능성을 현실화하여 지역 형성과 한반도 상황을 타개해 나갈 동력을 만들 주체로서 지방정부의 역할과 시장 및 기업의 움직임을 보강해 줄 국내적 지원의 제도적 기반을 다져야 한다는 과제도 만만치 않은데, 이 같은 과제들을 한국 정부가 세련되게 감당하기에는 아직 낯선 분야로 보입니다. 더욱 연구가 필요한 부분입니다.

다만 이 글에서 밝히려고 했던 것은 이 같은 초국경 소지역의 형성을 통한 소다자주의의 활용전략이 결국은 지역정치 구도 전반의 변화를 추동하는 동아시아의 새로운 권력자산으로 이해되어야 하며, 이는 작은 상호작용 속에 담긴 커다란 효과를 발굴하는 작업으로 이해될 필요가 있다는 것입니다. 따라서 북한과 연관된 문제, 나아가 한반도문제를 대함에 있어서 국제주의나 당사자주의에만 집착하기보다는 다양한 수준의 노력을 동시적으로 시도하는 중층적 접근으로의 전환을 시도할 필요가 있습니다. 이러한 접근을 통하여 단일국가, 연방 내지 연합제, 네트워크형 통일 등과 같이 다양한 통일의 형태 및 가능성을 모두 품고 준비할 수 있는 기반이 마련될 수 있을 것이기 때문입니다. 생각의 전환이 통일 신지정학의 새로운 국면을 창출해 낼 수 있습니다.

[주 석]

1 손열, "지역공간의 개념사: 한국의 '동북아시아'", 하영선·손열 엮음, 『근대한 국의 사회과학 개념 형성사 2』 (창비, 2012).

2 Edward C. Relph, Place and Placelessness, 1976.

3 T. Cresswell, In Place/Out of Place: Geography, Ideology and Transgression, 1996

4 B. Jessop, N. Brenner, M. Jones, Theorizing Socio−Spatial Relations, 2008.

5 Clive H. Schofield (ed.), Global Boundaries (New York: Routledge, 1994).

6 Niles Hansen, "Border region development and cooperation: Western Europe and US−Mexico borderlands in comparative perspective," in Oscar Martinez (1986), 31−44.

7 Ivo D. Duchachek, "International competence of subnational governments: Borderlands and beyond," in Oscar Martinez (ed.), Across Boundaries: Transborder Interaction in Comparative Perspective (El Paso: Texas Western Press, 1986), 11−28.

8 Robert A. Scalapino, "Natural economic territories in East Asia: Present trends and future prospect," in Korean Economic Institute of America (ed.), Economic Cooperation and Challenges in the Pacific (Washington DC: KEIA, 1995), 99−109.

9 Xiangming Chen, As Borders Bend: Transnational Spaces on the Pacific Rim (Oxford:Rowman & Littlefield Publishers, 2005), 37−8.

10 Xiangming Chen (2005).

11 신범식, "북−중−러 접경지대를 둘러싼 초국경 소지역 개발협력과 동북아시 아 지역정치", 『국제정치논총』 제53권 3호 (2013), 427−63 참조.

12 김성한, "동북아 세 가지 삼각관계의 역학구도: 한중일, 한미일, 한미중 관계", 『국제관계연구』 제20권 1호 (통권 제38호, 2015), 71−95.

13 R. S. Burt, Structural Holes: The Social Structure of Competition. Cambridge (MA: Harvard University Press, 1992); R. S. Burt, Brokerage and Closure: An Introduction to Social Capital (New York: Oxford

University Press, 2005).

14 김상배, "네트워크로 보는 중견국 외교전략: 구조적 공백과 위치권력 이론의 원용", 『국제정치논총』 51집 3호 (2011).

15 이에 대한 자세한 내용은 다음을 참조. 신범식, "통일한국 등장과 동북아 지역질서 변화: 역내 전략적 행위자로서의 러시아의 가능성과 한국의 대응", 『전략연구』 제22집 1호 (2015).

3. 북·중·러 경제협력

김병연(서울대학교 경제학부)

I. 서   론

'남북 경제 통합과 북·중·러 경제 협력의 효과'라는 주제에 대하여 생각할 때 가장 중요한 키워드는 '연결망'의 회복일 것입니다. 현재 한국은 반도 국가이지만 분단으로 인해 대륙으로 향하는 육로가 막혀 있어 사실상 섬나라와 마찬가지입니다. 남북한 경제 통합이 이루어지고 중국, 러시아와의 협력 사업을 진행한다면 이와 같은 단절에서 벗어나 실질적인 대륙해양 복합국가로서 연결망의 이점을 회복할 수 있다는 것이 지금까지 이 주제에 대하여 가장 일반적으로 제기되어 온 담론이었습니다. 2013년부터 박근혜 정부가 주창해 온 '유라시아 이니셔티브' 사업 구상이 대표적으로 이와 같은 시각을 반영한 것입니다.

그런데, 이 국가 간의 '연결망'이 개별 국가의 경제에 미치는 구체적인 효과에 대해서는 아직 경제학적인 논의가 부족합니다. 국가 간 연결망의 양과 질이 개별 국가의 경제적 편익과 국민들의 전반적인 후생수준에 미치는 영향과 관련하여 의미 있는 결과를 도출한 연구 또한 거의 없는 실정입니다. 따라서 이와 관련된 정책적 판단은 구체적인 사례나 데이터에 근거하기보다는 막연한 기대감과 직관적인 예측을 토대로 진행되어 온 것으로 보입니다. 그동안 '유라시아 이니셔티브'와 같이 연결망의 회복을 염두에 둔 정책들이 실효성을 거두지 못한 것 또한 거창한 구호와 장밋빛 청사진 이면에 객관적인 방법론을 적용한 조사와 연구가 제대로 이루어지

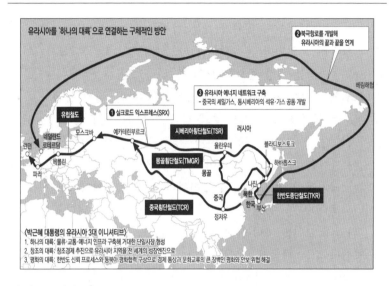

| 그림 1 | 유라시아 이니셔티브 개념도 |

출처 : 동아일보[1]

지 않았기 때문인 것으로 판단됩니다.

　이에 본 연구는 "국가 간 연결망이 갖는 경제 효과는 무엇이며 그 채널을 무엇인가?" 라는 질문을 가지고 출발하였습니다. 그런데 이 '연결망'이 단순히 물리적인 연결만을 의미하는 것이 아니라 물자의 이동, 정보의 흐름, 사람들의 관념 등 눈에 보이지 않는 연결을 포괄하는 개념입니다. 즉, 추상적인 담론을 바탕으로 형성된 신지정학적 개념과 구체적인 데이터를 기반으로 정량화 가능한 경제적 효과 사이의 연결고리를 찾는 것이 이 질문의 핵심이라고 할 수 있습니다. 만약 이러한 채널을 명확히 정의하고 식별할 수 있다면, 이것을 구체적 사례인 남북 경제 통합과 북·중·러 3국 경제협력에 적용하여 그 경제적 의의에 대해 좀 더 의미 있고 구체적인 논의를 진행할 수 있을 것입니다.

Ⅱ. 기존 연구 문헌: 지리적 요인이 경제 성장에 미치는 영향

각 국가의 지리적 위치가 갖는 경제학적 함의는 상당히 오랜 기간에 걸쳐 활발히 논의되어 온 주제입니다. 사실 경제학 문헌에서 1인당 소득 수준을 설명하는 가장 중요한 요인 중 하나로 꼽혀 온 것이 바로 해당 국가의 위치입니다. 지리적 위치는 기후, 부존자원, 질병 등을 좌우하며 이것은 노동 생산성, 인적 자본 축적 등을 결정하는 중요한 요인이므로 결국 장기적인 경제 성장과 소득 수준에 영향을 미치게 됩니다. 구체적으로는 적도에 가까운 열대 기후 지역이거나 해안이나 큰 강 유역에서 먼 지역에 위치한 국가들이 경제 성장에 불리하다는 가설이 가장 유명한 것이었고, Gallup 등(1999)을 통해 실증적인 근거가 제시되었습니다.[2]

환경적 요인뿐 아니라 국제 무역, 지식과 기술의 전파 등 번영과 발전에 영향을 주는 핵심적 요인들 또한 지리적 위치에 의해 상당부분 결정됩니다. 환경적 요인을 결정하는 것이 위도와 경도로 설명되는 절대적인 위치라면 기타 사회 문화적 요인들을 결정하는 것은 주변국과의 관계를 통해 정립되는 상대적 위치, 즉 지정학적 위치이며 이것이 경제학과 지정학이 연결되는 지점이라고 할 수 있습니다.

이와 관련된 실증적 연구들은 주로 인접한 양국의 정치적, 경제적 현상이 서로 높은 상관관계를 갖는다는 것에 주목해 왔습니다. Moreno and Trehan(1997)은 간단한 계량분석을 통해 한 국가의 경제 성장률이 인접한 국가의 경제 성장률과 높은 상관관계가 있음을 보인 바 있습니다.[3] 게다가 이것은 근접한 지역에 동일하게 영향을 미치는 경제적 충격이나 두 국가 간의 무역량에 따른 효과가 아니라는 것이 이들의 분석 결과로 나타났습니다. Conley and Ligon(2002) 역시 비슷한 결론을 보여주었습니다. 이들은 두 국가의 경제 성장률의 공분산을 관측 가능한 개별 요인, 관측 불가능한 개별 요인, 국가 사이의 spill-over 효과 등 세 부분으로 분해하였는데, 그중 spill-over 효과가 가장 큰 부분을 설명하는 것으로 측정되었습

| 그림 2 | 지리적 위치와 소득 수준 |

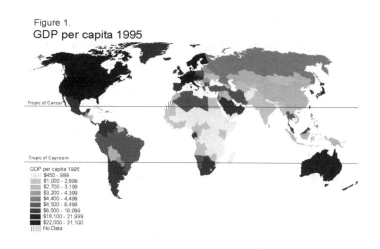

Figure 1.
GDP per capita 1995

출처 : Gallup et al (1999)[4]

니다.[5] 이 spill-over 효과는 두 국가 사이의 경제적 거리가 가까울수록 크게 나타나, 인접한 국가의 경제 성장률이 서로 비슷한 방향으로 움직이는 경향이 있음을 암시합니다.

위의 두 연구 결과를 통해 알 수 있는 것은 인접한 국가 사이의 경제가 유사한 방향으로 움직이는 현상을 무역량이나 동질적인 성격 등 관측 가능한 변수만으로 설명하기 어렵다는 것이며, 인접한 국가들 간의 경제 현상이 서로 영향을 주고받는 잠재적 경로가 존재한다는 것입니다. 이것은 앞서 제기하였던 문제인 '연결망'의 경제적 효과에 대해 답할 수 있는 실마리를 제공해 주는 것이라고 할 수 있습니다.[6]

한편 근래의 연구들은 지정학적 요인이 제도 수립에 영향을 미침으로써 경제 성장과 소득 수준에 간접적으로 작용한다는 결과를 발표하였습니다. Acemoglu 등(2001)은 과거 유럽 국가들의 식민지 확장기에 유럽인들이 적응하기 혹독한 환경을 가진 지역일수록 착취적인 제도가 제대로 기능하지 못하여 상대적으로 선진적인 제도가 정착되었으며, 그렇지 않은 지역에 비해 상대적으로 소득수준이 높아지는 결과를 낳았다고 주장하였습니다.[7] Acemoglu 등(2002), Rodrik(2004)도 해당 국가의 위치가 경제 성장 및 소득 수준에 영향을 미치는 핵심적인 채널로 부패 정도, 법적 운영 등 제도의 질을 지목하고 있습니다.[8][9]

정리하자면 현재까지의 경제학 문헌에서 국가의 지리적 요인이 경제 발전에 영향을 미치는 채널은 크게 세 가지로 요약할 수 있으며 이는 <그림 3>을 통해 도식화하여 이해할 수 있습니다. 첫째는 가장 직접적인 효과라고 할 수 있는 환경적 요인이며, <그림 3>에서는 (1)번 화살표에 해당합니다. 둘째는 주변국과의 상대적 위치에서 오는 효과입니다. 이것은 주로 무역에서 발생하는 거래비용의 감소, 인접한 국가의 경제 성장으로 인한 spill-over효과 등을 의미하며, 경제 통합정도가 높아질수록

그림 3   지정학적 요인이 소득 수준에 영향을 미치는 채널

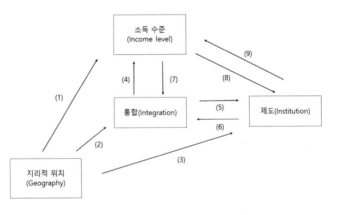

출처 : Dani Rodrik et al(2004)

그 영향력이 커진다고 할 수 있습니다. <그림 3>에서는 (2)번과 (4)번 화살표로 이어지는 경로입니다. 셋째는 제도의 형성을 통한 간접적인 효과입니다. 지정학적 요인으로 인한 역사적 차이가 해당 국가의 제도를 형성해 왔고 그것이 경제 발전의 성패에 영향을 주었다는 것입니다. 이것은 <그림 3>의 (3)번과 (8)번 화살표로 나타낼 수 있습니다.

　이어질 본문에서는 이와 같은 경제학적 논의들을 토대로 현재 진행 중이거나 앞으로 진행될 북·중·러 3국 경제협력의 경제적 효과에 관하여 설명하고자 합니다. 아직까지 이 주제에 대한 데이터가 충분히 축적된 것은 아니어서 엄격한 의미의 실증 연구는 어렵지만 기존 문헌들과 적용 가능한 사례들을 분석함으로 어느 정도 의미 있는 논의를 진행할 수 있을 것입니다. 더불어 현재까지 이 지역에서 일어나고 있는 협력 사업의 현황에 대해 소개하고 드러난 한계점들을 지적하는 한편 향후 진행 방향에 대한 전망과 제언을 덧붙이고자 합니다.

Ⅲ. 북·중·러 경제협력의 경제적 의의

　북·중·러 경제협력은 좁게는 이 세 국가가 국경을 맞대고 있는 두만강 유역의 개발이나 세 국가의 공동 경제협력 사업을 의미합니다. 그러나 넓게는 북·중, 북·러의 두 국가 사이의 경제협력, 그리고 북·중·러 세 국가의 경제협력 모두를 포괄하는 것이며, 이를 확장하면 북한의 개혁 개방이 이루어지고 남북한의 경제 통합이 진전될 경우 한반도 전체와 중국, 러시아의 경제 협력을 의미하는 것으로 볼 수 있습니다. 궁극적으로는 중국의 동북 지역과 러시아의 극동지역 그리고 한반도를 통합한 역내 경제권의 형성을 지향하는 것이라는 정의도 가능합니다. 이렇게 정의된 북·중·러 경제 협력은 한반도와 동북아시아 경제에 미칠 효과가 상당할 것으로 예상됩니다.

　우선 북한은 중국, 러시아와의 협력 사업을 통해 경제 성장과 산업 발전에 박차를 가할 수 있습니다. 중국이나 러시아의 경제에 북한과의 교류가 미치는 영향은 미미한 수준이나, 북한의 경제에서 이 양국이 차지하는 비중은 절대적이라고 할 수 있습니다. 한국무역협회(KOTRA)에서 발표한 통계에 따르면 2014년 북한의 무역 상대국 중 중국과 러시아는 교역액 기준으로 각각 1, 2위인 것으로 조사되었습니다.10 이 두 국가는 북한 대외 무역의 91.3%에 해당하는 절대적인 비중을 차지합니다.11 북한의 5개 경제 특구와 19개 개발구 중 상당수가 중국, 러시아와의 접경 지역에 배치되어 있는 사실도 북한에게 있어서 이 두 국가의 중요성을 반증합니다. 따라서 북·중·러 경제 협력 사업이 성공적으로 진행된다면 상대적으로 북한 경제에 미치는 영향이 가장 클 것입니다.

성공적인 북·중·러 협력 사업은 실질적인 경제 성장 효과 외에도 북한의 개혁 개방을 촉진하는 효과가 있을 것으로 예상됩니다. 대규모 사업을 통해 개발 이익이 발생하면 해당 사업에는 많은 행위자들의 이권이 개입되어 북한 정권이 자신의 정치적 이해에 따라 일방적으로 중단하거나 축소하기 어려워집니다. 더 나아가 하나의 개발 성공 사례는 다른 개발 프로그램의 추진에 동력을 제공할 수 있을 것이며, 이 과정을 통해서 북한은 사업의 성공을 뒷받침할 만한 제도의 수립, 국제 협력에서 개별 국가의 정책적 역할 등에 대해 학습할 수 있는 기회를 얻게 될 것입니다. 이것은 북한의 경제적 제도 개선, 즉, 점진적 체제 이행의 가능성을 높여 준다고 할 수 있습니다.

남북한 경제 통합과 북·중·러 경제협력이 함께 진전될 경우 남한에 미치는 경제적 효과도 상당할 것입니다. 전술하였듯이 기존 경제학 문헌에 따르면 경제적 거리가 가까울수록 양국의 경제는 유사한 방향으로 움직이는 경향이 있습니다. 즉, 한 국가는 인접한 국가들의 경제가 성장할 때 그로부터의 스필오버 효과로 인해 함께 성장할 수 있다는 것입니다. 그런데 스필오버 효과에 영향을 주는 경제적 거리는 단순한 물리적 거리를 의미하는 것이 아닙니다. 오히려 운송비용이나 무역 장벽 등 두 국가 사이

그림 4	북한의 경제개발구

1. 압록강경제개발구
2. 청진경제개발구
3. 청남공업개발구
4. 청수관광개발구
5. 흥남공업개발구
6. 황금평/위화도경제지대
7. 혜산경제개발구
8. 현동공업개발구
9. 진도수출가공구
10. 개성공업지구
11. 강령국제녹색시범구
12. 만포경제개발구
13. 금강산국제관광특별구

14. 온성섬관광개발구
15. 어랑농업개발구
16. 북촌농업개발구
17. 나선경제특구
18. 신평관광개발구
19. 신의주국제경제지대
20. 송림수출가공구
21. 숙천농업개발구
22. 은정첨단기술개발구
23. 와우도수출가공구
24. 위원공업개발구
25. 원상 – 금강산관광특구

출처 : KDI(2015. 2), "북한 경제개발구의 ABC"12

의 물자와 사람이 오가는 데 드는 각종 비용의 개념에 가깝다고 할 수 있습니다. 이렇게 볼 때 반도 국가는 위치 관계에 따른 상당한 경제적 이점을 가지고 있습니다. 반도 국가의 경우 해양 운송을 통해 전 세계의 물류를 할 수 있으며, 대륙을 이용하여 근린지역과 원근지역에 접근할 수 있어 스필오버를 통한 경제 발전 효과를 극대화할 수 있습니다. 남북한의 경제 통합과 북·중·러 경제 협력은 남한 입장에서 주요 국가와의 경제적 거리를 상당한 수준으로 좁히는 일이며, 반도 국가의 경제적 이점을 회복하는 것입니다. 특히, Moreno and Trehan(1997)에서는 거대 시장과 인접한 국가의 경우 추가적인 이득을 누릴 수 있다는 실증적 근거가 제시된 바 있습니다. 따라서 남한은 북·중·러 경제 협력을 통해 중국, 러시아와의 경제적 거리가 단축되면 큰 실익을 얻을 것으로 예상됩니다.

다른 국가 사례에 비추어 보아도 한반도 경제 통합 시 지정학적 위치에 따른 연결망 효과를 가늠해 볼 수 있습니다. 유럽의 반도 국가 중 대표적인 사례가 이탈리아와 그리스입니다. 이탈리아의 경우 북부 지방의 소득은 유럽 평균에 비해 25% 정도 높은 반면 남부 지방의 소득은 유럽 평균에 비해 25% 정도 낮습니다. 즉, 남부에 비해 북부의 소득이 60% 정도 높다는 것입니다. 물론, 이것은 역사적인 요인, 산업의 배치 등과 관련이 있을 것입니다. 그러나 북부 이탈리아가 프랑스, 스위스, 오스트리아 등 소득수준이 높은 맞닿아 있어 이들과의 연결과 교류를 통한 이득을 보아 왔다는 점을 무시할 수 없을 것입니다. 반면 그리스의 경우에는 오히려 북부 보다는 남부 해안 지역의 소득 수준이 높습니다. 육로로 연결되어 있는 국가들이 알바니아, 마케도니아, 불가리아 등 시장 규모가 크지 않고 성장이 더딘 국가들이기 때문에 육로보다는 해양을 통한 연결이 더 중요했음을 알 수 있습니다.

독일의 사례와 비교해 보아도 남북의 통일은 독일의 통일에 비해 훨씬 더 큰 경제적 편익으로 이어질 가능성이 높습니다. 독일의 경우 동서독 분리로 인한 연결망의 제약은 상대적으로 크지 않았습니다. 동독의 면적

| 그림 5 | 반도국가: 이탈리아와 그리스 |

| 표 1 | 이탈리아와 그리스의 지역별 소득 |

지역	소득 (단위: EUR)[13]	상대 소득 (유로평균=100)
이탈리아	27,000	104
북서부	31,500	126
북동부	31,000	124
중부	29,000	116
남부	18,300	74

출처 : Istat(이탈리아 통계청)   출처 : Eurostat

은 서독의 약 40% 정도에 불과하였고, 인구수 면에서도 1/4에 불과하여
그렇게 큰 비중을 차지하지 않았습니다. 또한 동독의 존재로 인해 거리가

멀어졌던 국가들은 폴란드, 체코슬로바키아 등 구 동구권 국가들로 경제 규모가 크지 않아 그 영향력이 미미했을 것입니다. 반면 북한과 인접한 중국과 러시아는 2014년 현재 각각 세계 2위와 10위에 해당하는 경제 대국으로 이들과의 연결망 회복은 그 경제적 파급 효과가 상당할 것입니다. PwC, HSBC, 골드만삭스 등 주요 민간 기관의 예측에 따르면 장기적으로도 이 두 국가는 10대 경제 대국 중 한 자리를 차지할 것으로 보여 그 효과는 장기적으로도 지속될 것으로 보입니다.

이와 같이 북·중·러 경제 통합은 남한의 새로운 경제 성장 동력으로 작용할 가능성이 높습니다. 기업들에게는 내수시장 포화와 수출 경쟁력 저하로 인한 어려움을 극복할 수 있는 새로운 기회가 제공될 것입니다. 현재 한반도의 지역 개발 현황을 살펴보면 미국, 일본, 중국의 남동 지역 등 주요 시장에 진출하기 용이한 해안 지역을 중심으로 산업이 발전해 온 것을 알 수 있습니다. 그런데 이 지역들은 이미 산업적으로 개발이 완료되어 있고, 타겟으로 하는 시장 역시 포화에 가깝기 때문에 성장 잠재력이 크지 않다고 판단됩니다. 따라서 남한에서 더 이상 경제 교류를 통해 성장할 수 있는 미개발 지역을 찾기는 쉽지 않습니다. 이렇게 볼 때 한반도 내에서 미개발로 남아 있는 지역 중 가장 성장 잠재력이 큰 곳이 바로 북·중·러 접경지역이라고 할 수 있습니다. 이 지역의 개발과 북·중·러 협력 사업이 성공적으로 진행된다면 남한 기업의 입장에서는 육로를 통해 대륙으로 진출할 수 있는 새로운 통로가 열리게 되며, 중국 동북 지역, 러시아의 극동 지역, 시베리아와 중앙아시아와 같은 새로운 시장에 진출할 수 있는 교두보가 마련되는 것입니다. 가계 역시 이익을 누릴 수 있습니다. 경제 성장으로 인한 절대적인 소득 수준이 증가하는 효과 이외에도, 역내 경제 통합과 연결망 확대로 인해 선택할 수 있는 대안이 많아질 것입니다. 경제학적으로 이것은 가계가 직면한 제약식이 완화되는 것을 의미하며 후생 수준을 증가시키는 요인이 됩니다. 김병연(2014)에 따르면 남북 경제통합이 성공적으로 이루어질 경우 남한의 경제 성장률은 연평균 0.7~0.8% 포인트

표 2	경제 규모 상위 10개국			(단위 : 10억 달러)	
	2014년			**2050년(예측)**	
1	미국	17,419	1	중국	48,477
2	중국	10,380	2	미국	37,998
3	일본	4,616	3	인도	26,895
4	독일	3,860	4	브라질	8,950
5	영국	2,945	5	일본	8,065
6	프랑스	2,847	6	러시아	7,115
7	브라질	2,353	7	멕시코	6,706
8	이탈리아	2,148	8	인도네시아	5,947
9	인도	2,050	9	독일	5,822
10	러시아	1,857	10	통일한국	5,740

출처 : World Bank, PwC, Kim(2014)[14]

증가할 것으로 추정됩니다.[15] 한국을 포함한 주요 선진국들의 성장률 전망이 1~3% 정도인 것을 생각하면, 남북 경제 통합과 북·중·러 경제협력은 무시할 수 없는 경제 성장 효과를 갖는다고 할 수 있습니다.

　북·중·러 경제 협력을 통한 연결망 효과는 한반도 경제뿐 아니라 중국과 러시아에도 긍정적인 영향을 미칠 수 있을 것입니다. 현재, 중국의 동북지역과 러시아의 극동 지역은 다른 지역에 비해 상대적으로 저개발 상태에 있습니다.[16] 이것은 물론 많은 국내외적 요인이 작용하여 나타난 결과일 것입니다. 그러나 앞선 논의를 중국과 러시아의 입장에서 바꾸어 생각해 보면, 해당 지역이 북한과의 인접으로 인해 상대적으로 손해를 보고 있는 것이라고 할 수 있습니다. 즉, 북한의 저성장과 폐쇄성이 이들 지역의 성장에 악영향을 끼쳤을 가능성이 있다는 것입니다. 만약 북한의 개혁 개방이 이루어지고 남북과 중국, 러시아 간의 협력 사업이 진행된다면,

---

| 그림 6 | 중국과 러시아의 지역별 1인당 소득 |

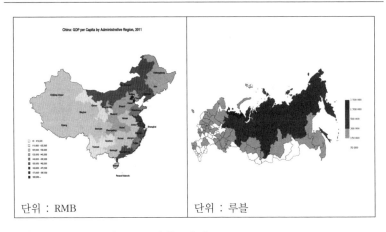

| 단위 : RMB | 단위 : 루블 |

출처 : NBS of China(중국 통계청)　　출처 : Russian Federal State Statistic Service

---

중국의 동북 지역과 러시아의 극동 지역은 한반도와의 직접 연결, 한반도의 항구를 통한 일본, 동중국해로의 간접 연결 등 연결망의 이점을 누릴 수 있을 것이며, 급속한 개발이 이루어질 가능성이 높은 북한 지역에의 투자를 통해 이익을 누릴 수 있을 것으로 예상됩니다.

　　경제적인 요인뿐 아니라 정치적인 불안정성 역시 현재 이 지역의 성장을 저해하는 요인입니다. Ades and Chua(1997)는 분쟁 지역이나 정치적 갈등이 심한 지역에 인접한 국가가 경제 성장에 불리하다는 실증 연구 결과를 발표한 바 있습니다.[17] 따라서 남북의 화해, 협력, 통합이 진행되면 이것은 한반도뿐 아니라 주변 지역의 경제에도 긍정적인 영향을 미칠 수 있을 것입니다.

Ⅳ. 개발 계획 및 현황

본 장에서는 이 지역에 대해서 현재까지 제시되어 온 개발안들을 간략히 소개하고자 합니다. 북·중·러 접경지역의 개발을 목적으로 하는 계획안은 개별 국가에서 제시한 것과 다자 간 협력 기구를 통해 제시된 것으로 나눌 수 있습니다. 먼저 다자 간 협력 기구로는 유일한 것이 광역두만강계획(Great Tumen Initiative: GTI)입니다. 광역두만강계획은 1990년대 초 유엔개발계획(UNDP)의 추진하에 한국, 중국, 러시아, 북한, 몽골 등 5개국이 참여하여 성립된 다자 개발계획입니다. 본래 두만강개발계획(TRADP)이라는 이름으로 시작되어, 중국의 연길, 북한의 청진, 러시아의 블라디보스토크를 잇는 삼각형 형태의 지역을 지리적 적용범위로 하였으나 2005년 중국의 동북지방 전체와 내몽골지역, 북한의 나선 경제무역지대, 몽골의 동부 지역, 한국의 동해 항구도시 및 러시아의 연해주 등으로 그 범위를 확장하며 광역두만강계획으로 변경하였으며 현재까지 추진되고 있습니다. 남한과 중국이 가장 활발한 활동을 펼쳤고, 2014년에는 공식적인 국제기구로 격상시키려는 합의가 이루어진 바 있습니다.[18] 광역두만강계획은 두만강 지역의 지리적 여건과 관련국 간의 상호보완성, 개발 잠재력 등에서 상당히 좋은 조건을 지니고 있는 것으로 평가되었지만 현재까지 경제적 성과는 그리 높지 않습니다. 그 이유는 각국이 자국 중심의 사업을 선호하고 국내법과 제도적 절차 등을 지나치게 강조하는 가운데 초기 투자자들을 유인하는 데 실패하였으며, 2009년 북한이 탈퇴하면서 사업 현실성이 낮아졌기 때문으로 판단됩니다.

북한 자체적으로도 나선지역에 대한 개발안을 가지고 있습니다. 1990년대 초 북한은 나진, 선봉지역을 자유무역지대 특별구로 지정하였으며, 이것은 북한 최초의 경제 특구로 볼 수 있습니다. 2000년대까지는 나선지역의 개발과 관련하여 이렇다 할 움직임이 없었지만 2010년 이후 북·중 간의 합의와 중국으로부터의 투자가 이루어지면서 본격적으로 개발되기

표 3	광역두만강개발계획(GTI)의 지리적 범위

두만강개발계획(TRADP)	광역두만강계획(GTI)

(중국) 연길 (북한) 청진 (러시아) 블라디보스토크	(중국) 동북 3성, 내몽골 (몽골) 동부지역 (북한) 나진·선봉 등 두만강유역 (러시아) 연해주 일부 (한국) 동해안지역(부산, 울산, 속초, 동해 등)

출처 : 기획재정부 보도자료 (2013. 10. 30.)[19]

시작하였습니다. 북한은 2010년 최고인민회의를 통해 나선시를 특별시로 승격시켜 직접 관리하고 있으며 나선특구를 완전 개방하여 국제화 도시로 발전시킬 계획을 가지고 있는 것으로 파악됩니다. 주요 투자 분야는 나선 지대 및 나진항 진출입로 구축(도로, 철도 등), 항만 건설(라진항, 선봉항, 청진항, 웅상항 등), 나선공업지구 7개 조성, 물류센터 건설, 나선시 현대화 (도시 개발, 아파트) 사업, 지하자원 개발 등이며, 북한은 이 지역의 핵심 산업으로 관광, 자원 산업, 금융, 국제 물류 등을 육성할 계획인 것으로 알 려져 있습니다.[20]

    남한에서 제시한 다국적 개발안으로는 국가건축위원회의 두만강유역 다국적 도시안과 통일준비위원회의 나선지역 다국적 경제협력안을 들 수 있습니다. 두만강유역 다국적 도시안은 두만강 하구 지역에 북한, 중국, 러시아가 각각 100만 평 크기의 지역을 다국적 도시에 포함시켜 각종 인프라를 구축하고 산업을 개발하는 안입니다. 첨단 산업, 자동차, 에너지, 관광산업 등을 주요 산업으로 개발하고 항구와 공항 등을 건설하여 점차 도시의 규모 또한 키워 나가는 계획을 갖고 있습니다. 나선지역 다국적 경제협력안은 남한, 북한, 중국, 러시아 4국이 참여하여 북한의 나진 선봉 지역을 함께 개발하는 계획입니다. 이는 각국의 상호 보완성을 통해 이익을 창출하여 참여한 모든 국가가 경제적 효과를 누릴 수 있도록 하며 특히 북한의 지역 발전과 경제 성장을 유도하기 위해 제시된 것입니다.

그림 7 두만강 다국적 도시 개발안

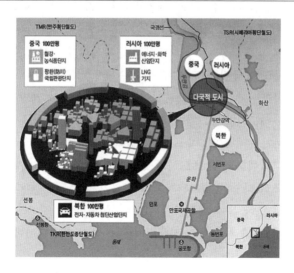

출처 : 조선일보(2014. 12. 26.)[21]

V. 한계와 전망

이렇듯 북·중·러 접경 지역과 관련된 개발 및 협력 계획이 지속적으로 제기되어 온 것은 그만큼 이 지역이 갖는 경제적 함의가 크다는 것을 반증한다고 볼 수 있습니다. 이것은 또한 관련국 모두 이 지역의 개발을 추진할 뚜렷한 경제적 동기가 존재한다는 것을 의미합니다. 중국과 러시아는 국내의 낙후 지역을 개발하는 한편 동쪽으로 항구를 확보하고자 하며, 북한은 외자 유치를 꾀하고 있고 남한 또한 이 지역의 개발을 통해 물류 비용 절감 효과를 누릴 수 있습니다. 게다가 북한의 노동력과 항구, 중국의 자본력과 노동력, 러시아의 천연 자원 등 관련 국가의 보유 자원은 상호 보완성이 상당히 높은 것으로 평가됩니다.

그럼에도 불구하고 현재까지 이 지역의 다자 간 경제 협력이 대규모 사업으로 추진된 사례는 거의 전무합니다. GTI와 같은 협력기구 역시 다자 간 합의체로서 제도화되어 가고 있기는 하지만 투자 유치 및 구체적인 사업 진행에 대한 논의는 지지부진한 상황입니다. 4장에서 소개한 몇 가지 개발안들의 공통점은 모두 추진의 주체가 각국의 정부, 즉 위로부터의 개발 계획이라는 것입니다. 하지만 각 정부 차원에서 개발 계획과 전략을 수립한다고 해도 대규모 개발 사업으로 구체화되기 위해서는 결국 민간 부문의 참여가 필수적입니다. 지금까지의 개발안들은 각국의 민간 부문이 자발적으로 참여하도록 유도하지 못했다는 점에서 한계가 있습니다. 그 이유는 각국의 다양한 이해관계를 조정하기 어려울 뿐 아니라, 정치 외교적 불안정성 또한 높기 때문일 것입니다. 이렇듯 북·중·러 접경지역 개발이 실질적인 협력 사업으로 진행되기에는 아직 해결되어야 할 과제가 많다고 할 수 있습니다.

민간 사업자들이 이 지역의 개발 사업에 뛰어들기 힘든 가장 중요한 이유는 북한이 가지고 있는 국가적 리스크라고 할 수 있습니다. 아래 <표 4>는 중국 단둥에서 북한과 거래하는 기업 176개를 대상으로 북한과의

표 4	북한의 사업 환경			
무역기업 장애요인	비율	투자기업 장애요인	비율
클레임 해결수단 부재	2%	투자보장 제도미비	7%
납기 불이행	18%	전기부족	7%
품질하자	12%	물류의 어려움	6%
관리기관의 부패	8%	관리기관의 부패	7%
통신, 통행의 어려움	15%	통신의 어려움	10%
북한 국내정책의 잦은 변화	29%	북한 국내정책의 잦은 변화	35%
주변국의 정책영향	15%	주변국의 정책영향	15%
기타	1%	기타	13%
합계	100%	합계	100%

출처: 김병연, 정승호(2015)[22]

거래 시 가장 중요한 위험 요인을 묻는 설문조사의 응답 결과입니다. 무역기업의 장애요인 중 가장 응답비율이 높은 것은 북한 국내정책의 잦은 변화(29%)이며 주변국의 정책 영향도 15%를 차지합니다. 그리고 투자기업의 경우도 북한 국내정책의 잦은 변화가 투자 사업의 가장 큰 위험요인으로 평가한 응답자가 35%에 달합니다. 즉 이 표는 북한과 관련된 기업 환경에 가장 큰 어려움이 국가 리스크라는 사실을 보여주는 것입니다.

　북한에는 아직 기업 활동을 보장해 줄 만한 법과 제도가 갖추어져 있지 않고, 법제가 존재하더라도 독재 정권의 이해관계에 따라서 일관성 없게 운영되는 경우가 많습니다. 나선지역을 포함한 몇몇 거점 지역에 중국의 개혁 개방 당시처럼 특별법을 적용한 경제 특구가 운영되고는 있지만 중국의 특구와 비교하면 투자자에게 상당히 불리한 조건들을 내포하고 있습니다. 이런 상황에서 민간 사업자가 북한과의 협력 사업에 투자하는 것은 정치적 이유로 인해 예상치 못한 상황에 직면하거나 불이익을 당할 위

험성, 심한 경우 전면 중단될 위험성을 감수하는 것입니다. 따라서 앞으로
도 북한 당국 혹은 협력 당사국 정부의 확실한 보증이 선행되지 않는다면
이 지역에 대규모 투자가 이루어지기는 어려울 것으로 예상됩니다.

　더구나 최근에는 북한의 4차 핵실험과 그에 따른 남한 및 국제 사회
의 대북 제재로 인해 개발 사업과 관련된 논의조차 어려운 실정이어서 당
분간 남북한과 중국, 러시아 등 관련국들이 모두 참여하는 대규모 사업이
추진되기 쉽지 않아 보입니다, 다만, 경제적 이해관계에 따른 소규모 프로
젝트들은 양자 혹은 다자 관계를 중심으로 진행될 수 있을 것입니다. 특히
다자가 참여하는 국제적 협력 사업을 통해 북한 리스크를 줄이는 것이 바
람직한 개발 방안으로 판단됩니다.

　요약하자면 북·중·러 경제 협력은 높은 잠재력과 경제적 의의에도
불구하고 정치적 요인, 특히 북한이 가지고 있는 국가적 리스크가 걸림돌
이 되어 대규모 사업으로 진행되지 못하고 있다는 것입니다. 따라서 앞으
로 이 지역의 경제 협력이 실질적인 신 성장 동력으로 기능하기 위해서는
한반도와 동북아시아의 정치적 긴장상태를 해소하기 위한 노력, 경제적인
개발 계획과 정치적인 구상을 함께 고려한 종합적 전략이 필요하다고 할
수 있습니다.

[주 석]

1 『동아일보』(2013. 10. 19) < http://news.donga.com/East/3/all/20131019/583
16254/1 >.

2 이 연구에서 다른 조건이 일정할 때, 열대 기후 지역에 위치한 국가의 소득
수준은 그렇지 않은 국가의 소득에 비해 1% 낮으며, 육지로 둘러싸인
(land-locked) 국가는 그렇지 않은 국가에 비해 약 1.1% 소득 수준이 낮은
것으로 나타났습니다. 성장률 역시 비슷한 모습을 보입니다. 열대 지역 국가
는 다른 국가들에 비해 평균적으로 경제 성장률이 0.4~0.9% 포인트 낮으며,
내륙 국가 역시 경제 성장률이 다른 국가들에 비해 0.6~1.0% 포인트 낮은 것
으로 나타났습니다.

3 Moreno, R. and Trehan B., 1997, "Location and the Growth of Nations",
Journal of Economic Growth, Vol. 2, 399-418.

4 Gallup, J., Sachs, J. D. and Mellinger, A. D., 1999, "Geography and
Economic Development", International Regional Science Review, 22(2),
179-232.

5 Conley, T. G. and Ligon. E., 2002, "Economic Distance and Cross-
Country Spillovers", Journal of Economic Growth, Vol. 7, 157-187.

6 그러나 이러한 스필오버 현상이 발생하는 구체적인 메커니즘에 관해서는 아
직 명확히 밝혀진 바 없으며, 이것을 양적으로 해석하는 것 또한 쉽지 않습니
다. 즉 인접한 국가의 경제 성장이 서로 영향을 주고받는 것은 사실이지만 그
이유가 무엇이며 그 효과가 어느 정도 크기인지는 알 수 없습니다.

7 Acemoglu, D., Johnson, S. and Robinson J. A., 2001, "The Colonial
Origins of Comparative Development: An Empirical Investigation", The
American Economic Review, 91(5), 1369-1401.

8 Acemoglu, D., Johnson, S. and Robinson J. A., 2002, "Reversal of Fortune:
Geography and Institutions in the Making of the Modern World Income
Distribution", The Quarterly Journal of Economics, 117(4), 1231-1294.

9 Rodrik, D., Subramanian, A. and Trebbi F., 2004, "Institutions Rule: The
Primacy of Institutions Over Geography and Integration in Economic

Development", Journal of Economic Growth, Vol. 9, 131 – 165.

10 한국무역협회 (2015), 『2014년 북한의 대외무역동향』.

11 2014년 북한의 대외 무역 총액은 76.1억 달러를 기록하였는데, 중국과의 교역이 68.6억 달러, 러시아와의 교역이 0.9억 달러로 두 나라는 북한의 1, 2위 무역 상대국으로 조사되었습니다.

12 Andray Abrahemian, 2015, "The ABCs of North Korea's SEZs", The US – Korea Institute at the Paul H. Nitze School of Advanced International Studies, Johns Hopkins University.

13 구매력 평가 지수(PPP)로 나타낸 2008년의 GDP입니다.

14 2014년의 GDP는 IMF의 자료를 인용한 것이고, 2050년 한국을 제외한 나머지 국가의 GDP는 PwC에서 추정한 것이며, 2050년 한국의 GDP는 남북 경제 통합을 가정한 상태에서 도출한 kim(2014)의 추정치입니다.

15 김병연 (2014), "통일한국의 GDP 추정", 서울대학교 통일평화연구원.

16 중국 동북 3성의 2014년 경제 성장률은 랴오닝 성이 5.8%, 헤이룽장 성이 5.6%, 지린 성이 6.5%로 중국의 평균 성장률 7.4%에 비해 1% 포인트 이상 낮으며 이들 3성이 중국 GDP에서 차지하는 비중 또한 9% 정도에 불과합니다.

17 Ades, A. and Chua, H., B.. 1997, "Thy Neighbor's Curse: Regional Instability and Economic Growth", Journal of Economic Growth, Vol. 2, 279 – 304.

18 박지연 (2014), "광역두만강개발계획(GTI)의 현황과 시사점", 『수은북한경제 기획논단』(2014년 겨울호).

19 기획재정부 보도자료, "광역두만강개발계획(GTI) 제14차 총회 참가 결과", 2013. 10. 30

20 조봉현 (2014), "북한의 경제특구 개발 동향과 남북협력 연계방안", KDI 북한 경제리뷰.

21 『조선일보』(2014. 12. 26.) <http://inside.chosun.com/site/data/html_dir/2014/12/26/2014122600727. html>.

22 김병연·정승호 (2015), 『중국의 대북무역과 투자』, 서울대 출판문화원.

4. 북한의 경제특구 개발과 한반도 신지정학 *

이승욱(KAIST 인문사회과학부)

I. 북한 경제특구전략의 개괄

이 글은 1990년대 초반부터 시작된 북한의 경제특구 실험의 다층적 의의를 북한의 체제변화와 한반도 지정학적 질서의 변화 측면에서 살펴보았습니다. 북한 경제특구 정책의 변화과정을 북한 경제특구 전략 고유의 영역화 논리, 분권화/분산화에 대한 강조, 그리고 중국 개혁개방모델과의 비교 등 세 가지 측면을 중심으로 접근하였습니다. 특히 김정은 체제 출범 이후 '핵 – 경제 병진노선'하에 적극적으로 추진하고 있는 경제개발구 정책을 중심으로 이 세 가지 지점을 보다 구체적으로 살펴보았습니다. 이를 통해 북한 경제체제의 변화를 폐쇄에서 개방으로 이해하는 단선적 사고를 비판하고, 북한 특구전략의 역동성을 다층적인 차원에서 접근하였습니다. 북한의 경제특구(또는 개발구)의 확대를 개혁·개방의 노선을 택한 것으로 섣부르게 해석하는 낙관론뿐만 아니라, 기존의 개혁·개방 모델에만 가두어 북한의 변화를 평가하는 접근 모두를 비판하였습니다. 즉 이 글은 북한의 경제특구전략을 경제난에 의한 불가피한 선택이나 중국과 같은 개혁개

---

* 이 글은 "김정은 시대 북한의 경제특구전략: 영역화, 분권화, 그리고 중국식 개혁개방?" 한국경제지리학회지 19(1): 122 – 142를 본 단행본의 성격에 맞게 교정한 것입니다.

방 노선을 따르는 것으로 이해할 수는 없으며, 오히려 특구전략 기저에 작동하고 있는 지정학적 논리와 함께 지방경제발전에 대한 강조를 중심으로 보아야 한다고 주장합니다. 또한 2010년대 이후 북한 전역의 개발구 설치를 경제개방의 전면화로 보기보다는 오히려 제도, 법률, 거버넌스에서의 예외성이 강화되고 있는 것으로 보아야 한다고 주장합니다.

본격적인 논의에 앞서 북한의 경제특구 정책의 추진역사에 대해 먼저 간략하게 살펴보겠습니다. 북한 정부는 1991년 라진·선봉 경제특구 설치를 시작으로 경제특구 정책을 추진하였는데, 이 정책추진 과정을 크게 4단계로 나누어 볼 수 있습니다. 첫째, 1991년 12월 28일 정무원 결정 제74호를 통해 북한은 중국과 러시아 접경지역에 위치한 함경북도의 라진시와 선봉군 일대 621㎢를 '라진선봉자유경제무역지대'로 선포하였습니다. 뒤이어 1993년 1월 31일 최고인민회의 상설회의 결정 제28호를 통해 '라선경제무역지대법', '조선민주주의인민공화국 외국투자기업 및 외국인세금법' 등의 제정을 통해 경제특구에 대한 법적 기반을 마련하였습니다.[1] '조선투자법안내'에서는 경제특구 도입배경에 대해 다음과 같이 설명하였습니다: "우리 국가는 주로 경제거래를 하던 이전 쏘련과 동유럽사회주의나라들이 붕괴되고 세계 사회주의시장이 없어진 조건에 맞게 자본주의나라들과의 경제거래를 보다 능동적으로 벌려 국가적 리익을 가져오기" 위한 것이다.[2] 즉 냉전체제의 붕괴 이후 대외경제질서의 변화에 대응하기 위한 정책으로 경제특구를 도입한 것입니다. 당시 북한은 라진－선봉지대를 동북아시아의 물류중심지, 수출 가공기지, 관광, 금융, 서비스기능 등을 복합적으로 갖춘 국제교류의 거점도시로 개발하고자 하였습니다.[3] 1993년 9월에는 라진－선봉 지역을 '라진－선봉시'로 명칭을 바꾸고, 면적 또한 746km²로 확대하였으며, 1995년에는 라진－선봉시를 직할시로 승격하였습니다. 그러나 북한의 기대와는 달리 초기 라선경제특구에 대한 해외투자는 저조하였고 큰 진전을 이루지 못하였습니다.[4] 그 결과 1998년 기존의 '자유경제무역지대'에서 '자유'를 제외한 '라진·선봉경제무역지대'로 개칭하면서, 지

대에 대한 정부의 통제를 강화하는 방향으로 선회하였습니다.5

　　두 번째 단계는 1994년 김일성 주석 사망 전후로 악화된 경제난, 식량난을 어느 정도 극복한 이후 1990년대 후반 및 2000년대 초반 새로운 특구 전략의 추진으로 나타났습니다. 1998년 김대중 정권 출범과 뒤이은 2000년 남북정상회담을 계기로 하여 남북 간의 경제협력이 본격화되었고, 대표적인 사업으로 개성공단과 금강산관광지구 개발이 추진되었습니다. 이와 함께 2002년 9월 신의주를 특별행정구로 지정하면서, 기존의 라선 경제특구와 함께 북한 영토의 각 꼭짓점을 경제특구로 개발하는 형태로 발전하였습니다. 이를 위해 2002년 9월 '신의주특별행정구 기본법' 같은 해 11월 '개성공업지구법'과 '금강산관광지구법'을 제정하면서 새로운 특구에 대한 법적 장치를 마련하였습니다. 그러나 홍콩을 모델로 하여 행정구에 입법, 행정, 사법권을 부여하는 등 파격적인 수준의 자율성을 보장하며 추진되었던 신의주 특별행정구는 북한 정부가 초대 행정장관으로 임명하였던 네덜란드 국적 화교 기업가인 양빈이 중국 당국에 의해 체포되면서 시작조차 제대로 하지 못하였습니다. 현대그룹에 의해 1998년부터 시작되었던 금강산관광은 2002년 11월 금강산 관광특구의 지정과 함께 본격화되었습니다. 2005년 6월에는 누적 관광객 수가 100만 명을 넘어섰고 2008년 8월에는 200만 명을 넘어설 것으로 기대되었으나, 2008년 7월 11일 북한 군인에 의해 남측 관광객이 총에 맞아 숨지는 사건이 벌어지면서 사업이 중단되었습니다.6 북한은 2011년 4월 조선아시아태평양평화위원회 대변인 담화를 통해 금강산관광에 대해 현대에게 부여한 독점권 조항의 효력을 취소하는 한편, 최고인민회의 상임위원회 정령 제1618호의 공포와 함께 '금강산 국제관광특구'의 설치를 발표하였습니다.7 2014년 6월에는 강원도 원산, 금강산 국제관광특구 등을 포함하는 '원산―금강산 국제관광지대'를 설치하였습니다. 2000년 현대아산과 북한 간에 '공업지구개발에 관한 합의서' 채택으로 시작되었던 개성공단 사업은 2003년 6월 1단계 100만 평 단지개발을 착공하였습니다. 2004년 15개의 기업이 시범단지에 입주하여 같은 해 12월 첫 제품이 생산된 이후, 개성공단은 120여 개의 남측 기업체에서 5만 명이 넘는 북한 노동자가 일하는 공단으로 발전하였습니다.8 그러나 한반도 정세의 부침에 따라 개성공단 역시 중단과 재가동을 반복하다, 2016년 초 북한의 핵실험과 미사일 시험 발사 이후 남측 정부의 발표에 따라 전면 중단되었습니다.9

　북한의 경제특구 정책은 2000년대 후반 북중관계의 변화에 따라 새로운 진전을 보였습니다. 2009년 10월 당시 중국 총리였던 원자바오의 방북을 계기로 북중 간의 새로운 단계의 경제협력관계를 구축하였으며, 대표적인 사업으로 2010년 12월 기존의 라선경제특구와 신의주 인근의 황금평, 위화도에 북중 공동으로 경제특구를 건설하기로 합의하였고, 2011년 6월 라선 경제특구와 황금평 경제특구 개발 착공식을 하였습니다.10 금강산 관광특구가 중단되고 개성공단 역시 북한이 기대한 속도로 성장하지 못하면서, 북한 경제특구 정책의 초점은 북한의 남측 접경지역에서 중국과의 변경지역으로 이동했다고 볼 수 있습니다. 2000년대 초반 중국은 북한과의 경제관계를 북중경협의 새로운 16자 원칙, "정부인도, 기업위주, 시장운영, 호혜공영(政府引導. 企業为主, 市场运作, 互利共赢)"을 중심으로 추진하였으나, 중앙정부 주도의 계획경제시스템이 여전히 지배적인 북한 경제체제에서는 기업, 지방정부 등을 위주로 한 경제발전 구상이 실질적인 효과를 가져오지 못하였습니다. 2010년 8월 중국의 시진핑 총리와 북한의 김정일 국방위원장 간의 정상회담에서 기존의 16자 원칙 중 '정부인도(政府引導)'를 '정부주도(政府主導)'로 바꾸면서 북중경제협력에 있어 중앙정부의 역할을 강조하였고, 그 대표적인 사업으로 경제특구의 공동개발 및 공동관리가 추진되었습니다.11 즉 중국은 북한과의 경제협력에서 시장경제논리를 적용시키려는 노력에서 정부 주도의 특구 개발 지원 등의 방향으로 선회한 것으로 볼 수 있습니다. 중앙정부 차원의 합의를 기반으로 북한의 평안북도 인민위원회와 중국의 랴오닝성 정부는 황금평, 위화도 경제지대 공동개발을, 북한의 라선시 인민위원회와 중국의 지리성 정부는 라선경제무역지대 공동개발을 추진하고 있습니다. 더디지만 이미 1990년 대 초반부터 개발이 진행되었던 라선경제무역지대는 2009년 12월 김정일 위원장의 현지지도에 뒤이어 2010년 1월 특별시로의 승격과 함께 '라선경 제무역지대법'의 개정 등을 통해 적극적인 개발 움직임을 보이고 있으며, 최근에는 러시아와의 철도, 전력 등의 분야에서 협력이 진행 중입니다. 반 면에 황금평, 위화도 경제특구의 경우 황금평을 우선 개발하는 방향으로 추진되었으나, 아직까지 실질적인 진전을 거두지 못하고 있습니다.

　가장 최근의 경제특구정책은 2011년 12월 김정일 국방위원장 사망 후 집권한 김정은 국방위원회 제1위원장 체제에서 새롭게 추진된 경제개 발구 정책으로, 이전의 경제특구와 여러 측면에서 구별되는 특징을 보이 고 있습니다. 2013년 3월 조선노동당 중앙위원회 전원회의에서 '경제건설 과 핵무력 건설을 병진시킬 데 대한 노선'을 채택하였고, 경제건설을 촉진 하기 위하여 김정은 제1위원장은 "각 도들에 자체의 실정에 맞는 경제개 발구를 내오고 특색 있게 발전시켜야 한다"고 선언하였습니다.[12] 이에 따 라 북한 정부는 각 도에 1~2개의 경제개발구를 설립하고 경제발전의 다 양화 원칙을 반영하여 단계별로 개발할 것을 천명하였습니다.[13] 뒤이어 2013년 5월 '경제개발구법'을 제정하였는데, 이전까지의 경제특구의 경우 각각의 특구에 대하여 별도의 법률을 제정한 데 반하여, '경제개발구법'의 경우 북한 전역의 경제개발구를 포괄하는 차원의 법률이라는 점에서 중요 한 의의가 있습니다. 같은 해 10월에는 경제개발구를 총괄 지도하는 새로 운 경제지도기관으로 국가경제개발총국을 국가경제개발위원회로 승격하 였으며, 경제특구 개발을 지원할 목적으로 민간급 단체인 조선경제개발협 회를 발족하였습니다. 뒤이어 11월 평안북도 압록강경제개발구 등 북한 국토 전역에 걸쳐 13개의 경제개발구와 함께 신의주시의 일부 지역에 특 수경제지대 설치를 발표하였습니다. 이때 발표된 경제개발구는 모두 지방 급 경제개발구이며, 송림수출가공구와 신평관광개발구를 제외한 나머지 11곳의 개발구는 모두 중국과의 접경지역 또는 해안지역에 위치하고 있습

니다. 조선경제개발협회 윤용석 국장은 "지방에는 잠재력이 있다. 북부국
경지대는 중국, 로씨야와 접해 있고 동해와 서해를 끼고 있는 지방들은 세
계 여러 나라와 련계될 수 있는 출입구를 가지고 있는 셈이다. 우리는 지
방의 우점, 특성을 적극 내세우는 방향에서 개발계획을 세워 대담하게 밀
고 나가려고 한다"라고 주장하였습니다.14 즉 외부세계로부터의 투자와
교류를 통하여 경제개발구를 개발하려는 계획임을 밝히고 있습니다.

　　북한 정부는 2014년 6월 대외경제 관련 기구에 대한 전면적인 조직개
편을 단행하였습니다. 기존의 대외무역, 외국자본 유치, 경제특구사업 등
대외경제관계 관련 업무들이 각각 다른 기관에서 진행되어 업무 중복 등
의 문제가 발생하였는데, 무역성, 합영투자위원회, 국가경제개발위원회가
대외경제성 산하로 통합됨으로써 대외경제사업과 관련하여 업무의 효율성
과 통일성을 높이고자 하였습니다.15 뒤이어 7월 최고인민회의 상임위 정
령에 근거하여 6곳의 경제개발구를 추가로 지정하였습니다. 이 가운데 청
수관광개발구는 평안북도 북중 접경지역에, 강령국제녹색시범구는 황해남
도 해안가에 입지를 두고 있으며, 나머지 4곳의 개발구는 모두 평양시와
평안남도에 위치하고 있습니다. 그리고 진도수출가공구, 은정첨단기술개
발구, 강령국제녹색시범구는 중앙급 경제개발구로, 나머지는 지방급 개발
구로 지정되었습니다. 2015년 이후에는 북중 접경지대에 무봉국제관광특
구와 경원경제개발구가 새롭게 설치되었고, 같은 해 4월에는 1차 13개 지
방급 경제개발구에 대한 개발총계획이 발표되었습니다. 이상의 흐름을 정
리하면 2013년 3월 경제개발구 정책 발표 이후 관련 법률 제정, 조직 재
편 및 정비, 개발계획 발표의 순서로 진행되었다고 볼 수 있습니다.

　　과거에는 북한 정부가 경제특구에 대하여 경제발전에 있어 보조적인
역할만을 인정하였다면,16 김정은 체제에서 추진 중인 경제개발구 정책을
통한 대외경제관계의 확대에서는 기존의 접근과는 차별화된 양상을 보이
고 있습니다. 지난 해 9월 개최된 제8차 동북아포럼에서 북한 측 학자들
은 특구와 개발구 건설에 대하여 "글로벌시대 북한의 경제강성 국가 건설

| 그림 1 | 북한의 경제특구 및 경제개발구: 운영주체 및 유형별 분류 |

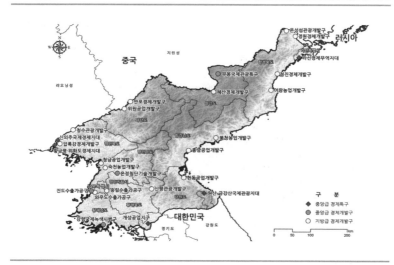

을 위한 필연적인 선택이고, 또한 북한 1~2대 지도자들의 유훈이다"라고
강조하였고,[17] 조선경제개발협회 윤용석 국장은 "조선의 경제강국건설의
승리와 대외경제관계확대는 력사의 필연이다"라고까지 주장하였습니다.[18]
즉 경제발전을 위하여 대외경제관계의 필요성을 분명하게 인식하고 있으
며, 여기서 경제특구와 개발구 정책이 핵심적인 역할을 한다는 것입니다.
북한 전문가 Scott Snyder 역시 13개의 지방급 개발구에 대하여 그 입지
와 구체적인 개발초점을 고려할 때, 북한이 경제의 생산성을 높이고자 경
제특구 정책을 보다 효과적으로 이용하려는 의지가 보인다고 평가하였습
니다.[19] 그렇다면 북한에서는 기존의 경제특구와 비교하여 경제개발구를
어떻게 규정하고 있을까요?

　　북한 학술지 「경제연구」에 따르면 경제개발구란 "국내법규와 다른 법
률구조를 가지고 있으면서 하부구조시설들과 봉사활동에서 우대적이며 특
혜적인 우대가 적용되고 있는 특수경제지대의 한 형태"라고 설명하고 있

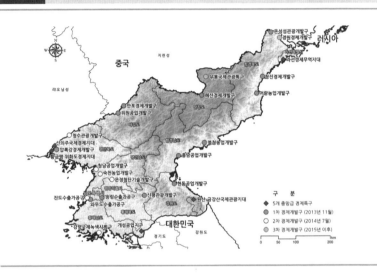

그림 2　북한의 경제특구 및 경제개발구: 설립시기별 분류

으며, 경제개발구는 외국자본의 직접투자를 통해 개발되어야 하고, 이를 통해 대외경제관계의 확대와 지방경제의 발전을 목표로 한다고 밝혔습니다.[20] 강정남은 경제개발구를 특수경제지대와 동일시하면서 그 작동원리를 다음과 같이 설명하였습니다: "경제개발구라고 할 때 그것은 특수경제지대를 가리키는 말이다. 특수경제지대는 경제무역활동질서가 국내의 다른 지역과 달리 설정된 지역이다 … 특수경제지대는 해당 나라의 주권이 미치는 곳이면서도 법률적 및 제도적 측면에서 일정하게 독자성을 가지고 있고 생산과 소비, 류통의 모든 재생산고리들이 시장경제법칙에 기초하여 이루어지며 … 외국투자기업을 위주로 하여 경제가 운영된다는 측면에서 공통적이다."[21] 여기서 주목할 지점은 국가의 주권이 작동하는 공간이지만 법적·제도적 측면에서 예외성이 작동하는 공간인 동시에, 외국자본을 중심으로 시장논리가 지배하는 공간이라는 것입니다. 그렇다면 이러한 성격의 경제특구의 확대가 가지는 의의는 무엇일까요? 많은 전문가들이 주

장하듯이 이를 향후 북한경제의 개혁·개방의 중요한 전진기지라고 볼 수 있을까요? 이상의 질문들에 답하기 위해 이 글에서는 북한 경제특구 정책을 '안보 우선, 경제 차선'의 영역화 논리, 분권화/분산화, 중국 개혁개방 모델과의 비교를 통해 보다 구체적으로 살펴보겠습니다.

Ⅱ. 북한 경제특구의 영역화 논리: "안보 우선, 경제 차선"[22]

일반적으로 북한의 경제특구 개발을 설명하는 지배적인 논리는 경제난에 따른 불가피한 선택의 결과라는 것입니다.[23] 즉 북한의 주체사상은 기본적으로 폐쇄적인 경제체제를 지향하기 때문에 경제특구를 통한 제한적 개방전략은 사회주의 블록이 붕괴되고 경제위기가 가중된 현실에서 체제수호를 위한 어쩔 수 없는 선택이었다는 것입니다. Paul French는 2000년대 초반 북한의 경제개선관리 조치 등에 대하여 북한이 체제붕괴에 임박한 시점에서야 경제를 되살리기 위한 조치를 취한 것으로 평가하였습니다.[24] 그러나 이러한 논리는 이미 1970년대부터 시작된 북한의 제한적이지만 다양한 형태의 대외개방 시도와 북한고유의 영역화 논리를 간과하고 있다는 점에서 문제가 있습니다.

이 글에서는 프랑스 지리학자 Jean Gottmann의 영토에 대한 개념을 기반으로 특구 개발을 통해 드러난 북한 특유의 영역화 논리를 "안보 우선, 경제 차선"이라고 주장합니다. Gottmann은 영토의 두 가지 주요한 기능을 안보를 목적으로 하는 대피처(shelter)의 기능과 경제적 기회를 위한 도약대(springboard)로 보았습니다.[25] 그러나 이 두 기능 가운데 안보가 영토의 가장 중요한 목적이기 때문에, 영토의 대피처로서의 기능이 충분히 작동할 때, 즉 안보가 충분히 확보되었다고 판단될 때, 경제적 기회를 획득하기 위한 도약대로서의 영토의 기능에 주목하게 된다고 주장하였습니다.[26] 그동안 Gottmann의 영토에 관련한 이론은 지리학계에서 많은 주목을 받지 못했지만, 그럼에도 불구하고 그의 영토에 대한 이론화는 북한의 영역화 전략을 이해하는 데 중요한 통찰력을 제공합니다.

> 북한은 극단적인 국제적인 위치에 자리하고 있다. 냉전의 최전선에서
> 그리고 주변 4대 강국(중국, 러시아, 일본, 미국)의 이해의 교차지점에 자리
> 하여, 북한은 대부분의 국가들보다 훨씬 긴장된 상황에서 존립하였다. 오늘
> 날에도 북한은 여전히 동일한 구조적인 지위에 처해 있다. 그러므로 국제사
> 회에서 북한의 행위가 지정학적 갈등의 최전선과는 거리가 먼 "정상적인"
> 국가들과 다르다는 사실은 그리 놀랍지 않다.27

이렇게 David Kang이 지적하였듯이, 북한이 처한 지정학적 현실은
북한이 가지는 안보불안의 근본적인 조건으로 작동하고 있습니다. 이는
체제수호와 안보에 대한 강박으로 나타나 영토에 대한 북한 고유의 시각
과 전략의 기저에 자리 잡았습니다. 김일성과 김정일 모두 전 국토를 불가
침의 요새로 만들 것을 지속적으로 강조하였고, 이는 4대 군사노선의 하
나인 '전국토의 요새화' 전략으로 이어졌습니다. 그러나 1990년대 초 냉전
체제의 해체와 사회주의권의 붕괴 등 외부환경의 변화와 함께 김일성 사
망, 계획경제체제의 비효율성 심화 등의 내부문제가 겹치면서 북한체제
전반에 큰 위기를 맞이하게 되었습니다.

1994년 7월 김일성 사망 후 외부에서는 북한 붕괴론이 팽배하였습니
다. 북한이 빠르면 3일 안에, 아니면 3달, 늦어도 3년 안에는 붕괴할 것이
라는 소위 3-3-3 붕괴설의 확산이 대표적인 예라고 할 수 있습니다.28
뒤를 이은 김정일은 국방위원장으로 취임하면서 국가(체제)의 안보를 최우
선으로 하여 국방력의 증진에 초점을 둔 선군정치를 표방하였습니다. 선
군정치하의 경제건설 원칙에 대해 북한의 한 연구자는 "조국보위를 위한
물질적 수요를 선차적으로 충족시켜야 하는 것은 제국주의 침략으로부터
사회주의제도를 고수한 조건에서만 인민생활문제도 풀어 나갈 수 있기 때
문 ⋯ 사회주의기본경제법칙은 사회주의 조국의 안전과 자주권을 보장하

기 위한 물질적 수요를 선차적으로 보장하는 기초 우에서 인민들의 물질문화생활을 끊임없이 높일 것을 요구한다"라고 주장하였습니다.29 이와 같이 체제위기가 본격화된 1990년대 이후 '안보 우선, 경제 차선'의 논리가 이전보다 더욱 강조되었고 이는 북한의 영역화 전략에도 그대로 반영되었습니다. 1990년대 초반 북한에서 국토를 요새 또는 대피처로 인식하는 시각에서 벗어나 처음으로 라진, 선봉 지역에 경제특구를 도입하였으나, 뒤이은 체제의 위기는 다시금 기존의 지정학적 비전과 실천의 강화로 이어졌습니다. 이때부터 북한의 영역화 전략은 안보와 경제발전의 논리 사이에 역동성을 보여 주었습니다.

　북한이 선군정치 체제하 안보 중심의 영역화 전략에서 변화를 보인 것은 체제위기를 어느 정도 극복하고 미국을 비롯하여 중국, 러시아, 한국 등 주변 국가들과의 대외관계를 회복한 2000년대 들어서였습니다. 핵과 미사일을 둘러싼 미국과의 갈등은 1999년 10월 페리보고서 발표 이후 빠르게 해소되었고, 2000년 10월 당시 미국의 국무장관 매들린 올브라이트의 평양 방문과 함께 북미 공동 코뮈니케의 체결도 이루어졌습니다. 2000년 5월 김정일 위원장은 1983년 이후 처음으로 중국을 방문하여 새로운 협력관계를 구축하였고, 같은 해 6월에는 분단 이후 최초로 남북정상회담이 개최되었습니다. 또한 김정일 위원장은 2001년과 2002년 두 차례에 걸쳐 러시아를 방문하였습니다. 이후 2002년 북한에서는 최초의 경제개혁조치라고 할 수 있는 '7·1 경제개선관리조치'를 발표하였고, 이와 함께 금강산 관광지구, 개성공단 및 신의주 특별행정구 등 새로운 경제특구를 선포하였습니다. 이러한 새로운 흐름은 '사회주의 강성대국 건설'이라는 새로운 국가담론에 따른 조치들이었습니다. 즉 도약대로서의 영역화 전략이라 할 수 있는 대외관계의 적극적인 개선 및 경제개혁, 개방조치 도입 등은 체제위기를 어느 정도 극복한 이후의 변화라고 할 수 있습니다. 미국의 회보고서는 북한에게 있어 중요한 과제는 총과 버터 즉 핵무기와 식량 수입 사이의 양자택일의 문제이기 때문에, 식량난 또는 경제문제를 레버리

지로 이용하여 북의 핵무기를 포기시켜야 한다고 주장하였습니다.30 그러
나 이와 같은 주장이나 단순히 경제난으로 경제특구를 도입하였다는 논리
는 '안보 우선, 경제 차선'이라는 북한 고유의 영역화 논리를 간과하였다고
볼 수 있습니다. Scott Snyder는 2000년대 초반 북한의 대외경제관계의 개
선이 고난의 행군 이후 북한 경제의 안정화 및 김정일의 국방위원장 취임
과 함께 이루어진 정치안정화를 부분적으로 반영한 결과라고 보았습니
다.31 따라서 북한에게 있어서 안보와 경제발전은 결코 교환가능한 문제가
될 수 없으며, 이러한 원칙은 영역화 전략에 그대로 나타났습니다.

　　2000년대 초반의 이러한 흐름은 클린턴의 뒤를 이은 부시 행정부의
북한의 악마화 전략과 함께 단절되었습니다. 9·11 테러 이후 2002년 초
부시 대통령은 이라크, 이란과 함께 북한을 '악의 축(Axis of Evil)'으로 규
정하였고, 부시독트린을 구체화한 미국 국가안보 전략 보고서에서는 이러
한 불량국가들을 상대로 한 선제공격방침을 명시하였습니다. 한반도에서
의 북미갈등은 다시 첨예화되었고, 이는 북한으로 하여금 대피처로서의
영역화 전략을 다시 강화하는 결과로 이어졌습니다. 이는 2006년과 2009
년 두 차례에 걸친 핵실험으로 나타났습니다. 북한의 핵실험에 대하여 경
제지원을 얻어 내기 위한 협박으로 보거나 또는 체제의 결속을 다지기 위
한 수단으로 보는 견해도 존재하지만, 이와 함께 2000년대 이후 북미관계
악화에 따른 안보환경의 변화의 영향을 간과할 수는 없습니다. 특히 핵무
기를 포기한 리비아 카다피 정권의 몰락은 북한으로 하여금 안보에 대한
보장수단으로, 핵무기에 대한 집착으로 이어졌습니다. 북한의 외무성 대변
인은 리비아사태에 대해 다음과 같이 주장하였습니다.

　　'리비아 핵포기 방식'이란 바로 '안전담보'와 '관계개선'이라는 사탕발림
으로 상대를 얼려넘겨 무장해제를 성사시킨 다음 군사적으로 덮치는 침략
방식이라는 것이 드러났다. 지구상에 강권과 전횡이 존재하는 한 자기 힘이
있어야 평화를 수호할 수 있다는 진리가 다시금 확증됐다. 우리가 선택한

선군의 길은 천만 번 정당하고 그 길에서 마련된 자위적 국방력은 조선반도
에서 전쟁을 막고 평화와 안정을 수호하는 더없이 소중한 억제력으로 되고
있다.32

　　두 차례 핵실험 이후 북한의 영역화 전략은 다시 새로운 전환을 하였
습니다. 지린성 사회과학원의 장위산은 핵실험의 성공은 북한의 지도자들
에게 경제건설로 다시 초점을 옮길 정도로 충분한 안보수단을 제공했다고
주장하였습니다.33 이와 유사한 맥락에서 Delury와 Moon 또한 김정일이
북한을 위해 남긴 몇 안 되는 유산으로 핵억제력을 들 수 있으며, 그 결과
김정은은 경제발전에만 집중할 수 있게 되었다고 주장하면서, 북한 정책
의 변화를 '안보 우선에서 안보＋번영으로의 전환'이라고 보았습니다.34
Abrahamian이 지적하였듯이, 2006년 1차 핵실험 이후 김정일의 현지지도
의 대상은 경제부문과 비교하여 군사부문에서 눈에 띄게 줄어들었으며,
김정은이 공식적으로 후계자로 등장한 2010년의 경우 경제부문 현지조사
는 58곳으로 군사부문 33곳을 압도하였고 이러한 추세는 2011년에도 이
어졌습니다.35 경제에 대한 중시는 대외경제관계의 변화에도 반영되었습
니다. 즉 두 차례의 핵실험을 통해 북한은 핵무기라는 확실한 안보수단을
확보하였다고 보았고, 다시금 대외경제와의 접촉면 확대를 통한 경제발전
을 위한 영역화 전략을 추진하였습니다.
　　2009년 5월 2차 핵실험 이후 같은 해 10월 중국의 원자바오 총리는
평양을 방문하여 "해방 후 가장 큰 규모의 대북 경협"에 합의하였습니
다.36 또한 양국은 북중 접경지역에 황금평과 라선경제특구의 공동개발,
관리에 합의하였습니다. 김정은 체제 출범 이후에도 이러한 흐름이 이어
져, '핵－경제' 병진노선하에 인민생활 향상과 경제개발에 대한 강조와 함
께 각 지방에 경제개발구 지정 및 개발로 나타났습니다. 특히 주목할 부분
은 3차 핵실험 이후 개발구 정책이 새롭게 채택되었을 뿐만 아니라, 정책
의 변화가 법률, 조직, 거버넌스(지방급 경제개발구의 등장)의 다층적 변화

와 함께 이루어지고 있다는 것입니다. 임호열과 김준영에 따르면, 2012년
8월과 2014년 11월 사이에 경제특구 및 개발구 관련 법규가 10개에서 24
개로 대폭 늘어났습니다.[37] Abrahamian은 이와 같은 북한의 최근 경제 관
련 조치들은 냉전 이후 가장 뚜렷하게 등장한 경제 중시 정책이라고 주장
하였습니다.[38] 조선신보와의 인터뷰에서 북한 내각 사무국장 김정하는 "막
강한 국방력을 배경으로 내각이 마음먹은 대로 경제사업을 벌려나갈 수
있는 조건이 마련되고 있다"고 주장하였고,[39] "당당한 핵보유국이 된 오늘
우리에게는 강위력한 핵억제력에 기초하여 경제건설과 인민생활향상을 위
한 투쟁에 자금과 로력을 총집중할 수 있는 유리한 조건이 마련되여있다"
라는 주장 역시 제기되었습니다.[40] 즉 안보 보장이야말로 경제발전을 위한
적극적인 영역화 전략의 기반이 된다고 보는 것입니다. 홍미로운 것은 조
선신보 전문가 토론에서 김정은 시대의 병진노선과 1960년대의 병진노선
을 다음과 같이 구분하여 설명하고 있다는 것입니다: "과거의 병진로선은
말그대로 경제를 희생하면서 국방력강화에 힘을 집중하는 로선이었다. 그
런데 2013년에 제시된 새로운 병진로선은 확실히 경제발전과 인민생활향
상에 무게를 두고 있다. 핵억제력에 의해 평화가 보장되게 되면 그만큼 경
제건설에 큰 힘을 돌릴수 있게 된다는 론리다 ⋯ 핵무력을 보유하고 새로
운 병진로선이 제시되게 됨으로써 비로소 경제적 합리성을 부단히 추구할
수 있게 된 것이다."[41] 이는 과거의 병진노선은 국방력 강화를 위한 것이
었기 때문에 실질적인 병진노선으로 볼 수 없고, 핵무기개발을 통한 안보
를 확보한 상황에서의 병진노선이 진정한 의미의 병진노선이라는 것입니
다. 이러한 언급은 과거 전략에 대한 비판적 평가를 담고 있다는 점에서
파격적이라고 볼 수 있는데, 이를 통해 북한에서 핵무기 개발에 대하여 어
떻게 인식하는지 잘 드러난다고 할 수 있습니다. 정욱식은 북한의 핵무기
개발을 '안보의 경제성'의 측면에서 설명하였습니다.[42] 그에 따르면 핵무
기 개발을 통해 안보에 대한 우려를 해소하고 예산운영의 중심을 국방부
문에서 경제부문으로 돌릴 수 있게 되었다는 것입니다.

　　그러나 김정은 체제하에서 추진 중인 개발구 정책에 대한 학계의 평가를 살펴보면, 이상에서 살펴본 경제특구 전략의 영역화 논리를 간과하고 있는 것으로 보입니다. "'경제성장 없이는 체제 안정을 담보할 수 없다'는 인식하에 확고한 개혁개방 의지를 바탕으로 장기개발 비전을 가지고 경제개발구를 건설해 나가야 할 것"과 같은 주장이나,43 대북전문가인 조봉현의 칼럼에서 "북한이 핵보다 경제 맛에 빠지도록 경제개발구로 남북경제의 맥을 잇자" 등의 주장은44 북한이 경제특구 전략을 추진한 이래 지속적으로 작동하고 있는 '안보 우선, 경제 차선'이라는 북한 경제특구의 영역화 논리를 충분히 고려하지 못하고 있는 것으로 보입니다. 물론 김정은 정권하에서 이러한 원칙에 대한 변화의 가능성을 배제할 수는 없지만, 북한체제의 특성을 감안할 때 이런 극적인 변화를 기대하기에는 시기상조라고 할 수 있습니다.

Ⅲ. 북한 경제개발구 정책의 차별성: 분산화/분권화

　　김정은 체제에서 새롭게 추진되고 있는 경제개발구 정책이 기존 경제특구와 비교할 때 가장 중요한 차이점은 그 설립목적과 그에 따른 운영방식이라고 할 수 있겠습니다. 김정은 집권 초기인 2012년 6월 28일에 발표된 새로운 경제관리체계인 '우리식 경제관리방법(6·28 방침)'의 핵심은 협동농장과 기업소에서의 자율성의 확대에 있다고 볼 수 있습니다. 구체적으로 농업생산성의 향상을 위하여 협동농장에 규모가 축소된 분조를 중심으로 한 '분조관리제'와 함께 영농방식 및 초과생산분에 대해 자율성을 부여한 '포전담당제'를 도입하였으며, 공장 및 기업소의 경우 계획수립, 생산, 판매, 수익 처분에 이르는 전 과정에 대해 해당 공장과 기업소의 권한을 확대하는 방향으로 추진하고 있습니다. 이러한 변화에 대해 한마디로 "경영권한을 현장에 부여한 것"으로 보고 있습니다.45 2014년 5월에는 "현실발전의 요구에 맞게 우리식 경제관리방법을 확립할 데 대하여"라는 제목의 김정은 제1위원장의 담화('5·30 담화')가 발표되었는데, 여기서 '우리식 경제관리방법'을 '사회주의기업책임관리제'라고 규정하면서 다음과 같이 설명하고 있습니다: "사회주의기업책임관리제는 공장, 기업소, 협동단체들이 생산수단에 대한 사회주의적 소유에 기초하여 실제적인 경영권을 가지고 기업활동을 창발적으로 하여 당과 국가 앞에 지닌 임무를 수행하며 근로자들이 생산과 관리에서 주인으로서의 책임과 역할을 다하게 하는 기업관리방법."[46] 베이징대 진징이 교수는 '5·30 담화'에 대해 "북한 전역 모든 공장과 기업, 회사, 상점 등에 자율경영권을 부여했다. 생산권, 분배권에 이어 무역권까지 원래 국가 몫이던 권력이 하방돼 공장, 기업의 독자적인 자주경영권으로 자리잡고 있었다. 어찌 보면 가장 획기적인 조처라 하겠다"라고 주장하였습니다.[47] 2012년 '6·28 방침'과 2014년 '5·30 담화'에서 나타난 '우리식 경제관리방법'의 핵심은 경제관리에서 국가의 권한과 역할을 하부단위로 이양함으로써 자율성을 높이는 데 있다고 볼 수 있습니다. 경제개발구 정책 역시 이러한 대내경제관리체제의 개편 또는 개혁의 방향성을 대외경제정책 부문에서 실현한 것으로, 경제특구정책에서 분산화 또는 분권화라고 할 수 있을 것입니다.

경제개발구 정책의 도입에 있어 분권화와 관련하여 몇 가지 중요한 지점들이 있습니다. 우선 경제개발구를 중앙급과 지방급으로 구분한 것입니다. 김천일 조선경제개발협회 서기장은 이러한 구분이 가지는 의의에 대해 "경제관리에 대한 중앙집권적 원칙과 매 지방의 독자성을 보장할 데 대한 사회주의 경제관리원칙의 요구에 맞게 각 도들에서 자기 지방의 개발구들을 직접 관리하고 발전시킬 수 있게 한 것"이라고 설명하였습니다.[48] 즉 기존의 경제특구의 운영과 관리는 중앙특수경제지대지도기관 등 중앙정부의 소관이었으나, 지방급 경제개발구의 도입은 경제특구 운영에서 분산화의 새로운 흐름을 보여준다고 할 수 있습니다. 예를 들어 과거에는 북한과 중국의 지방정부 차원에서 경제협력사업을 합의해도 이후에 북한 중앙정부에 의해 결정이 번복되면서 협력사업이 원활하게 진행되지 못

하는 사례가 빈번하였습니다.49 그러나 지방정부가 직접 관리하고 운영할
수 있는 개발구 설치가 허용되면서 대외경제관계를 확대하는 데 있어 지
방정부의 정책적 자율성이 높아졌다고 볼 수 있습니다. 진징이 교수 또한
경제무역관리 차원에서 상당한 권한이 지방으로 이양되었다고 보고 있습
니다.50 김일성종합대학학보에서 리일철은 "해당 도(직할시)인민위원회는
지역국토건설총계획에 기초하여 경제개발구의 개발계획과 세부계획을 작
성하고 개발기업을 선정할 수 있는 권한을 가진다"라고 밝혔습니다.51 이
와 더불어 각 도 및 직할시 인민위원회 산하에 경제개발구를 관할하는 경
제지대개발국을 새롭게 설치하였습니다. 한편 유현정은 북한의 개발구는
중앙기관의 개입 또는 관여여지가 있기 때문에 중국의 개발구와 비교하여
실질적인 분산화가 이루어지지 못하였다고 비판하였습니다.52 그러나 비
교의 대상을 중국의 개발구가 아니라 기존의 북한의 경제특구로 한다면,
분권화의 측면에서 상당한 진전이 이루어졌음을 확인할 수 있습니다. 이
는 특히 다음 단락의 경제개발구 개발과 관련하여 보다 분명하게 드러납
니다.

　　다음으로 경제개발구 정책의 중요한 의의는 경제개발구의 개발과 관
련하여 다양한 경제주체들의 개입을 허용하고 있다는 것입니다. 물론 경
제개발구법(이하 개발구법)에 따르면 개발구 창설 승인, 개발기업에 대한
승인, 개발계획의 승인 등 최종 승인권한은 중앙정부기관에게 있습니다.
그러나 2011년 개정된 라선경제무역지대법(이하 라선법)과 비교할 때 개발
과 관련하여 몇 가지 주목할 지점이 있습니다. 우선 개발구법은 개발당사
자에 대한 구체적인 항목을 담고 있는 데 반하여, 라선법에서는 이에 대한
별도의 조항이 없습니다. 개발구법 제20조(개발당사자)에 따르면 "다른 나
라 투자가는 승인을 받아 경제개발구를 단독 또는 공동으로 개발할 수 있
다. 우리나라의 기관, 기업소도 승인을 받아 경제개발구를 개발할 수 있
다"라고 규정되어 있습니다. 즉 경제개발구 개발의 주체가 지방기관, 기업
소뿐만 아니라 해외기업에게까지 확대된 것입니다. 또한 개발구의 개발방

식을 정하는 데 개발기업과의 협의가 가능하다고 명시하고 있습니다.
2014년 3월 채택된 "조선민주주의인민공화국 경제개발구 개발규정" 제4
조(개발방식)에 따르면 "경제개발구의 개발방식은 해당 경제개발구의 특성
에 맞게 중앙특수경제지대지도기관과 도(직할시)인민위원회가 합의하여
정한다. 경우에 따라 개발기업과도 협의하여 개발방식을 정할 수 있다"라
고 규정하고 있습니다. 그리고 라선법의 경우 제12조에서 "경제지대의 개
발은 승인된 개발계획에 따라 한다"라고 규정하고 있는 데 반하여, 개발구
법 제22조에서 "경제개발구의 개발총계획과 세부계획은 지역국토건설총
계획에 기초하여 해당 기관 또는 개발기업이 작성한다"라고 명시하고 있
습니다. 즉 경제개발구의 계획, 개발방식 선정, 개발에 이르는 전 과정에
다양한 경제주체들의 권한과 역할이 높아졌음을 확인할 수 있습니다.

　　북한 경제연구 제157호에 발표된 논문 「경제특구와 그 발전방향」에
따르면, 중앙정부는 경제특구 개발과 건설에서 직접방식과 간접방식을 취
하는데, 직접 방식은 정부가 경제특구의 개발에 직접 관여하고 지도하는
방식인 반면에, 간접 방식은 "정부외 기관 즉 공공단체, 지방자치단체, 대
학, 기업체들이 경제특구의 개발과 건설을 진행하고 정부는 여러 면에서
간접적인 지도와 지원만을 하는 방식"을 말합니다.[53] 기존 경제특구들은
직접방식을 채택하고 있는 데 반해, 경제개발구의 경우 간접 방식을 취하
고 있다는 점에서 차별성이 드러난다고 볼 수 있습니다. 실제로 이런 흐름
은 경제개발구 채택 이전부터 본격화되었는데, 예를 들어 기존의 라선 경
제특구를 2009년 12월 특별시로 승격한 것을 그 예로 들 수 있을 것입니
다. 2010년 연변대학에서 개최된 두만강포럼에서 북한 조선사회과학원 경
제연구소 김상학 연구원은 특별시 승격을 통해 라선지대 개발과 관리에
대한 자율권을 상당부분 라선시에 부여하였다고 설명하였습니다.[54] 이런
의미에서 개발구의 설치는 라선 경제특구에만 부여된 자율성이 전국적인
차원에서 확대된 것으로 이해할 수 있습니다.

　　셋째, 지방급 경제개발구 도입의 중요한 목적의 하나로 지방경제의

발전을 들 수 있습니다. 기존의 경제특구들이 국가적인 차원에서 해외자본 유치와 대외경제관계 확대를 위한 공간으로써의 성격이 강하였다면, 경제개발구의 경우 주요한 초점이 지방경제의 활성화에 있습니다. 북한 사회과학원 리순철 실장은 "도단위 경제개발구의 창설은 지방경제의 균형적발전과 도주민들의 생활향상에 1차적인 목적을 두고 있다고 한다. 조선에서도 지방예산제가 실시되고 있으며 나라가 국가적 시책으로 실시하는 것 이외에 도, 시, 군이 자기 예산을 가지고 지방의 살림살이를 자체로 꾸려나가도록 되어 있다. 경제개발구의 성과적 운영은 지방산업의 발전과 더불어 주민생활에 환원되는 지방예산의 확충으로 이어지게 된다"라고 주장하였습니다.55 즉 경제개발구 사업을 통해 지방의 다양한 산업이 발전하고 이를 통해 지방 예산의 확충과 지방경제의 발전을 구상하고 있는 것입니다. 이에 대해 싱가포르의 대북교류 비정부기구인 조선 익스체인지의 안드레이 아브라미안과 같이 긍정적으로 해석하는 입장은 각 도에 지방급 경제개발구 설립이 허용되면서 지방 간 경쟁이 확산될 것이며 이를 통해 경제개발효과를 높을 수 있을 것이라 보고 있습니다: "북한 전역에 경제개발구가 건설되면서 서로 경쟁을 통해 발전해야 한다는 생각이 북한 관료들 머릿속에 자리잡았다."56 이 때문에 북한 내부에서도 지방 간의 지나친 경쟁이나 지방주의에 대한 우려가 제기되면서, 개발구 정책에 있어 국가의 통일적 지도를 강조하는 목소리가 나오고 있습니다. 예를 들어 로명성은 "(우선 중요한 것은) 각 도의 경제개발구들이 전국적인 경제발전전략에 복종시키는 것이다. 각 도들에 경제개발구들을 내오는 것만큼 매 지역들이 자기 지역의 경제발전만을 추구하면서 국가적인 경제발전에 지장을 주는 현상이 없어야 한다"라고 주장하였고,57 조선경제개발협회 윤용석 국장 또한 다른 국가의 경제특구에서 발생한 문제를 언급하면서 "우리는 경제개발구의 운영에서 지방경제를 종합적으로, 균형적으로 발전시키는 데 주안을 두고 있다. 다른 나라의 경험을 보면 특수경제지대들을 너무 많이 내와서 국가의 통일적인 지도, 관리가 힘들어져 결과적으로 지역 간 격차

가 심하게 나타나는 폐단도 있다. 유리한 지역에 창설된 개발구는 빨리 발
전하는데 그러지 않은 지역은 성과를 거두지 못한다"58는 점을 강조하고
있습니다. 경제개발구가 아직 본격적인 궤도에 오르지 못했음에도 이런
우려가 나오는 것은 오히려 경제개발구 정책에서 지방의 자율성을 방증한
다고 할 수 있습니다.

　　반면에 지방차원에서 경제개발구를 허용한 것은 중앙정부가 재정 제
약 등의 문제로 지방경제발전의 과제를 직접 해결할 수 없기 때문에 지방
에 이를 전가하는 것으로도 볼 수 있습니다. 최근 『경제연구』에서 로명성
은 경제개발구의 발전을 통해 수출을 촉진하고 지방경제의 발전을 촉진시
킬 수 있을 것이라 기대하는 한편, "국가의 부담 없이 각 도들이 자체의
힘으로 물질기술적 토대를 강화할 수 있게 한다"라고 밝혔습니다. 경제개
발구의 개발을 위해 지방차원에서 적극적으로 해외기업을 유치하여 "대외
채무를 동반하지 않으면서도 국가의 큰 부담 없이 자체로 해당 지역들의
하부구조를 개선할 수 있다"라고 주장하기도 하였습니다.59 즉 인프라 낙
후, 미비 등이 심각한 북한의 지방경제문제를 해결하기 위하여 중앙정부
의 예산지원이 아니라 경제개발구라는 공간을 활용하여 해외자본을 유치
하려는 계획이라고 할 수 있습니다.

　　마지막으로 위에서 논의한 지방경제발전과 관련지어 경제개발구 설치
를 북한에서 심화되고 있는 지방불균형 문제를 해소하고자 하는 측면에서
살펴볼 수 있습니다. 김정은 정권에서 가장 눈에 띄는 정책 중의 하나로
평양에 대한 집중 개발을 들 수 있습니다. 평양국제공항, 평양 미래과학자
거리, 평양민속공원, 문수물놀이장, 미림승마구락부, 청춘거리 체육촌 등
다양한 건설사업이 평양을 중심으로 집중 투자되고 있는 데 반하여, 지방
은 정부의 투자로부터 상대적으로 소외되고 있습니다. 그 결과 평양과 지
방간의 경제불균형 발전의 문제는 점차 심화되고 있는 것으로 알려지고
있습니다.60 지방급 경제개발구의 설치는 이런 문제를 해결하기 위한 정책
수단으로 이해하는 시각도 있습니다. 임을출은 "북한 내부에서도 평양중

심으로만 발전이 이루어지는 것 아닌가 하는 불평의 목소리가 반영되니까 김정은도 지방주민들을 배려하고 관심을 갖고 있다는 차원에서 개발구를 만들게 한 것(이며) 개발구는 지역균형 발전에 도움이 되는 방향으로 운영해보라는 의도가 반영된 것"이라고 주장하였습니다.61 평양은 일종의 체제선전을 위한 '전시 도시'로서의 기능이 중시되어 대규모 자본의 집중 투자를 통한 도시미화사업과 체육위락시설 건설을 추진하는 반면에, 지방경제발전의 문제는 경제개발구를 통해 해결하려는 것입니다. 즉 지방에 대한 자율권의 부여와 함께 개발구를 중심으로 한 제한적인 개방전략을 통해 지방경제의 회생을 꾀하려는 것입니다. 여기서 유의해야 할 것은 모든 경제개발구의 설립 목적을 이런 관점에서 일반화하여 해석할 수는 없을 것입니다. 2014년 7월 발표된 은정첨단기술개발구 등 평양 인근의 개발구들의 경우 북한이 현재 중시하고 있는 산업구조 고도화와 첨단산업 중심의 지식경제 육성의 측면에서 이해할 필요가 있습니다.62

Ⅳ. 북한 경제개발구의 확대: 중국식 개혁개방?

　북한의 경제특구 정책에 대한 논의들은 일반적으로 북한 개혁개방의 가능성, 한계 등의 논의로 이어지는 경향을 보입니다. 특히 개혁개방 여부를 판단하는 데 가장 널리 사용되는 비교모델은 중국의 개혁개방이라 할 수 있습니다. 단지 학문적 차원의 비교만이 아니라 중국의 개혁개방 모델은 북한에게 적합하고 바람직한 견본이자 미래상으로 논의되어 왔습니다. 다시 말해 중국의 개혁개방 모델은 북한이 따라야 할 규범적 모델로 지속적으로 제기되어 왔고, 이는 국내외 전문가들뿐만 아니라 덩샤오핑 이후 중국 지도부에서도 이런 의도를 지속적으로 드러내었습니다.63 특히 2000년대 이후 북중경제협력의 확대를 통해 북한이 중국의 개혁개방 경험을 학습하도록 유도하였습니다. 중국의 학자들은 기존의 경제지원 일변도 접근으로부터 이와 같은 정책적 변화에 대해 "수혈(輸血)에서 조혈(造血)"64

이라고 표현하거나, "물고기를 제공하는 것에서 낚시하는 방법을 가르치는 것"65이라고 평가하였습니다. 2006년과 2009년 북한의 핵실험은 이런 중국의 의지를 좌절시켰지만, 2009년말 이후 북중관계의 급진전과 북한 접경지역에 북중 공동 경제특구 설치는 기대감을 다시 증폭시켰습니다. 특히 북핵 6자회담 수석대표였던 이수혁을 비롯하여 많은 대북전문가들은 북한이 생존을 위해서는 중국의 모델을 택할 수밖에 없다고 주장하였습니다.66

　　김정은 체제 출범 이후 6·28 방침 등을 통한 경제개혁의 확대와 함께 경제개발구의 전국적 확산은 북한의 개혁개방에 대한 외부의 기대감을 더욱 높였습니다. 김정은이 북한의 덩샤오핑이 될 수 있을까라는 질문이 여러 매체를 통해 제기되고 있는 상황은 이를 보여줍니다.67 이를 통해 알 수 있듯이 북한의 경제부문의 변화에 대해 대체로 긍정적으로 평가하는 분위기가 지배적이라고 할 수 있습니다. 백학순은 김정은 정권에서 새롭게 설치된 경제개발구를 근거로 북한의 정치와 경제개혁은 1970년대와 80년대 중국과 베트남을 연상시키며, 이러한 변화는 북한에게는 불가피한 선택의 결과이고 이제는 돌아갈 길도 없다고 단언하였습니다.68 중국 내 대북전문가들 역시 북한의 최근 상황을 1980년대 중반 중국의 경제개혁과 유사하다고 긍정적으로 평가하면서, 특히 경제개발구는 "북한의 개방에 대한 의지"를 드러낸다고 보았습니다.69 Gray와 Lee는 1990년대 초반 라진·선봉 특구는 중국의 경제특구를 따른 최초의 시도로, 이후 북한의 개혁개방은 지속될 가능성이 높으며 중국의 성공 경험을 모방하는 형태가 될 것이라고 주장하였습니다. 이들은 김정은 체제에서의 구체적인 경제개혁 관련 조치들이 1970년대 말, 1980년대 초 중국 개혁경험을 면밀히 반영한 것이라고 보면서, 북한의 경제관리체제와 경제활동은 사회주의 원칙으로부터 이미 많이 벗어났다고 단언하였습니다. 북한의 개혁을 단선적인 과정으로 바라보는 것을 경계하면서도, 북한에서 현재 진행되고 있는 시장화의 확산은 개혁의 비가역성을 보여준다고 보았습니다.70 중국의 대표적인 대북전문가 진창이 연변대 교수는 한겨레신문과의 인터뷰에서 "이미 북한 사회의 변화는 중국 개혁개방 초기 상황을 넘어섰다"고 주장하였습니다.[71] 양형섭 북한 최고인민회의 상임위원회 부위원장 또한 AP통신과의 인터뷰에서 김정은 국방위원장이 "중국을 포함한 다른 나라와의 경제개혁도 지켜보고 있다"라고 밝혔습니다.[72]

　　세계수출가공구 연합 사무총장인 Jean – Paul Gauthier는 경제특구에 대하여 국가, 지역, 세계적 차원에서 아직까지 정치적으로 불가능한 개혁을 위한 시험장으로 기능한다고 주장하였습니다.[73] 다시 말해 경제특구는 일정 공간에서의 개혁 실험을 통하여 향후 전국적 차원의 경제자유화를 이루는 전초기지 정도의 성격을 가진다는 것입니다.[74] 이러한 맥락에서 중국의 경제특구 역시 새롭고 혁신적인 정책과 조치들을 실험하는 실험실이자 외부세계를 향한 창문의 역할을 하였고, 초기 경제특구 실험이 성공하면서 관련 정책들과 특혜들이 1992년까지 중국 전역으로 확산되었습니다.[75] 그렇다면 이러한 논리를 북한에도 그대로 적용할 수 있을까요? 많은 전문가들은 이런 중국의 경험을 빗대어 북한 역시 경제특구를 추진하는 과정에서 시장경제가 확산되고 개혁과 개방으로 나갈 수밖에 없을 것이라고 전망합니다.[76] 장용훈은 "북한의 개방이 과거 4대 특구를 중심으로 한 점에 머물렀다면 경제개발구까지 가세하면서 접경과 연해지역을 중심으로 선과 면으로 확대되는 양상"이라고 주장하였습니다.[77] 즉 중국의 경제개방의 과정을 일반적으로 '점 – 선 – 면'의 과정을 따르는 것으로 이해하는데, 북한 역시 중국과 같은 개방의 경로를 따르는 것으로 이해해야 한다는 것입니다.

　　그러나 유현정은 중국의 경제특구와 개발구를 구분지어 설명하면서, 북한의 개발구의 의의에 대해 차별화된 분석을 제공하였습니다.[78] 즉 중국의 초기 경제특구들이 격리와 폐쇄성의 특성을 가지고 있는 반면에, 이후에 지정된 개발구의 경우 경제특구의 성과를 중국 전역에 확산시키는 교두보의 기능을 담당하였다는 것입니다: "중국의 개발구는 경제특구와 중국 내지를 연결하는 교두보 역할을 담당하는 특수한 경제지역으로서, 중국의 개방정책을 점 – 선 – 면 – 전방위의 4단계 개방정책이라고 한다면 점형 개방이 선·면형 개방으로 확대될 수 있는 거점 역할을 수행하는 지대라고 할 수 있다."[79] 그러나 북한의 개발구는 여전히 격리와 폐쇄성의 원칙을 견지하고 있다는 점에서 유현정은 북측의 접근은 개발구 본연의 기능에 역행하는 것이라고 주장합니다: "중국의 개발구 정책이 지방정부의 창의적 개발사업을 인정하고 경제발전의 성과를 전국에 확산시키는 데 주력하고 있는 반면, 북한의 '경제개발구법'은 개발구에 대한 중앙 정부의 관리와 통제를 강화하고 개발구를 북한의 내지와 격리시키려는 의도가 내재되어 있는 것으로 보인다."[80] 그러나 이러한 견해의 문제는 개발구 본연의 기능을 어떻게 규정하느냐에 따라 다르게 평가할 수 있는 여지가 있다는 것입니다. 즉 중국의 개발구 역시 구획화의 한 형태일 뿐, 이를 개발구의 원형으로 볼 수는 없을 것입니다.

물론 북한의 최근 경제개혁 및 개방조치들이 중국의 초기 개혁개방과정과 유사성이 전혀 없다고 볼 수는 없을 것입니다. 그러나 북한 특구 정책의 변화과정을 살펴본다면, 중국의 개혁개방과 유사하지만 상이한 리듬을 가지고 있다는 것을 발견할 수 있습니다. 즉 경제개혁의 측면에서 본다면, 북한의 경제개혁 관련 조치들이 일부 지역에서 테스트를 거쳐 확산되는 양상을 보인다는 점에서 중국의 초기 개혁과정을 연상시킨다고 볼 수 있습니다. 그리고 분조제의 실험 등 북한의 6·28 방침의 경우 그 구체적 내용에 있어 중국의 초기 농촌개혁과 상당히 유사한 측면을 보이고 있습니다. 그러나 경제개방에 있어서는 '점 – 선 – 면 – 전방위'와 같은 중국 경제특구의 확대 과정보다는 북한 전역의 개발구 설치는 오히려 '점의 확대'로만 나타나고 있는 것으로 보아야 합니다. 이와 관련하여 북한에서 규정하는 개발구는 중국과 동일하지 않다는 것을 주목할 필요가 있습니다. 앞서 논의하였듯이, 북한에서 개발구는 경제특구, 북한 용어로 특수경제지대의 한 유형에 불과합니다. 김일성종합대학학보에서 경제개발구와 관련하여 강정남은 다음과 같이 설명하고 있습니다.

　　경제개발구라고 할 때 그것은 특수경제지대를 가리키는 말이다. 특수
경제지대는 경제무역활동질서가 국내의 다른 지역과 달리 설정된 지역이
다. 다시 말하여 해당 나라가 일정한 지역에 구획을 갈라놓고 거기에만 적
용되는 법과 규정들을 제정공포함으로써 출입 및 경제무역활동 등의 여러
측면에서 특혜와 편의가 보장되는 지역을 특수경제지대라고 한다 … 자유
무역지대에서의 경제무역활동은 물리적인 장벽으로 둘러막힌 상태에서 진
행된다.[81]

　　Yeung 등은 중국 경제특구의 의의에 대하여 해외투자와 대외무역의
자유화를 통한 세계와의 전방연계뿐만 아니라, 중국의 다른 지역들에 대
한 후방연계가 동시에 작동하였다고 소개하였습니다.[82] 이를 통해 중국의
경제특구는 "실험, 확산, 조화"의 단계를 거쳐 중국 전역에 일반화되었다
는 것입니다.[83] 이들은 여기서 경제특구와 개발구를 구분하고 있지 않지
만, 앞에서 논의한 유현정의 구분에 따르면, 경제특구는 세계경제와의 전
방연계 효과에만 초점을 두고 있는 데 반하여, 개발구는 전·후방 연계효
과 모두 강조하면서 이를 통해 경제특구에서의 실험을 국가 전역으로 확
산시키는 역할을 하게 된다는 것입니다. 그러나 북한은 경제특구와 개발
구 모두 전방연계에만 초점을 두었다는 점에서 중국의 개방모델과는 차이
가 있습니다. 즉 Jo and Ducruet은 라선 경제특구의 입지논리에 대하여
'국가핵심지역과의 단절과 함께 외부경제와는 연계의 강화'라고 보았는
데,[84] 이러한 논리는 북한의 경제개발구에도 여전히 작동하고 있는 것입니
다. 유현정은 북한이 경제개발구를 "하나의 섬(island)"로 운영하려고 하
는 것이라 주장하였고,[85] 유사한 맥락에서 임을출 역시 북한의 개발구를
'고립형'이라 규정하면서 경제특구와 개발구 모두 외부와 연결되어 있지
않다고 보았습니다.[86] 그러나 아직까지 성공한 경제특구 모델이 존재하지

않는 현실에서 북한의 경제개발구가 중국의 모델을 따라가지 않는다고 비
판하는 것은 북한의 변화에 대한 규범화된 접근에 다름 아닙니다. 오히려
신종호는 중국과는 달리 "북한은 개혁개방 과정에서 나타날 수 있는 체제
안정에 위협적인 요인들을 효율적으로 통제하기가 어렵다는 점에서 개혁
개방의 폭과 범위를 '점'단계로 제한할 가능성이 높다"라고 주장하였는
데,87 그의 주장처럼 김정은 체제에서 추진 중인 경제개발구 정책은 중국
식 개혁개방 노선을 채택하였다고 보기보다는 지방 경제발전과 체제 안정
을 달성하기 위해 추진된 정책으로 보는 편이 더 타당할 것입니다. 최근
김일성종합대학학보에서 발표된 논문에서 리일철은 다른 국가의 경제특구
개발목적과 북한과의 차이를 다음과 같이 설명하였습니다.

> 대체로 다른 나라들에서 자기 나라의 일정한 지역에 경제개발구라는
> 특수경제지대를 내오고 여기에 다른 나라 투자를 적극적으로 받아들이려고
> 하는 데는 크게 두 가지 목적이 있다. 그 하나는 나라의 전 지역에 외국투
> 자를 적극적으로 받아들이기 위한 경험을 쌓자는 것이고 다른 하나는 나라
> 의 경제를 개혁, 개방하기 위한 길을 열자는 것이다. 우리 나라에서 각 도들
> 에 경제개발구를 내오고 여기에 외국투자를 받아들이는 목적은 이와 전혀
> 다르다. 우리 나라 각 도 경제개발구들에 외국투자를 받아들이려는 주요목
> 적은 자립적 민족경제의 토대가 튼튼히 다져진 오늘의 실정에서 나라의 전
> 반적인 지역들의 특성에 맞게 경제를 하루빨리 발전시키는데 필요한 선진
> 기술을 받아들이자는 것이다.88

이런 맥락에서 북한 정부에서 영문으로 발행하는 "Foreign Trade"저
널에서 북한의 개발구에 대해 "조선형 경제개발구(Korean-style economic
development zones)"라고 소개하고 있다는 점을 주목할 필요가 있습니다.89
따라서 위에서 논의한 Yeung 등의 경제특구 발전단계를 북한에 적용
시킨다면, 북한의 경제특구 정책은 여전히 '실험' 단계에 머물러 있는 것입

니다. 경제특구, 개발구의 수는 증가하였지만, '점 - 선 - 면'과 같은 확산은
아직까지 이루어지지 않았으며, 위의 리일철의 설명에 따르면 중국과 같
은 개혁개방의 가능성도 높지 않을 것으로 보입니다. 오히려 "합영, 합작
대상을 선정함에 있어서 나라의 여기저기에서 이것저것 합영, 합작기업을
벌려놓지 말고 될수록 경제개발구를 비롯한 특수경제지대에 외국투자가
집중되도록 하여야 한다"는 주장이나90 경제개발구법에서 나타난 지역선
정원칙(제11조 3항 "주민지역과 일정하게 떨어진 지역")등을 고려한다면, 향
후 경제특구 공간이 전국적인 차원에서 확대된 보편공간으로 발전하기보
다는 여전히 예외공간으로 작동할 가능성이 높은 것으로 보입니다.

V. 결　　론

이 글에서는 김정은 체제에서 새롭게 채택된 경제개발구 정책을 중심
으로 북한 경제특구 특유의 영역화 논리, 분권화/분산화에 대한 강조, 그
리고 중국식 개혁개방 모델 채택 여부 등을 살펴보았습니다. 북한의 영역
화 전략에는 '안보 우선, 경제 차선' 논리가 여전히 강력하게 작동하고 있
고, 최근에 채택된 경제개발구의 경우 지방정부를 비롯하여 다양한 경제
주체의 자율성이 상당히 높아진 것으로 보입니다. 그러나 이를 근거로 북
한이 중국식 개혁개방을 채택하였다고 성급하게 주장하거나 또는 채택하
지 않았다고 비판하는 것은 적절하지 않다고 주장하였습니다. 특히 후자
와 관련하여 중국의 개혁개방모델을 규범화하여 이를 잣대로 북한의 변화
를 폐쇄에서 개방으로 이르는 단선적인 경로로 가두어 설명하는 경향을
비판하였습니다.

이석기는 북한의 개발구 정책에 대하여 특수한 지역에만 한정된 예외
적 정책이 아니라 보편적 경제정책으로의 전환이라고 평가하면서, 기존의
폐쇄적인 경제특구에서 개방적인 경제개발구로의 변화할 가능성이 높다고
진단하였습니다.91 그러나 현재 나타나고 있는 경제개발구 정책은 오히려

예외성이 여전히 강력하게 작동할 가능성이 높으며, 이는 북한의 지정학적 현실과도 무관하지 않습니다. 이런 맥락에서 Kevin Gray는 북한의 지정학적 조건이 개혁개방 초기 중국보다 훨씬 불리하다는 사실을 고려한다면, 북한의 경제특구가 중국 선전 특구와 같은 성공을 거둘 수 있을 것이라 믿는 것은 순진하다고 주장하였습니다.[92] 그러나 역으로 향후 경제개발구 등 북한의 새로운 경제특구가 북한의 경제와 체제에 어떤 역할을 할 수 있을지는 북한 정부의 정책적 의지뿐만 아니라, 한반도를 둘러싼 지정학적 환경의 변화 등과도 긴밀하게 연관될 것입니다. 따라서 이러한 변화를 제대로 이해하기 위해서는 북한의 변화를 기존의 폐쇄와 개방이라는 이분법적인 틀에 가두지 않고, 북한의 경제특구와 관련한 다양한 경제주체들의 역할이 북한의 경직된 경제체제에 어떤 변화를 가져올지 그리고 현재 경색된 한반도 지정학적 질서의 변화의 방향과 그 영향에 대해 면밀히 살펴보아야 할 것입니다.

[주 석]

1 최수영 (1994) "북한의 자유경제무역지대 활성화 방안", 『통일연구논총』 3 (1): 63 – 88.

2 정철원 (2007) 『조선투자법안내』(평양: 법률출판사) 30.

3 남북경협정보센터, 북한의 경제특구: http://www.kita.net/interkorea2/html/ business/map_special1.jsp

4 1990년대 라선경제특구의 실패원인으로 인프라 미비, 중앙의 지원부재와 행 정관여, 투자유치 관련 서비스 및 정책의 부실 등 내부적 요인과 함께 중국 및 러시아 등 주변국가의 투자정책 및 여력 부족, 경제난과 안보불안에 따른 국제사회의 불신 등을 들고 있습니다(통일부 북한정보포털 북한 지식사전: 나진·선봉 경제특구: http://nkinfo.unikorea.go.kr/nkp/term/viewNkKnwldg Dicary.do?pageIndex=1&koreanChrctr=%E3%84%B4&dicaryId=46).

5 통일부 북한정보포털 북한 지식사전: 나진·선봉 경제특구, http://nkinfo. unikorea.go.kr/nkp/term/viewNkKnwldgDicary.do?pageIndex=1&koreanC hrctr=%E3%84%B4&dicaryId=46.

6 통일부 북한정보포털 북한 지식사전: 금강산관광사업, http://nkinfo.unikorea. go.kr/nkp/term/viewKnwldgDicary.do?pageIndex=2&dicaryId=177&searc hCnd=0&searchWrd=

7 배종렬 (2014) "김정은 시대의 경제특구와 대외개방: 평가와 전망", 『북한연 구학회보』 18(2): 27 – 57.

8 통일부 개성공단 사업추진 경과: http://www.unikorea.go.kr/content.do?cmsid =1451.

9 Doucette, J and Lee, S – O. (2015) "Experimental territoriality: Assembling the Kaesong Industrial Complex in North Korea", *Political Geography* 47: 53 – 63는 한반도 내외의 지정학적 현실에 따른 개성공단의 부침에 대해 '실 험적 영역성'(Experimental territoriality)이라는 개념을 통해 설명하였습니다.

10 Yoon, S – H and Lee, S – O. (2013) "From old comrades to new partner-ships: dynamic development of economic relations between China and North Korea", *The Geographical Journal* 179(1): 19 – 31.

11 Lee, S−O. (2014a) "China's new territorial strategies towards North Korea: Security, development, and inter−scalar politics", *Eurasian Geography and Economics* 55(2): 175−200, 183.

12 배종렬 (2013) "북한의 특수경제지대 추가지정과 남북경제협력", 『수은북한경제』 겨울호: 1−18.

13 Jo, C. J. (2013) "For establishment of economic development zone," *Foreign Trade of the DPRK* 2013/4: 22.

14 김지영 (2013a) "조선경제개발협회 윤용석국장/도단위 경제개발구 창설의 의도와 발전전망", 「조선신보」(11. 29).

15 김리영 (2014) "본격화되는 경제개발구 사업/대외경제성 일군 인터뷰", 「조선신보」(9. 29).

16 통일부 북한자료센터(2009)에 따르면 북한은 대외경제부문을 자립경제체제를 위한 보조적인 수단으로 보았습니다.

17 현동일 (2015) "제8차 두만강포럼: 북·중경협 핫이슈 난상토론 현장으로!" 『통일한국』 10월호, 34−35.

18 김지영 (2013a)

19 Snyder, S. (2013) "North Korea's economic development plan in the Kim Jong Un era: Global perspective and response", 『수은북한경제』 겨울호: 19−45, 24−5.

20 로명성 (2015) "각 도들의 실정에 맞게 경제개발구들을 창설운영하는데서 나서는 몇가지 문제", 『경제연구』 167호 39−41, 39

21 강정남 (2014) "경제개발구의 본질과 구분", 『김일성종합대학학보』 (력사, 법률) 60(4): 117−119, 117

22 이 섹션의 논의는 Lee, S−O. (2014b) "The production of territory in North Korea: 'security first, economy next", *Geopolitics* 19(1): 206−226을 새롭게 정리하였습니다.

23 이수혁 (2011) 『북한은 현실이다』(서울: 21세기북스); French, P. (2014) *North Korea: State of Paranoia*. London: Zed Books.

24 French (2014)

25 Gottmann, J. (1973) *The Significance of Territory*. Charlottesville: The

University Press of Virginia.

26 Gottmann, J. (1980) "Spatial partitioning and the politician's wisdom", *International Political Science Review* 1(4): 432－455, 437.

27 Kang, D. (1998) "North Korea: Deterrence through danger," in M. Alagappa (ed.) *Asian Security Practice: Material and Ideational Influences.* Stanford: Stanford University Press, 234－263, 236.

28 정영철 (2010) "유령처럼 떠도는 북한 붕괴론, '3－3－3 가설' 부활하나", 프레시안 4월 7일, http://www.pressian.com/news/article.html?no＝60436.

29 박명혁 (2003) "사회주의 기본경제법칙과 선군시대 경제건설에서 그의 구현", 『경제연구』 3: 7－9, 8.

30 Nanto, D. and Chanlett－Avery, E. (2009) "North Korea: Economic Leverage and Policy Analysis", *Congressional Research Service Report for Congress* RN32493, 7.

31 Snyder, S. (2009) *China's Rise and the Two Koreas: Politics, Economics, Security.* Boulder and London: Lynne Rienner Publishers, 124.

32 최철 (2011) "北 외무성, 리비아 공습 비난 … 자위력 강조", 노컷뉴스 3월 22일, http://www.nocutnews.co.kr/news/815748#csidx4b1b86385b38a43a19998b27602a646.

33 Su, Y. (2011) "North Korea takes aim at foreign investors", *Asia Times* 24 May 2011, http://www.atimes.com/atimes/Korea/ME24Dg01.html.

34 Delury, J. and Moon, C.－i. (2011) "The Death of Kim Jong Il: Now What?" *Global Asia Forum,* http://www.globalasia.org/Global_Asia_Forum/John_Delury_and_Chung－in_Moon.html.

35 Abrahamian, A. (2015) "북한 경제개발구의 ABC", 『KDI 북한경제리뷰』 2월호: 69－95.

36 김준형 (2011) "남북관계 정상화, G2 시대 '평화전략'의 첫 단추", 프레시안 9월 12일, http://www.pressian.com/news/article.html?no＝37005.

37 임호열, 김준영 (2015) "북한의 경제개발구 추진 현황과 향후 과제", 『KIEP 오늘의 세계경제』 15(11).

38 Abrahamian (2015)

39 김지영 (2013b) "김정하 내각사무국장/인민생활중시의 정책집행", 조선신보 12월 27일.

40 리영남 (2013) "우리 당의 새로운 병진로선의 정당성", 『경제연구』 160: 5－7, 6.

41 「조선신보」 (2013. 6. 4) "좌담회: 자주와 통일, 평화번영에로의 새 전략".

42 정욱식 (2016) "김정은, 덩샤오핑 따라 가나?" 프레시안 1월 6일, http://www.pressian.com/news/article.html?no=132307.

43 임호열, 김준영 (2015), 12

44 조봉현 (2015) "북한이 핵보다 경제 맛에 빠지도록 경제개발구로 남북 경제의 맥을 잇자", 「한국일보」 5월 28일, http://daily.hankooki.com/lpage/column/201505/dh20150528165238141170.htm.

45 양문수 (2014) "김정은 체제 출범 이후 '우리식 경제관리방법'의 모색: 현황과 평가", 『KDI 북한경제리뷰』 3월호: 3－24, 7.

46 김치관 (2015) "김정은 '5·30 담화'와 내각 상무조: 김정은, '북한의 덩샤오핑' 될 수 있을까?" 통일뉴스 1월 6일, http://www.tongilnews.com/news/articleView.html?idxno=110421.

47 진징이 (2014) "북한의 조용한 변화와 남북관계", 「한겨레신문」 9월 21일, http://www.hani.co.kr/arti/international/china/656072.html.

48 조정훈 (2015) "경제개발구, 중앙집권적 원칙과 지방 독자성 보장" 통일뉴스 9월 27일, http://www.tongilnews.com/news/articleView.html?idxno=113813.

49 Lee, S－O. (2014a) "China's new territorial strategies towards North Korea: Security, development, and inter－scalar politics", *Eurasian Geography and Economics* 55(2): 175－200.

50 진징이 (2014)

51 리일철 (2015) "우리 나라 각 도 경제개발구에 대한 외국투자의 중요특징", 『김일성종합대학학보』 철학, 경제학 61(1): 90－92, 92.

52 유현정 (2014) "북한의 '경제개발구법'에 대한 평가와 전망", 국가전략 20(1): 37－59.

53 리승준 (2012) "경제특구와 그 발전방향", 경제연구 157호: 54－56, 55.

54 박종국 (2010) "北학자 '라선 개발, 국제적 협력 절실", 연합뉴스 11월 1일,

http://www.yonhapnews.co.kr/politics/2010/11/01/0503000000AKR2010110
1135800097.HTML.

55 김지영 (2013c) "조선 각지에 13개의 경제개발구 창설/중앙과 지방에서 활기
있기 추진",「조선신보」11월 29일.

56 민경락 (2015) "북한, '지방경제 살리기' 주력 … 동력은 분권화", 연합뉴스 2
월 1일, http://www.yonhapnews.co.kr/bulletin/2015/01/30/0200000000AKR20
150130153800014.HTML

57 로명성 (2015), 40

58 김지영 (2013a)

59 로명성 (2015), 40

60 민경락 (2015); 자유아시아방송 (2016. 1. 2) "'김정은 평양챙기기'에 지방 주
민 '부글부글'", http://www.rfa.org/korean/in_focus/ne－jn－0102201610423
9.html.

61 국민통일방송 (2015) "북한 경제개발구가 실패할 가능성이 높은 이유," Daily
NK 10월 1일, http://www.dailynk.com/korean/read.php?num＝107064&cata
Id＝nk05004.

62 이춘근·김종선 (2015) "북한 김정은 시대의 과학기술정책 변화와 시사점",
STEPI Insight 173: 1－22.

63 Gray, K. and Lee, J－W (2015) "Following in China's footsteps? The
political economy of North Korean reform", *The Pacific Review* DOI:
10.1080/09512748.2015.1100666; Chanlett－Avery, E., Rinehard, I. E. and
Nikitin, M. B. D. (2016) "North Korea: U.S. relations, nuclear diplomacy,
and internal situation", *Congressional Research Service* R41259.

64 Chen, L. (2006). "The influence of Sino－DPRK economic cooperation on
the North Korean economy (中朝经济合作对朝鲜经济的影响)", *Contemporary
Asia－Pacific* (当代亚太) 1: 23－28, 25.

65 Wang, Y. (2011). "Introduction", in Y. Wang (ed.) *Transformations of
Foreign Affairs and International Relations in China*, 1978－2008. London
and Boston: BRILL, 1－36, 20.

66 이수혁 (2011)

67 남문희 (2012) "김정은, 북한의 덩샤오핑 될까", 시사인 276호, http://
www2.sisainlive.com/?mod = news&act = articleView&idxno = 15212&sc_cod
e = 1449643819&page = 8&total = 320; 박현 (2012) "북 김정은체제 안정 확립
… 덩샤오핑 방식 개방 나설 것", 「한겨레신문」 9월 23일, http://www.hani.
co.kr/arti/international/america/552987.html; 김치관 (2015); 정욱식 (2016)

68 Phillips, T. (2015) "How the China model could help North Korea ‑ and
save Kim Jong‑un", *The Guardian* 8 October, http://www.theguardian.com/
world/2015/oct/08/china‑north‑korea‑kim‑jong‑un.

69 이기현 (2015) "시진핑 시기 중국은 북중관계를 어떻게 보고 있는가?", 성균
중국연구소(편), "북중관계 다이제스트: 한중 소장 학자들에게 묻다"(서울: 다
산출판사: 3‑14), 13.

70 *Ibid.*, 10; 17

71 김보근 (2015) "북한 이미 개혁개방 초기상황 넘어서", 「한겨레신문」 11월 18
일, http://www.hani.co.kr/arti/politics/defense/718053.html.

72 조정훈 (2012) "양형섭 '새 지도자, 지식기반 경제에 중점 두고 있다'", 통일뉴
스 1월 18일, http://www.tongilnews.com/news/articleView.html?idxno =
97332; 물론 모든 이들이 북한의 개혁개방의 의지를 높게 평가하는 것은 아
닙니다. 브루킹스 연구소의 Katherine Moon은 북한의 변화를 중국식 개혁으
로 보아서는 안된다고 주장하였습니다. 그녀에 따르면 북한의 최근 경제관련
조치들은 시장개방이나 개혁을 위한 것이 아니라 현대기술의 학습을 통해 경
제를 발전시켜 체제를 유지하기 위한 목적에 다름 아니라는 것입니다(Kim,
J‑K. (2016) "North Korea's new policy: catch two birds with one stone,"
The Korea Times 6 March, http://www.koreatimes.co.kr/www/news/biz/
2016/03/488_199742.html).

73 Gauthier, J.P. (no date). "Mission. World Export Processing Zone
Association", http://www.wepza.org/mission/.

74 Beattie, A and Fifield, A. (2005) "Zone alone: why setting up export
enclaves no longer gives an economy a certain lift", *Financial Times* 12
May, http://www.ft.com/intl/cms/s/0/42bc8baa‑c282‑11d9‑866a‑0000
0e2511c8.html.

75 Yeung, Y−m., Lee, J. and Kee, G. (2009) "China's Special Economic Zones at 30," *Eurasian Geography and Economics* 50(2): 222−240, 235.

76 조봉현 (2014) "북한의 경제특구 개발 동향과 남북협력 연계방안", 『KDI 북한경제리뷰』 9월호, 34−64.

77 장용훈 (2013) "북한 경제에 부는 개방과 개혁 바람", 통일한국 12월 1일, http://unikorea21.com/?p=8668.

78 유현정 (2014)

79 *Ibid.*, 44

80 *Ibid.*, 54

81 강정남 (2014), 117−8.

82 Yeung *et al* (2009)

83 *Ibid.*, 226

84 Jo, J. and Ducruet, C. (2007) "Rajin−Seonbong, New Gateway of Northeast Asia", *Annals of Regional Science* 41(4): 927−950, 929.

85 유현정 (2014), 55

86 국민통일방송 (2015)

87 신종호 (2015) "중국의 개혁개방 경험을 북한에 적용할 수 있는가?" 성균중국연구소(편) "북중관계 다이제스트: 한중 소장 학자들에게 묻다"(서울: 다산출판사: 133−149), 142−3.

88 리일철 (2015), 90

89 Jo, C. J. (2015) "Promising projects for economic development zones", *Foreign Trade of the DPRK* 2015/3: 5.

90 박윤철 (2015) "합영, 합작대상선정사업에서 견지하여야 할 주요원칙", 『경제연구』 168호, 53−55.

91 이승현 (2015) "개성공단−평양·남포 남북경협 벨트' 구축하자", 통일뉴스 12월 23일, http://www.tongilnews.com/news/articleView.html?idxno=114897.

92 Gray, K. (2015) "The siren call of Deng: Following in China's footsteps?" *Sino NK* 23 November, http://sinonk.com/2015/11/23/the−siren−call−of−deng−following−in−chinas−footsteps/?utm_source=hootsuite.

Part 4

통일의 국제정치와 신지정학적 전망

1. 21세기 신지정학의 새로운 요소들과 한국의 통일외교

김태환(국립외교원)

Ⅰ. 문제의 제기

21세기에 우리는 '지정학의 귀환'[1]을 목도하고 있습니다. 이는 전 세계적 현상으로 대두되고 있고 특히 중동을 비롯한 동아시아에서 두드러지고 있습니다. 동아시아에서는 중국의 부상, 미국의 재균형 정책, 그리고 러시아의 신 동방 정책이 수렴되고 있고, 최근 신 안보법을 통과시킨 일본의 '보통국가화'는 역내 지정학적 경쟁에 무게를 더해 주고 있습니다. 서태평양에서 미국과 중국의 해군력 증강, 동지나 및 남지나해에서의 영토 분쟁, 그리고 한·중·일 간의 과거사 문제를 둘러싼 갈등이 심화되고 있습니다. 미·중 간 경쟁의 심화와 러시아의 크림반도 병합 이래 아시아에서는 미국과 일본을 한 축으로 하고, 중국과 러시아를 또 다른 축으로 하는 새로운 지정학적 진영의 출현마저 겹쳐지고 있습니다. 전통 지정학이 냉전기 이념과 체제에 기반한 국가 간 갈등과 경쟁을 대체하고 있는 것입니다. 이른바 '신 냉전' 또는 '뜨거운 평화'로 일컬어지는 강대국 간 대립과 경쟁 구도가 금세기 지정학의 귀환의 현실을 반영하고 있습니다.

한반도는 냉전기 대립이 여전히 지속되는 와중에 전통적인 지정학적 경쟁의 한가운데에 있습니다. 미국과 중국의 사이에서 한국의 전략적 선택의 문제가 중요한 이슈로 대두하고 있고, 이른바 한국의 '중국 경사론'마저 고개를 들고 있습니다. 지정학적 경쟁의 와중에 있는 한국 외교의 현

- 315 -

실과 입지가 부각되고 있는 것입니다. 강대국 중심의 전통 지정학의 게임의 법칙이 지배하는 국제질서하에서는 한국과 같은 중견국이나 약소국들의 입지는 좁아질 수밖에 없습니다. 한국이 당면하고 있는 오늘날의 외교현실은 사실상 지정학의 귀환으로 표현되는 국제정치의 판도를 압축적으로 반영하고 있다고 해도 과언이 아닐 것입니다. 이러한 국제정치의 맥락에서 과연 한국 외교가 설 자리는 어디일까요? 또한 한반도 통일이라는 지고의 목표를 실현하기 위한 한국 외교의 방향성은 어떠해야 할까요?

　　이 글은 이러한 문제의식하에 전통 지정학이 다시금 맹위를 떨치고 있는 국제정치의 현실에서 한국 외교, 특히 통일외교의 방향성을, 새롭게 형성되고 있는 '신지정학(New Geopolitics)'의 국제질서에서 찾고자 합니다. 특히 민족 정체성을 넘어서는 '역할 정체성'을 한국 통일외교의 핵심 개념으로 제시하고자 합니다. II장에서는 21세기 국제질서를 규정하는 두 가지 메타파워를 지목하고, III장에서는 이러한 두 가지 힘의 조합의 결과로 형성되는 신지정학적 질서의 핵심 요소들을 규정하고자 합니다. IV장에서는 신지정학의 관점에서 본 한반도 통일외교의 방향성을 대북정책, 한반도, 동북아시아 및 글로벌 차원이라는 네 가지 차원에서 짚어 보고자 합니다.

II. 두 가지 변화의 동인—전통 지정학의 귀환과 기술혁신

　　금세기 들어 탈냉전기의 세계정치에는 두 가지 현상이 두드러집니다. 하나는 전통 지정학(classical geopolitics)[2]의 귀환으로 일컬어지는 국가 간 '힘의 정치(power politics 또는 realpolitik)'이며, 다른 하나는 정보통신 기술을 필두로 하는 단절적인 기술혁신(disruptive technologies)입니다. 이 두 가지 추세는 1990년대 냉전의 종식 이래 국가 간 관계와 국제사회에서 갈등과 변화의 새로운 동인으로 작용하면서 국제질서를 재규정하고 있습니다.

1899년 스웨덴의 정치학자 루돌프 쉘렌(Rudolf Kjellén)이 처음으로 지정학이라는 용어를 만들면서 이를 "공간에서 지리적 유기체 또는 현상으로서의 국가에 관한 이론"으로 정의한 이래, 지정학은 "공간과 장소를 통제하기 위한 경쟁과 투쟁"으로 널리 알려지고 있습니다.3 존 애그뉴(John A. Agnew)는 19세기 유럽의 비엔나 체제 이래 냉전의 종식에 이르는 두 세기에 걸친 세계 지정학의 역사를 세 시기로 구분하면서 이들 시기에 공통되는 특징을 지목한 바 있습니다.4 국제정치에서 주 행위자로서 영토에 기반한 민족국가(nation – state)의 배타적 역할과, 세계정치의 동인으로서 주도권을 추구하는 강대국 간의 경쟁, 그리고 이러한 경쟁에서 우위를 점하기 위한 주요 수단으로서의 군사력이 여기에 속합니다. 전통 지정학이 지배하는 세계정치에서는 강대국들 간의 세력균형이 국제질서를 유지하는 효과적 방법으로 인식되는 것이었습니다.

냉전의 종식과 더불어 이와 같은 전통적 의미에서의 지정학의 핵심 요소들이 재현되고 있습니다. 냉전기 이데올로기에 기반한 진영 간 대립과 경쟁으로부터, 민족국가와 강대국 간의 공간과 장소에 대한 영향력 경쟁이 국제정치의 핵심 동인으로서 재등장하고 있는 것입니다. 중국의 부상에 따른 미·중 경쟁관계의 심화, 동지나해에서 센카쿠 열도/다오위다오(釣魚島)를 둘러싼 중·일 간의 영토분쟁, 남중국해에서 중국의 인공 섬 건설, '일대일로' 전략을 비롯해서 점차 단호해져 가고 있는 중국의 대외행태, 역사 문제를 둘러싼 한·중·일 간의 갈등, 2013년 우크라이나 사태와 러시아의 크림 반도 병합, 그리고 시리아에서 미국과 러시아를 비롯한 주변 국가들의 갈등과 경합은 바로 이와 같은 전통적 지정학의 귀환을 여실히 보여주고 있습니다. 이러한 현실을 반영, 다보스 포럼(World Economic Forum)이 해마다 연초에 발간하는 『글로벌 리스크 리포트』는 2015년과 앞으로 세계가 당면하고 있는 가장 위험한 요소로서 '지정학적 리스크'를 지목한 바 있습니다.5

그러나 다른 한편 21세기의 기술혁신, 특히 정보통신 분야의 비약적 기술발전은 국제정치에서 또 다른 변화의 동인이 되고 있습니다. 싱(J. P. Sing)은 기술혁신에 따른 범세계적 차원의 변화 과정을 전통적인 파워의 개념인 '도구로서의 힘'과 구분하여 '과정으로서의 힘'인 "메타파워"로 규정하고 있습니다.6 그는 정보통신기술의 혁신으로 촉발된 국제적 소통의 활성화와 소통 양식의 변화가 개인과 집단의 정체성과 이익, 그리고 국제적 이슈들의 의미 자체를 변화시킴으로써 궁극적으로 국제질서의 변화를 초래하고 있다고 주장합니다. 정보통신기술이 전통적 지정학에 초래하는 변화에 대해서는 이미 적지 않은 논의가 있어 왔으나,7 특히 기술혁신이 초래하는 비영토적 공간과 비국가 행위자의 부상이라는 측면에 주목할 필요가 있습니다.

　이미 지난 세기의 세계화 현상에서 가시화되었듯 기술발전은 재화와 서비스, 자본과 노동의 세계적 흐름과 생산의 세계화를 촉진하였으며, 특히 정보통신기술의 혁신은 이에 더하여 정보와 소통의 세계화를 촉진하고 있습니다. 인터넷 기술이 웹 1.0에서 웹 2.0으로 발전하고 소셜 미디어 기술이 확산됨에 따라 글로벌 네트워크가 형성되었습니다. 웹 2.0 기술은 사용자의 상호성과 사회적 연계를 대폭 강화시켜 주었고, 이들이 직접 웹의 내용을 생성할 수 있게 해주었습니다. 이는 곧 범세계적으로 구축된 기술적 디지털 네트워크의 기반 위에 소셜 미디어를 핵심 매개로 하는 수평적인 휴먼 네트워크가 형성되고 있다는 것을 의미합니다. 휴먼 네트워크는 컴퓨터와 모바일 장치들을 매개로 사람들이 상호 소통하는 커뮤니케이션 네트워크이며, 컴퓨터에 기반한 디지털 네트워크가 인간과 사회적 네트워크의 형성을 촉진하고 이를 강화시켜 주고 있습니다. 마뉴엘 카스텔스(Manuel Castells)는 21세기의 사회를 지방, 국가 및 글로벌 차원의 다양한 사회작용의 네트워크로 이루어진 "네트워크 사회"로 규정하면서 이를 디지털 커뮤니케이션 네트워크를 중심으로 구성된 사회구조로 정의하고 있습니다.8 이제 민족국가에 기반했던 기존의 산업사회는 다양한 디지털 커뮤니케이션 네트워크를 중심으로 구성된 '정보시대(Information Age)'의 네트워크 사회로 변모되고 있는 것입니다.

정보통신기술의 대중화와 상용화는 개인을 비롯한 비국가 행위자들9의 힘을 대폭 강화시켜 주고 있고, 이에 따라 이들 비국가 행위자들이 국제사회의 중요한 행위자로 등장하고 있습니다. 죠셉 나이(Joseph Nye, Jr.)는 정보통신기술의 혁신으로 초래되고 있는 국가로부터 비국가 행위자로의 '힘의 분산(power diffusion)'이 강대국 간의 세력 전이보다 더 주목할 만하다고 하면서, 21세기에는 비국가 행위자들로의 세력 분산과 네트워크의 중심성이 힘의 핵심 차원이 될 것이라고 강조합니다.10 금세기에 미국과 중국이라는 두 강대국 사이에 '힘의 전이'가 일어나고 있는가에 대해서는 여전히 논란이 뜨겁습니다. 그러나 이와는 별도로 기술혁신이 비국가 행위자들의 힘을 강화시켜 줌에 따라, 국제사회에는 전통적 힘에 기반한 위계적 국제질서와는 구분되는 수평적 네트워크 질서가 형성되고 있습니다. 스노우덴(Edward Snowden)에 의한 미국 국가안보국(National Security Agency)의 정보 수집 폭로나 위키리크(WikiLeaks) 사건, 그리고 2011년 아랍의 봄이나 미국에서의 '월 스트리트 점령(Occupy Wall Street)' 운동, 일련의 반세계화 시위들, NGO들의 범지역적, 범세계적 활동과 행동들에서 드러나듯, 오늘날 정보통신기술의 혁신과 상용화는 국가의 정보독점을 희석시킬 뿐만 아니라, 개인을 비롯한 비국가 행위자들이 상호 소통을 통해서 집단행동을 하는 데 드는 비용을 대폭 낮춰 줌으로써 이들이 국제사회의 중요한 행위자로 등장하게 하는 계기가 되고 있는 것입니다.

Ⅲ. 신지정학의 새로운 요소들—어떻게 국제정치를 변화시키고 있는가?

오늘날 기술혁신은 전통 지정학의 핵심 요소에 변화를 초래하면서 궁극적으로 새로운 지정학의 형성을 촉진하고 있습니다. 새롭게 등장하고 있는 신지정학의 요소들과 이들이 초래하는 국제정치의 변화 양상은 다음의 몇 가지로 요약될 수 있습니다.

　첫째는 국제사회에서 새로운 '정체성의 정치학(politics of identity)'이 전개되고 있다는 것입니다. 16세기 이래 국제사회의 주 행위자는 민족 정체성(national identity)에 기반하는 민족국가이어 왔습니다. 18세기 프랑스 혁명 이래 민족국가와 민족주의가 서구 세계로부터 전 세계적으로 파급되었음은 이미 주지의 역사적 사실입니다.11 그러나 기술혁신에 따른 비국가 행위자의 등장과 더불어, 민족 정체성과는 구분되는 상이한 집단 정체성이 등장하여 국제정치의 중요한 측면을 구성하고 있습니다.

　탈냉전기 세계정치에서 특기할 점은 지정학적 경쟁과 갈등의 주요 행위자로서 비단 민족국가뿐만 아니라, 아프리카, 구소련 권, 중동 등지의 갈등과 분쟁에서 드러나듯 냉전기 이데올로기적 진영 구조에 가려져 있던 인종, 부족 및 종교 등 전근대적인 본원적 정체성(pre-modern primordial identity)을 결집의 축으로 하는 비국가 행위자들이 등장하고 있다는 점입니다. 유고슬라비아의 해체와 보스니아-코소보 전쟁은 단순한 민족 자결주의에 근거한 갈등과 분쟁이라기보다는, 상이한 인종 민족주의(ethno-nationalism)와 종교적 정체성이 국가의 유지와 분리 독립을 둘러싸고 폭력적인 형태로 표현된 것입니다.12 물론 여기에는 과거 강대국들의 개입과 점령 과정에서 파생된 집단 간의 역사적 구원(舊怨)도 중요한 역할을 하는 것이었지만,13 역사적으로 누적된 민족 간 감정이 밀로셰비치(Slobodan Milošević), 카라지치(Radovan Karadzić)와 같은 일부 극단적인 정치지도자들에 의해서 조장되고 증폭되었습니다. 알 카에다(al-Qaeda)나 이슬람 국가(ISIL 또는 IS: Islamic State of Iraq and the Levant)와 같은 종교적 극단주의에 기반하고 있는 테러리스트 집단들은 본원적 정체성에 근거한 폭력적 집단행동의 또 다른 대표적 예입니다. 이들 테러리스트 집단들의 행태에는 명백히 초국가적 양상과 더불어 이슬람 국가(Caliphate) 선언과 같이 영토적 실지회복(irredentism)의 양상이 혼재하고 있습니다.14 헌팅톤(Samuel P. Huntington)의 '문명충돌론' 역시 냉전의 종식과 더불어 상이한 문화적,

문명적 정체성에 기반한 갈등과 충돌을 예견하는 것이었습니다.15 중동은 물론 미국과 유럽, 아시아와 아프라카 등 세계 각지에서 부상하고 있는 종교적 정체성에 기반한 갈등과 분쟁은 비민족국가 정체성이 오늘날 국제정치에서 차지하는 비중을 나타내 주고 있습니다.

　다른 한편, 전근대적 본원적 정체성과 더불어 인권, 환경, 난민 문제 등 글로벌 이슈나 이익과 같은 새로운 초국가적 정체성에 근거한 비국가 행위자들의 부상도 두드러지고 있습니다. 이들은 기술혁신에 힘입어 정보의 상호 공유와 확산을 통해서 국경을 초월하는 연합을 구축하고, 각 국의 대내외 정책은 물론 글로벌 이슈에 대해서도 영향력을 행사하고 있습니다. 단순히 여론의 형성을 통해서가 아니라 디지털 네트워크와 뉴 미디어를 매체로 행동을 통한 영향력을 행사하고 있는 것입니다. 기술혁신은 곧 새로운 정체성과 더불어 전통 지정학에서의 공간과는 사뭇 대비되는 새로운 공간과 새로운 공동체 형성의 가능성을 열어 주고 있습니다. 예컨대 1997년 공식 체결되어 오타와 협정(Ottawa Treaty)으로 알려진 대인지뢰 금지협정16은 1990년대 초 6개의 NGO가 모여서 결성한 국제적 네트워크의 활동으로부터 비롯된 것입니다.17 2008년 오스카 모랄레즈(Oscar Morales)의 페이스북으로부터 비롯된 "콜롬비아 혁명군에 반대하는 백만인의 목소리"18와 같은 경우는 소셜 미디어를 사용한 초기 디지털 행동주의의 선구적 사례가 되었고, 특정 국가를 넘어서는 초국가적 문제들에 대한 범세계적 시민사회 운동으로 발전하게 되었습니다. 이처럼 비국가 행위자들의 명분과 활동은 특정 국가를 초월하는 새로운 정체성에 근거하여 범세계적 영역으로 확산되고 있습니다.

　둘째, 이와 더불어 국제정치의 '탈영토화(de-territorialization)' 현상이 나타나고 있습니다. 기술 혁신은 이제 새로운 정체성에 입각한 탈영토적 공동체의 형성을 가능하게 해주고 있습니다. 디지털 네트워크와 사이버스페이스는 물리적인 지리 공간 및 국가 영역을 넘어서는 초국가적, 탈 영토적, 탈주권적 영역에서 새로운 사회 공동체의 형성을 촉진합니다. 새로운 영역에 대한 국가의 규제나 통제는 제한적일 수밖에 없고, 국가와 국경의 개념을 희석화시키고 있습니다. 사이버스페이스에서 네티즌들은 반드시 민족국가의 정체성을 공유하지 않습니다. 전통 지정학에서는 민족국가가 국제사회의 지배적 행위자로 인식되었고, 국제정치는 이러한 민족국가의 주권과 영토, 안보, 그리고 무엇보다도 국가 간의 역학관계를 반영하는 것으로 인식되었습니다.[19] 그러나 정보통신기술의 혁신으로 애그뉴가 말했던 이른바 국제정치에서의 "영토의 함정(territorial trap)"[20]이 희석되고 있는 것입니다. 글로벌 네트워크 사회에서는 공통의 이해나 관심을 함께하는 사이버 공동체의 등장이 두드러지며, 이들 공동체의 구성원들은 특정 이슈와 관련된 정보와 메시지를 자발적으로 공유하고 전파합니다. 소셜 미디어에 힘입어 이러한 이슈를 둘러싸고 글로벌 "공적 영역(public sphere)"[21] 또는 "세계차원의 시민사회(global civil society)"[22]가 대두하고 있습니다. 이와 더불어 민족국가에 국한되는 전통적인 안보에 더하여 영토를 넘어서는 새로운 안보 개념이 등장했습니다. 즉 테러리즘, 사이버 안보, 마약조직, 전염병, 환경, 기후변화, 대량살상무기의 확산 등과 같은 새로운 위협들이 정체성의 탈영토화, 공간의 탈영토화와 더불어 안보의 탈영토화를 촉구하고 있는 것입니다.

    2011년 중동지역을 강타한 '아랍의 봄'은 뉴 미디어를 매체로 한 국민의 힘을 단적으로 보여주는 널리 알려진 사례입니다. 2009년 이란에서의 이른바 "초록 혁명(Green Revolution)"의 와중에서 살해당한 젊은 여성 대학생 네다 아가-솔탄(Neda Agha-Soltan)의 이미지와 동영상이 핸드폰과 소셜 미디어를 통해서 전 세계적으로 전파되었으며, 2010년 6월 이집트 경찰에 체포되어 보안군에 의해 살해당한 것으로 추정되는 칼레드 사이드(Khaled Said)의 죽음을 계기로 구글의 고님(Wael Ghonim)이 만든 "우리 모두가 칼레드 사이드(We Are All Khaled Said)" 페이스북 페이지는 이집트 혁명에서 적지 않은 역할을 한 것으로 평가되고 있습니다. 알 카에다 역시 인터넷과 소셜 미디어를 활용하여 자신들의 활동을 홍보하였지만,

뉴 미디어를 이용한 홍보와 충원은 IS에 들어서 절정에 이르고 있습니다.23 이는 곧 전 근대적 또는 새로운 정체성에 근거한 비국가 행위자들의 집단 행동이 소셜 미디어를 매개로 사이버스페이스로 확대됨으로써 국제 정치가 탈영토화되고 있다는 것을 보여주고 있습니다.

셋째, 기술혁신과 더불어 국제정치나 외교의 수단으로서 하드 파워나 소프트 파워와는 구별되는 새로운 힘의 유형이 대두하고 있습니다. 하드 파워 및 소프트 파워가 공히 특정 자원이나 자산에 기반하는 힘이라면, 새롭게 등장하는 힘의 개념은 상대방과 관계를 형성함으로써 생성되는 '관계의 힘(relational power)'이라는 특성을 갖습니다. 즉 하드 파워나 소프트 파워가 '대상에 대한 힘(power over)'이라면, 이들 새로운 힘은 '상대방과의 관계를 형성함으로써 생기는 힘(power with)'이라는 데에서 근본적인 차이점이 있습니다.

한나 아렌트(Hannah Arendt)는 인간이 협력하여 관계를 형성하고 새로운 현실을 만들어 내는 "협력의 힘(power as action in concert)"을 강조한 바 있습니다.24 그녀에 의하면 힘이란 단순히 물적 자원에 의존하는 것이 아니라, 인간이 협력하여 공동 목표를 개발하는 과정에서 소통을 통해서 생성되는 것입니다. 카스텔스는 오늘날 정보화 사회에서 협력의 힘의 형태로서 특히 네트워크 파워와 커뮤니케이션 파워의 중요성을 강조하고 있습니다.25 그는 디지털 미디어와 인터넷을 핵심 매개로 하는 로컬－글로벌 네트워크를 중심으로 구축된 커뮤니케이션 영역 안에서 담론이 형성되고 확산되며, 이는 경쟁과 내재화를 거쳐서 결국 네트워크 구성원들의 협력적이고 집단적인 행동으로 구현된다는 점에서 네트워크 파워는 곧 "커뮤니케이션 파워"라고 말합니다. 모든 네트워크에는 한 가지 공통점이 있는데, 네트워크 내에서의 협력 프로그램은 공통의 아이디어, 비전, 프로젝트 및 프레임을 반영하고 이를 통해서 집단적인 네트워크 파워를 창출한다는 것입니다. 협력을 통해서 생성되는 힘(collaborative power)은 "혼자서는 할 수 없는 일을 함께함으로써 성취할 수 있는 다자의 힘"을 지칭하며, 이러한 힘은 상대방에 대한 명령을 통해서가 아니라 행동을 촉구하고, 공통의 목표하에 가능한 한 많은 행위자들과 연계함으로써 행사되며, 이 과정에서 참여자들은 다른 참여자들에게 자신의 선호를 강요하기보다는 자신의 선호를 다른 이들과 맞추어 조정한다는 점에서 전통적인 힘과는 구분됩니다.26 이와 같은 새로운 힘의 개념은 오늘날 초국가적 NGO와 사회운동의 국제적 활동에서 여실히 표현되고 있습니다.

넷째, 기술혁신이 개인을 비롯한 비국가 행위자의 국제사회에서의 역할을 강화시킴에 따라, 비국가 행위자들이 주체가 되고 또한 이들을 대상으로 하는 공공외교(public diplomacy)가 외교의 새로운 영역으로 급부상하고 있습니다.27 금세기 들어 학계는 물론 정책 커뮤니티에서도 공공외교는 외교정책의 새로운 분야로서 주목을 받고 있고, 강대국을 비롯한 여러 국가들이 앞다투어 이 분야에서 박차를 가하고 있습니다. 공공외교는 외국민과 비국가 행위자를 대상으로 물리적인 강제력이나 경제적인 보상을 통해서가 아니라, 소프트 파워를 비롯한 비－하드 파워 자산을 사용하여 그들의 마음을 얻음으로써 영향력을 행사하고 궁극적으로 외교목표를 달성하는 외교의 한 형태를 지칭합니다. 그러나 공공외교의 본질적 기능 중의 하나가 전통 외교를 촉진하는 것이고, 또한 금세기 들어 공공외교의 중요성이 부각되면서 이것이 전통 외교의 중요한 일부로 빠르게 통합되어 가고 있습니다.

전통적인 지정학의 귀환과 정보통신기술의 혁신으로 촉발된 메타파워 과정은 1648년 웨스트팔리아(Westphalia) 조약 이래 자리를 잡아 온 세계질서의 변화를 초래하고 있습니다.28 웨스트팔리아 질서가 전통 지정학의 '힘의 정치'라는 게임의 법칙이 지배하는 세계질서라면, 기술혁신의 임팩트를 통해서 새롭게 형성되고 있는 '포스트 웨스트팔리아 질서'는 이와 더불어 신지정학적 요소들 역시 국제정치의 중요한 규정 인자로 작동하는 질서라고 할 수 있습니다. 물론 새로운 포스트 웨스트팔리아 질서가 기존하는 국제질서를 급격하게 대체하는 것은 아닙니다. 서서히 등장하는 새질서는 기존하는 질서와 공존하면서 중첩적으로 작용하고 있고, 따라서 작금의 국제질서의 변화는 단절적이고 대체적인 것이 아니라 기존 질서의 내부로부터 연속적이고 점진적으로 진행되고 있다고 볼 수 있습니다. 그렇다면 구질서와 새로운 질서가 공존하는 세계, 전통 지정학과 신지정학이 혼재하고 상호작용하는 세계에서 한국의 통일외교가 취해야 할 방향성은 무엇일까요?

Ⅳ. 신지정학의 관점에서 본 한반도 통일외교

　　전통 지정학의 국제질서에서 한국과 같은 중견국이나 약소국의 입지가 강대국들에 비해서 미약할 수 밖에 없음은 자명합니다. 최근 일본이 그 진원지로 알려진 이른바 한국의 "중국 경사론"이나, 미·중 간의 경쟁에서 한국이 어느 일방을 선택해야 한다는 "전략적 선택론"은 오늘날 한국이 직면하고 있는 제한적 외교 입지를 여실히 반영하고 있습니다. 이와 같은 인식들은 오늘날 국제정치에서 다시금 형성되고 있는 지정학적 대립구도에서 "우리 對 그들"이라는 갈등적 이분법의 틀에 자신을 위치시켜야 한다는 것을 의미합니다. 전통 지정학의 국가 중심적 경쟁 요소를 계승하는 오늘날의 주류 국제정치 이론에서 이러한 인식은 '현실주의 전략적 외교 정책술(realistic strategic statecraft)'로 정당화되고 있습니다. 이러한 인식은 민족국가와 강대국 간의 세력경쟁이 핵심이 되는 국제정치의 힘의 배분을 반영하는 것이며, 중견국이나 약소국들은 힘의 배분의 한 요소에 지나지 않습니다. 지극히 전통 지정학적 인식인 것이죠.

　　그러나 다른 한편, 새롭게 형성되고 있는 포스트 웨스트팔리아 질서에서 부각되는, 위에서 언급한 바와 같은 신지정학적 요소들은 한국과 같은 국가에게는 기회의 영역이 아닐 수 없습니다. 새로운 정체성의 대두에 따른 국제정치의 초국가화와 탈영토화는 그 지리적 위치로 인해서 오랜 역사 동안 강대국 간 경쟁의 대상이 되어 왔던 한국의 지정학적 굴레를 완화시킬 수 있는 새로운 영역을 제시하고 있기 때문입니다. 또한 새로운 유형의 힘의 등장과 범세계적인 힘의 분산은 하드 파워의 측면에서 강대국에 비해 상대적 우위를 점하지 못하는 중견국의 물리적 한계를 극복할 수 있는 가능성을 열어 주고 있기 때문입니다. 전통 외교와 구별되는 공공외교의 부상 역시 한국의 외교적 입지를 넓힐 수 있는 기회의 창이기도 합니다.

　　현재 한반도에는 몇 가지의 상이한 민족 정체성이 존재하고 있습니다. 한민족(韓民族), 역사, 언어적 요소 등 과거의 전통에 근거한 본원적 민족 정체성(essentialist national identity), 통일 한반도에 대한 미래 지향적 정체성, 그리고 현재의 분단 정체성이 그것입니다. 한민족으로서의 정체성은 과거지향적인 것이며, 남북한은 통일에 대한 상이한 미래지향 비전을 갖고 있습니다. 특히 분단된 남북한의 정체성에는 역사적 당위성에 근거한 "우리 민족"이라는 인식과 더불어 "우리 對 그들"이라는 대립적 정체성이 함께 존재하고 있습니다. 상이한 복수의 "상상의 공동체(imagined communities)"29가 존재하는 것입니다. 따라서 분지하고 있는 현재와 미래의 다원적 민족 정체성을 극복하는 것이 통일외교의 당면 과제가 아닐 수 없습니다. 한국의 입장에서 볼 때 핵 도발을 감행하는 북한은 국가 안보의 가장 위험한 위협 요소인 동시에 하나로 통일되어야 할 대상이기도 합니다. 통일은 단순히 과거에 기반한 상상이 아니라, 미래지향적인 동시에 현실의 분할된 정체성을 극복해 나가야 하는 과정이기 때문입니다. 이러한 모순을 어떻게 극복해야 할까요?

　　이를 위해서는 무엇보다도 오랫동안 한국을 사로잡아 왔던 민족국가라는 제한적인 정체성을 넘어서서, 대륙과 해양을 잇는 한국의 지리적 위치에 기반을 둔 새로운 '역할 정체성(role identity)'에 주목해야 할 필요가 있습니다. 당위론적 민족 정체성이 물론 우리의 정체성에 본원적인 것임에는 이론의 여지가 없으나, 이것이 대외적으로 과도하게 투사될 경우 자칫 편협한 민족주의로 변질될 수 있습니다. 편협한 국수적 민족주의는 전

통적 지정학의 부정적 산물이며 따라서 신지정학의 관점에서는 극복해야
할 대상이 아닐 수 없습니다. 더욱이 우리에게는 너무나도 당연한 역사적
당위성이 국제사회의 다른 구성원들에게는 그들의 국가이익의 잣대로 가
늠되는 계상의 대상일 뿐입니다. 한반도에 분할된 다중의 민족 정체성이
존재하는 상황에서는 더욱 그러합니다. 역할 정체성이란, 한민족이라는 본
원적 정체성을 넘어서서 한국이, 또한 통일된 한반도가 국제사회에서 실
제로 수행하는 역할에 한국 통일외교의 정체성을 자리매김시켜야 한다는
것을 의미합니다.

　　신지정학적 관점에서 본 통일외교는 영토와 자원에 대한 국가 간 경
쟁을 넘어서, '대상 지리적 공간과의 사회적 관계를 구성하고 호혜적인 역
할을 수행함으로써 궁극적으로 통일이라는 목표를 달성하는 정책 또는 접
근'이라고 정의할 수 있습니다. 역할 정체성에 근거하여 어느 특정 국가에
포획되거나 과도하게 의존함이 없이 구제적인 역할을 통해서 다양한 강대
국들과 호혜적인 관계를 구축할 수 있는 이른바 "피벗 국가(pivot state)"[30]
를 추구하는 것이 통일외교의 관건입니다. 이러한 관점을 바탕으로 역할
정체성에 기반한 통일외교를 네 가지 차원에서 고려해 볼 수 있습니다.

　　그 출발점은 한국의 대북정책입니다. 이 차원에서의 신지정학적 접
근은 무엇보다도 북한의 변화과정에서 한국이 수행할 수 있는 구체적인
역할에 초점을 맞추는 것이어야 합니다. 한반도 통일에 관한 기존 논의는
'결과로서의 통일'과 '과정으로서의 통일'이라는 두 가지 논의로 대별될
수 있습니다. '결과로서의 통일론'은 통일대박론을 포함해서 통일의 비용
및 편익과 같이 남북한이 물리적으로 통일된 상황에서의 논의를 지칭하
며, 독일통일이 대표적인 역사적 사례로 원용되고 있습니다. 반면 '과정으
로서의 통일론'은 남북한의 정치경제체제 및 사회문화적 통합을 이룩하기
위한 단계별 접근들이 대표적입니다. 양 논의에서 공히 통일을 위해서는
북한의 내부 변화를 필수적 선행요인으로 인식하고 있으며, 특히 중국이
나 베트남식의 위로부터의 점진주의 개혁 도입 및 대외 개방의 필요성을

강조하고 있습니다. 그러나 1990년대 "고난의 행군" 이래 지난 20여 년 간에 걸친 북한 내부의 변화, 특히 아래로부터의 자생적 시장화와 이로부터 파급되는 내부 변화를 감안할 때, 통일 및 대북 정책에는 '과정으로서의 통일'이라는 관점에서 북한의 내부 동학에 초점을 맞추는 체제전환(transition)적 접근이 필요합니다. 여기에서 '체제전환'이란 베를린 장벽의 붕괴 이래 지난 25년간 진행되고 있는 탈사회주의 체제변혁을 통칭하며, 구소련권을 비롯해서 중국과 베트남의 점진주의적 체제전환을 포함하는 것입니다.

체제전환의 관점에서 볼 때, 특히 중국과 베트남의 체제전환에 비추어 볼 때, 북한은 아래로부터의 자연발생적 시장화를 통해서 이미 초기 자유화 국면에 있고, 이러한 국면은 안정성을 갖고 상당한 기간 동안 지속될 가능성이 높아 보입니다.31 북한의 지대(economic rents) 구조상, 그리고 현 북한 지배연합의 특성상,32 중국이나 심지어 베트남에서와 같은 전면적인 위로부터의 개혁과 개방은 어려울 것이고, 따라서 위로부터의 적극적인 개혁과 개방을 기다리는 것은 현실성이 떨어져 보입니다. 북한의 핵은 민관유착을 포함하는 부패 기제와 더불어 정권의 안정성은 물론 현 체제전환 국면의 안정성을 더해 주는 중요한 요소이기 때문입니다.33 북한의 지배 엘리트의 입장에서 볼 때 핵과 경제개발은 불가분의 관계에 있으며, 따라서 양자 중 택일을 요구하는 대북정책의 실효성에는 한계가 있을 수 있습니다. 이는 곧 대북정책에 있어서 핵 문제를 일거에 해소할 수 있는 '빅 딜'이 이루어지지 않는 한, 체제전환을 핵 문제와는 별도로 고려해야 할 필요가 있다는 것을 의미합니다. 시간이 경과할수록 북한은 지금과 같은 사실상의 초기 자유화 국면을 유지하면서 다른 한편으로는 핵 개발을 계속할 수 있을 것이고, 이는 북한의 향후 협상 레버리지를 높여 주는 결과를 초래할 수 있기 때문입니다.

따라서 핵 문제에 함몰하는 접근보다는, 북한의 사실상의 변화를 촉진하는 역할을 할 수 있는 대북 접근이 요청됩니다. 이러한 관점에서 북한의 체제전환 과정에서 대두하고 있는 신흥 자본가들과 상업화되고 있는 정치 엘리트들에 주목하는 것이 보다 현실적입니다. 즉 이들이 북한의 체제전환을 현 상황의 균형점에서 머물게 하는 "부분개혁(partial reform)"[34]의 주역이 아니라, 초기 자유화 단계에서 심화된 발전 단계로 나아가게 하는 추진 세력으로 역할을 할 수 있도록 인센티브를 갖게 하는 것이 중요합니다. 이러한 인센티브는 내부로부터 자생적으로 발생하기보다는 외부로부터의 자본 유입과 사업의 규모 및 기회의 확대를 통해서 주어질 수 있으며, 이는 곧 현재와 같은 제한된 여건하에서도 북한에 대한 경제적 접근이 이루어져야 한다는 것을 의미합니다. 현 단계에서 핵과 사실상의 초기 시장화는 양립할 수 있지만, 외부로부터의 대규모 자본 유치를 필요로 하는 발전 국면에서는 경제발전과 핵의 양립 가능성이 희박해지기 때문입니다.

통일외교의 두 번째 차원은 한반도 차원입니다. 미·중 간 지정학적 경쟁이 심화되어 가고 있는 와중에서도 한반도에서 현재 미국과 중국, 러시아와 일본과 같은 주변 국가들의 이익이 수렴되고 있다는 점은 고무적입니다. 한국을 비롯해서 이들 주변 국가들이 한반도에서의 안정과 평화, 그리고 북핵 문제의 평화적 해결을 원하는 데에는 의견과 이익이 일치하고 있습니다. 이는 곧 북한 문제에 대해서 한국이 주도적 역할을 수행하고, 특히 미·중 사이에서 '균형외교(balanced diplomacy)'를 수행함으로써 양국의 경쟁을 완화시키고 공조할 수 있는 계기를 마련해야 한다는 것을 의미합니다. 일견 상충적으로 보이는 중국의 부상과 미국의 아시아 재균형 정책, 그리고 러시아의 신 동방 정책이 적어도 한반도 문제에 있어서는 한국의 중재적 역할을 통해서 상호 조화될 가능성이 있는 것입니다.

셋째, 동북아시아 지역 차원에서는 다자협력 메커니즘의 구축에 적극적인 역할을 함으로서 동북아시아를 이른바 하나의 "상상의 공동체(imagined community)"[35]로 전환시키는 데 외교적 노력을 경주해야 할 필요가 있습니다. 전통 지정학적 경쟁의 대상으로서의 장소나 공간은 영토와 자원, 그리고 영향권을 의미하는 데 반해서, 신지정학에서 의미하는 상상의 공동체에서 핵심 요소는 특정 위치(location), 위치의 사회경제적 기능과 정치사회적 제도(locale), 그리고 그곳에 거주하는 사람들의 집단적 소속감(sense of place)이라는 세 가지 개념을 포괄하는 '장소(place)'입니다.36 동북아시아가 이와 같은 세 가지 요소를 포괄하는 하나의 '장소'로 인식될 때 비로소 하나의 지역 공동체라는 정체성을 만들어 낼 수 있을 것입니다. 이는 정책 홍보나 대화를 넘어서서 구체적이고 지속적인 공동의 협업을 통해서 가능한 것이고, 따라서 안보와 경제의 다양한 분야에서 다자협력체를 실현하기 위한 구체적인 역할이 이어져야 할 것입니다. 현 정부하에서도 동북아협력구상, 유라시아 이니셔티브와 같이 비전통 안보 분야에서 지역 공동체를 구축하기 위한 노력이 계속되고 있습니다. 그러나 무엇보다도 남북관계의 교착이 근원적 장애가 되고 있고, 정책적 비전을 실현할 수 있는 구체적 실행안이 미흡하며, 따라서 이러한 외교적 노력에 대한 주변국들의 반응과 참여가 아직 만족할 만한 수준에 이르지 못한 한계에 봉착해 있는 것이 현실입니다. 여기에는 민족 정체성에 근거한 한·일 관계의 난항도 적지 않은 부정적 요인으로 작용하고 있습니다.

이러한 관점에서, 현 단계에서는 중국과 러시아를 포함하는 3자 또는 4자 경제협력을 적극적으로 모색해야 할 것이며, 특히 "지정학적 관문(geopolitical gateway)"37이라 할 수 있는 북·중·러 접경지역에서의 다자협력에 초점을 맞출 필요가 있습니다. 북한의 북·중·러 접경지역은 중국과 러시아의 지정학적, 지경학적 이익이 수렴되는 관문으로서, 북한의 변화에 관한 한국의 역할에 좋은 출발점이 될 수 있기 때문입니다. 접경지역을 단순히 국가와 국가를 획정하고 구분짓는 경계로서가 아니라, 공통의 이익에 기반한 협력의 장소로 관리함으로써 공동의 '장소 정체성(place identity)'을 구축해 나갈 수 있을 것입니다. 유엔개발계획(UNDP)의 광역두만강개발계획(GTI: Greater Tumen Initiative)이나 한국의 지방정부들이 주창하고 있는 '환동해 경제권' 구상, DMZ 세계생태평화공원 구상, 두만강

하구 다국적 도시 개발 구상38 등이 만약 실현된다면, 이러한 신지정학적 인식에 기반한 접경지역 관리의 좋은 예가 될 수 있을 것입니다.

네 번째는 글로벌 차원에서의 역할입니다. 이는 글로벌 이슈들에 대한 역할을 통해서 다른 국가들은 물론 비국가 행위자들의 참여와 협력을 이끌어 내는 이른바 "틈새 외교(niche diplomacy)"39를 의미합니다. 틈새 외교는 호주 외무장관이었던 가렛 에반스(Gareth Evans)가 처음으로 만든 용어로서 "결과를 산출해 낼 수 있는 특정 외교 영역에 자원을 집중하는 특화"를 의미합니다. 틈새 외교는 강대국처럼 자국의 입장을 강요할 수 있을 만큼 강하지는 않지만 국제사회에서 편협한 국가이익을 넘어서서 의미 있는 역할을 수행할 수 있는, 즉 국제적인 공공재를 산출해 낼 수 있는 능력을 가진 중견국들의 외교정책으로 인식되고 있습니다.

중견국은 외교적 주도를 취할 수 있는 이슈 영역, 즉 경성 안보보다는 연성 안보, 환경 및 기후변화, 원자력 안전, 분쟁방지 및 평화유지, 인권증진, 빈곤타파 및 지속가능한 발전, 사이버 안보, 전염병, 재난구호 및 관리, 개발협력 등의 영역에서 이슈를 선정하고 이들 이슈들에 대한 외교적 노력을 기울일 필요가 있습니다. 기후변화, 환경과 같이 최근 대두되고 있는 글로벌 이슈 영역과 전통적인 금융 및 통상과 같은 영역에서도 선진국들과 개발도상국 또는 신흥 시장국가들 간의 이해가 대립되고 있을 뿐만 아니라, 강대국들 특히 미국과 중국의 지정학적 갈등과 경쟁이 반향되고 있으므로 한국과 같은 중견국들이 타협적인 국제적 규범과 가치를 발전시키는 데 기여할 수 있는 여지가 커지고 있습니다. 특히 한국은 2차 세계대전 이후 전쟁을 겪은 분단국가로서, 또한 북핵 문제에 직면해 있는 국가로서, 평화와 비핵화, 비확산과 같은 틈새 이슈에 초점을 맞추고 외교적 노력을 경주하는 것이 바람직할 것으로 보입니다.

마지막으로 공공외교의 부상에 따른 통일공공외교의 필요성입니다. 통일공공외교는 한국 및 통일 한반도의 역할에 초점을 맞춘 공공외교의 한 형태로서의 지식외교(knowledge diplomacy)40이며, 북한의 변화와 한반도 통일이 남북한은 물론 동북아시아 지역과 글로벌 차원에서 갖는 긍정적 파급효과로 인해서 그 자체로서 중요한 틈새 이슈가 될 수 있습니다. 통일공공외교는 "한국 정부 및 민간이 소프트 파워나 새로운 힘의 자산을 사용하여 상대국 국민, 그리고 글로벌 스페이스를 대상으로 한반도 통일에 대한 자발적 이해와 공감, 그리고 지지를 얻기 위하여 열린 소통 과정을 통해서 대북정책 및 한반도 평화, 그리고 통일에 대한 한국의 입장을 알리고 설득하는 비전통적 외교 행위"로 정의할 수 있습니다. 통일공공외교는 통일된 한반도에 대한 '상상의 내러티브(imagined narratives)'이며, 이는 단순히 미래에 대한 비전이 아니라 미래에 이르는 과정과 그 과정에서 한국이 수행하는 역할에 초점을 맞추는 것이어야 합니다. 즉 정치한 담론과 더불어 이를 넘어서 실천과 행동을 지향하는 정책이 중요합니다. 이러한 관점에서 통일공공외교는 한국의 문화적 매력이나 역사적 경험, 정책적 입장을 특정 국가의 국민을 대상으로 투사하는 것을 넘어서서, 평화와 비핵화, 비확산과 같은 이슈에 대한 내러티브를 사이버 스페이스와 같은 비전통적 영역에, 또한 민족 정체성에 국한되지 않는 비전통적 정체성을 공유하는 네티즌 및 국제적 사회운동들을 대상으로 발신하는 것이 필요합니다.

V. 결   론

지정학의 귀환과 기술혁신이라는 두 가지 변화의 동인은 한국에게는 도전과 기회라는 두 가지 상반된 가능성을 동시에 제시하고 있습니다. 전통 지정학의 국제정치에서 한국은 강대국에 둘러싸인 중견국으로서 그 외교적 입지는 극히 제한적일 수 밖에 없습니다. 그러나 기술혁신에 힘입어 발아하고 있는 신지정학적 국제질서는 한국과 같은 비강대국들에게 유리한 기회를 제공하고 있습니다. 이러한 기회 요인을 극대화시키기 위해서는 당위론적 민족 정체성보다는, 국제사회에서 실천할 수 있는 역할에 주목하고 여기에 동질적인 정체성을 자리매김시키는 것이 중요합니다. 통일외교는 궁극적으로 한반도 통일을 이룩함으로써 물리적인 통합은 물론 민족적 동질성에 입각한 민족 정체성을 회복하자는 것이지만, 이러한 목표를 실현하기 위한 과정에서는 잠시 민족 정체성을 뒤로 하고 한국이 수행하는 역할에서 우리의 정체성을 찾자는 것입니다.

　신지정학의 관점에서 본 역할 정체성에 기반한 통일외교는 무엇보다도 전향적인 대북정책으로부터 비롯되어야 할 것입니다. 북한의 체제전환 과정에서 한국이 직간접적으로 역할을 수행함으로써 주변국들이나 국제사회가 통일된 한반도의 역할과 파급효과를 가늠케 하는 것이 중요합니다. 이는 곧 북한 문제에 대한 이분법적 사고를 벗어나야 한다는 것을 의미합니다. 북한의 사실상의 체제변화 과정에 직간접적으로 관여(engage)하는 한국의 역할은 한반도 및 동북아 차원에서의 역할과 연계됩니다. 미국과 중국의 점증하는 지정학적 경쟁에도 불구하고 한반도에서는 양국의 이익이 수렴되고 있고, 이는 한국이 양자 사이에서 균형된 외교를 수행함으로써 북한 및 통일 문제에 관한 미·중의 합의와 협력, 그리고 무엇보다도 이들의 구체적인 역할을 도출할 수 있는 가능성을 마련할 수 있기 때문입니다. 동북아시아 차원의 다자협력 메커니즘 역시 이와 같은 한국의 역할과 균형외교를 통해서 추구해야 할 목표입니다. 글로벌 차원에서는 틈새 이슈에 대한 역할과 기여를 통해서 한국의 외교적 입지를 강화할 수 있고, 이러한 의미에서 통일공공외교는 그 자체가 한국에게 중요한 틈새 이슈가 될 수 있습니다.

　이제 국제정치의 여러 가지 차원에서 한국이 수행할 수 있고, 수행해야 하는 구체적인 역할에 대해서 보다 본격적인 이론적, 정책적 논의가 이어져야 할 시점입니다. 이것이 한국 통일외교의 토대가 될 것이기 때문입니다.

[주 석]

1 최근 지정학의 귀환에 대한 논의로는 다음을 참조. Walter Russell Mead, "The Return of Geopolitics: The Revenge of the Revisionist Powers", *Foreign Affairs*, 93:3 (May/June 2014); Robert D. Kaplan, *The Revenge of Geography: What the Map Tells Us about Coming Conflicts and the Battle against Fate* (New York: Random House, 2012); Kaplan, *Asia's Cauldron: The South China Sea and the End of a Stable Pacific* (New York: Random House, 2014); Tim Marshall, *Prisoners of Geography: Ten Maps That Explain Everything About the World* (New York: Scribner, 2015).

2 이 글에서 '전통 지정학'은 19세기 이래 제2차 세계대전의 종식에 이르기까지의 지정학 전통을 지칭하며, 여기에는 이른바 "제국 지정학(Imperial Geopolitics)"과 양차 대전 사이의 독일 지정학이 포함됩니다. 대표적인 학자로는 Rudolf Kjellen, Fredrich Ratzel, Halford Mackinder, Alfred Thayer Mahan, Nicholar Spykman, Karl Haushofer 등이 있습니다. 전통 지정학의 전통과 핵심 개념 및 이론에 대해서는 Phil Kelly, *Classical Geopolitics: A New Analytical Model* (Stanford, CA: Stanford University Press, 2016) 참조.

3 Colin Flint, *Introduction to Geopolitics*, 2nd ed. (New York: Routledge, 2012).

4 애그뉴(John A. Agnew)는 19세기 이래 현대 지정학을 세 시기, 즉 19세기의 "문명 지정학(civilizational geopolitics)", 19세기 말부터 제2차 세계대전 종전까지의 "국가에 체화된 지정학(naturalized geopolitics)", 제2차 세계대전 이후 냉전기의 "이념 지정학(ideological geopolitics)"으로 구분하고 있습니다. Agnew, *Geopolitics: Re-visioning World Politics*, 2nd ed. (New York: Routledge, 2003).

5 다보스 포럼의 글로벌 리스크 리포트는 위험 요소를 경제, 환경, 사회, 기술 및 지정학의 다섯 가지 범주로 분류하고 있으며, 지정학 범주의 국가 간 분쟁, 국가 거버넌스의 실패, 국가 붕괴 또는 위기의 세 가지 요소를 '가장 가능성이 있는' 5대 위험으로, 또한 대량살상무기와 국가 간 분쟁을 '가장 충격이 큰' 5대 위험으로 꼽고 있습니다. World Economic Forum, *The Global Risks*

2015 Report (January 2015), http://wef.ch/grr2015 (검색일: 2015. 9. 1).

6 J. P. Singh, "Information Technologies, Meta‒Power, and Transformations in Global Politics", *International Studies Review* 15:1 (2013), pp. 5‒29; "The Power of Diplomacy: New Meanings, and the Methods for Understanding Digital Diplomacy", in Corneliu Bjola and Marcus Holmes (eds.), *Digital Diplomacy: Theory and Practice* (New York: Rutledge, 2015).

7 대표적으로는, Timothy W. Luke, "Placing Power/Siting Space: The Politics of Global and Local in the New World Order", *Society and Space*, 12 (1994), 613‒28; "New World Order or Net‒World Orders: Power, Politics and Ideology in Informationalizing Localities", in M. Featherstone, S. Lash and R. Robertson (eds.), *Global Modernities* (London: Sage, 1995); "Identity, Meaning and Globalization: Detraditionaliztion in Postmodern Time‒Space Compression", in P. Heelas, S. Lash and P. Morris (eds.), *Detraditionalization* (Oxford: Blackwell, 1996); "Running Flat out on the Road Ahead: Nationality, Sovereignty, and Territoriality in the World of the Information Superhighway", in Gearóid Ó Tuathail and Simon Dalby (eds.), *Rethinking Geopolitics* (New York: Routledge, 1998).

8 Manuel Castells, *Communication Power* (New York: Oxford University Press, 2013); *The Rise of the Network Society, The Information Age: Economic, Society, and Culture*, Vol. 1, 2nd ed. (New York: Wiley‒Blackwell, 2010).

9 '비국가 행위자들'은 개인, 기업, NGO 등은 물론 도시, 지방정부와 같은 하위 국가 행위자(sub‒national actors), 그리고 알 카에다나 이슬람 국가와 같은 극단적인 테러리스트 집단, 마약 카르텔과 같은 초국가적인 범죄집단들을 포함합니다.

10 Joseph S. Nye, Jr., *The Future of Power* (New York: Public Affairs, 2011); *Is the American Century Over?* (Malden, MA: Polity, 2015).

11 Ernest Gellner, *Nations and Nationalism*, 2nd ed. (New York: Cornell University Press, 2009); Eric Hobsbawm, *The Age of Empire 1875‒1914*

(London: Weidenfeld & Nicolson, 2010); Benedict Anderson, *Immagined Communities: Reflections on the Origin and Spread of Nationalism* (New York: Verso, 1983).

12 Gerard Toal and Carl T. Dahlman, *Bosnia Remade: Ethnic Cleansing and Its Reversal* (New York: Oxford University Press, 2011).

13 발칸 국가들의 역사적 정체성과 강대국 힘의 정치에 대해서는 Misha Glenny, *The Balkans: Nationalism, War, and the Great Powers, 1804–2011* (New York: Penguin, 2012); Maria Todorova, *Imagining the Balkans* (New York: Oxford University Press, 1997) 참조.

14 Patrick Cockburn, *The Rise of Islamic State: ISIS and the New Sunni Revolution* (New York: Verso, 2015); William McCants, *The ISIS Apocalypse: The History, Strategy, and Doomsday Vision of the Islamic State* (New York: St. Martin's Press, 2015).

15 Samuel P. Huntington, "The Clash of Civilizations?" *Foreign Affairs*, 72:3 (Summer 1993), pp. 22–49.

16 Convention on the Prohibition of the Use, Stockpiling, Production and Transfer of Anti–Personnel Mines and on their Destruction.

17 이 국제적 네트워크는 ICBL(The International Campaign to Ban Landmines) 이며, ICBL은 이러한 활동으로 1997년 노벨 평화상을 수상하였습니다.

18 One million Voices Against FARC(the Revolutionary Armed Forces in Columbia).

19 비판 지정학(critical geopolitics)은 이와 같은 기존의 지정학을 "현대 지정학 의 상상(modern geopolitical imagination)"으로 지칭하고 있습니다. 비판 지 정학의 다양한 논의에 대해서는 다음을 참조. Tuathail and Dalby (eds.), *Rethinking Geopolitics*; John Agnew, Katharine Mitchell and Gearóid Ó Tuathail (eds.), *A Companion to Political Geography* (Malden, MA: Blackwell, 2003); Klaus Dodds, Merje Kuus and Joanne Sharp, *The Ashgate Research Companion to Critical Geopolitics* (Burlington, VT: Ashgate Publishing, 2013); John Agnew, Virginie Mamadouh, Anna J. Secor, and Joanne Sharp (eds.), *The Wiley Blackwell Companion to*

Political Geography (Malden, MA: John Wiley & Sons, 2015).

20 애그뉴는 세 가지 가정, 즉 '국가가 주권 개념하에 영토에 대한 배타적 권력을 갖는다', '"국내정치"와 "국제정치"는 명확히 구분되는 상이한 영역이다', 그리고 '사회의 경계는 국가의 경계와 동일하게 획정되어 후자가 전자를 포함하고 있다'는 세 가지 국가 중심적 가정을 "영토의 함정"이라고 비판하고 있습니다. John A. Agnew, "The Territorial Trap: The Geographical Assumptions of International Relations Theory", *Review of International Political Economy*, 1 (1994), pp. 53–80.

21 Jürgen Habermas, *The Structural Transformation of the Public Sphere: An Inquiry into a Category of Bourgeois Society*, tr. by Thomas Burger (Cambridge, MA: The MIT Press, 1989).

22 Jackie Smith, "Bridging Global Divides? Strategic Framing and Solidarity in Transnational Social Movement Organizations", *International Sociology*, 17:4 (2002), pp. 505–28.

23 IS의 디지털 홍보 및 충원활동에 대해서는 Abdel Bari Atwan, *Islamic State: The Digital Caliphate* (Oakland, CA: University of California Press, 2015) 참조.

24 Hannah Arendt, *The Human Condition* (Chicago, IL: University of Chicago Press, 1975); *On Violence* (San Diego, CA: Harvest, 1970).

25 카스텔스는 네트워크 파워를 다시 네 가지로 구분하고 있습니다. 네트워크에 포함된 행위자나 조직이 네트워크에 포함되지 않은 개인이나 집단에 대해 행사하는 힘(networking power), 네트워크 구성원들에게 네트워크의 법칙을 부과하는 힘(network power), 네트워크를 구축함으로써 네트워크 자체가 힘의 행사자가 되는 경우(networked power), 그리고 네트워크를 구축하고 다른 네트워크와의 협력을 주도하는 힘(network–making power)이 그것입니다. Castells, *Communication Power*.

26 Anne–Marie Slaughter, "A New Theory of the Foreign Policy Frontier: Collaborative Power", *The Atlantic* (November 30, 2011); "America's Edge: Power in the Networked Century", *Foreign Affairs* (January/February 2009).

27 공공외교의 개념과 부상에 대해서는 Taehwan Kim, "Paradigm Shift in Diplomacy: A Conceptual Model for Korea's New Public Diplomacy", *Korea Observer*, 43:4 (Winter 2012), pp. 527-555 참조.

28 이 부분의 논점에 대해서는 김태환, "한국형 중견국 공공외교: 자유주의적, 구성주의적 접근", 국립외교원 외교안보연구소 정책연구과제 2014-03 (2014) 참조.

29 Anderson, *Imagined Communities*.

30 '피벗 국가'의 개념에 대해서는 Iran Bremmer, *Every Nation for Itself: Winners and Losers in a G-Zero World* (New York: Portfolio, 2012) 참조.

31 이러한 논점에 대해서는 김태환, "중국과 베트남 점진주의 체제전환의 재해석―북한에 대한 함의", 국립외교원 외교안보연구소 주요국제문제분석 No. 2015-35 (2015. 11. 19) 참조.

32 북한의 지배연합과 지대 구조에 대한 상세한 분석은 김태환, "북한의 경제변혁 경로 시나리오―지대와 정치적 지배연합의 변화를 중심으로", 국립외교원 외교안보연구소 주요국제문제분석, No. 2014-14 (2014. 4. 7) 참조.

33 Hazel Smith, *North Korea: Markets and Military Rule* (New York: Cambridge University Press, 2015); Daniel Tudor and James Pearson, *North Korea Confidential: Private Markets, Fashion Trends, Prison Camps, Dissenters and Defectors* (Rutland, VT: Tuttle Publishing, 2015).

34 Joel Hellman, "Winners Take All: The Politics of Partial Reform in Postcommunist Transitions", *World Politics*, 50:2 (1998).

35 Anderson, *Imagined Communities*.

36 여기에서의 '장소(place)'의 개념은 John A. Agnew, *Place and Politics* (London: Allen & Unwin, 1987) 참조.

37 지정학적 관문은 "인적·물적 교류를 촉진함으로써 상이한 지리적 영역을 연결하는 역할"을 수행하는 지리적 장소로서, 특히 국경지역이 분절이나 갈등, 경쟁의 장소가 아니라 협력의 장소가 되는 것을 의미합니다. Flint, *Introduction to Geopolitics*.

38 국가건축정책위원회 (2014), 「한반도 희망프로젝트」.

39 틈새외교에 대해서는 다음을 참조. Andrew F. Cooper (ed.), *Niche Diplomacy:*

Middle Powers after the Cold War (New York: Macmillan, 1997); Alan K. Henrikson, "Niche Diplomacy in the World Public Arena: The Global 'Corners' of Canada and Norway", in Jan Melissen (ed.), The *New Public Diplomacy: Soft Power in International Relations* (New York: Palgrave Macmillan, 2007), pp. 67-87; Gareth Evans and Bruce Grant, A*ustralia's Foreign Relations in the World of the 1990s* (Melbourne: Melbourne University Press, 1991).

40 공공외교의 하위 영역으로서의 지식외교에 대해서는 김태환, "한국형 중견국 공공외교: 자유주의적, 구성주의적 접근" 참조.

2. 비판지정학과 한반도 연성복합통일론

전재성(서울대학교 정치외교학부)

이 글의 목적은 비판지정학과 국제정치학 이론의 관점에서 동아시아 국제정치의 작동원리를 재조명하고 이에 근거하여 한반도 통일 방안의 하나의 대안으로 논의된 한반도 연성복합통일론의 의미를 논하는 것입니다. 국제정치가 어떻게 작동하는가에 대해 지정학적 사고는 큰 영향을 미쳐 왔습니다. 국제정치의 기본 단위인 국민국가는 배타적인 영토에 기반하고 있고, 영토를 둘러싼 갈등을 조정할 국가 상위의 권위체도 없기 때문에 자국의 영토가 어디에, 어떠한 환경에 놓여있는가가 항상 중요한 문제였습니다. 영토를 둘러싼 분쟁이 근대 국제정치에서 끊임없이 발생했고, 자국의 안보를 지키기 위해, 때로는 자국의 영토를 넓히기 위해 영토의 위치와 환경은 항상 중요한 문제였습니다. 대륙과 해양, 산과 강 같은 자연 경계, 다른 국가들과의 관계 속에서 형성되는 위치권력 등은 국제정치를 규정하는 중대한 변수임에 틀림없습니다. 19세기 말부터 본격화된 지정학적 사고에 입각하여 국가들은 자국의 팽창가능성과 안위를 바라보았고 특히 2차 대전 이전 전쟁을 일으킨 국가들은 지정학적 사고를 매우 중시했음을 역사를 통해 알 수 있습니다.

20세기를 거치면서 기술이 급격이 발전하고 지구화가 진행되는 한편, 국제정치 역시 급속한 변화를 거치면서 지리의 중요성도 변화하기 시작했습니다. 교통과 통신이 발전하면서 거리의 문제가 변화하고 지구는 급속히 압축된 것이 사실입니다. 시장이 팽창하면서 국경을 넘는 경제적 거래가 활성화되었고 경제활동에 따른 네트워크가 국가 단위의 지리적 분리를 넘어서는 일도 많아졌습니다. 국제정치에서 군사와 안보가 중시될 때에는 영토의 배타성이 중요했지만 점차 환경, 인권, 테러, 마약, 자원 등 중요한 초국경적 문제가 대두하면서 영토도 새로운 관점에서 재조명되게 되었습니다. 지정학은 결국 지리와 국제정치, 즉, 국제정치의 물리적 측면과 정치적 측면의 관계를 살피는 학문인데, 물리적 기반과 국제정치의 상황 모두가 변화한 것입니다. 지리라는 것도 사회와 정치가 변화하면서 그 의미와 중요성이 새롭게 조망되고 구성되는 것이라 할 때, 기존의 지정학을 비판적으로 볼 필요가 발생했습니다. 비판지정학은 이러한 측면을 강조하면서 땅과 인간, 지리와 정치의 네트워크가 어떻게 재정의되어 가는지를 탐구합니다.

　한반도 역시 기존의 지정학적 사고에서는 해양과 대륙을 잇는 요충지로 비추어져 왔습니다. 그렇기에 문명 교류의 핵심이기도 했고 대륙세력과 해양세력의 격돌지이기도 했습니다. 한반도는 해양세력이 약할 때 사실 대륙의 끝자락에서 섬과 같은 지위를 가지고 있었습니다. 대륙의 강대한 세력들은 굳이 한반도를 식민화하려는 노력을 기울이지 않았고 이러한 상황이 한반도의 독립에 긍정적 환경이었다고도 볼 수 있습니다. 과거 일본이 스스로 대륙에 진출하려고 하거나 해양세력이 일본을 점령하려고 할 때에는 한반도는 항상 어려움에 처한 경험이 있습니다. 임진왜란이 앞의 대표적 사례라면, 몽골의 일본 침략 노력은 뒤의 사례입니다. 조선과 고려는 지정학이 변화하면서 전쟁과 지배에 시달린 경험이 있습니다. 19세기 후반부터 서구 세력이 해양으로부터 진출하면서 한반도는 실로 큰 고난에 시달렸습니다. 영국과 러시아의 패권 경쟁의 장이 되었는가 하면, 일본 스스로 해양제국주의 세력이 되면서 한반도 분할에 관한 다양한 음모가 진행되기도 했습니다. 결국 일본으로부터 식민지배를 받게 되었습니다. 독립 이후에도 미국과 소련의 냉전, 해양 강대국과 대륙 강대국의 격돌 속에서 전쟁과 안보위기가 일상화되었습니다. 분단은 가장 아픈 경험이지만 냉전의 산물이자 지정학의 결과라고도 볼 수 있습니다.

한반도의 통일은 지정학의 조건이 충족될 때 보다 용이하게 이루어질 것입니다. 한국 스스로 중견국으로 성장하여 통일의 가능성이 높아졌지만, 주변국가들의 지정학적 계산이 중요한 것도 사실입니다. 통일된 한반도는 동북아 국제정치에 큰 변화를 가져올 것이고 여전히 세력균형에 의해 국제정치를 운용하고 있는 주변 강대국들은 지정학적 사고 속에서 한반도 통일이 자국에 가져올 이익과 피해를 저울질하고 있을 것입니다. 전통 지정학이 여전히 중요한 이유입니다.

그러나 동시에 한반도의 통일은 동북아 국제정치 지형에 새로운 바람을 몰고 올 수도 있습니다. 한반도 분단은 동북아에서 대륙과 해양의 원활한 교통과 소통을 막는 장벽이기에 통일된 한반도는 동북아의 지형에 큰 변화를 일으킬 것입니다. 한반도와 중국 동북 지방의 경제교류도 활성화되고 일본으로부터 유럽까지 교통망도 연결될 것입니다. 생활권도 통합되는 사례가 발생하고 이념적 대립도 사라져 동북아인들의 공간과 마음도 변화될 것입니다. 더 나아가 한반도 통일이 동북아 안보 경쟁도 완화하고 동북아는 물론 동아시아의 국제정치적 협력, 통합을 이루는 밑거름이 될 수도 있습니다. 이러한 변화는 전통지정학적 관점을 넘어 비판지정학적 관점에서 큰 변화라 할 수 있습니다.

한반도의 통일을 논할 때 보통은 남한과 북한의 영토적 통합, 남과 북을 아우르는 우리 민족이 하나의 정치권을 형성하는 정치적 통합, 그리하여 하나의 국가가 되는 근대국가적 통합을 생각합니다. 그러나 한반도의 통일은 통일된 한국과 주변국의 원활한 소통, 한반도를 둘러싸고 벌어졌던 주변국들 간의 강대국 정치의 완화, 동북아 국제정치 본질의 변화로 이어질 가능성도 큽니다. 따라서 지금 통일을 추구하는 과정에서 과거 지정학적 사고만을 가지고 할 것이 아니라 그 이후의 상황도 고려한 노력을 기울인다면 통일한국의 위상, 통일한국이 지역에 공헌할 수 있는 가능성도 제고될 것입니다. 이렇게 다양한 상황을 고려한 통일 방법으로 연성복합통일을 설정해 볼 수 있습니다. 연성이라 함은 군사적, 정치적 통일뿐 아니라 경제적, 문화적, 이념적 통일을 함께 적극적으로 고려하자는 뜻이 고, 복합이라 함은 남과 북의 통일일 뿐 아니라 동북아인들의 통합을 함께 추구하는 것입니다. 한반도 통일을 통해 동북아의 통합과 협력이 증진될 때 통일한국이 보다 나은 상황에서 번영하고 발전할 수 있습니다. 한반도 가 통일되었다 하더라도 주변의 강대국들이 여전히 전통지정학적 경쟁을 벌이고 있다면, 여전히 상대적 약소국일 통일한국은 큰 어려움에 직면할 가능성이 크기 때문입니다.

　　이 글은 비판지정학의 관점에서 동북아 국제정치가 어떻게 변화하고 있으며, 그 속에서 어떠한 통일을 추구할지 논의하고 있습니다. 다양한 통 일 방법이 논의될수록 미래 한반도를 둘러싼 우리의 비전도 다양화될 것 이고 통일도 앞당겨질 수 있을 것입니다.

I. 비판지정학과 국제정치학

　　지리와 정치가 밀접한 관계가 있다고 상정하고 지리의 정치적 측면, 정치의 지리적 측면을 연구해 온 것이 지정학입니다. 1890년대 지정학이 라는 용어가 만들어졌고, 이후 소위 고전지정학은 2차 대전 종식 때까지 많은 국제정치이론가와 정치가, 외교정책결정자의 인식에 큰 영향을 미쳤 습니다. 자국의 안보와 발전, 팽창과 확대에 지리적 요건이 어떠한 작용을 하는지는 매우 중요한 일이었습니다. 영국의 매킨더, 독일의 하우스호퍼, 미국의 스파이크만에 이르기까지 강대국들은 자국의 생존을 위한 영토적 범위, 안보를 위한 지리적 장치, 식민지 팽창과 강대국 간 경쟁을 위한 지 리적 요충지 설정 등의 문제를 놓고 지리의 국제정치적 측면을 연구해 왔 습니다.[1]

　　고전지정학은 결국 2차 대전에 이르는 제국주의와 팽창주의에 공헌했 기 때문에 이후 오명에 시달리게 됩니다. 사실 고전지정학은 제국주의, 인종주의, 환경결정론의 영향을 강하게 받았는데, 이는 고전지정학의 부흥기가 국제정치에서 제국주의의 시기와 일치했기 때문입니다. 사상적으로 고전지정학은 라마르크주의 혹은 사회진화론의 영향하에서 제국주의적 팽창을 뒷받침하는 전략적 인식을 제공했습니다. 또한 철학적으로는 인간의 의식과 지리가 별개로 존재한다는 데카르트 주의, 즉, 의식과 물질의 이원론에 기초하고 있어, 주어진 지리적 환경에 사회가 거부할 수 없는 큰 영향을 받는다고 상정했습니다.

1980년대부터 지정학, 혹은 정치지리학의 주요 논의를 받아들이면서 고전지정학의 오명을 벗을 수 있는 비판지정학이 등장하게 됩니다. 애그뉴, 오투아다일 등 일군의 학자들은 지정학의 근본적 가정을 새롭게 재검토하여 고전지정학과는 다른 주장을 펼치고자 노력했습니다.[2] 지리, 혹은 정치의 물리적 환경이 데카르트주의 혹은 계몽주의 사상에서 상정하는 것처럼 인간의 의식과 별개로 존재한다는 근대적 관념을 비판하면서 지리는 인간의 담론적 실천에 의해 구성된다는 탈근대론의 인식론과 존재론을 적용하기 시작한 것입니다. 잘 알려진 바와 같이 탈근대론, 혹은 탈근대철학은 대상과 표상, 기의와 기표 간에 존재하는 권력적 관계, 혹은 언어적 관계를 강조하며 대상과 기의는 관찰자, 혹은 표상자의 인식과 권력적 지위에 영향을 받을 수밖에 없다고 봅니다. 현실과 사실이라는 것도 객관적으로 존재하는 것이 아니라 인간들이 이를 어떻게 기호화하고 상정하는가가 중요하다는 것인데, 그 과정에서 사회의 정치적 상황과 언어적 행위가 중요하다는 것입니다.

비판지정학의 이론가 중 한 사람인 오투아다일은 비판지정학이 탈근대론자인 푸코와 데리다 등의 이론에 강한 영향을 받았다고 설명하고 있습니다. 푸코가 주권, 영토, 통치성(governmentality)의 개념을 역사적으로 추적하면서 근대를 성립시킨 이러한 원칙들이 고정된 것이 아니며 각 시대별 담론, 에피스테메, 권력관계에 의해 구성된 것이라고 주장한 바 있는데, 이러한 생각들이 중요한 영향을 준 것입니다.[3] 또한 데리다의 설명처럼 대상은 사실 텍스트이며 기표 혹은 표상의 차이에 의해 그 의미가 설정된다는 점에 착안하기도 합니다. 이러하게 보면 지리를 표상하는 인식자의 인식이 어떻게 형성되는가를 설명하는 실마리가 마련됩니다. 데리다는 인간 의식의 이원주의가 기표의 차이에 영향을 미치고 이는 대상을 인식하는 바를 결정하기 때문에 해석되지 않은 대상은 없다고 봅니다.

　　결국 지리와 정치, 물질과 의식, 몸과 마음 등 기존의 근대적 이분법은 무너지고 정치의 환경이 지리 역시 인간의 정치적, 언어적 구성물이라는 점이 강조됩니다. 고전지정학이 제국주의와 식민주의의 도구로 전락하게 된 것은 지리가 정치적 관계에 의해 구성된다는 메타이론적 자각과 성찰이 부족했기 때문이라고 볼 수 있습니다. 고전지정학이 근거하고 있는 철학적 입장이 과학주의적 메타내러티브, 혹은 거대이론에 기초하고 있기 때문에 지정학적 판단을 수정할 수 있는 유연성을 결여한 것입니다.[4]

　　고전지정학은 근대 국제정치의 영토성에 뿌리박고 있습니다. 근대 국제정치는 주권과 영토, 국민에 기초한 국가 간의 관계로 규정됩니다. 그러나 이러한 관계가 고정된 것이 아니고 역사적으로 결정된 사항입니다. 근대 국제정치는 17세기 즈음 유럽에서 시작되었고, 흔히 1618년부터 1648년까지 진행된 30년 전쟁을 통해 결정적으로 시작되었다고 봅니다. 30년 전쟁을 마감한 조약이 베스트팔렌 조약이기 때문에 이를 베스트팔렌 체제라고 하기도 합니다. 19세기 서구 제국주의가 세계 구석구석에 퍼지면서 베스트팔렌 체제가 비서구 지역까지 팽창하는데, 이때 영토에 기반한 국제정치가 지구상에서 보편화되었다고 볼 수 있습니다.

　　따라서 비판지정학의 관점에서 볼 때 근대적 영토관념은 내장된 국가주의(embedded statism)을 깔고 있습니다. 영토와 주권을 직접 연결시키는 역사적으로 특수한 인식에 기반하여 지구상의 국제정치가 운용되고 있기 때문입니다. 또한 국가들이 주권을 소유하고 있기 때문에 근대국제정치의 조직원리는 무정부상태가 됩니다. 국가는 자신이 소유한 영토를 명확한 경계에 의해 규정하며 타국과 공유가 불가능한 배타적 공간으로 인식하고 있습니다.5 자신의 영토 내에서 주권적 권위를 소유한다고 믿는데, 이는 한 공간에 두 개 이상의 주권적 권한이 중첩적으로 존재할 수 없다는 가정에 입각하고 있습니다.6

국가주의와 배타적 주권관념에 기초한 영토개념이 초역사적으로 사실인 것은 물론 아닙니다. 유럽의 중세만 하더라도 보편제국의 관념이 존재했으므로 신성로마제국의 황제가 자국의 영토를 소유하고 있다고 상정되지만 많은 제후들이 이를 중첩적으로 소유하고 있었습니다. 또한 황제와 제후, 왕과 기사 간의 인적 계약관계로 영토가 봉토로서 수여되고 박탈되며 중첩적으로 소유되기도 하였습니다. 결혼과 왕조에 의해 영토가 소유되었으므로 인접한 영토 간 명확한 경계가 항상 설정된 것도 아니었습니다. 예를 들어 한 왕조는 여기저기 흩어진 곳에 영토를 소유하고 있었고 이를 관리하기 위해 자주 여행을 하고 방문을 하거나 대리인을 시켜 영토를 관리하게 해야 했습니다. 지금처럼 인접한 영토를 소유하고 명확한 국경을 긋게 된 것은 근대부터의 일이라고 해야겠습니다.7

유럽 이외의 지역에서도 근대 이전에는 상황이 비슷하다고 할 수 있습니다. 전통지역질서에서 중국은 명목상 천자의 지위를 소유하고 아시아에서 유일한 주권자로 군림했습니다. 천하의 영토를 배타적으로 소유하고 다른 왕조들은 제후국으로서 이를 통치하는 것이었기 때문에 주변 왕조의 영토에 미치는 권위가 중첩적으로 결정되어 있었습니다. 동아시아의 경우 중국 중원왕조와 한반도의 왕조는 위계적 조직원리에 기초하고 있었지만 영토는 형식상으로는 황제의 영토, 그러나 사실상으로는 한반도 왕조의 독자적 영토로서 인정되어 왔습니다. 사대관계를 맺을 경우 이는 형식적 주종관계와 실질적 독립관계를 중첩적으로 상정한 것이었기 때문에 근대적 관념으로 영토를 인식할 경우 쉽게 이해되지 않습니다. 한반도 왕조의 왕들은 중국과 구별되는 국경을 가지고 있었지만, 영토는 천자에 속한다는 명목상의, 정치적 인식도 가지고 있었습니다. 내치에서 사실상 자주국이라고 인식하였지만 천자의 신하로 정치적 지위를 설정하는 데 별다른 모순을 느끼지도 않았습니다. 사실상의 독립, 자주와 명목상의 주중관계가 복합적으로 어우러져 정치질서가 형성되었던 것입니다.

결국 근대 국제정치는 소위 "영토의 덫(territorial trap)"에 갇혀 자연적 지리를 특수한 방식으로 이해하고 관념합니다.8 지리를 이렇게 이해하는 것은 지리적 물질을 텍스트화하는 과정에서 발생하는 특수한 정치관계에 영향을 받은 것이며, 이를 해체해야만 지리의 권력적, 언어적, 사회적 구성을 알 수 있다는 것이 비판지정학의 시각입니다.

비판지정학은 국제정치학 이론과도 연결됩니다. 현실주의 국제정치학 이론 중 특히 신현실주의는 국가주권을 주어진 고정된 것으로 보는 경향이 강합니다. 국제정치는 대외적 독립성과 대내적 최고성의 주권을 가진 국가들로 구성되어 있기 때문에 국제정치 조직원리가 무정부상태를 벗어날 수 없다고 신현실주의는 봅니다. 영토는 중첩되지 않고 명확한 경계를 통해 나뉘어 있는데 이러한 상황이 변할 수 있는 가능성은 매우 적다는 가정입니다. 이러한 지정학적 요건은 관찰자 혹은 행위자의 의식에 의해 구성된 것이 아니라 합리적 이기주의자인 국가에 의해 정해진 것으로 봅니다. 따라서 현실 자체가 결정된 것이고 역사적으로 항상 그렇게 존재한 것으로 보는 고정된 관점이 강합니다.

또 다른 이론인 자유주의국제정치이론은 국가를 중심 행위자로 보면서도 동시에 다양한 사회적 기제들을 중시합니다. 시민사회의 개인과 사회집단, 시장의 역할이 국가의 정치성을 매개하고 구성하고 때로는 넘어설 수 있다고 봅니다. 그렇기 때문에 국가가 정한 영토적 경계를 가로지르는 다양한 현상이 나타나는 점을 강조합니다. 민주평화론자들은 국가 내의 개인과 시민사회 간 연결이 국가의 행위에 영향을 미쳐 협상과 협력이 강력하게 발생하고, 평화지향적으로 인도한다고 봅니다. 민주주의를 운용하는 국가들은 충돌보다 협력과 조정을 강조하는 경향이 크기 때문에 민주국가들끼리는 문제가 발생했을 때 전쟁을 하기보다는 협력을 지향한다는 이론입니다. 협력이 증진되면 영토의 배타성도 누그러지고 국경을 넘는 통합의 가능성도 따라서 증가할 수 있습니다. 한편 시장평화론자들은 국가를 넘어서 작동하는 시장의 논리가 국가의 갈등과 전쟁을 방지할 수 있다고 간주하기도 합니다. 이익이 있은 곳이면 어디든 가는 시장의 논리에 따라 국제정치가 움직일 경우, 경제적 행위자들의 영향력은 커질 수밖에 없습니다. 경제행위를 하는 행위자들은 국경을 넘는 초국가 시장의 형성을 원할 것이고, 자국의 정치인들에게 국가 간 협력을 요구하게 됩니다. 전쟁은 시장행위에 치명적이기 때문에 평화를 추구하는 정책을 건의할 것입니다. 시장의 방향과 범위에 따라 지리는 새로운 의미를 띠게 될 것이고, 지정학이 아닌 지경학이 큰 힘으로 자리잡게 될 것입니다. 이렇게 보면 정치적 영토와 국가 이외의 논리가 상호 영향을 미치면서 국제정치를 규정한다고 볼 수 있습니다.

　그러나 비판지정학의 시각과 가장 근접한 시각은 구성주의와 탈근대 국제정치이론이라고 할 수 있겠습니다. 구성주의는 국제정치가 항상 고정된 것이 아니라 역사 속에서 새롭게 구성되고 변화한다는 유연한 시각을 가지고 있습니다. 지구상에 국가라는 단위가 항상 지배적인 것도 아니고, 국가가 주권을 소유하면서 모든 것을 결정하는 궁극적이고 최종적인 권위가 되는 것도 영원하지는 않을 것으로 봅니다. 국가의 주권성, 무정부상태 조직원리 모두가 긴 역사적 과정을 통해 구성된 것이라고 보는 것입니다.

　영토가 주권과 직결되는 근대국제정치의 관점에서 보면 구성주의 역시 영토에 대한 개념과 영토를 규율하는 규범과 원칙이 역사적으로 구성된 것이라는 점에 찬성합니다. '무정부상태도 국가하기 나름'이므로 영토에 대한 관념 역시 마찬가지입니다. 무정부상태하에서도 다양한 문화적 변이가 나타날 수 있다고 웬트와 같은 대표적 구성주의자는 간주하며, 홉스적, 로크적, 칸트적 문화 속에서 영토에 대한 관념은 매우 다르게 구성될 수 있습니다. 주권 국가들 간의 관계라 하더라도 영토를 배타적으로 보지 않고 협력적, 혹은 더 나아가 중첩적으로 볼 수 있는 여지도 존재합니다. 20세기 후반부에 형성된 유럽 연합의 경우 국가들은 국경의 배타적 개념, 단일 시민권의 개념을 유연하게 변화시켰으며, 영토에 대한 안보적 중요성이 탈각되면서 영토의 배타적 소유라는 개념 역시 자원의 공동 이용 등의 개념으로 변화하고 있습니다.

　비판지정학과 가장 근접한 이론은 탈근대 국제정치이론으로 이는 비판지정학과 기본 인식론과 존재론의 요소를 공유합니다. 국제정치라는 사실은 텍스트로서 언제나 해석된 것이라고 볼 수 있습니다.9 주권의 개념 또한 근대적으로 구성된 것이며, 다양한 권력관계와 담론정치 속에서 다르게 구성됩니다. 탈근대 국제정치이론가들 중 한 사람인 애쉴리는 신현실주의의 주권관, 무정부상태라는 문제틀이 국제정치의 권력관계를 그대로 투영하고 있으며 현상을 유지하고자 하는 주류이론가들에 의해 보편화된 틀로 주어지고 있다고 비판합니다. 신현실주의의 패권적 담론, 일원론적 독해(monological reading)를 벗어나기 위해서는 당연시되고 있는 주권 및 무정부상태 개념을 낯설게 하여 비판적으로 보아야 한다는 것입니다.10 그 외에 다른 이론가들로 더 데리안, 워커, 바텔슨과 같은 학자들 역시 푸코와 데리다의 방법론을 선택적으로 차용하여 국가의 안과 밖의 구분을 계보학적으로 분석하거나, 국제정치를 보는 이론들을 텍스트 간 관계로 인식하여 이론의 정치적 담론으로서의 특징을 지적해 오고 있습니다.

　근대 국제정치의 기본 개념들인 주권, 국민, 영토 등의 개념을 계보학적으로 파헤치면 변화의 새로운 추동력에 좀 더 민감해질 수 있습니다. 애쉴리의 경우 비국가 행위자들의 권능을 새롭게 보기를 권하고 무정부상태 대신에 국가 간 공동체의 성립가능성에 좀 더 많은 주의를 기울일 것을 주문합니다. 국가의 주권, 주권의 영토기반성 등의 절대성을 비판하면서 변화의 가능성을 모색할 때, 새로운 지정학적 상상력이 제시될 수 있다는 점에서 이러한 국제정치이론들은 비판지정학과 상통하는 바가 큽니다.

　한편 탈근대 국제정치이론이 비판에서 자유로운 것은 아닙니다. 국제정치의 영역은 몸을 가진 인간으로 구성된 정치체 간의 관계를 분석하는 것이며, 현재 국제정치 영역에서는 폭력이 갈등의 궁극적 결정요소로 작

용하고 있는 것이 사실입니다. 즉, 국제정치의 가장 중요한 기반이 물질성
이라는 점입니다. 몸과 폭력의 물질성을 어떻게 보는가는 물론 인식자의
시각에 의해 결정되는 것이 사실이지만, 폭력이 행사되는 과정의 물질성
은 상당한 보편성을 가진다고 보아야 합니다. 국제정치이론의 하나의 갈
래인 고전현실주의의 경우 정치체 간의 관계가 역사적 과정에 의해 구성
되는 것은 사실이지만, 폭력의 존재는 물질적 보편 원리가 작동할 수 있는
공간을 제공하기도 합니다. 최근 탈근대 국제정치 이론 이후 소위 물질주
의적 전회들은 이러한 사실에 주목하고 있으며, 탈근대 이론이 관념론으
로 이어지는 것을 경계하고 있습니다.[11]

　　비판지정학의 경우도 소위 신고전지정학을 주장하는 시각의 경우 비
판지정학이 관념적으로 흐를 가능성이 있으며, 그 자체가 반지리적일 수
있다는 비판을 가하고 있습니다.[12] 향후 지리, 혹은 국제정치의 물질적 기
반이 다양한 방식으로 구성되는 측면에 초점을 두면서도 물질에 기반하여
상대적으로 지속되는 논리가 어떠한 방식으로 결합되는가에 주목할 필요
가 있겠습니다.

Ⅱ. 동아시아 국제정치 복합조직원리와 비판지정학[13]

　　21세기 우리가 살고 있는 동아시아의 국제질서는 근대 서구의 주권국
가체제에 따르고 있습니다. 19세기 중반 이후 제국주의적으로 이식된 서
구체제가 전통 국제질서를 근본적으로 변화시킨 것입니다. 1840년 아편전
쟁에서 청왕조가 패배하고 이어 오랜 기간을 거쳐 서서히 천하질서가 무
너졌고, 조선과 일본 역시 제국주의의 영향을 강하게 받으면서 스스로 근
대적 단위로 변화하기 위해 지난한 노력을 거쳐 왔습니다. 이러한 노력 뒤
에는 국제정치의 근본 원리가 변화하는 흐름이 자리잡고 있었고, 동아시
아뿐 아니라 전 세계에 걸쳐 이러한 변화가 이루어졌습니다. 소위 베스트
팔렌 체제의 지구화 과정입니다.

　　동아시아의 전통질서는 천하질서, 혹은 사대자소질서로 개념화되어 왔습니다. 기본 단위는 지금과는 다른 제국으로서 동아시아의 정치집단들은 각각 제국을 지향하며 중원을 차지하고자 했습니다. 제국은 기본적으로 다른 제국과의 공존을 인정하지 않는 보편성을 띠므로 설사 복수의 제국이 존재했다 하더라도 타 제국의 주권을 인정하지 않고 정복과 피정복을 반복해 왔습니다. 동아시아의 지리적 특성상, 중원을 차지한 세력이 매우 강대한 보편제국을 수립하여 자신이 천하의 중심이라는 이념적 주장을 해 왔고, 사대자소의 조공질서를 유지했습니다. 이 과정에서 주권은 오직 가장 강한 제국의 황제만이 소유하고 있었고, 형식상 천하를 포괄하는 영토를 소유한 것으로 인식되었습니다. 약한 제국은 스스로 보편제국을 추구하지만 힘의 논리상 타 제국에 사대하면서 책봉과 조공의 의무를 수용하였습니다. 또한 종속 제후국의 인민은 제국의 신민으로 형식적으로나마 개념화되었습니다. 그러나 중국의 중원은 중국 한민족뿐 아니라 다양한 민족이 차지해 왔고 그 과정에서 복잡한 사대와 자소의 관계가 이어져 온 것이 사실입니다.

　　서구 주권국가 질서가 이식되면서 영토와 주권, 국민의 관계는 근본적으로 변화하기 시작합니다. 이러한 변화는 역사적 과정 속에서 서서히 진행된 것이므로 21세기에 들어선 현재에도 근대 주권국가 질서가 온전히 자리 잡은 것으로 보기는 어렵습니다. 동아시아의 유럽적 근대 이행은 일회적이 아니며 단위들 역시 다양한 단위들이 복합적으로 존재하고 있습니다. 1840년의 아편전쟁으로부터 현재에 이르기까지, 서구 제국주의 세력의 진출과 유사주권, 혹은 반주권 상태의 단위들이 존재하던 시기가 있었습니다. 청제국은 대외적 주권을 소유한 것으로 취급되었지만 조차지의 경우 주권을 온전히 보존하지 못했습니다. 일본과 조선 역시 개항되었지만 불평등조약하에서 일면 주권국가로 취급되면서도 불완전한 주권의 단위로 오랫동안 존속했습니다. 초기 제국주의 단계를 거쳐 본격적인 제국주의 단계로 이행하면서 일본은 명실공히 제국으로, 조선은 식민지로, 중국은 반식민지 상태로 존재하게 되었습니다.

  1945년 이후 온전한 베스트팔렌체제를 체화한 근대 이행은 아직 마무리되지 못합니다. 근대 이행이 완성되려면 영토와 국민, 주권 개념에 입각한 국민국가가 온전히 마련되어야 합니다. 분단되어 있거나 정상적인 국가가 소유할 수 있는 권한을 제한받으면 안될 것입니다. 또한 국가들 스스로가 다른 국가들을 온전한 주권국가로 이해하고 승인하는 것이 근대 국제정치의 기본적 조건입니다. 그러나 동아시아의 경우 일본은 태평양전쟁 이후 비정상국가로, 한국과 중국은 분단국가로 존재하고 있다는 점에 주목할 필요가 있습니다. 비정상의 상태와 분단의 상황을 근대적 정상상태로 스스로, 혹은 상호 간 인정하지 않고 있는 이상, 근대국가 완성의 과제는 여전히 현실에서 존재합니다.

  동아시아에서 근대 이행은 오랜 기간에 걸쳐 다회적으로 이행하였습니다. 불완전한 근대 이행 속에서 온전한 주권국가들이 자리 잡지 못한 것이지만, 그러면서도 동시에 두 개의 한국과 두 개의 중국, 비정상의 일본이 온전한 주권국가처럼 행동해 온 것도 사실입니다. 물론 대만은 제외되었지만, 국제사회에서 이들 단위들은 이미 성립된 무정부상태의 조직원리에 따라 움직입니다. 이들 국가들은 미국과 러시아 등 동아시아 외부의 서구 세력들과 다양한 국제정치 관계를 이루며 국제연합과 같은 국제기구, 국제사회에서 다른 국가와 동등한 주권국가로 행세합니다. 한국의 경우 분단 국가여서 남한과 북한 중 어느 국가가 주권국가로 인정받는가가 중요한 문제였습니다. 남과 북은 국제사회를 상대로 치열한 인정경쟁을 벌였고, 한반도의 영토를 대표하는 유일한 주권국가로 승인받고자 하였습니다. 결국 1991년에 국제연합에 동시 가입하게 되면서 남과 북은 모두 주권국가로 인정됩니다. 그러나 여전히 통일이 지대한 과제로 남으며, 남과 북은 서로 다른 생각을 하고 있으면서도 하나의 주권국가로 통일되어야 한다는 전제를 공유하고 있습니다. 결국 동아시아 국가들은 온전하지 못한 주권국가라고 스스로 인식하면서 이 과제를 완성하기위한 노력을 기울

이고 있습니다. 달리 말하면 내부적으로 비정상적인 근대 단위로서, 근대
이행을 완결하려는 과제를 안고 있다고 할 수 있습니다.

　국제정치를 탈역사적 관점에서 이론화하는 신현실주의의 경우 영토와
국민, 주권의 개념을 고정된 것으로 간주한다고 설명하였습니다. 또한 근
대 국제정치의 조직원리는 무정부상태 하나만이 작동한다고 가정합니다.
현재 동북아의 불완전한 근대 단위들 역시 국제법상 각자 온전한 주권국
가인 것처럼 여겨지고 있습니다. 앞의 논의처럼 한국과 북한은 국제연합
에 동시에 가입한 두 개의 주권국가이지만, 남과 북의 관계에서 특수관계
임을 인정하여 향후 하나의 통일 주권국가로 이행할 것에 합의하고 있습
니다. 결국 동아시아, 넓게는 비서구의 경우 하나의 국제체제가 하나의 조
직원리에만 기반하고 있다고 보아야 할 것인가의 문제가 있습니다.

　서구의 경우 여전히 개별 국가가 존재하지만 유럽 연합을 만들어 국
가 주권의 상당 부분을 유럽연합에 이전했습니다. 유럽 전체를 통과하는
이사회와 의회가 존재하며 경제도 통합되어 중요한 거시경제정책 방향을
유럽 전체의 차원에서 결정합니다. 근대의 모습과 탈근대의 모습을 함께
가지고 있는 것입니다. 따라서 서구는 근대 이행을 완결했다고 볼 수 있기
때문에 복수의 조직원리가 작동하며, 국가 권능의 약화 이후 거버넌스로
의 탈근대 이행을 동시에 겪고 있습니다. 그러나 비서구의 경우 근대 이행
자체가 아직 불완전하기 때문에 여전히 전통과 제국주의 이행기의 모습이
남아 있습니다. 주권국가체제가 온전히 자리잡지 못한 상태에서 새로운
변화에 직면하고 있기 때문에 양상은 매우 복잡해집니다.

　우선 흥미로운 점은 근대적 위계의 운용원리와 동아시아의 근대 이전
의 위계적 조직원리가 어떻게 현대에 결합되고 있는가 하는 점입니다. 동
아시아의 경우 각각의 단위들이 근대 완성을 향해 나아가는 과정에서 타
국의 주권을 침해하거나 지역의 질서를 변화시키려는 노력을 추구하는 모
습을 보입니다. 중국의 경우 근대 질서 속에서 강대국화를 추구하면서 동
시에 과거 중화질서를 복원하려는 노력을 기울이고 있고, 일본은 정상국

가화의 과정에서 19세기 제국주의 성공사례를 기억하면서 그때의 에너지를 복원하고자 노력합니다. 중국과 일본은 근대 이전의 위계적 조직원리 속에서 각각 패권의 지위를 지니고 있었고, 현재에는 위계적 운용원리 속에서 강대국의 지위를 차지하고 있습니다. 중국과 일본의 지역질서 상상 속에서 근대의 주권국가체제는 약한 규제만을 가진다고 볼 수 있습니다. 반면 한국은 근대 이전의 위계적 조직원리 속에서 종속의 입장에 처해 있었습니다. 그러면서도 동시에 자율성을 보존하고 있었고 이를 극대화하는 것이 목표였습니다. 현대에서도 한국은 근대적 무정부상태의 조직원리 속에 있으면서 가능한 한 자율성을 확대하고자 노력하는 데 주력합니다. 이러한 상황에서 중견국의 지위를 지향하고 있습니다.

    동아시아의 약한 근대적 조직원리, 혹은 제국성이 여전히 잠재된 주권국가질서가 앞으로 어떻게 변화할지가 주목됩니다. 유럽의 경우처럼 국가의 주권이 보존되면서 통합으로 나아간다면 바람직한 길이겠습니다. 그러나 근대 이전 제국질서, 위계질서를 다시 복원할 생각을 가지거나, 이를 가능하게 하는 힘이 결합될 경우 동아시아의 상황은 다시 제국들 간의 경쟁 양상으로 변할 가능성도 있습니다. 따라서 앞으로 동아시아 국제정치를 볼 때, 강하게 부활하고 있는 근대 이전의 조직원리, 그리고 빠르게 다가오고 있는 탈근대의 조직원리가 각각 어떻게 단위, 제도, 구조의 차원에서 나타나고 있는지를 파악하는 것이 중요합니다. 단위의 경우 전통제국, 근대제국주의 시대의 제국, 분단된 미완성 분단국가, 근대의 비정상 국가 등 다양한 계획과 현실의 모습을 보이고 있습니다.

    비판지정학에서는 근대 국제질서의 영토, 국민, 주권의 개념이 고정된 것이 아니며 이념, 권력, 언어에 의해 표상된 것이기 때문에 항상 변화하는 것으로 봅니다. 어느 시대의 어떠한 관념이 다른 것에 비해 규범적으로 우월한 것으로 볼 수도 없고, 각각은 당시 시대의 담론질서, 혹은 에피스테메에 의해 결정될 뿐입니다.14 현재 동아시아 국제정치의 근간을 이루는 영토, 국민, 주권 역시 독특한 시공 속에서 구성된 것입니다. 가장 강력한 조직원리는 무정부상태로서 그 속에서 주권은 "영토의 덫"에 강력히 뿌리내리고 있습니다. 현재 동아시아에서 벌어지고 있는 다양한 영토분쟁은 명확한 경계, 제로섬의 인식 때문입니다. 한일 간에 벌어지고 있는 동해와 일본해 표기문제도 그러하고 동아시아 국가들 간 분쟁지역에 대한 소유권과 공동의 자원이용권이 조화를 이루지 못하는 것도 그러합니다. 이는 근대 이행기에 영토에 대한 명확한 합의가 이루어지지 않은 과거에 근거한 부분이 큽니다. 동시에 제국적 영토관념도 작용하고 있다고 볼 수 있습니다.

　　중국의 2013년 시진핑 주석은 인도네시아, 카자흐스탄 순방 시 소위 일대일로 전략을 제시한 바 있고, 이는 2014년 아시아인프라투자은행(AIIB) 등 구체적 제도에 의해 본격적으로 추진되고 있습니다.[15] 중국 서부로 약 60개국에 이르는 국가들에 영향을 미치며 중동과 아프리카까지 중국 중심의 경제, 사회문화, 정치적 교류를 활성화한다는 전략입니다.[16] 이는 근대적 영토관념에 기반하고 있지만, 다른 논리에서는 지리적 영토를 가로지르는 영향권을 설정하려는 노력이기도 합니다. 중국은 책임 있는 강대국으로서 주변 지역에 대한 적극적 외교를 추진하고 있고, 이는 근대를 넘어선 지정학적 상상력을 보이고 있습니다. 흥미로운 점은 미래를 설계하는 중국의 지정학적 상상력의 일정 부분이 전통질서에서 발휘된 중국의 패권 경험에 기반하고 있다는 것입니다. 중국은 전통시대에 주변국을 무력으로 병합하지 않았고 시혜적 패권으로 주변국에 우호적 영향을 발휘했다는 점을 강조합니다. 중국의 시진핑 주석은 지속적으로 중화민족의 부흥과 소강사회건설을 주창하고 있는데, 이러한 민족주의와 대외적 적극외교가 연결되는 지점은 서구 근대를 넘어서는 지정학적 기획의 모습을 띤다고 볼 수 있습니다.

　　비판지정학은 근대 주권국가질서에 내재된 다양한 논리를 드러냄으로써 영토성을 비판적으로 볼 것을 제안하고 있습니다. 비서구의 경우 영토성의 중층적 성격은 더욱 두드러집니다. 근대적 주권, 영토관념을 정초한 유럽은 막상 지역 차원의 공동주권과 중첩적 영토 개념으로 이행하고 있는데, 비서구는 여전히 이식된 서구 질서를 완성하기 위해 많은 비용을 치르고 있습니다. 비서구는 냉전 종식 이후 새로운 지역질서를 건설하고자 많은 노력을 기울이고 있고, 시행착오도 겪고 있습니다. 동아시아 역시 예외는 아닙니다. 현재 주권질서를 완성하는 동시에 근대 질서가 가지는 문제점을 극복하는 탈근대 이행을 동시에 이루어야 합니다. 이 과정에서 근대 이전 동아시아 고유의 전통질서가 중요한 상상력의 자원이 될 것은 부정할 수 없습니다.

일본은 19세기 말, 20세기 전반기의 성공사례를 준거점으로 삼기도 합니다. 현재 아베 총리 정권하의 역사 수정주의는 제국적 성공을 거둔 일본의 경험을 보다 긍정적으로 보려는 역사관에서 비롯됩니다. 그러나 과거 제국을 부활하려는 노력은 탈근대 이행을 바람직한 방향으로 이끌기 어렵습니다. 제국은 다른 제국과의 평화로운 공존을 근본적으로 부정하기 때문에 향후의 동아시아 질서는 다자주의적 공존을 향해야 합니다. 그러기 위해서는 근대 이전의 제국성과 근대의 배타적 주권성을 넘어서는 상상력을 동원하여야 하는데 이는 비판지정학에서 논하는 영토의 구성적 성격에 주의할 때 가능할 것입니다.17

Ⅲ. 연성복합통일론과 비판지정학

연성복합통일론은 한반도의 미래 거버넌스를 상상하는 하나의 대안으로 제시된 개념입니다.18 기존의 통일이 남과 북이 온전히 합쳐진 근대국가를 완성하는 기획이라는 점에 의심의 여지가 없었습니다. 이는 여전히 바람직한 방향입니다. 한반도가 하나의 독립된 근대국가로 완성될 수 있다면 최대한 빨리, 효율적으로 통일되어야 할 것입니다. 그러나 현재 한국이 당면하고 있는 변화들을 고려할 때 다른 대안을 생각해 보는 것도 그리 나쁘지는 않습니다. 우선 북한의 강력한 저항을 들 수 있습니다. 북한은 소위 우리식 사회주의에 입각하여 국제사회의 보편적 경향에 강하게 반대하고 있습니다. 여전히 정치적 독재와 중앙집권적 경제, 수령중심의 사상을 유지합니다. 4대 진지론에 입각하여 한국을 자기 중심으로 통일하려는 노력도 여전히 기울이고 있습니다. 그러나 경제가 악화되고 국제정치적 위상이 급격히 약화되면서 1993년 핵무기 프로그램을 공공연히 내세우고 핵무기확산금지조약에서도 탈퇴하였습니다. 4차에 걸친 핵실험을 추진하였고 이제 한국은 물론 주변국 모두를 핵무기로 위협하는 상황에 도달했습니다. 북한은 주변국의 대북 적대시 정책 때문에 핵 개발이 불가피하다고 논하고 있습니다. 핵문제를 해결하기 위해서는 단순히 군사문제만을 해결해서는 안 되고 향후 남과 북, 북한과 국제사회가 어떠한 관계를 맺어야 하는가 하는 북한 문제 전반을 해결해야 합니다. 이 과정에서 통일문제가 등장할 수밖에 없는데, 한국이 점진적이고 평화적인 통일을 추구하고 있는 만큼 북한의 실질적 변화를 이끌어 내면서 통일에 찬성할 수 있도록 노력해야 합니다. 그러려면 다양한 차원에서 협력 네트워크를 구축해야 합니다. 그러한 점에서 연성의 네트워크 구축을 우선 추진한다면 북한의 저항감도 약화시키면서 남과 북의 실질적 통합을 가속화할 수 있을 것입니다.

둘째는 통일 비용에 대한 고려입니다. 현재 남과 북의 경제적 격차는 거의 40배에 달하고 있고, 한국과 북한 간 마음의 분단 역시 골이 깊어지고 있습니다. 통일한국이 출현했을 때, 남과 북이 함께 발전하는 데 필요한 비용이 만만치 않을 것입니다. 통일 비용을 줄이려면 남과 북의 격차가 사전에 줄어들어 있어야 합니다. 그러려면 정치적, 군사적 통일 이전에 사회적, 문화적, 경제적 통합이 진전되도록 노력해야 합니다. 아직 통일은 안 되었지만 사실상 통합된 상태에 도달하는 것을 목표로 하고, 이를 통해 통일 비용이 들지 않는 통일을 지향해야 합니다. 통일 이후에도 할 일이 산적해 있는 상황을 고려해 볼 때 더욱 그러합니다.

한반도의 통일과정을 비롯해 통일한국이 직면한 또 다른 도전을 고려해 볼 때 역시 국제정치가 중요한 문제로 대두합니다. 우선, 한국이 처해 있는 동아시아의 국제정치 상황을 생각해 보아야겠습니다. 통일한국은 동아시아에서 분단시대와는 다른 중대한 지위를 가지게 될 것입니다. 그러나 여전히 주변 4강과의 국력 격차는 만만치 않을 것입니다. 통일한국의 힘이 절대적 기준으로 증가된 것은 사실이겠지만, 여전히 상대적으로는 약소한 처지일 가능성도 큽니다. 통일한국이 강대국으로서 다른 강대국들과 세력균형을 이룰 수도 있지만, 미중관계, 강대국 간 경쟁체제에서 근본적인 이점을 취하기는 어려울 수도 있습니다. 특히 미중 경쟁은 21세기 국제정치에서 매우 중요한 변수인데, 그 가운데 한국이 처해 있는 것은 통일 전후를 막론하고 불변의 사실입니다. 동북아가 여전히 전통지정학에 기반한 세력균형에 따라 좌우된다면 통일한국의 외교는 어려움을 겪게 될 가능성이 높습니다.

　따라서 우리가 바랄 수 있는 대안은 다자주의적 협력체가 형성되는 동아시아인데, 현재로서 가능성은 여전히 제한적입니다. 강대국 간 세력경쟁이 벌어지고 있는 상황에서 한반도 통일 과정은 국제정치의 영향을 받을 수밖에 없습니다. 분단이 그러했던 것처럼 통일 역시 주변국의 합의를 일정 부분 필요로 하는데 이는 경쟁하는 주변국들 간의 지정학적 합의, 혹은 양해와 관련된 부분입니다. 특히 미중 경쟁 속에서 양국은 통일 한반도가 자국의 이해를 심대하게 해치지 않는다는 확신이 있어야 적극적으로 통일에 나설 것입니다. 한국이 스스로 통일을 이루는 것이 가장 중요한 목표이지만 현실적으로 주변국에 대한 통일 외교를 현명하게 병행하는 것이 필요합니다.

　더 나아가 통일 과정에서 한국 주도로 다자주의적 협력체가 만들어진다면 더욱 바람직할 것입니다. 동북아에는 현재 북핵 문제를 해결하기 위해 만들어 놓은 6자 회담이 존재합니다. 그리고 5개의 소위원회를 설치하였는데 그중의 하나로 동북아 다자협력이라는 소위원회를 설치한 바 있습니다. 한반도 문제가 동아시아 다자주의 촉진의 기회가 된 것입니다. 한반도 통일 과정은 주변국의 다자적 합의를 촉진할 수 있을 뿐 아니라, 동아시아 질서를 보는 시각도 변화시킬 수 있습니다. 그러한 점에서 통일 한반도의 통치체제의 성격, 거버넌스의 모습은 동아시아에 주는 함의가 클 것이라고 기대해 봅니다.

이러한 다면적인 고려를 담아 통일을 기획해 볼 수 있는데, 연성복합통일이라는 개념과 대안은 이를 반영한 것입니다. 이 개념은 우선 온전한 근대국가를 지향하기보다는 유럽연합과 같은 공통의 주권, 중첩적 영토성, 복수적 시민권 등의 개념을 상상하고 있습니다. 남과 북이 유럽 연합 내의 국가들처럼 자유롭게 교류협력하면서 근대 주권개념을 초월한 공동체를 이룩하는 것입니다. 물론 이러한 과정을 거쳐 근대국가로 나아갈 수도 있습니다. 그러나 이러한 과정이 원활하게 이루어짐으로써 주변국가들의 국제정치적 상상력에 영향을 미칠 수도 있겠습니다. 새로운 지정학이 가능한 한반도 공간의 출현으로 중국의 통일, 그리고 보통국가화된 일본의 새로운 모습도 보다 유연해질 가능성을 생각하는 것입니다. 중국과 대만의 관계도 연성복합통일로 이어지고, 보통국가화된 일본도 지역 차원의 다층적 네트워크 속에서 협력으로 나아가는 상황을 기대합니다. 결국 통일 한반도의 새로운 모델이 동아시아 전체의 다층적, 연성적 복합네트워크로 확산되는 것이 하나의 목적이라고 하겠습니다.

둘째, 현재 한국에서 일어나고 있는 변화를 반영하는 통일 개념이 필요합니다. 한국은 대외적으로 이미 주권국가이고, 그것도 선진국을 향해 가고 있는 주권국가입니다. 물리적 영토성을 넘어 시장, 사회문화 협력, 사이버 공간을 통해 대외적으로 빠르게 진출하고 있습니다. 한류의 확산을 볼 때 한국은 마음의 지정학에서 세계 사람들의 사랑을 받고 있습니다. 한국 내에서 일어나는 변화도 괄목할 만합니다. 이미 외국 출신 시민이 100만 명을 넘어서는 시대에 접어들었고, 한국의 젊은 세대들은 태생적 시민권에 못지않게 생후 취득한 시민권에 익숙한 세대가 되어 가고 있습니다. 북한주민들은 우리의 역사에서 문화와 언어, 경험을 공유한 민족의 부분임에 의심의 여지가 없지만, 이제 한국의 시민 개념은 한반도에 거주하는 사람들의 범주를 넘어서고 있습니다. 따라서 미래 한국은 한반도 주민은 물론 다양한 경로로 한국과 관계하는 사람들의 집단이 될 것입니다.

정체성의 탈민족화가 빠르게 진행되는 과정에서 통일의 탈민족화를 생각할 수 있는 상황이 되었습니다. 통일 한반도는 역사적 의미의 민족 통합은 물론 다양한 구성원들을 포함한 응집력 있는 네트워크가 될 수 있습니다. 연성복합통일의 상태는 남과 북, 그리고 동아시아인들을 다양한 방법으로 엮는 공동체를 지향합니다. 주변국들은 통일한국이 인구 8천만에 달하는 강대국이 될 것이라고 생각하기도 합니다. 상대해야 할 강대국이 추가되는 상황이라는 염려이겠습니다. 그러나 연성복합의 통일 상태를 유지하는 한국이 주변국과의 다층적 네트워크를 보다 공고히 한다면 이러한 불안감은 불식되고, 동아시아의 다자주의 공동체 형성에 촉진제가 될 수 있습니다.

비판지정학은 새로운 정치지리적 상상력을 자극한다는 점에 의의가 있지만, 이를 현실화할 계기를 어떻게 마련할지에 부심합니다. 새로운 정치지리는 관념적으로 이루어지는 것이 아니라 구체적이고 물질적인 계기를 겪어야 하기 때문입니다. 국제정치적 근대는 물론 전통에 근거한 미래 기획이 강화되고 있는 동아시아에서 새로운 지리적 상상력은 더욱 발휘되기 어려운 것이 사실입니다. 이 과정에서 한반도의 통일이라는 계기는 동아시아 조직원리를 변화시킬 수 있는 절호의 기회일 수 있습니다. 중국과 대만의 통일은 양자의 비대칭성으로 지역 전반에 미치는 영향력이 작습니다. 또한 일본의 보통국가화는 일본의 정상성 획득의 의미는 강하지만 지역 전반에 미치는 영향력은 상대적으로 작다고 생각됩니다. 그러한 점에서 한반도의 통일은 향후 동아시아의 국제정치 근본 질서에 영향을 미치는 모델이 될 수 있으며, 이는 비판지정학의 영감을 실현시키는 좋은 계기가 될 수 있을 것입니다.

[주 석]

1 Klaus Dodds and David Atkinson, Geopolitical traditions: a century of geopolitical thought(New York: Taylor & Francis, 2000).

2 G. Ó Tuathail, Critical Geopolitics: The Politics of Writing Global Space (Minneapolis: University of Minnesota Press 1996); G. Ó Tuathail, S. Dalby, and P. Routledge, The Geopolitics Reader(New York: Routledge, 2006).

3 Michel Foucault, Security, Territory, Population: Lectures at the College de France, 1977-1978(New York: Picador 2007).

4 Jean-François Lyotard, The Postmodern Condition: A Report on Knowledge(Manchester: Manchester University Press, 1979).

5 영토의 상호배타적 개념이 유럽 내재적으로 발전한 것이 아니라 15세기 말 식민지 대륙 발견 이후 식민지 영토 획정에서 비롯된 것이라는 흥미로운 주장에 관해서 Jordan Branch, "'Colonial reflection' and territoriality: The peripheral origins of sovereign statehood," European Journal of International Relations, 18:2, pp. 277-297 참조.

6 S. Elden, "Thinking Territory Historically", Geopolitics 11 (2010).

7 S. Tomasch and S. Gilles (eds.), Text and Territory: Geographical Imagination in the European Middle Ages(Philadelphia: University of Pennsylvania Press 1998).

8 John Agnew, "Still Trapped in Territory?", Geopolitics, 15:4(2010), pp. 779-784.

9 James Der Derian and Michael J. Shapiro (eds), International/Intertextual Relations (Lexington MA: Lexington Press, 1989).

10 Richard K. Ashley, 'The Geopolitics of Geopolitical Space: Toward a Critical Social Theory of International Politics', Alternatives, 12 (1987) pp. 403-34.; Richard K. Ashley, "Living on Border Lines: Man, Poststructuralism, and War", in James Der Derian and Michael J. Shapiro (eds), International/Intertextual Relations(Lexington MA: Lexington Press,

1989), pp. 259-321.; Richard K. Ashley, "The Poverty of Neorealism", International Organization, 38:2 (1984); Richard K. Ashley, "Untying the Sovereign State: A Double Reading of the Anarchy Problematique", Millennium, 17:2 (1988), pp. 227-62.: Richard K. Ashley and R. B. J. Walker, "Reading Dissidence/Writing the Discipline: Crisis and the Question of Sovereignty in International Studies", International Studies Quarterly, 34:3 (1990).

11 물질주의 전회(materialist turn)에 관해서는 Jane Bennett, Vibrant Matter: A Political Ecology of Things(Durham: Duke University Press, 2010); Nick Srnicek, Maria Fotou, Edmund Arghand. Introduction: Materialism and World Politics", Millennium, 41:3(2013), p. 397 및 이 호의 특집 논문들 참조.

12 Terrence W. Haverluk, Kevin M. Beauchemin & Brandon A. Mueller, "The Three Critical Flaws of Critical Geopolitics: Towards a Neo— Classical Geopolitics", Geopolitics, 19:1(2014), pp. 19 – 39.

13 복합조직원리론의 관점에서 본 동아시아. 주요 주장은 1) 하나의 국제체제, 특히 비서구의 국제체제가 하나 이상의 조직원리를 가지고 있고, 이들 복수의 조직원리들이 중첩되면서 단위의 정체성과, 단위들 간의 규범구조, 그리고 상호이해와 대외정책을 다차원적으로 결정한다는 것, 2) 단위들은 복수의 정체성을 가지고 다양한 대전략을 추진하며, 이들 간의 정체성뿐 아니라, 한 단위 내의 정체성은 상이함과 동시에 서로 상충될 수도 있다는 것, 3) 하나의 국제체제 안에서 일어나는 다양한 이슈들이 서로 다른 단수의, 혹은 복수의 조직원리를 체현하고 있기 때문에, 단순한 조직원리론에 기반한 이론적 설명으로는 개별 사건들을 충분히 설명하기 어렵다는 것, 4) 동아시아 과거 조직원리는 제국 간 정치의 원리이기 때문에 중국의 전통 중화 제국주의, 일본의 19세기 근대 제국주의가 현대의 국가 행동 속에서 준거로 항상 작용한다는 것, 5) 정책결정자 수준과 대중의 수준에서 행동을 뒷받침하는 practice, habit의 수준이 다르므로, 동아시아 국가의 민족주의는 과거를 내재한 감정적, 관행적, 실천적 모습을 띨 수 있다는 것, 6) 동아시아의 경우 따라서 안정된 국제체제를 설계하기 위해서는 복합조직원리에 상응하는 복합규범구조를 밝혀야 하고, 이에 따라 개별 사건들을 해결해 나가야 한다는 것 등입니다.

복합조직원리론에 대해서는 전재성, 『동아시아 국제정치: 역사에서 이론으로
』(서울: 동아시아연구원, 2011) 참조.

14 근대 질서하에서도 상황에 따라 중첩적 영토 개념이 가능할 수도 있다는 주
장에 관해서 Cara Nine, "When affected interests demand joint self-
determination: Learning from rivers", International Theory, 6:1 (March
2014), pp 157-174; Noel Parker & Nick Vaughan-Williams (2012)
"Critical Border Studies: Broadening and Deepening the 'Lines in the
Sand' Agenda", Geopolitics, 17:4, pp. 727-733 등 참조.

15 Xi Jinping (2015). "Towards a Community of Common Destiny and A
New Future for Asia" March 28.

16 National Development and Reform Commission, Ministry of Foreign
Affairs, Ministry of Commerce of the People's Republic of China. 2015.
"Vision and Actions on Jointly Building Silk Road Economic Belt and
21st-Century Maritime Silk Road" March 28.

17 Ayelet Banai, Margaret Moore, David Miller, Cara Nine and Frank Dietrich,
"Symposium 'Theories of Territory beyond Westphalia'" International
Theory, 6(2014), pp. 98-104.

18 박명규 외, 『연성복합통일론 : 21세기 통일방안구상』 (서울: 서울대학교 통일
평화연구소, 2010).

3. 세계질서의 변화와 한반도 통일의 신지정학*

황지환(서울시립대학교 국제관계학과)

I. 머 리 말

최근 글로벌 질서는 중국의 급격한 부상과 미국의 상대적 쇠퇴로 대표될 수 있습니다.[1] 이는 종종 '차이메리카(Chimerica)'나 'G2'라고 언급되며, 최근 중국은 '신형대국관계'라고 스스로 칭한 바 있습니다. 이는 다양한 국제적 이슈에서 미중이 서로 경쟁하고 있음을 잘 보여주는 용어입니다.[2] 1990년대 초반 소련의 붕괴와 냉전의 종식 이후 미국은 세계 유일의 초강대국으로서 단극의(unipolar) 세계질서를 만들어 가고 있었습니다.[3] 하지만, 현재의 세계질서는 지정학적으로 상당한 변화를 겪고 있습니다. 미중관계가 세계질서에서 가장 중요한 변수가 되었기 때문에 동아시아 지역질서에서 중국의 부상이 가지는 의미는 훨씬 더 크다고 할 수 있습니다.[4] 하지만, 그러한 변화는 냉전시대의 이데올로기적인 경쟁과 충돌이 아니라 지정학적인 경쟁의 모습을 강하게 보여주고 있습니다.[5] 물론 한반도도 그러한 주변국의 영향에서 벗어날 수는 없습니다.[6] 중국 경제는 1980년대 초반 이후 연평균 10퍼센트 이상 성장했고, 마침내 세계 2위의 경제

---

*이 글은 저자의 다음 글의 일부를 수정 및 보완한 것입니다. Jihwan Hwang, 2013, "The Two Koreas after U.S. Unipolarity: In Search of a New North Korea Policy", Journal of International and Area Studies, Vol. 20, No. 1.

대국으로 등장했으며, 경제발전에 바탕을 두고 군사적으로도 매우 빠르게 성장하고 있습니다.

이러한 관점에서 이 글은 세계질서에서 미국의 단극체제가 종식된 상황을 설명하고, 그러한 변화가 한반도에 어떤 의미를 주는지를 신지정학의 관점에서 설명하고자 합니다. 우선 동아시아의 지정학적 변화의 관점에서 군사력과 경제력의 변화를 통해 미국과 중국사이의 세력균형이 어떻게 변화하고 있는지를 추적합니다. 또한, 냉전의 종식 이후 지난 20여년 동안 한국 정부가 보여준 대북정책을 설명한 뒤, 미국의 단극질서하에서 추진되었던 정책들이 현재의 한반도 주변 상황에서 여전히 적실성을 가지는지 살펴볼 것입니다. 마지막으로 이 글은 신지정학의 관점에서 세계질서의 변화하는 세력균형 관계를 반영하면서 한국정부가 새로운 대북정책과 통일정책을 모색할 필요성이 있음을 제안합니다. 그러한 정책은 한반도에 대한 중국의 영향력을 감소시키고 북한에 대한 한국의 영향력을 증가시키는 노력이 될 것입니다.

Ⅱ. 미국의 단극질서 이후 동북아시아의 지정학

<표 1>에 나타나고 있는 것처럼, 중국의 경제규모(명목 GDP)는 여전히 미국의 2/3 정도입니다. 하지만, 중국이 2030년이면 경제적으로 미국을 능가할 것이라는 이야기는 이제 낯설게 들리지 않습니다.[7] 더구나 경제력을 구매력기준(PPP)으로 계산하면 중국이 이미 미국을 앞질렀다고 국제통화기금(IMF)은 분석하고 있습니다. 이를 통해 국제경제질서에서 전통

표 1	동북아 국가들의 2015년 경제규모		(GDP, 단위: 1조 달러)	
국 가	미 국	중 국	일 본	한 국
GDP	17.97	11.39	4.12	1.39

자료: 국제통화기금(IMF)

표 2	미국과 중국의 2015년 한국 무역량	(단위: 10억 달러)
국가	수출	수입
미국	44	70
중국	90	137

자료: 한국무역협회(중국 수치는 홍콩을 제외한 것임)

적인 지정학적 구도가 귀환한 것이라 해석할 수 있습니다.

중국이 한국과 진행하고 있는 무역량은 미국의 무역량보다 훨씬 더 많습니다. <표 2>를 보면, 중국의 한국 수출 및 수입은 미국에 비해 2배가 넘습니다. 미국과 중국의 경제상황에 따라 다르겠지만, 이 차이는 앞으로 더욱 커질 수도 있습니다. 동북아 지역에서 경제적 상호의존 증가는 역내에서 커다란 세력관계의 변화요인이 될 수 있으며, 이는 한반도의 남북한 관계에도 커다란 영향을 미칠 수 있습니다.[8]

다른 한편, 중국은 군사력 증강에도 큰 힘을 쏟고 있습니다.[9] 중국의 경제성장으로 중국 정부는 그동안 연평균 10퍼센트 이상씩 국방비를 빠르게 증가시켜 왔습니다. 중국은 2001년도에 약 400억 달러의 국방비를 지출하고 있었으나, 불과 10여 년 만인 2014년에 1,122억 달러로 거의 3배 가까이 증가했습니다.[10] <표 3>은 중국의 국방비가 여전히 미국의 1/5 정도에 불과함을 보여주고 있습니다. 하지만, 미국은 재정적자 문제로 인해 향후 국방비를 감축하려고 계획하고 있는 반면,[11] 중국은 경제가 큰 어려움에 빠지지만 않는다면 지속적으로 국방비를 증가시킬 것임을 인식해

표 3	동북아 국가들의 국방비			(단위: 1억 달러)
국 가	미 국	중 국	일 본	한 국
국방비	6,004	1,122	510	305

자료: 대한민국 국방부, 국방백서 (2014)

야 합니다. 세계 군사질서에서도 전통적인 지정학의 요소들이 다시 부상하고 있습니다.

　　더구나 양국의 국방비 차이를 단순히 명목상의 수치로 비교하기는 어렵습니다. 미국은 군사력을 유럽, 중동, 동아시아 등 전 세계에 투사하고 있는 반면, 중국은 주로 자국 주변의 동아시아에 군사력을 집중하고 있기 때문입니다. 따라서 중국의 군사적 부상은 단순히 수치가 보여주는 것보다 동북아의 한반도에 더 큰 영향을 미칠 수 있습니다. 미국 역시 최근 중국의 군비증강에 커다란 우려를 표시하고 있습니다.[12] 중국은 항모 건조 등 증강된 군사력을 바탕으로 이제 대만 문제를 훨씬 넘어서서 아시아 전체에 대한 군사작전을 수행할 수 있는 국방력을 추구하고 있습니다.[13] 반면 미국은 동아시아에 대한 '재균형(rebalancing)' 정책을 추진하면서도 재정적자의 심화로 인해 중국의 부상에 대응하는 데 커다란 어려움을 겪고 있습니다. 이에 따라 미국은 동북아의 동맹정책을 강화하면서 중요 동맹국인 한국과 일본이 세계안보와 동북아 안보에 더 커다란 역할을 하기를 기대하고 있습니다.[14]

Ⅲ. 탈냉전시대 안보구조와 한반도의 지정학

　　1990년대 초반 이후 형성된 미국의 단극질서는 미중 간의 세력균형 변화로 인해 균열되기 시작했습니다. 따라서 동북아 지역에서도 안보환경의 변화에 대한 새로운 인식이 싹트기 시작했습니다. 이는 탈냉전 이후 한반도 주변 상황의 지정학적인 변화를 의미합니다. 이러한 관점에서 한국 역시 중국의 부상이 한반도, 특히 북한문제와 관련하여 어떤 영향을 미칠 것인지에 대해 면밀히 관찰할 필요성을 느끼게 됩니다. 중국이 현상유지 세력(status quo power)이며 평화로운 의도를 가지고 있다고 하더라도 중국의 부상은 북한 문제를 다루는 한국에게 상당히 어렵고 복잡한 전략적 도전을 제기하게 됩니다.[15] 최근까지 한국 정부의 대북정책은 탈냉전 지역질서의 구조, 즉 미국의 단극질서에 기반하고 있었다고 말할 수 있습니다. 냉전의 종식이 지정학적인 관점에서 북한에게 의미하는 것은 소련과 중국 이라는 강대국 후견국을 상실하고 우호적이지 못한 안보환경에 둘러싸이면서 고립되기 시작했다는 것입니다.[16] 한국 정부는 이처럼 유리한 안보환경을 적극 활용하며 북한에 대한 강력하고 단호한 정책을 펼쳐 왔습니다.

1990년대 초반 세계냉전의 종식 이후 모든 한국 행정부는 북한을 포용하든 압박하든 북한 정권의 성격을 바꾸기 위해 적극적으로 노력해 왔습니다. 노태우 정부 시기의 북방정책은 세계냉전의 종식을 계기로 한반도에서도 냉전을 종식시키고 분단 문제를 해결하고자 한 첫 번째 적극적인 노력이었습니다.[17] 김영삼 정부는 1994년 김일성 주석의 사망 이후 북한 정권의 붕괴를 예상하며 한국 주도의 통일을 위해 북한을 압박하기도 했습니다.[18] 김대중 정부와 노무현 정부는 대북 포용정책을 통해 북한을 변화시키려는 전략을 추구했습니다.[19] '햇볕정책'으로 알려져 있던 이러한 전략 역시 한국 주도로 북한정권의 성격 변화를 꾀하고 있었다는 점에서 마찬가지로 적극적인 대북정책이었습니다. 이명박 정부는 강력한 한미동맹을 바탕으로 이전보다 더욱 강경하고 단호한 대북정책을 펼치며 북한의 행동방식을 변화시켜 국제사회의 규범을 수용하게 하려고 노력했습니다.[20]

다른 한편, 북한의 지도자들은 1980년대 후반 이후 세계냉전이 종식되는 과정에서 한반도의 세력균형이 북한에게 불리하게 변하고 있음을 인식하기 시작했습니다.[21] 김일성 주석은 소련이 붕괴되고 중국이 체제전환을 하는 과정에서 북한의 안보환경을 재검토하였습니다. 김일성은 한반도의 세력균형 변화를 타개하기 위해 여러 전략을 추진했는데, 국제정치학의 관점에서 보면 이는 '대내적 균형(internal balancing)' 전략과 '편승(bandwagoning)' 전략을 동시에 시도한 것이었습니다.[22] 전자는 북한의 국내적 군사력 증강을 의미하고, 후자는 한국, 미국, 일본 등 냉전시기의 적대국에 접근하며 화해 제스처를 보이는 것을 의미합니다. 북한은 '대외적 균형(external balancing)' 전략을 지속할 수는 없었는데, 이는 소련과 중국처럼 북한에 확장억지력(extended deterrence)을 제공해 줄 수 있는 강대국 동맹을 더 이상 찾을 수 없었기 때문입니다. 북한은 경제적 침체로 인해 재래식 군사력 증강을 할 수 없게 되자, '대내적 균형' 전략 추진을 위해 핵무기 프로그램 개발에 집중했습니다.[23] '대외적 균형' 전략 추진을 위해서는 1980년대 후반부터 1990년대 초반까지 미국 및 일본과 접촉하며 탈냉전기의 비우호적인 안보환경에서 벗어나서 과거의 적대국들과 관계개선을 하려고 시도했습니다. 하지만, 북한의 노력은 미국과의 이해관계나 신뢰가 없어서 성공하지 못했습니다.[24] 북한은 한국과의 관계개선도 모색했는데, 그 결과 1991년에 '남북기본합의서'와 '한반도 비핵화 공동선언'에 합의하기도 했습니다. 하지만 남북한 사이의 합의들은 결국 실천되지 못했습니다.[25]

　　대내적 균형전략과 편승전략을 동시에 시도한 북한의 접근법은 상호간 이해관계의 충돌로 인해 국제사회에서 수용되지 못했습니다. 북한이 진정으로 한국 및 미국과의 관계 개선을 원했다면, 핵무기 프로그램을 포기했어야 했습니다. 하지만, 북한은 핵무기 프로그램이 체제 생존을 위한 마지막 보루라고 주장하며 포기하지 않았습니다. 북한은 2003년 이라크 전쟁에 대해 언급하며, 사담 후세인이 핵무기 프로그램을 포기했기 때문에 미국으로부터 정권을 보호하지 못한 것이라고 해석했습니다. 북한은 전쟁을 방지하고 안보와 주권을 지키기 위해서라도 강력한 억지력을 가지는 것이 불가피하다는 주장을 펼쳐 왔습니다.[26] 하지만, 문제는 북한 정권이 핵무기 프로그램을 지속한다면 한국 및 미국과의 관계 개선 기회를 가질 수 없으며 한반도의 안보딜레마에서 빠져나올 수 없다는 점입니다.[27] 세계냉전의 종식 이후 북한은 한반도에서 상당히 불리한 지정학적인 상황에 놓이게 되어 수세적인 환경에 처해졌습니다.[28]

Ⅳ. 중국의 부상과 한반도의 지정학

　　중국의 부상과 북중관계의 변화로 인해 북한은 이제 더 이상 1990년대의 탈냉전 구조의 안보환경에 놓여 있지는 않습니다. 최근의 동북아 안보구조가 미중 간의 신냉전도 아니고 북중관계 역시 과거의 혈맹관계라고 할 수는 없습니다. 하지만, 중국의 부상으로 인한 동북아의 지정학적 변화로 북한은 이제 더 이상 1990년대의 비우호적인 단극질서하에 있는 것은 아닙니다. 물론 북한은 2006년 이후 진행된 수차례의 핵실험으로 인해 한국이나 미국뿐만 아니라 과거 우방국이었던 중국과 러시아에게서도 경제 제재를 받고 있어 과거 어느 때보다도 국제적으로 고립되어 있는 것이 사실입니다. 중국은 더 이상 북한을 냉전시대의 혈맹으로 인식하지 않으며, 북한 역시 중국을 과거와 같이 신뢰하지는 않습니다.29 하지만, 북한은 중국에 상당히 의존하고 있으며, 경제적, 전략적으로 중국에 의해 관리되고 있기도 합니다.30 중국은 북한 문제를 미중관계의 관점에서 전략적으로 활용하며 접근하기도 합니다.31 북한 역시 중국의 대미관계를 활용하면서 대내외의 어려움에서 벗어나려고 노력하고 있습니다.

　　중국의 부상으로 한국에게 가장 당혹스러운 사실은 북한의 대중 의존도가 높아지면서 대남 의존도가 크게 감소했다는 점입니다.32 북한의 대중 의존도 증가는 부분적으로는 중국의 부상으로 인한 자연스러운 결과라고 할 수 있습니다. 하지만, 이는 북한의 대남 의존도가 감소하면서 발생한 부수적인 결과이기도 합니다. 이것은 중국의 대북 영향력이 증가하면서 한국의 대북 영향력은 급격하게 감소해 왔다는 것을 의미합니다. 저명한 국제정치학자인 코헤인과 나이가 설명하듯,33 비대칭적인 상호의존(asymmetric interdependence)은 권력의 근원이 될 수 있습니다. 중국에 대해 북한이 더욱 민감해지고 취약해진다는 것은 중국의 대북 영향력이 증가한다는 것을 의미합니다. 중국의 대북 영향력을 견제하고 감소시키기 위해 한국은 북한의 대남 의존도를 높이기 위한 노력을 해야 하지만, 남북한 관계

표 4	남북교역 현황					(단위: 백만 달러)	
연도	2009	2010	2011	2012	2013	2014	2015
반입	934	1,044	914	1,074	615	1,206	1,452
반출	745	868	800	897	521	1,136	1,262
합계	1,679	1,912	1,714	1,971	1,136	2,343	2,714

자료: 통일부

의 속성상 쉽지 않고 사실 현실은 그 반대로 움직여 왔습니다.

<표 4>는 최근 북한의 대남 경제의존도가 급격하게 감소해 왔음을 보여주고 있습니다. 남북교역은 2008년 이후 정체되었다가 2014년 이후 다시 증가하기 시작했으나, 2016년 1월 북한의 4차 핵실험 이후 취해진 대북제재로 급감하여 거의 중단된 상태가 되었습니다. 남북교역 현황은 북한의 대남 경제적 의존도가 점점 감소하고 있음을 잘 보여주는데, 이는 한국의 대북 영향력이 약화됨을 의미하는 것입니다.

반면, <표 5>는 북중무역 추이를 보여주고 있는데, 북한의 대중 경제 의존도가 빠르게 상승하고 있음을 잘 보여주고 있습니다. 북중무역량은 지난 5년 동안 2배 이상 증가했으며, 중국의 대북제재에도 불구하고 향후 지속적으로 증가할 가능성이 높습니다.[34] 북한은 최근 남북교역의 감소분을 북중교역 증가로 상쇄해 왔습니다. 따라서 북한은 이제 한국이 아닌 중국에 경제적으로 더 많이 의존하고 있는데, 이러한 차이가 대북 영향력의 차이를 가져올 가능성이 높습니다.

물론 북한의 대중 의존도 증가와 대남 의존도 감소는 경제적인 영역에서만 나타난 것은 아니었습니다. 북한의 대중 의존은 외교적, 군사적인 측면에서도 상당히 크다고 할 수 있습니다. 한국이 한반도 통일을 위해 강력한 이니셔티브를 가지고자 한다면, 현재와 같은 동북아 세력균형의 변화 시기에 과거와 같은 대북정책을 취하는 것은 적절하지 않다는 것을 의

표 5	북중무역 현황					(단위: 백만 달러)	
연도	2008	2009	2010	2011	2012	2013	2014
수출	754	1,887	1,187	2,464	2,485	2,914	2,841
수입	2,033	793	2,277	3,165	3,528	3,633	4,023
합계	2,787	2,680	3,465	5,629	6,013	6,547	6,864

자료: 국가통계포털

미합니다. 미중관계가 경쟁하는 시기에 한국의 대북정책 환경은 과거보다 더 우호적이지 않음을 인식하고 한국의 대북 영향력을 증가시키기 위한 노력을 해야 할 것입니다. 냉전의 종식 이후 한반도의 안보환경이 북한에 비해 한국에게 유리했던 이유는 미국의 단극질서 때문이었습니다. 하지만, 동북아의 세력균형이 변화하는 상황에서 한반도 통일을 위한 안보환경은 대북정책을 공세적으로 추진했던 과거보다 더 유리하지는 않다는 점을 인식해야 합니다. 이러한 관점에서 한국의 대북정책을 다시 설계하는 것이 필요한 시기라고 판단됩니다.35 한국은 한반도 주변의 세력균형 변화를 면밀히 관찰하고 북한에 대한 영향력을 높일 수 있는 새로운 대북정책을 구상해야 할 것입니다.

V. 한반도 통일의 신지정학과 대북정책

1. 신지정학과 한반도

동북아의 세력균형 변화와 지정학적 변수에 대응하며 한반도 통일을 준비하는 과정에서 신지정학적 관점이 새로운 대북정책의 방향을 제시해 줄 수 있습니다. 과거 전통지정학은 지리적인 측면과 국제정치적인 측면을 고정적인 것으로 바라보고 하드파워의 변화에 따라 세계질서를 바라보는 경향이 있었습니다. 하지만, 신지정학적 관점은 전통지정학의 경직된 시각을 거부하고 국제질서의 새로운 동적인 관계의 모습을 중요시합니다. 따라서 전통지정학적 관점에서 보면 미국과 중국의 경쟁이 첨예화되는 동북아에서 한국과 같은 중견국이 대북정책과 한반도 통일을 위해 할 수 있는 역할이 매우 제한적일 수밖에 없으면 이는 숙명론으로 귀결되기 쉽습니다. 미국의 단극시대에는 미국의 영향력하에 있게 되고, 중국이 부상하는 시기에는 미중관계의 역학구도 속에서 구조적 영향을 크게 받게 됩니다. 따라서 전통지정학적 관점에서 접근하면 한반도 문제에서 미국과 중국의 영향력을 추월할 수 없습니다. 하드파워의 변화가 모든 것을 결정하기 때문에 남북한 관계와 한반도 통일문제에 중국의 영향력이 더욱 커질 수밖에 없습니다. 이러한 관점에서 신지정학적 요소를 활용하여 미중간의 경쟁이 발생하는 동북아에서 새로운 역할 공간을 찾아낼 수 있어야 합니다. 북한의 대중 의존도를 줄이고 대남 의존도를 높이려는 노력은 이러한 신지정학적 '관계의 힘(relational power)'을 통해 중국의 대북 영향력을 감소시키고 한국의 영향력을 높이려는 노력입니다. 신지정학적인 관점에서 보면 힘이 영향력이 아니라 의존도가 곧 영향력이 될 수 있기 때문입니다.

　　이러한 모습은 국제정치학에서 나이(Joseph S. Nye)의 '소프트 파워(soft power)'나 스트레인지(Susan Strange)의 '구조적 권력'(structural power)에서 이미 많이 논의된 바 있습니다.[36] 나이는 미국 패권의 쇠퇴에 대한 반론을 펼치는 과정에서 미국이 군사력이나 경제력과 같은 물질적 차원의 하드파워뿐만 아니라, 지식, 가치, 문화 등 비물질적 차원의 소프트파워 역시 강력하다고 주장했습니다.[37] 나이의 소프트파워 개념은 현실주의 국제정치이론의 물질적 권력 개념을 넘어서서 현대 국제질서에서 국가들이 다른 국가들과의 상호작용 속에서 만들어 내는 관계적 권력 개념의 중요성을 강조하는 것입니다. 그는 이후 하드파워와 소프트파워를 결합한 '스마트 파워(smart power)'의 개념을 제시했습니다.[38] 스트레인지는 국제정치경제의 연구에서 구조적 권력의 중요성을 강조했습니다. 국제정치학에서 전통적인 권력 개념은 다른 행위자들이 원하지 않는 어떤 일을 행하도록 만드는 직접적인 영향력이라고 설명합니다. 하지만, 구조적 권력은 행위자들이 활동하는 영역의 구조를 만들고 결정하는 관계적 권력을 의미합니다. 따라서 구조적 권력은 국가들이 어떻게 행동하고 어떠한 관계를 맺어야 하느냐에 관한 규범과 규칙 및 행동방식을 설정함으로써 영향을 미치는 권력입니다.39 동북아와 한반도에서 대북정책과 통일정책을 추진하는 과정에도 이러한 '관계의 힘'을 잘 활용할 필요가 있으며, 관계와 네트워크를 활용하는 노력이 한국의 역할 공간을 넓힐 수 있는 많은 기회를 제공해 줄 것입니다.40

2. 새로운 대북정책의 모색

이러한 관점에서 신지정학적 '관계의 힘'을 고려한 새로운 대북정책과 통일정책을 모색하는 것이 필요합니다. 김정은 정권의 등장 이후 북한의 대중의존도는 점점 더 높아져 왔기 때문에 김정은 역시 북한 내부를 안정시키고 대외정책을 추진하는 과정에서 중국의 영향력을 무시할 수 없습니다. 하지만, 북한이 지속적으로 중국에 의존하는 상황은 한국의 전략적 이익을 위해서는 바람직하지 않습니다. 북한의 대중의존도 증가는 중국의 대북 영향력 증가로 이어지기 때문입니다. 또한 중국의 대북 영향력 증가는 한반도 전체에 대한 중국의 영향력 증가로 이어지고 한중관계에도 커다란 변수로 작용할 수밖에 없습니다. 결국 남북한 관계와 한반도 통일에 대한 핵심적인 권력을 중국이 가지게 되는 상황이 올 수 있기 때문입니다. 이는 동북아에서 한미동맹과 한중관계를 조화롭게 발전시켜야 하는 한국의 전략적 구상에도 커다란 타격이 될 수 있습니다.

물론 이에 대한 반론이 있을 수 있습니다. 특히 미국이 현재 아시아－태평양 국가로 스스로 인식하고 동아시아에 대한 '재균형 정책'을 펼치고 있다는 점을 간과했다는 주장입니다.41 따라서 중국의 부상과 미중관계의 변화가 한반도의 전략적 이해관계에 큰 영향을 미치지 않을 것이라는 설명입니다. 하지만 이러한 주장은 한반도 주변 상황의 부분만을 이해한 것이라 평가됩니다. 한반도의 상황변화는 미중관계 변화에 의한 것이기도 하지만, 북중관계 변화의 결과이기도 하기 때문입니다. 미중관계의 변화는 한미관계와 한중관계의 변화를 야기하며, 북중관계의 변화는 한중관계와 남북한 관계의 변화를 동시에 야기하기 때문입니다. 이러한 지정학적 변화는 동북아와 한반도에서 관계적인 변화를 만들어 내고 있습니다. 동북아의 세력균형 변화와 전통적인 지정학적 변수에도 불구하고 한국이 한반도에서 주도권을 가지기 위해서는 중국의 대북 영향력을 감소시키고 한국의 대북 영향력을 강화하는 것이 필요합니다. 신지정학적 관점에서 중국의 대북 영향력을 감소시키기 위해서는 북중관계의 네트워크를 약화시키고 남북한 관계의 네트워크를 강화시키려는 '관계의 힘'을 잘 활용해야 합니다. 북중관계의 힘이 약화되고 남북한 관계의 힘이 강화될 때 중국의 대북영향력은 약화되고 한국의 대북 영향력은 강화될 것이기 때문입니다. 남북한 관계의 힘은 북한의 대남의존도가 증가할 때 강화될 것입니다.

　　하지만, 문제는 북한이 동북아의 변화하는 국제질서 속에서 한국에 의존하기를 매우 꺼려한다는 점입니다. 동북아의 새로운 미중 경쟁관계의 형성은 북한에게 과거 탈냉전 직후와는 완전히 다른 새로운 전략공간을 부여하기 때문입니다. 따라서 북한은 한국 및 미국에 대한 의존도를 감소시키고 미국과 중국 사이에서 스스로 새로운 생존의 공간을 만들어 가려 하고 있습니다. 북한은 이를 위해 핵무기 프로그램을 활용하고 있습니다. 물론 북한 역시 중국의 대북 영향력 증가를 반기는 것이 아닙니다. 북한은 오히려 중국의 부상을 활용하여 협상력을 높이면서 새로운 생존전략을 모색하고 있습니다. 예를 들면, 북한은 2010년 천안함과 연평도 도발 사건 당시 미중 간의 긴장관계를 활용하여 위기를 고조시키며 스스로의 입지를 높이려고 시도했습니다. 2016년 1월의 4차 핵실험 역시 북한 문제에 대한 미국과 중국의 관심을 집중시킴으로써 미국의 '전략적 인내(strategic patience)' 정책과 중국의 북한 관리를 견제하려는 의도를 반영한 것이었습니다.

이러한 상황에서 한국이 통일문제와 대북정책에서 전략공간을 높이기 위해서는 미국과 중국에 대한 신지정학적 관계의 힘을 잘 활용해야 합니다. 한반도에서 한미동맹의 강화와 미국과의 협력을 강화함은 물론 중국과의 공감대를 확대하려는 노력을 동시에 취해야 합니다. 한국은 미국, 중국과 동시에 한반도의 미래를 논의할 수 있는 준비를 해야 합니다. 한미관계와 한중관계를 활용하여 북한에 대한 한국의 영향력을 높일 수 있는 방안을 모색해야 할 것입니다. 한반도와 동북아에서 한국이 더 중요한 행위자라고 중국이 인식하게 된다면 중국을 통한 한국의 대북 영향력 역시 높아질 수 있을 것입니다. 이러한 노력은 남북한 관계에서 한국의 주도권을 회복하는 것이며, 새로운 통일정책을 추진할 수 있는 기반이 될 것입니다. 이것이 바로 신지정학적 관점이 남북한 관계와 한반도 통일에 대해 주는 가이드라인입니다.

[주석]

1 Martin Jacques (2009). When China Rules the World: The End of the Western World and the Birth of a New Global Order, New York: The Penguin Press; Robert S. Ross and Zhu Feng, eds. (2008). China's Ascent: Power, Security, and the Future of International Politics, Ithaca: Cornell University Press; Christopher Layne (2012). "This Time It's Real: The End of Unipolarity and the Pax Americana", International Studies Quarterly 56.

2 Niall Ferguson (2010). "What 'Chimerica' Hath Wrought." American Interest, Jan/Feb.

3 미국의 단극질서에 관해서는 다음을 참조. G. John Ikenberry, Michael Mastanduno, William c. Wohlforth, eds. (2011). International Relations Theory and the Consequences of Unipolarity, Cambridge: Cambridge University Press. 미국의 상대적 쇠퇴에도 리더십이 지속된다는 주장에 관해서는 다음을 참조. Stephen G. Brooks, G. John Ikenberry, and William C. Wohlforth, 2012/13. "Don't Come Home, America: The Case against Retrenchment" International Security 37.

4 David C. Kang (2007). China Rising: Peace, Power, and Order in East Asia, New York: Columbia University Press.

5 Walter Russell Mead (2014). "The Return of Geopolitics: The Revenge of the Revisionist Powers", Foreign Affairs 93 (3).

6 Jihwan Hwang (2011a). "From Preponderance of Power to Balance of Power: South Korea in Search of a New North Korea Policy", EAI Issue Briefing No. MASI 2011 – 08.

7 National Intelligence Council (2012). Global Trends 2030: Alternative Worlds. http://www.dni.gov/files/documents/GlobalTrends_2030.pdf.

8 Scott Snyder (2009). China's Rise and the Two Koreas: Politics, Economics, Security. Boulder: Lynne Rienner.

9 Office of the Secretary of Defense (2013). Military and Security Developments Involving the People's Republic of China 2013, Annual Report to

Congress. http://www.defense.gov/pubs/2013_China_Report_FINAL.pdf.

10 SIPRI Yearbook

11 U.S. Department of Defense (2012). Defense Budget Priorities and Choices. http://www.defense.gov/news/Defense_Budget_Priorities.pdf

12 Office of the Secretary of Defense (2011). Military and Security Developments Involving the People's Republic of China 2011, Annual Report to Congress. http://www.defense.gov/pubs/pdfs/2011_CMPR_Final.pdf; Cliff, Roger, Mark Burles, Michael S. Chase, Derek Eaton, Kevin L. Pollpeter, Entering the Dragon's Lair: Chinese Antiacess Strategies and Their Implications for the United States. Santa Monica: RAND Corporation.

13 Avery Goldstein (2013). "First Things First: The Pressing Danger of Crisis Instability in U.S.−China Relations" International Security 37 (4).

14 Jeffrey A. Bader (2012). Obama and China's Rise: An Insider's Account of America's Asia Strategy, Washington D.C.: Brookings Institution Press. Robert S. Ross (2012). "The Problem with the Pivot: Obama's New Asia Policy is Unnecessary and Counterproductive", Foreign Affairs, 91 (6).

15 Alastair Iain Johnston (2013). "How New and Assertive is China's New Assertiveness?" International Security 37 (4); Bijan Zheng (2005). "China's "Peaceful Rise" to Great−Power Status", Foreign Affairs, Sep/Oct.; Jisi Wang (2005). "China's Search for Stability with America", Foreign Affairs, Sep/Oct.

16 Don Oberdorfer (2001). The Two Koreas: A Contemporary History, revised and updated, New York: Basic Books.

17 C. Dan (1993). "ROK's NORDPOLITIK: Revisited," The Journal of East Asian Affairs 7 (1).

18 Joel S. Wit, Daniel B. Poneman, and Robert L. Gallucci (2004). Going Critical: The First North Korean Nuclear Crisis, Washington D.C.: Brookings Institution Press.

19 Chung−in Moon (2012), The Sunshine Policy: In Defense of Engagement as a Path to Peace in Korea, Seoul: Yonsei University Press.

20 Jin Ha Kim (2012), "In Search of Balance between Inducements and Sanctions: Evaluating the Lee Myung—bak Administration's North Korea Policy", International Journal of Korean Unification Studies, 21 (1).

21 김일성, "신년사", 「로동신문」(1992. 1. 1).

22 James D. Morrow (1993). "Arms versus Allies: Trade—offs in the Search for Security", International Organization, 47 (2).

23 Leon V. Sigal, 1998. Disarming Strangers: Nuclear Diplomacy with North Korea Princeton: Princeton University Press.

24 Sigal (1998) and Oberdorfer (2001).

25 Sigal (1998) and Oberdorfer (2001).

26 「로동신문」(2003. 4. 19).

27 Jihwan Hwang (2011b). "Getting Out of the Military—First Dilemmas: In Search of North Korea's Coevolution Military Strategy", EAI Asia Security Initiative Working Paper No. 17.

28 David C. Kang (1995). "Rethinking North Korea", Asian Survey, 35 (3); Kang, David C. (2003). "International Relations Theory and the Second Korean War", International Studies Quarterly, 47 (3).

29 Seung—Yul Oh (2011). "China's Strategic Shift and North Korea's Open—Door to China Policy", EAI Issue Briefing No. MASI 2011—05.

30 Snyder (2009) Ch. 4 "China's Evolving Economic and Political Relations with North Korea."

31 Andrei Lankov (2012). "Chinese Interest on the Korean Peninsula and the Future of North Korea", EAI Issue Briefing No. MASI 2012—02.

32 Hwang (2011a).

33 Robert Keohane, and Joseph Nye (1977). Power and Interdependence: World Politics in Transition(Boston: Little Brown).

34 2016년 1월 북한의 4차 핵실험 이후 중국의 대북제재가 강화되어 북중교역은 일정기간 감소될 가능성이 높습니다.

35 하영선, 조동호 (편), 『북한 2032: 선진화로 가는 공진전략』 (서울: 동아시아 연구원, 2010).

36 Joseph S. Nye Jr., Soft Power: The Means to Success in World Politics, (New York: Public Affairs, 2004); Susan Strange, States and Markets, (London: Pinter Publishers, 1988).

37 Joseph S. Nye Jr., Bound to Lead: The Changing Nature of American Power, (New York: Basic Books, 1990).

38 Richard L. Armitage and Joseph S. Nye Jr., co−chaired. CSIS Commission on Smart Power: A smarter, more secure America, (Washington D.C.: Center for Strategic and International Studies, 2007).

39 Strange (1988: 23−42).

40 황지환 "네트워크의 시각으로 보는 북핵 문제의 국제정치: 6자회담의 네트워크 동학", 『신아세아』 제17권 2호 (2010).

41 Hillary Rodham Clinton, "America's Pacific Century", East−West Center, Honolulu, Hawaii, November 10, 2011. http://www.state.gov/secretary/rm/2011/11/176999.htm. U.S. Department of Defense. 2012. Sustaining U.S. Global Leadership: Priorities for 21st Century Defense. 2013. http://www.defense.gov/news/Defense_Strategic_Guidance.pdf.

4. 사이버 공간과 한반도 통일:

복합지정학으로 보는 사이버 안보의 국가전략

김상배(서울대학교 정치외교학부)

I. 머 리 말

최근 지정학에 대한 관심이 커지고 있습니다. 1980년대 이후 일군의
학자들이 지정학의 부활을 선언했고 다양한 각도에서 연구를 수행해 왔습
니다. 이러한 지정학적 관심은 21세기 국제정치 현실의 변화를 바탕으로
해서 피어나고 있습니다. 대표적으로 러시아의 크림반도 점령, 중국의 공
격적 해상활동, 중동 지역의 고질적인 분쟁 등이 배경이 되었습니다. 특히
미국이 주도해온 탈냉전 이후의 세계질서에 대한 지정학적 합의를 뒤집으
려는 러시아, 중국, 이란 등의 문제제기가 출현하면서 그야말로 지정학이
부활하는 조건이 마련되고 있는 듯합니다. 미·중·일·러의 전통 4강의 틈
바구니에서 생존과 번영의 길을 모색해야 하는 한반도도 이러한 지정학
부활의 연구관심으로부터 자유로울 수 없습니다. 특히 최근 북한이 벌이
고 있는 행보는, 아무리 탈냉전과 지구화, 정보화, 민주화의 시대가 되었
다 해도 한반도 국제정치는 여전히 지정학적 분석의 굴레에서 벗어날 수
없음을 보여주는 듯합니다.

시대가 아무리 변하더라도 국제정치의 분석에 있어서 지정학적 시각
은 사라지지 않고 꾸준히 남아 있을 것입니다. 특히 동아시아와 한반도 주
변 국제정치에서는 더욱 그러할지도 모릅니다. 그러나 21세기 국제정치를
이해하기 위해서 지정학의 시각을 다시 소환한다고 할지라도, 19세기 후

반과 20세기 전반의 국제정치 현실에서 잉태된 고전지정학의 시각을 그대로 복원하여 적용하려는 시도는 경계해야 합니다. 지구화와 정보화를 배경으로 탈(脫)영토공간적인 활동이 부쩍 늘어나고 있는 오늘날의 사정을 돌아볼 때, '영토 발상'에 기반을 두고 이를 부분적으로만 개작하려는 현재의 시도로도 부족합니다. 오늘날 세계와 한반도의 상황이 변화한 만큼, 이를 보는 지정학의 시각도 변화한 국제정치의 현실에 걸맞게 변용을 거쳐서 달라진 상황에 부합하는 방향으로 새로워질 필요가 있습니다. 이러한 점에서 한반도 통일을 둘러싼 국제정치학적 역학과 통일의 미래를 연구하는 새로운 분석틀로서 '통일의 신(新)지정학'이 지니는 의미는 매우 크다고 아니 할 수 없습니다.

그런데 이렇게 21세기 한반도 통일의 '신지정학'을 논하는 과정에서 간과되어 그 중요성이 제대로 인식되지 못한 대표적인 변수가 바로 탈지정학적 공간으로서 사이버 공간입니다. 사이버 공간은 1990년대 중후반 이후 컴퓨터와 정보인프라, 인터넷과 소셜 미디어 등의 급속한 성장과 함께 국제정치적 삶의 공간으로서 자리매김하고 있습니다. 이제 사이버 공간은 단순한 기술·경제 공간의 의미를 넘어서 사회·문화 공간이자 국제정치 공간이 되었다고 해도 무리가 없습니다. 최근 동아시아 국제정치의 전개를 보면, 사이버 공간은 이미 남북한뿐만 아니라 미국이나 중국과 같은 주변국들이 대결과 협력을 벌이는 새로운 공간으로서 자리를 잡았습니다. 사이버 공간이 전통적인 지정학 공간과 만나 한반도 주변 국제정치의 전면에 부상한 사례는 여러 가지가 있겠지만, 그중에서도 이 글이 주목하는 사례는 최근 남북한 관계, 미국과 중국, 그리고 북한과 미국 간에 쟁점이 되고 있는 사이버 공간의 안보 문제입니다.

사이버 안보 분야의 갈등은 동아시아 및 글로벌 차원의 세계정치를 이해하는 데 있어서 이제 사이버 공간이 빼놓을 없는 변수가 되었음을 보여줍니다. 예를 들어 북한의 소행으로 추정되는 대남 사이버 공격이 지속적으로 늘어나고 있습니다. 가장 최근에 국내의 관심을 증폭시킨 사례로는 2014년 12월 한국수력원자력에 대한 해킹 사건이 있었습니다. 미중 사이에서도 미국의 정보 인프라와 지적재산에 대한 중국 해커들의 공격을 놓고 공방이 오고 가고 있습니다. 이러한 미중 양국의 사이버 갈등은 마치 21세기 패권경쟁의 한 단면을 보는 듯합니다. 한편 2014년 11월에는 소니 영화사에 대한 북한의 해킹 사건으로 북미 간에 긴장감이 있었습니다. 이러한 과정에서 사이버 안보의 문제는, 단순히 민간 영화사의 정보시스템에 대한 해커들의 침입을 넘어서 미국 영토에 위치한 시설에 대한 공격이라는 의미가 부여되면서, 북미 양국 간의 물리적 분쟁을 야기할 수도 있는 국제정치적 사건으로 간주되었습니다.

　　사이버 안보가 국가적 관심사가 되면서 이에 대한 대응도 정치군사적 발상을 바탕으로 이루어지고 있습니다. 사이버 공격으로 인해 인명 피해가 발생했을 경우 해당 국가에 대한 군사적 보복이 가능하고, 해커나 테러리스트 등과 같은 비국가 행위자뿐만 아니라 사이버 공격의 배후지를 제공한 국가나 업체에 대해서도 전쟁법을 적용하여 책임을 묻겠다는 구상이 제기되었습니다. 냉전기 핵전략에서 잉태된 핵 억지의 개념을 사이버 안보 분야에 적용한 '사이버 억지'의 개념도 적극적으로 검토되고 있습니다. 이러한 주장들은 사이버 공격에 대해서는 그 진원지를 찾아 미사일을 발사해서라도 강력하게 보복하겠다는 미국 정부의 최근 입장과 맞물리면서 세간의 관심을 끌고 있습니다. 그런데 이러한 주장들은 기본적으로 온라인에서 벌어지는 탈영토공간적 현상에 대해서 오프라인의 경험에서 추출된 지정학적 전략으로 대처하겠다는 오류를 안고 있습니다.

　　기본적으로 사이버 안보의 게임은 복잡계의 양상을 보이는 네트워크 구조하에서 다양한 행위자들이 서로 얽히면서 구성해 가는 탈지정학적 게임입니다. 네트워크 구조의 특성상 사이버 공격의 범인을 밝힐 수 있더라도 매우 복잡한 인과관계를 바탕으로 하고 있어 상대에게 보복을 하거나 명확한 법적 책임을 지우기가 쉽지 않습니다. 국가 간의 관계를 규율하는 국제규범(예를 들어 전쟁법)을 적용해서 처벌하기란 더욱 어렵습니다. 사이버 테러와 공격은 힘과 규모의 면에서 비대칭적인 행위자들이 비대칭적인 수단을 동원하여 서로 다른 비대칭적 목적을 수행하기 위해서 이루어지는 '비대칭 전쟁'의 대표적 사례이기 때문입니다. 이 글이 기존 지정학의 단순 계적 발상만으로는 사이버 안보의 게임을 제대로 이해할 수 없다고 주장하는 이유가 바로 여기에 있습니다.

이러한 문제의식을 바탕으로 이 글은 사이버 안보의 세계정치를 이해함에 있어 기존의 지정학 시각을 비판적으로 보완하는 작업의 연속선상에서 사이버 공간이라는 변수를 추가한 탈지정학의 이론적 시각을 제안하고자 합니다. 그러나 탈지정학적 공간으로서의 사이버 공간을 강조하려는 이 글의 의도가 영토와 장소의 발상을 기반으로 하는 기존 지정학의 시각을 폐기하려는 데 있지는 않습니다. 오히려 아날로그 시대의 오프라인 지정학과 디지털 시대의 온라인 탈지정학을 21세기 국제정치학의 관점에서 복합하려는 데 있습니다. 이러한 맥락에서 이 글이 추구하는 이론적 시각을 굳이 명명하자면, 기존 지정학의 시각에 사이버 공간으로 대변되는 탈지정학의 시각을 가미한다는 의미에서 복합지정학(complex geopolitics)이라고 부를 수 있을 것입니다.

이러한 이론적 인식을 바탕으로 이 글은 비대칭 전쟁으로서 사이버 공격과 방어에 임하는 국가전략의 대응방향도 모색하고자 합니다. 사이버 안보가 국제정치의 문제가 된 것만큼 지정학적 대응전략도 필요하지만 사이버 안보의 고유한 성격에 부합하는 탈지정학의 전략도 복합적으로 모색되어야 한다고 주장할 것입니다. 그러나 이 글의 관심은 정책연구의 관점에서 사이버 안보의 국가전략을 뒷받침하는 실천방안의 제시뿐만 아니라, 비판이론의 시각에서 각 전략방안들이 지니고 있는 문제점들을 경계하는 성찰적 시각의 제시에도 있습니다. 다시 말해 단순 지정학의 시각에서 추진되는 사이버 안보의 국가전략은 일종의 '과잉 안보담론'으로 치우칠 위험성이 있다는 것이 이 글의 인식입니다. 이러한 맥락에서 현재 거론되고 있는 국가전략의 사안들이 지나친 기술전문가 담론이나 군사안보 우선담론으로 경도되거나, 국가안보 담론을 과장하거나 정파적 이해관계를 투영하려 함으로써 지나치게 정치화될 가능성이 있음을 지적할 것입니다.

이 글은 크게 세 부분으로 구성되었습니다. 제2장은 사이버 안보의 세계정치가 지니고 있는 복합지정학적 성격을 사이버 공간의 구조적 속성, 최근 부각되고 있는 국가 행위자들의 역할, 법제도 정비 과정에 담긴 안보담론의 성격, 사이버 안보 분야의 국제규범과 글로벌 거버넌스의 모색 등을 통해서 살펴보았습니다. 제3장은 사이버 안보의 국가전략이 지니고 있는 복합지정학적 성격을 사이버 방어를 위한 기술개발과 인력양성, 사이버 억지 개념의 적용 가능성, 추진체계 정비와 관련법의 제정, 주변국들과의 국제협력과 외교전략 등을 통해서 살펴보았습니다. 제4장은 사이버 안보의 국가전략을 추구하는 과정에서 경계해야 할 안보담론의 내용을 과잉 안보화, 과잉 군사화, 과잉 정치화, 과잉 현실주의 담론 등의 네 가지 측면에서 비판적으로 검토하였습니다. 끝으로 맺음말에서는 사이버 안보의 복합지정학을 제안한 이 글의 주장을 종합·요약하였습니다.

Ⅱ. 사이버 안보의 세계정치

1. 사이버 공간의 기술구조적 성격

사이버 테러와 공격은 사이버 공간이라는 초국적이고 탈지정학적인 환경에서 발생합니다. 사이버 공간의 기반이 되는, 네트워크로 연결된 컴퓨터들은 전 지구적 차원을 염두에 두고 설계되고 발전해 왔으며, 그러한 과정에서 전통적인 국민국가의 경계를 넘나들며 작동하고 있습니다. 이러한 네트워크 시스템의 복잡계적 특징은 단순히 영토의 경계만 넘는 것이 아니라 영토귀속성으로부터 어느 정도 자유롭기까지 합니다. 사이버 테러와 공격이 발생하더라도 사이버 공간의 이러한 구조와 작동방식의 성격상 누가 주범인지를 밝히기 어렵습니다. '피해자는 있는데 가해자가 없다'는 말을 방불케 하는 현상이 벌어지기도 합니다. 방어하는 측의 입장에서 보더라도 사이버 공격이 어디서 감행될지 알아내는 것은 전통안보의 경우처럼 쉽지 않고, 이를 막기 위해서 완벽한 방화벽을 치는 일도 거의 불가능합니다.

사실 사이버 테러나 공격과 관련된 문제의 많은 부분들이 인터넷이라는 독특한 시스템을 배경으로 해서 발생합니다. 아무리 잘 설계된 정보시스템이라도 기술적으로 복잡하다 보면 그 부산물로서 버그를 완전히 없앨 수는 없습니다. 그런데 이러한 빈틈은 해커들이 외부에서 침투하여 시스템의 변경이나 훼손을 시도하는 목표가 됩니다. 컴퓨터 바이러스나 각종 악성코드들은 이러한 빈틈으로 침투하여 시스템의 정상적인 기능을 착취하는 대표적 사례들입니다. 이러한 컴퓨터 바이러스, 악성코드 등은 단순한 도구가 아니라 사이버 공격의 성격을 여타 공격과 구분 짓는 변수입니다. 전쟁에서 사용되는 무기가 재래식 무기냐 핵무기냐에 따라서 전략전술이 달라지듯이, 사이버 공격에서도 컴퓨터 바이러스와 악성코드의 존재는 사이버 안보의 게임 자체에 큰 영향을 미치는 독립변수입니다.

물론 사이버 테러와 공격의 문제를 단순히 컴퓨터나 인터넷의 물리적 속성과 관련된 기술적인 문제로만 보기는 어렵습니다. 사이버 테러와 공격은 다양한 행위자들이 복합 네트워크 환경을 배경으로 하여 참여하는 비대칭 전쟁의 대표적 사례입니다. 비대칭 전쟁이란 힘과 규모의 면에서 비대칭적인 행위자들이 비대칭적인 수단을 동원하여 서로 다른 비대칭적 목적을 수행하기 위해서 이루어지는 전쟁을 의미합니다. 기본적으로 사이버 테러와 공격은 국가 행위자들이 아니라 위계조직의 모습을 따르지 않고 체계적으로 조직되지 않은 네트워크 형태의 다양한 비국가 행위자들이 벌이는 게임입니다. 최근 인터넷의 확산으로 인해서 네트워킹에 드는 비용이 급속히 하락함에 따라 이러한 비국가 행위자들이 역사의 전면에 그 모습을 드러내면서 예전에는 상상할 수도 없었던 독특한 종류의 '힘'을 발휘하고 있습니다.

사이버 테러와 공격에서는 행위자들이 수행하는 역할의 스펙트럼이 매우 넓습니다. 일반 사용자가 공격자가 될 수도 있고 악의적인 공격의 대상이 되기도 하며 디도스 공격에 이용되는 것처럼 자신도 알지 못하는 사이에 봇넷에 동원되는 공범이 되기도 합니다. 이러한 탈지정학적 행위자들이 지정학적 목적과 연계되기도 합니다. 애국주의 해커집단은 국민국가와 암암리에 연대하여 다른 국가의 주요 정보인프라를 공격하기도 합니다. 심지어 조직적인 범죄집단도 단독으로 산업스파이, 해적 행위, 금융자산의 절도 등을 행하지만 국가의 사주하에 다른 국가의 공공 및 민간 시스템을 해킹하기도 합니다. 게다가 이들은 국가기관에 의해 아무리 적발되어도 끊임없이 새로운 형태로 진화를 거듭해 나갑니다. 분산 네트워크로서의 특성 때문에 특정 대상을 선정하여 미리 억지하기도 또 대비해서 방어하기에도 매우 까다로운 안보 문제를 제기하고 있습니다.

2. 사이버 공격의 지정학적 성격

2000년대 말엽 이후로 종전에는 비국가 행위자들의 배후에서 조연 배우의 역할을 담당하던 국가 행위자들이 사건의 전면에 나서고 있습니다. 2007년의 에스토니아에 대한 사이버 공격이나 2008년 그루지야에 대한 디도스 공격의 사례처럼, 실제로 물리적 전쟁의 개시를 전후하여 이와 병행하는 방법으로 국가 간의 사이버 공격이 감행될 가능성은 매우 큽니다. 2010년 미국과 이스라엘의 대(對)이란 사이버 공격은, 국가가 직접 나서서 사이버 공격을 주도한 것이 언론을 통해서 알려진 첫 사례입니다. 미국－이스라엘과 이란 사이에서 오고 간 사이버 공격은 사이버 안보를 국가안보라는 지정학적 지평에 올려놓았습니다. 게다가 종전에는 방어자의 입장을 대변하던 미국이 나서서 국가 주도의 사이버 공격을 벌임으로써 다른 나라에서도 주저하지 않고 국가가 나서서 사이버 공격에 개입하게 되는 물꼬를 텄다는 우려와 비판도 제기되었습니다.

사이버 안보를 둘러싼 국가 간 분쟁은 21세기 세계패권을 놓고 벌이는 미중관계의 현안으로도 등장했습니다. 특히 미국의 시각에는 중국 해커들이 중국 정부의 지원을 받아서 미국 정부와 기업들의 컴퓨터 네트워크를 공격하는 것으로 비칩니다. 이러한 중국의 해킹은 미국의 기업뿐만 아니라 심지어는 미국 고위 관리의 계정까지도 목표로 하고 있어 미국의 근간을 뒤흔드는 위협이라고 인식되고 있습니다. 예를 들어 미국 정부가 이른바 '오로라 공격'이라고 명명한 2009년의 해킹 사건은 구글뿐만 아니라 아도비나 시스코 등과 같은 미국의 IT기업들을 목표로 하여 중국 해커들이 벌인 일이라는 것입니다. 2010년 구글 사건 당시에도 중국의 해커들이 적극적인 역할을 한 것으로 알려져 있습니다.

군사적 수단으로서 사이버 공격의 부각은 약소국들에게도 새로운 변화를 가져올 가능성이 큽니다. 다시 말해 재래식 무기로는 강대국과 경쟁할 수 없는 약소국들이 비대칭 전쟁의 관점에서 사이버 전쟁을 국방전략으로 채택할 가능성이 있기 때문입니다. 이러한 사이버 안보의 지정학적 양상은 북한의 대남 사이버 공격에서 두드러지게 나타납니다. 북한의 사이버 공격은 한국의 공공기관이나 금융사 및 언론방송사 등의 전산망의 빈틈을 노리고 수십만 대의 좀비 PC를 동원하여 디도스 공격을 벌이거나 좀 더 교묘하게 이루어지는 APT 공격을 가하는 방식으로 이루어진 것으로 알려졌습니다. 아직은 사이버 공격의 대상이 공공기관이나 언론·방송사 또는 금융기관 등에 국한돼 있지만, 일단 유사시에는 재래식 공격이나 핵 공격과 연계될 가능성이 매우 크다는 점에서 큰 우려를 낳고 있습니다. 실제로 최근 북한의 사이버 공격들이 재래식 무력도발이나 핵실험 등과 같은 지정학 이슈들과 복합되어 발생하고 있습니다.

북미관계에서도 2014년 11월 미국의 소니 영화사에 대한 북한의 해킹 공격은 지정학적 이슈를 제기했습니다. 당시 미국 오바마 대통령은 북한의 사이버 공격을 미국 국가안보에 대한 중요한 도전으로 간주한다고 말했습니다. 그 후 2015년 들어 북한에 대한 오바마 행정부의 강한 복합 억지가 추진된 것으로 알려졌습니다. 북한 사이버 공간에 대한 제재(예를 들어 북한의 웹사이트에 대한 역해킹)도 한국, 일본, 호주와 같은 동맹국들

4. 사이버 공간과 한반도 통일

과 중국을 비롯한 유관당사국과의 협력 아래 추진된 것으로도 알려졌습니다. 미국은 북한의 행동 변화를 위해 2015년 초에 금융제재의 행정명령을 새로이 추가하기도 했습니다. 그야말로 사이버 공간의 문제가 자칫하면 북미 간의 지정학적 갈등으로 번질 수도 있는 상황이 창출되었습니다.

3. 사이버 안보의 안보화 경쟁

국가 행위자는 사이버 공격의 주체가 될 수도 있겠지만 방어의 주체이기도 합니다. 이러한 역할을 수행하는 대표적인 나라는 미국입니다. 미국은 사이버 공격을 감행할 수 있는 자원과 기술을 보유하고 있는 나라이지만, 만약에 사이버 공격을 받을 경우 가장 많은 피해를 볼 수밖에 없는 나라입니다. 미국은 세계 어느 나라보다도 발달된 정보 인프라를 구비하고 있고, 사이버 공간이 개방적이기 때문에 사이버 공격에 대한 취약성이 지극히 높습니다. 따라서 전통적 군사력에서 열세인 국가들이 미국을 상대로 하여 사이버 공간에서 비대칭적 공격을 감행할 유인과 여건을 높을 수도 있습니다. 이러한 취약성을 인식하고 미국에서의 사이버 안보에 대한 논의는 1990년대에서부터 시작되었고 9·11 테러 이후 본격화되었으며, 오바마 행정부에 이르러서는 시급한 정책현안이 되었습니다.

미국이 이러한 인식을 발전시킨 계기는 중국 해커들의 공격에 대한 위협인식입니다. 이러한 위협인식은 미국으로 하여금 중국에 대해서 사이버 안보 문제를 양국 간의 현안으로 제기하게 만들었습니다. 2013년 6월 미국과 중국의 두 정상이 만나 양국이 당면한 현안 중의 하나로 거론했으며, 그 후 양국 간 전략경제대화의 의제 중의 하나로서 다루어지고 있습니다. 그러나 이러한 협력의 몸짓에도 불구하고 물밑에서는 미·중 사이버 갈등이 계속 진행되었습니다. 이러한 갈등은 2014년 5월 미 법무부가 미국 내 기관들에 대해서 해킹을 감행한 것으로 지목한 중국군 61398부대 장교 5인을 기소하면서 정점에 달한 듯이 보였습니다. 미국도 중국을 상대로 비밀스러운 정보작전을 벌이기는 마찬가지였습니다. 2013년 6월 미국 중앙정보국(CIA) 전 직원인 에드워드 스노든이 폭로한 내용에 따르면, 미국 정부는 '프리즘'이라는 프로그램을 통해서 장기간에 걸쳐 개인 이메일을 비롯한 각종 데이터를 감청해 온 것으로 드러났습니다.

미중경쟁에서 보는 바와 같이, 각국은 사이버 공격의 위협이 되는 잠재적인 적국을 상정하고 이들을 봉쇄해야 한다는 안보담론을 자국민들에게 심어 주려는 행보를 보입니다. 이러한 과정에서 사이버 안보 게임에 효율적으로 대응하기 위해서 필요한 예산, 인력, 조직 등과 같은 국내자원을 동원하는 것이 관건입니다. 현재 이러한 안보담론의 생산과 전파 경쟁을 벌이는 대표적인 국가들은 미국과 중국입니다. 미중경쟁의 논점은 기본적으로 사이버 안보의 대상이 무엇이며 그 문제를 해결하는 주체가 누구인가를 규정하는 담론의 차이에서 비롯됩니다. 이는 단순히 관념의 차이가 아니라 이를 통해서 구성될 미래의 방향을 놓고 벌이는 이익규정의 차이에 기반을 두고 있습니다.

현재 미국과 중국 사이에는 상이한 안보담론을 가지고 현실을 재구성하려는 안보화(securitization)의 게임이 벌어지고 있습니다. 미국의 담론이 주로 물리적 정보 인프라로서 컴퓨터 시스템과 네트워크 인프라, 지식정보 자산, 지적재산권의 안보를 유지하는 데 관심이 있다면, 중국의 담론은 인터넷상에서 유통되는 콘텐츠, 즉 정치적 담론이나 이념의 내용에 주안점을 둡니다. 미국의 담론이 민간의 프라이버시 보호, 보편적 인권과 표현의 자유에 관심이 있다면, 중국의 담론은 정권안보의 차원에서 인터넷에 대한 검열과 규제를 강조합니다. 미국의 담론이 글로벌 패권의 자유주의적 담론을 강조하는 입장이라면, 중국의 담론은 반(反)패권주의적이고 민족주의적인 국가주권의 안보담론입니다.

4. 사이버 안보의 국제규범

초국적으로 발생하는 사이버 공격에 대해서 일국 차원에서만 대응하는 데는 한계가 있을 수밖에 없습니다. 위협과 공격 자체가 초국적이고 글로벌한 차원에서 발생하는 만큼 그 해법도 국가의 경계를 넘어서는 다양한 행위자들의 협력을 통해서 마련되어야 할 것입니다. 그러나 아쉽게도 아직까지 사이버 안보 분야에 어떠한 규정이나 법규범을 적용할지에 대한 국제적 합의기반은 마련되지 않고 있습니다. 그럼에도 각국의 영토적 경계를 넘어서 다자적 차원에서 또는 글로벌 차원에서 새로운 질서와 규범을 만들려는 모색이 진행되고 있는데, 현재 크게 세 가지의 프레임이 경합 중입니다.

　　우선 주목할 필요가 있는 것은 전통적인 국제법(특히 전쟁법)의 틀을 원용하여 사이버 공간에서 발생하는 해킹과 공격을 이해하려는 움직임입니다. 2013년 3월 NATO의 CCDCOE(Cooperative Cyber Defence Centre of Excellence)가 발표한 사이버 전쟁의 교전수칙인, 탈린 매뉴얼이 일례입니다. 전통적인 국제기구인 유엔 차원에서 사이버 안보 문제를 다루려는 시도도 최근 빠르게 진행되고 있습니다. 그 대표적인 사례가 2013년 6월 유엔 군축 및 국제안보 위원회 산하 정보보안 관련 정부전문가그룹(Group of Governmental Experts, GGE)에서 합의해서 도출한 최종 권고안입니다. 이 권고안에서는 사이버 공간에서도 기존의 국제법이 적용될 수 있다는 점에 합의되었습니다.

　　두 번째는 사이버 안보의 국제규범을 마련하려는 서방 선진국들의 국제협력 움직임입니다. 사이버공간총회가 대표적인 사례인데, 2011년 런던에서 첫 총회가 열린 이후, 부다페스트(2012년), 서울(2013년)을 거쳐 2015년 헤이그에서 제4차 총회가 열렸습니다. 사이버 범죄에 대응해서 국가들이 나서서 상호 간의 법제도를 조율하는 정부 간 네트워크를 구성한 초기 사례로 2001년 조인된, 유럽사이버범죄협약(일명 부다페스트 협약)에도 주목할 필요가 있습니다. 유럽사이버범죄협약은 여러 나라의 사이버 범죄 조목을 일관되게 함으로써 사이버 범죄와 관련하여 공격당한 국가가 범죄자가 있는 국가에 이를 고발하면 해당 국가가 처벌할 수 있도록 한 협약입니다.

　마지막 세 번째는 인터넷 거버넌스의 일환으로 보는 사이버 안보의 글로벌 거버넌스 모색 움직임입니다. 현재 우리가 사용하는 인터넷의 기본골격은 미국에 활동기반을 두는 민간전문가들이 자율적으로 구축한 이른바 '다중이해당사자주의' 메커니즘을 통해 형성되었습니다. 이러한 면모를 잘 보여주는 사례가, 초창기부터 인터넷을 관리해 온 미국 캘리포니아 소재 민간기관인 ICANN(Internet Corporation for Assigned Names and Numbers)입니다. 이러한 미국과 ICANN 주도의 인터넷 거버넌스 모델에 대해서 최근 구사회주의권 국가들과 개도국들이 반론을 제기하고 있습니다. 이들 국가들은 미국의 인터넷 패권을 견제하기 위해서는 '정부 간 주의'에 기반을 두고, 모든 국가들이 참여하는 전통적인 국제기구의 틀을 활용해야 한다고 주장합니다.

　이상의 세 가지 프레임을 가로질러서 미국과 유럽 국가들이 주도하는 서방 진영을 한편으로 하고, 러시아와 중국을 중심으로 한 개도국 진영을 다른 한편으로 하는, 두 개의 진영이 대립하는 지정학적 구도가 펼쳐집니다. 서방 진영은 사이버 공간에서 표현의 자유, 개방, 신뢰 등의 기본 원칙을 존중하면서 개인, 업계, 시민사회 및 정부기관 등과 같은 다양한 이해당사자들의 의견이 수렴되는 방향으로 세계질서를 모색해야 한다고 주장합니다. 이에 대해 러시아와 중국으로 대변되는 진영은 사이버 공간은 국가주권의 공간이며 필요시 정보통제도 가능한 공간이므로 기존의 인터넷 거버넌스를 주도해 온 서방 진영의 주장처럼 민간 중심의 이해당사자주의에 의해서 사이버 공간을 관리할 수는 없다고 주장합니다.

Ⅲ. 사이버 안보의 국가전략

1. 사이버 방어기술의 개발과 인력양성

　사이버 안보의 기술구조적 특성을 고려할 때, 사이버 공격에 대한 대응전략의 첫 단계는 기술적인 측면에서 방어의 역량을 강화하는 데 있을 수밖에 없습니다. 한국이 사이버 공격을 감행하여 방어의 효과를 올리기에는, 북한에는 공격할 정보 인프라도 없을 뿐만 아니라 자칫 잘못 공격하다가는 물리적 전쟁으로 비화할 가능성이 있습니다. 게다가 막상 공방이 벌어지면 한국의 발달된 정보 인프라로 인해 손해 볼 것이 너무 많습니다. 따라서 한국이 취할 수 있는 일차적 방안은 기술적인 차원에서 방패를 가능한 한 촘촘히 짜서 사이버 공격을 막아 내려는 노력에 집중될 수밖에 없습니다. 이러한 인식을 바탕으로 최근 국내에서도 연구개발을 위한 예산지원을 늘리고, 정보보호 산업의 육성을 위한 민간 및 정부 지원사업의 확대 등과 같은 대책들이 강구되고 있습니다. 이러한 대책들은 크게 예방력과 탐지력 및 복원력의 증대를 목표로 하고 있습니다.

첫째, 공격을 미리 예측하고 사고 발생을 최소화하는 예방력을 키우는 것입니다. 이와 관련해서 '사이버 보안 인텔리전스 네트워크 기반의 국가 통신망 모니터링 체계'의 구축이 거론됩니다. 이밖에도 전력·금융·의료 등 기반시스템 운영기관 및 기업들의 중요 정보 암호화 등 보호조치 강화, 주요 핵심시설에 백업센터 및 재해복구 시스템 확대 구축, 정부 소프트웨어 개발 단계에서의 보안취약점 사전 진단 제도 의무화 등도 거론됩니다. 사이버위협 정보 종합 수집·분석·공유 시스템 구축도 중요하게 거론되는데, 이는 해커들의 동향이나 악성코드에 대한 빅데이터 공유 환경을 구축하여 사이버 공격을 막을 수 있다는 인식을 바탕으로 합니다.

둘째, 해킹 공격 루트에 대해 수사하고 공격자를 확인하는 탐지력을 키우는 것입니다. 이는 근원지를 역추적하고 공격자의 신원을 식별하며, 사이버 공격 증거들을 확보하고 공격 원점을 타격하거나 동일한 수준의 목표물에 대해 부수적 피해 없이 동일한 수준의 대응공격을 할 수 있는 능력입니다. 특히 '포렌식 준비도'가 주목을 받고 있습니다. 포렌식 준비도가 도입되면 효과적인 사후 대응을 위해 보안 전문인력을 보유하고, 하드웨어와 소프트웨어가 로그를 많이 남기도록 정책을 설정함으로써 침해사고가 발생했을 때 신속한 대응으로 피해를 최소화할 수 있습니다.

끝으로, 공격이 발생했을 때 최단시간 내에 차단하여 피해를 최소화
하고 빠르고 원활하게 복구하는 복원력을 키우는 것입니다. 그동안 보안
분야의 주된 관심과 투자가 사이버 공격을 막거나 예방하는 데 있었다면,
앞으로는 공격을 당하더라도 피해를 최소화하자는 것입니다. 방패가 뚫리
더라도 중상을 입지 않고 타박상에 그치도록 하자는 것입니다. 이러한 맥
락에서 기업경영이나 국정운영, 에너지·자원 등 사이버 공격이 예상되는
분야를 중심으로 '해킹 리스크'를 상수로 설정하자는 의견도 제기됩니다.
이밖에 유사시에 대비한 위기대응매뉴얼이나 사이버 위기 상황을 가정한
모의훈련, 민간 차원의 사이버 민방위 훈련, 사이버 심리전에 대한 대응
등도 이러한 맥락에서 이해할 수 있습니다.

　이러한 방어기술의 역량을 강화하는 데 있어 인력양성은 중요한 이슈
가 아닐 수 없습니다. 효과적인 사전 예방과 사후 대응을 위해서는 전문가
가 필요합니다. 공공 영역에서는 사이버 방어에 종사하는 이른바 '사이버
전사' 인력의 양성이 필요합니다. 이들을 양성하고 활용하며 적절히 대우
하기 위한 체계적인 계획을 마련해야 합니다. 또한 민간 영역에서도 주요
기반시설의 보안관리와 정보보호 산업에 종사할 전문인력 육성의 필요성
도 강력하게 제기되고 있습니다. 그러나 현재 국내의 상황은 정보보호 전
문기업 대부분이 중소업체 위주로 되어 있고, 대학의 전문인력 배출도 미
흡한 것이 문제점으로 지적됩니다.

2. 사이버전 전략과 사이버 억지의 가능성

　적극적으로 맞받아치는 공격은 아니더라도 상대방이 공격하려고 해도
반격이 두려워 공격하지 못하게 하는 억지력도 대응전략의 하나로 거론됩
니다. 최근 냉전기의 핵억지 개념에서 유추한 '사이버 억지' 개념이 원용되
고 있습니다. 2012년 5월 미 국무부는 이러한 억지 개념에 입각하여 사이
버 공격의 배후지를 제공한 국가의 주요시설에 대해서 사이버 보복을 가
하거나 또는 그 가능성이 있는 국가에 대해서 사이버 선제공격을 가하겠

다고 엄포를 놓은 바 있습니다. 또한 2014년 12월 북한의 소니 해킹 이후 미국은 북한의 통신망을 마비시키거나 금융제재 조치를 단행한 것으로도 알려졌는데, 이는 복합적인 대응을 통해서 미국에 대한 사이버 공격이 어떠한 보복을 야기할 수 있는지를 보여주려 한 것으로 해석됩니다.

최근 한국에서도 이러한 사이버 억지의 개념을 원용하는 방안이 거론되고 있습니다. 상대가 공격할 것인지 미리 살피고 공격 행위 이전에 '방어'하는 차원에서 공격하는 선제공격의 구상도 제기되고 있습니다. 이른바 '사이버 킬 체인'의 구상의 그 사례인데, 이는 공격자가 시스템에 침투하기에 앞서 사전 작업을 할 때 이를 면밀히 감시하여 선제 대응을 하자는 것입니다. 그러나 이러한 발상들에 대한 우려의 목소리도 큽니다. 사이버 공격의 특성상 이러한 선제공격이 쉽지 않기 때문입니다. 또한 보복을 하는 경우에도 '누구에게 보복할 것인가'의 문제가 중요한데, 사이버 공격의 경우 보복의 대상을 확인하는 과정은 재래식 전쟁이나 핵전쟁에 비해서 훨씬 복잡합니다.

그렇다면 냉전기의 지정학적 핵억지 개념에서 유추한 사이버 억지의 개념을 원용하는 것은 어느 정도까지 가능할까요? 현재 국내외 학계의 논의는 억지의 개념들 중에서 '보복에 의한 억지'의 실효성은 의심하는 것이 중론입니다. '보복에 의한 억지'는 선제공격과 보복공격의 가능성이 상존하기 때문에 섣불리 먼저 공격을 감행하지 못하게 한다는 전략발상입니다. 그런데 앞서 살펴본 바와 같이, 비대칭 전쟁의 환경에서 사이버 공격을 사전 탐지하거나 사후 확인한다는 것이 쉬운 일은 아닙니다. 게다가 북한의 경우처럼 정보 인프라가 제대로 구축되지 않은 상대에게는 보복공격의 효과가 매우 낮기 때문에 억지력을 기대하기도 쉽지 않습니다.

이에 비해 '거부에 의한 억지' 개념은 사이버 안보 분야에 원용할 여지가 조금 더 많은 것으로 평가됩니다. '거부에 의한 억지'는 예상되는 공격에 대한 '방어'를 강화함으로써 적의 공격 자체가 성공하지 못할 것이라는 확신을 주는 데 주안점이 있습니다. '공격해 봤자 헛수고'라는 인상을 심어 주어 상대방의 공격의지를 무력화시키는 방패의 구축이 관건입니다. 아무리 예리한 창으로 공격해도 뚫을 수 없는 방패라는 일종의 '철옹성 이미지'를 심어 주어 공격 자체를 아예 단념시키는 것입니다. 그러나 공격이 방어에 비해 압도적으로 유리한 사이버 안보의 특성상 여전히 '거부에 의한 억지' 개념을 원용하는 데 있어서도 제약요인이 없지 않습니다. 이러한 맥락에서 사이버 억지의 개념에, 기술과 전략의 변수뿐만 아니라, 정치외교적인 변수까지도 포함시킨 '수정된 사이버 억지'의 개념이 필요하다는 문제제기들이 출현하였습니다.

3. 사이버 안보의 추진체계 정비와 법 제정

사이버 공격에 효과적으로 대응하기 위해서 국내 거버넌스와 관련법을 정비하는 것은 필수적입니다. 2014년 말 한수원 해킹 사건을 계기로 사이버 안보의 중요성이 크게 강조되면서 사이버 안보 추진체계의 정비가 급물살을 타고 있습니다. 특히 2015년 3월 말 청와대 국가안보실 산하에 사이버안보비서관이 신설되면서 청와대가 실질적인 사이버 안보 컨트롤타워 역할을 수행하게 되었고 이를 기반으로 공공기관들의 협력체계가 실질적으로 가동될 것으로 기대되고 있습니다. 이러한 추진체계에서는 최상위에 위치한 컨트롤타워(청와대 국가안보실)를 주축으로 국가정보원(이하 국정원), 미래창조과학부(이하 미래부), 국방부, 경찰청, 검찰청 등이 기타 정부기관들과 협력하는 이른바 '국가사이버안전체계'가 근간을 이루고 있습니다.

여기서 더 나아가 국무조정실이 관장하는 주요기반시설 보호체계도 청와대 국가안보실 주도의 국가사이버안전체계와 일원화할 필요성도 지적되고 있습니다. 또한 중앙행정기관, 지자체와 주요 기반시설 관리기관의 보안능력 확충을 위해 사이버 보안 전담조직을 신설·확대하자는 안도 거론됩니다. 이밖에 효율적인 민·관·군 사이버위협 정보공유 및 공동대응체계를 확립해야 한다는 주장도 제기됩니다. 이러한 위협정보 공유체계를 구축하기 위해서는 공공 부문의 대책 마련과 더불어 정부와 민간 부문의 긴밀한 협력이 필요합니다. 사이버 안보의 중장기 국가전략을 수립하여 공표할 필요성도 지속적으로 거론되고 있습니다. 그동안 정부는 북한의 사이버 공격이 있을 때마다 종합대책, 마스터플랜, 강화방안 등의 형태로 대책을 마련해 왔지만 단기적인 수습방안에 주안점을 두었습니다.

　한편 사이버 위기 발생 시 체계적이고 효율적인 대응을 위한 법적 근거를 마련해야 한다는 지적도 거셉니다. 현재 한국의 사이버 안보 관련 법제는 대통령 훈령으로 만든 국가사이버안전관리규정이 전부인데, 그나마 사이버 위기가 발생했을 때 상황 전파 등에 관한 내용만을 다루고 있다는 평가가 있어 왔습니다. 또한 전자정부법, 정보통신기반보호법, 정보통신망법 등에 사이버 안전 관련 규정이 산재해 있지만, 이는 일상적인 정보보호에 중점을 둔 것이어서 사이버 공격에 대응하기에는 역부족이라는 우려도 제기되어 왔습니다. 이러한 법제정의 필요성에 동조하여 현재 국회에는 '국가사이버테러 방지에 관한 법률안'(서상기 의원 발의), '국가 사이버안전 관리에 관한 법률안'(하태경 의원 발의), '사이버위협정보 공유에 관한 법률안'(이철우 의원 발의) 등이 계류 중이지만 국정원의 권력남용이나 프라이버시 침해에 대한 우려 등을 이유로 그 처리가 지연되고 있습니다.

　이러한 사이버 안보 관련 법률 제정 과정에서 관건이 되는 것은 국정원의 위상과 역할입니다. 찬성하는 측의 주장은, i) 국가차원의 사이버 위기관리 등을 위한 법제가 시급히 요구된다는 점, ii) 현재 사이버안보마스터플랜과 훈령에 따라 국정원이 실제 컨트롤타워 역할을 수행하고 있는 부분을 법률에 규정함으로써 그 기능을 강화할 수 있다는 점, iii) 국정원은 국내에서 사이버 공격 등에 대한 분석 및 대응에 있어 최고의 기술력과 노하우가 있다는 점 등을 강조하고 있습니다. 이에 비해 반대하는 측의 주장은 i) 국정원의 사이버 공간에 대한 통제력이 과도하게 될 위험이 있다는 점, ii) 국정원의 활동이 민간의 영역에까지 개입하게 되는 빌미를 제공할 수 있다는 점, iii) 민간과 공공 간의 정보공유 과정에서 개인정보가 유출되어 프라이버시가 침해될 수 있다는 점 등을 들고 있습니다.

4. 사이버 안보의 국제협력과 외교전략

사이버 공격으로 피해를 본 국가나 기관들끼리 서로 정보를 공유하고 정책적으로 공조하는 것도 중요한 국가전략의 사안입니다. 특히 사이버 선진국이자 한국의 우방국인 미국과의 정보공유 및 협력관계를 구축하는 문제가 핵심입니다. 예를 들어 2014년 11월 북한의 소니 해킹 사건이 발생했을 때 미국은 자국의 사이버 수사력을 총 동원하여 공격의 배후를 북한이라고 규정했는데, 당시 북한의 소행을 밝혀내는 과정에서 한국의 기술협조가 있었던 것으로 알려져 있습니다. 이러한 맥락에서 최근 국내에서는 사이버 안보 분야의 한미공조를 강화하고 사이버 안보의 문제를 한미 상호방위조약의 틀 내에 포함시킴으로써 미국의 '사이버 우산'을 빌어 북한을 억지하는 방안이 거론되고 있습니다.

그러나 한미 사이버 안보협력을 풀어 나가는 데 있어서 중국이 변수입니다. 최근 미국이 사이버전 능력을 강화하면서 한국과 일본, 호주 등 전통적 동맹국에 사이버 협력을 요청했을 때 한국 정부는 머뭇거리면서 적극적인 참여를 유보했던 것으로 알려져 있는데, 미국과 사이버 동맹을 맺으면 중국이 반발할 것이란 우려 탓에 제대로 판단하지 못했다고 합니다. 외교 차원에서도 중국은 중요한 변수입니다. 현재 한국이 스스로 북한의 사이버 공격을 탐지하고 수사할 기술력이 모자란 상황에서 중국의 협조를 얻어 낼 수 있는 외교력은 중요한 변수가 아닐 수 없습니다. 실제로 2014년 말 한수원 사태 때 정부 합동수사단은 해커의 공격 IP가 중국 선양지역이라는 것을 찾아냈지만 중국 정부의 협조를 얻지 못해 더 이상 수사를 하지 못하고 중단했다고 합니다.

초국적으로 발생하는 사이버 공격에 대한 국제적 대책은 양자협력을 통해서 이루어지기도 하지만 국제사회에의 호소, 국제기구와의 긴밀한 협력, 그리고 새로운 국제규범 형성에의 참여 등을 통해서도 우회적인 효과를 볼 수 있습니다. 그러나 현재로서는 사이버 테러와 공격이 발생하고 그 공격주체를 색출하더라도 국제적으로 호소하거나 공격행위에 대한 처벌이나 제재에 대해 논의할 수 있는 외교의 공간도 마땅히 없습니다. 이러한 맥락에서 현재 다양한 방식으로 모색되고 있는 사이버 안보의 질서형성 과정에 적극적으로 참여하는 것 자체가 중요한 대응전략이 될 수 있습니다. 앞서 언급한 사이버 안보 분야의 세 가지 프레임의 특성을 이해하고 각 층위에서 나타나는 국가 간 이해갈등이나 입장 차이를 읽어 내는 것이 중요합니다.

한국은 아직도 사이버 안보의 질서형성에 대한 명확한 입장을 설정하지 못하고 있습니다. 이러한 혼란은 2012년 12월 두바이에서 열린 WCIT (World Conference on International Telecommunication)에서 시도된 ITR (International Telecommunications Regulation)의 개정 과정에 참여할 당시에 드러났습니다. ITR의 규제조항이 급변하는 기술환경에 부합하지 않으므로 폐기해야 한다는 선진국들의 입장과 ITR의 개정과 강화를 통해 개별 국가 차원의 규제정책의 기조를 유지하려는 개도국들의 입장이 대립했습니다. 그 사이에서 한국은 후자의 편에 섰는데, 이러한 선택은 이후 국내 언론의 신랄한 비판의 대상이 되었습니다. 인터넷 비즈니스의 많은 부분을 서방 선진국과 도모하고 있는 한국이 국제규범 형성과정에서는 사이버 공간의 활동에 대한 국가개입에 찬성하는 모순적 행태가 아니냐는 지적이었습니다.

Ⅳ. 사이버 안보의 과잉담론

1. 기술전문가 담론과 과잉 안보화의 경계

앞서 살펴본 기술적 특성상 사이버 안보 분야에서는 안보담론이 안보현실을 재구성하는 '안보화'의 문제가 관건이 됩니다. 사실 버추얼 위협으로서의 사이버 위협에 대처하는 데 있어 어느 정도의 안보화 메커니즘을 배제할 수는 없습니다. 사이버 안보의 문제는 실제로 큰 재앙의 형태로 발생한 실재하는 위협이거나 또는 검증 가능한 형태의 사건이라기보다는 아직까지는 전문가들이나 정치가들이 구성한 현실 속에서 존재하는 가상 위협입니다. 따라서 사이버 위협의 '실체'를 논하는 것보다는 사이버 위협의 성격, 안보의 대상과 주체, 그리고 이러한 과정에서 파생되는 결과에 대해서 '말하는 것' 즉 '담론'이 더 중요할 수 있습니다. 다시 말해, 사이버 공격의 위협을 상정하고 이에 대처해야 한다는 안보담론을 생성하고 이를 바탕으로 예산, 인력, 조직 등과 같은 국내자원을 동원하는 문제가 중요할 수밖에 없습니다.

　이러한 안보화의 시각에서 보면 사이버 안보담론의 형성과정은 단순히 중립적 시도가 아니라 각 입장에 따라서 다르게 구성될 수밖에 없는 정치적인 과정이며, 그렇기 때문에 힘 있는 자가 주도하는 권력정치일 가능성이 큽니다. 사실 이러한 안보화 담론의 부상에는 정보화 선진국으로서 미국이 큰 역할을 담당했습니다. 가장 발달된 정보 인프라를 가지고 있는 데다가 개방사회로서 미국은 외부로부터의 사이버 위협에 취약할 수밖에 없습니다. 설상가상으로 9·11 테러 이후로 높아진 안보의식이 이러한 안보화 담론이 성장하는 토양이 되었습니다. 세계 패권국이 생성하는 안보화 담론은 실제로 미국의 정책에도 반영되고 더 나아가 주위 국가들과의 관계에도 영향을 미칩니다. 현재 진행 중인 미중 사이버 갈등 양상을 보면, 이러한 안보화 담론을 기반으로 하여 양국의 국내체제를 재구성하고 더 나아가 국제정치에서의 경쟁의 양상을 만들어 가는 경향이 두드러지게 나타납니다.

　그런데 이러한 사이버 안보담론은 과장되게 느껴질 정도로 아직 발생하지 않은 재난과 그 재난이 야기할 파장을 부각시키는 이른바 '과잉 안보화'의 위험성을 안고 있습니다. 그리고 이러한 과잉 안보화의 저변에는 일반 대중에게 잘 알려지지 않은 비밀정보와 고도의 전문지식을 독점한 전문가들이 형성하는 기술전문가 담론이 있곤 합니다. 다시 말해, '망치를 잡으면 모든 게 못으로 보인다'는 말이 있는 것처럼 기술적 가능성과 효율성을 과대평가하는 기술결정론적 경향이 나타날 우려가 있습니다. 실제로 최근 국내에서 거론되고 있는 '공세적인 방어'나 '예방적 선제공격', '사이버 킬 체인' 등과 같은 구상에는 일정한 정도의 과잉 안보화의 경향성이 담겨 있음을 부인할 수 없습니다. 이러한 안보화 담론은 사이버 공간의 군사화를 부추겨 자기실현적으로 사이버 공간을 위험하게 만들 가능성마저도 있습니다.

2. 군사안보 우선담론과 과잉 군사화의 위험

사실 오늘날 사이버 안보는 명실상부한 21세기 국가안보의 문제로 부각했습니다. 최근 사이버 안보는 전쟁과 평화의 문제, 즉 군사안보 문제로 자리 매김을 하고 있습니다. 영토, 영해, 영공, 우주 등의 공간에 이어 사이버 공간이 '제5의 전쟁터'가 되었다는 말까지 나옵니다. 특히 최근 글로벌 패권국인 미국이 보여주는 행보는 사이버 안보의 문제를 군사안보의 관점에서 접근하는 경향을 선도하고 강화하고 있는 것으로 파악됩니다. 사이버 공간에서의 갈등과 분쟁이 늘어나는 상황에서 어느 정도의 군사적 접근은 불가피하다는 사실을 인정하더라도 과도한 냉전의 논리에 의거하여 사이버 공간의 안보 문제가 지나치게 군사화되는 이른바 과잉 군사화의 위험성에 대해서는 경계하지 않을 수 없습니다.

최근 미국 고위관료들의 발언은 사이버 공간을 과잉 군사화할 우려를 낳고 있습니다. 앞서 지적한 바와 같이, 2012년 5월 미 국무부는 사이버 공격의 배후지를 제공한 국가의 주요시설에 대해서 사이버 보복이나 사이버 선제공격의 가능성을 언급한 바 있습니다. 미국과 이란이 사이버 공방과 관련하여 리언 패네타 미 국방장관은 2012년 10월 11일 미국이 '사이버 진주만' 공격을 받을 위험에 처했다고 지적했습니다. 북한의 소니 해킹에 대해서 2015년 2월 26일 미국 국가정보국 제임스 클래퍼(James Clapper) 국장의 상원 증언은, 미국이 북한의 소니 해킹을 두고 미국 영토를 목표로 사이버 공격을 감행하여 민간 기업에게 피해를 입힌 국가안보 이슈로 인식하고 있다는 사실을 보여주었습니다.

이러한 미국의 태도에 대해서 중국도 정치군사의 논리로 맞받아치면서 자국 내의 정보시스템과 정치체제에 대한 주권적 권리를 주장합니다. 이러한 와중에 21세기 패권을 겨루는 두 강대국 간의 사이버 공방 게임은 계속 상승하고 있습니다. 또한 북한과의 관계에서 군사전략의 시각으로 현실을 이해하는 접근도 조심스럽게 살펴보아야 합니다. 이러한 군사전략 담론에 의거하여 한미 간의 사이버 안보협력을 이해하고 중국이나 북한과의 관계를 설정하는 것은 자칫 큰 부담으로 다가올 우려가 있습니다. 예를 들어, 중국이나 북한의 소행으로 추정되는 사이버 공격에 대해서 한미 간의 집단자위권을 근거로 물리적 반격을 가해야만 하는 상황이 창출될 경우 자칫 한반도가 사이버 전쟁터, 더 나아가 물리적 전쟁터가 될 우려도 있습니다.

기본적으로 사이버 안보의 문제는 국가 중심의 군사안보의 개념으로만 접근할 전통안보의 문제가 아닙니다. 오히려 원자력·에너지 안보, 환경안보·기후변화, 보건안보 등과 같이 복합적인 이슈영역과 국가, 경제, 사회, 개인 등의 다양한 행위자들이 관여하는 초국적인 신흥안보의 이슈입니다. 이러한 사이버 안보 문제에 적절히 대응하기 위해서는 사이버 위협을 '감기'와 같은 일상적인 위험으로 보는 의연한 태도가 필요할 수도 있습니다. 사이버 공간에서 제기되는 위협을 '비정상적인 위기'로 인식하여 과고하게 군사화하기보다는, 항상 겪을 수밖에 없는 일상적인 상태의 개념으로 이해하자는 제안이 나오는 것은 바로 이러한 이유 때문입니다. 질병을 완벽하게 퇴치하는 대신 적절한 수준에서 통제하려는 질병안보 전략과 마찬가지로, 웬만한 수준의 사이버 공격과 위협을 어느 정도 용인하면서 심각한 폐해를 방지하는 데 주안점을 두는 전략이 필요할 수도 있습니다.

3. 국가의 빅브라더화와 과잉 정치화의 딜레마

　　사이버 안보의 추진체계 정비와 법제정 문제에 있어서 지속적으로 논란거리가 되는 것은 국가권력의 비대화, 이른바 국가의 ‘빅브라더화’ 가능성입니다. 이러한 논란은 사이버 안보 관련 추진체계와 법제 안에 담기는 ‘국가’가 어떤 ‘국가’이냐에 대한 인식의 차이를 바탕으로 합니다. 추진체계 정비와 법제정 필요성을 주장하는 측이 상정하고 있는 ‘국가’는, 다소 중립적인 의미로 사이버 공간의 안전과 정보시스템의 보호를 담당하는 ‘정부’이거나 더 나아가 외부로부터의 사이버 공격으로부터 ‘국가안보’를 수호하는 대외적 차원의 국가, 즉 ‘네이션(nation)’에 대한 인식을 바탕으로 합니다. 이에 비해 반대하는 측에서 상정하고 있는 ‘국가’ 인식은, 사회와 대립되는 의미에서 파악된 ‘국가’ 또는 조금 좁은 의미에서 ‘정권’이며, 이러한 연속선상에서 생각하는 안보는 오히려 보안이나 공안이라는 의미로 이해되는 정치권력의 정당화라는 인식을 바탕으로 합니다.

　　이러한 구도에서 볼 때, 정보보안 전문가들 사이에서는 사이버 공격을 막을 컨트롤타워나 사이버테러방지법 제정의 필요성은 인정하면서도 그 컨트롤타워의 주체(또는 실무총괄)로서 국정원의 빅브라더화에 대한 의구심이 없지는 않습니다. 2015년 7월 발생한 국정원의 해킹 프로그램 구입에 대한 야당의 문제제기와 국민들의 걱정도 이러한 국정원의 빅브라더화에 대한 우려와 밀접한 관련이 있습니다. 이러한 맥락에서 국정원을 견제하는 차원에서 컨트롤타워로서 청와대 국가안보실의 위상을 설정해야 한다는 지적도 있습니다. 사정이 이러하다 보니, 일각에서는 국정원 산하 국가사이버안전센터로의 권한 집중이 문제가 된다면, ‘사이버보안청’과 같은 별도 조직을 신설하는 것도 대안이 될 수 있다는 이야기가 나오고 있습니다.

　　이러한 국가의 빅브라더화에 대한 경계의 이면에는 사이버 안보를 지나치게 ‘정치화’하는 문제도 없지 않습니다. 사실 사이버 안보 관련 법제정

논란은 고도로 '정치화된' 이슈로서, 어찌 보면 정치적 차원에서 이루어지는 왜곡된 인식의 결과라고 할 수 있습니다. 게다가 사이버 안보 추진체계와 법제정 논리의 이면에는 정책의 주도권을 둘러싼 관료정치의 문제, 즉 국정원과 국방부, 미래부 간의 이해관계도 충돌하고 있습니다. 21세기 국가안보 문제인 사이버 안보가 여야 간의 지나친 정치적 논리, 또는 좌우 논리에 휩쓸려서 과잉 정치화될 가능성도 상존합니다. 실제로 국가안보 차원에서 다루어야 할 사이버 안보의 문제를 모두 국내정치와 민간사찰 문제로 환원하는 오류도 없지 않습니다.

궁극적으로 사이버 안보와 관련하여 관찰되는 국가의 빅브라더화와 과잉 정치화의 딜레마는 현재 한국 정치와 사회가 풀어야 할 난제가 아닐 수 없습니다. 사이버 안보의 국가전략을 모색하는 글로벌 추세를 염두에 둘 때 대승적 차원에서 사이버 안보의 중요성을 인식할 필요가 있습니다. 그 과정에서 기존의 전문성이 있는 기관이 실무를 책임지고 담당하는 것이 효율적이고 또한 더 나은 효과를 거둘 가능성이 클 것입니다. 그러나 이러한 정치사회적 결정을 내리기 위해서는 '국민' 모두가 납득할 수 있는, 그리고 21세기 변화하는 세계정치 환경에 부합하는 '국가'의 역할에 대한 인식이 필요합니다. 이러한 '국가' 개념의 재정립 필요성은, 전통안보와는 그 구조적 성격을 달리하는 사이버 안보 분야의 특성상 더욱 더 강하게 제기될 수밖에 없습니다.

4. 과잉 현실주의 담론을 넘어서

사이버 안보의 국제협력을 모색하는 과정에서도 경계해야 할 과잉담론이 없지 않습니다. 이는 현실주의 국제정치이론에서 상정하고 있는 국제정치의 이미지를 과도하게 강조하는 담론이라는 의미에서 '과잉 현실주의' 담론이라고 부를 수 있겠습니다. 근대 국제정치이론의 주류를 이루는 현실주의 담론은 주요 행위자로서 국민국가를 설정하고 이들이 벌이는 권력정치의 과정에서 생성되는 제로섬 게임의 양상에 주목합니다. 지구화,

정보화, 민주화로 대변되는 변화를 겪고 있는 오늘날에도 이렇게 현실주의 담론이 그리고 있는 현실은 엄연히 존재합니다. 그러나 오늘날 세계정치의 변화는 단지 그러한 제로섬 게임의 양상으로만 파악할 수 없는 복합적인 모습으로 전개되고 있는 것도 엄연한 사실입니다. 따라서 현실주의 국제정치이론의 담론에 지나치게 집착해서 세상을 볼 경우, 자칫 담론이 현실을 왜곡하는 과잉담론 현상이 출현할 가능성이 있습니다.

　　최근 사이버 공간에서 벌어지는 경쟁과 갈등, 그리고 그러한 연속선상에서 출현하는 주요 국가들의 사이버 안보 전략의 양상을 보면, 이러한 과잉 현실주의 담론에 의해서 현실이 재구성되고 있는 것 같은 느낌을 지울 수 없습니다. 특히 미국이나 중국, 러시아 등과 같은 강대국들이 벌이는 안보화 게임이나 사이버 공간의 군사화 게임은 단순히 관련 행위자들의 이해관계가 조정되고 갈등하는 차원을 넘어서 강대국들이 나서서 벌이는 21세기 패권경쟁의 한 단면을 보는 듯합니다. 게다가 아직 사이버 안보 문제를 다룰 국제규범이 마련되지 않은 상황에서 사이버 안보 분야는, 현실주의 국제정치이론이 상정하는 것과 유사한, 전형적인 무정부상태로 개념화되고, 그러한 환경 아래에서 전통적인 국제정치 행위자로서 국가 행위자들이 전면에 나서 제로섬 게임의 경쟁을 벌이는 세상으로 그려집니다.

　　강대국들이 벌이는 패권경쟁 담론이 사이버 공간에까지 침투하는 구도는 한국의 입장에서 볼 때 결코 좋을 것이 없습니다. 게다가 남북한이 대치하고 있고 한반도를 두고 미국과 중국이 주도권 경쟁을 하는 상황에서 한국이 양국 사이에 벌어질 사이버 전쟁이나 무역 분쟁에서 어느 한편을 들기는 어려운 실정입니다. 미국에 대한 안보 의존도나 중국에 대한 무역 의존도가 매우 높은 상황에서 자칫 큰 문제가 불거질 우려가 있기 때문입니다. 예를 들어, 미국은 2012년 국방수권법을 제정해 외국 장비가 국가시설에 도입되는 것을 사실상 원천 봉쇄했습니다. 마찬가지로 중국도 외산(특히 미국산) 장비를 국가시설에 들이려면 소스코드를 공개하라는 원칙을 주장하고 있습니다. 이러한 미중 갈등의 와중에 최근 한국의 통신업체가 중국산의 저가 통신장비를 수입하려다가 미국의 반대에 봉착한 적이 있었습니다. 미중관계가 국가 간 경쟁의 구도로 전개될 경우 한국이 처할 어려움을 엿보게 하는 대목이었습니다.

이러한 연속선상에서 보면, 전통적인 국제법과 국제기구의 틀을 활용하여 사이버 안보의 국제규범을 만들려는 시도 자체도 성찰적으로 보아야 할지 모릅니다. 최근 미국과 NATO, 유엔 등을 중심으로 사이버 공격에 대해 전쟁법을 적용하려는 시도를 벌이고 있는데, 이러한 접근이 한국에 주는 의미가 무엇일지에 대해서 냉철하게 생각해 볼 필요가 있습니다. 사이버 안보의 국제규범을 국민국가들의 관계, 즉 국제(國際, inter-national)의 틀에서 접근하는 것이 맞는가에 대한 성찰이 필요합니다. 다시 말해 탈지정학적이고 초국적으로 작동하는 사이버 안보의 문제를 국민국가들 간의 관계라는 틀로 보는 근대 국제정치 담론 그 자체에 대해서 성찰적인 입장이 필요합니다. 사이버 안보의 이슈는 탈린 매뉴얼이나 유엔 GGE 같이 전통적인 국제법과 국제기구의 형식에만 의존해서는 해결될 문제가 아니라는 것을 알아야 할 것입니다.

V. 맺 음 말

사이버 안보는 전통적인 국가안보의 지정학 시각을 넘어서 이해해야 하는 문제입니다. 사이버 안보 분야는 영토성을 기반으로 하여 국가가 독점해 온 안보유지 능력의 토대가 잠식되는 현상을 보여주는 사례입니다. 특히 탈지정학적 공간으로서 사이버 공간의 부상은 테러 네트워크나 범죄자 집단들에 의해 도발될 비대칭 전쟁의 효과성을 크게 높여 놓았습니다. 결과적으로 사이버 공간에서 등장한 새로운 위협은 국가에 의해 독점되어 온 군사력의 개념뿐만 아니라 군사전략과 안보의 개념 자체도 그 기저에서부터 뒤흔들어 놓고 있습니다. 이러한 변화에 직면하여 기존의 지정학과 국가안보 중심의 국제정치학 시각은 시원한 해답을 제시하지 못하고 있습니다. 이러한 맥락에서 이 글은 복합지정학의 시각에서 사이버 안보의 세계정치를 이해하고 이에 대응하는 국가전략의 방향을 제시하였습니다.

첫째, 사이버 안보의 세계정치와 국가전략은 고전지정학과 탈지정학을 섞는 복합지정학의 시각에서 이해해야 합니다. 최근 강대국들이 관여하면서 지정학적 양상을 보이고 있는 사이버 안보 게임의 이면에는 인터넷과 컴퓨터 바이러스, 악성코드 등과 같은 기술 변수와 해커나 테러리스트 등과 같은 비국가 행위자들이 벌이는 탈지정학적 게임이 자리 잡고 있습니다. 이러한 탈지정학적 공간에서 다양한 해킹 수법을 동원하여 공격하는 비국가 행위자들과 이를 막으려는 국가 행위자들이 경합하는 양상을 보이고 있습니다. 여기에 최근 국가 행위자들이 사이버 공격에 좀 더 본격적으로 개입하는 지정학적 게임의 양상이 더해지면서 그 복잡성을 더해가고 있습니다.

이러한 맥락에서 한국의 국가전략은 기술역량이라는 지정학적 변수의 증대를 통해서 탈지정학적 사이버 공격을 막아야 하는 복합적인 과제를 안고 있습니다. 이러한 기술역량을 키우는 데 있어 인력양성은 중요한 변수가 아닐 수 없습니다. 한편 적극적으로 맞받아치는 공격은 아니더라도 상대방이 공격하려고 해도 반격이 두려워 공격하지 못하게 하는 억지력의 증대에도 관심을 기울여야 합니다. 현재 국내외 학계의 논의는 '거부에 의한 억지'의 가능성에 주목하고 있는데, 이는 예상되는 공격에 대한 방어를 강화함으로써 적의 공격 자체가 성공하지 못할 것이라는 이미지를 심어 주는 데 주력합니다. 그런데 이러한 사이버 억지는 기술역량으로만 달성되는 것이 아니라 외교역량의 발휘와 병행해야 한다는 점도 명심해야 합니다.

둘째, 사이버 안보의 세계정치와 국가전략은 고전지정학과 비판지정학을 섞는 복합지정학의 시각에서 이해해야 합니다. 최근 사이버 안보 분야에서는 미국과 서방 국가들을 한편으로 하고, 러시아와 중국을 다른 한편으로 하는 국가 행위자들 간의 지정학적 대결이 벌어지고 있습니다. 이들 사이에서 실제로 오고 가는 공격과 방어의 실체를 파악하기는 어렵지만, 적어도 이들이 벌이는 안보화 담론경쟁은 그야말로 전쟁을 방불케 합니다. 특히 미국과 중국의 안보담론 경쟁은 21세기 패권경쟁의 예고편을 보는 듯합니다. 현재 양국 간에는 사이버 위협의 성격이 무엇이고, 안보의 대상과 주체가 무엇인지, 그리고 사이버 안보와 관련된 양국의 국내체제와 세계질서의 미래에 대한 안보담론의 경쟁이 진행되고 있습니다.

　　이러한 맥락에서 볼 때 한국의 국가전략에서도 사이버 위협이 되는 잠재적인 대상을 상정하고 이들을 대응하기 위해서 예산, 인력, 조직 등과 같은 자원을 배분하는 안보화의 정치가 벌어지고 있습니다. 특히 이러한 자원배분의 과정은 사이버 안보 분야의 국내 추진체계를 정비하는 문제나, 단순히 사이버 안보 추진체계를 정비하는 차원을 넘어서 사이버 안보 관련 법제정 문제에서 나타나는 중요한 관건입니다. 현재 이러한 추진체제의 정비와 법제정의 필요성에 동조하여 현재 국회에는 관련 법안들이 다수 제출되어 계류 중인데, 실무기관들의 정책집행의 효율성뿐만 아니라 국민적 동의를 얻을 수 있는 방향으로 처리되어야 합니다.

　　끝으로, 사이버 안보의 세계정치와 국가전략은 고전지정학과 비지정학을 섞는 복합지정학의 시각에서 이해해야 합니다. 사실 탈지정학적 메커니즘을 빌려서 발생하는 사이버 테러와 공격은 단순히 일국 차원의 대응책 마련과 법제도의 정비 등으로 해결될 문제가 아닙니다. 기본적으로 국민국가의 국경을 초월하여 발생하는 문제이니만큼 이해 당사국들의 긴밀한 국제협력을 통해서 그 해법을 모색하는 것이 필요합니다. 그런데 이러한 국제협력의 메커니즘을 마련하는 과정에 미국과 서방 국가들을 한편으로 하고 구사회주의권 국가들과 개도국들을 다른 한편으로 하는 지정학적 대립구도가 투영되고 있다는 사실도 잊지 말아야 합니다.

　　이러한 맥락에서 한국의 국가전략도 주변국들과의 국제협력을 강화하고 국제규범 형성 과정에도 적극적으로 참여하는 데 힘써야 합니다. 한반도가 처한 지정학적 특성상 전통적 우방국인 미국이나 새로이 부상하는 중국 등과의 기술협력과 정책공조를 펼치는 것은 매우 중요한 외교적 사안입니다. 또한 사이버 안보의 대응방안을 모색하는 데 있어서 양자 간의 국제협력이라는 지정학 구도를 넘어서 좀 더 넓은 의미의 다자 구도에서 접근하는 시도도 필요합니다. 이러한 과정에서 국가 간 관계를 조율하는 기존의 국제규범을 정비하는 움직임과 동시에 새로운 글로벌 거버넌스의 메커니즘을 모색하는 움직임이 경합하고 있음을 주목할 필요가 있습니다.

한편 이러한 사이버 안보의 국가전략을 모색하는 과정에서 나타날 수 있는 과잉 안보담론의 출현을 경계해야 합니다. 이 글은 복합지정학의 시각에서 크게 네 가지 과잉 안보담론의 위험성을 지적하였습니다. 첫째, 기술합리성과 효율성의 논리에 지나치게 매몰되는 과잉 안보화, 둘째, 사이버 공간의 활동을 지나친 냉전논리와 군사논리로 이해하는 과잉 군사화, 셋째, 사이버 안보 문제를 지나친 정치적 논리, 특히 국가권력의 논리나 좌우이념의 논리로 몰고 가는 과잉 정치화, 끝으로 국가 행위자들이 벌이는 제로섬 게임의 양상을 과장하는 과잉 현실주의 담론 등이 그것입니다. 이러한 과잉담론들은 모두 사이버 안보 문제의 복합적인 성격을 간과하고 단순 지정학의 발상에 입각해서 추진되는 정책들의 소산이라고 할 수 있습니다.

요컨대, 사이버 안보의 세계정치는 전통적인 의미의 국민국가들이 벌이는 지정학의 게임이라는 관점만으로는 이해할 수 없습니다. 국가 및 비국가 행위자 그리고 경우에 따라서는 네트워크 환경과 기술시스템이라는 변수들까지도 적극적으로 관여하는 복합지정학의 게임으로서 이해해야 할 것입니다. 이러한 과정에서 국가 행위자는 사이버 공격이라는 위협 요인을 제공하는 주체인 동시에 초국적으로, 또는 국가 간에 발생하는 사이버 위협을 방지하는 방어의 메커니즘을 만드는 주체로서 그 입지를 강화해 가고 있습니다. 최근 국내에서 모색되고 있는 사이버 안보의 국가전략은 이러한 사이버 안보 분야의 특성에 대한 이해를 바탕으로 추진되어야 할 것입니다.

Part 5

풍수지리와 신지정학

풍수, 민족 동질성 찾기의 한 희망

최창조(前 서울대 교수)

어느 민족의 동질성을 확보하기 위해서는 그 대상이 그 민족 고유의 독특한 것이라야 효과가 크다. 우리에게는 풍수가 바로 그렇다. 신라 말 승려 도선(道詵. 고려 때 國師로 追尊됨)에 의하여 집대성된 우리 고유의 자생풍수는 훗날 남북의 동질성 회복에 도움이 되리라 믿는다.

필자가 북한을 방문한 것은 1997년 12월이었다. 그때의 단편적인 기억으로 풍수를 통해서 민족 동질성을 말한다는 것은 당연히 무리(無理)다. 다만 당시 그들의 풍수에 대한 정의(定義)와 인식(認識)에 크게 차이가 난다는 것에는 놀랐다는 기억은 남아 있다. 그 이야기를 정리해 본다.

풍수의 정의는 "봉건 도배들의 터 잡기 잡술"이란 것이었다. 이것이 이상한 것은 아니다. 남한 사람들의 공식적인 정의도 마찬가지였으니 말이다. 그러면서도 명당(明堂)이 좋은 곳이라는 것은 잘 알고 있었다. "당신들의 부모나 조부모 산소는 좋은 곳에 모셨느냐?"는 필자의 질문에 "명당에 모셨다."고 강조하는 것이 그런 예이다.

풍수는 중국에서 신라 말에 수입된 것이라는 것이 학계의 통설이다. 그런데 이상하게도 중국 유학을 못한 도선(道詵)을 한국 풍수의 시조(始祖)라고 하는 것도 교과서에 실려 있다. 당시 당나라 유학은 지식 계층의 거의 필수 과정이었는데도 국내파인 도선을 시조로 보는 것은 아무래도 이상하다. 필자는 우리 고유의 자생(自生)풍수가 있었고, 그것을 나름대로 정리한 사람이 도선이라고 주장해 왔다. 일본은 풍수가 특이한 경우이기

에 비교가 불가능하다. 그러니 자생풍수를 남북이 공통으로 인식하는 것
은 의미가 있다고 본다. 다음은 그에 대한 단편적인 사례들이다.

* 도선(道詵)은 신라 42대 흥덕왕—52대 효공왕(AD. 827-898) 연간(年
  間)의 인물로 신라가 망조(亡兆)를 보이던 초기(初期)로 보인다.

* 천년왕국(千年王國) 신라는 992년 지속되어 그 존립이 숙명적으로 위태
  로운 상황이었다.

* 도선의 풍수는 단군을 비롯한 우리 고대신앙부터 불교와 도교까지를 비
  롯한 외래종교 등, 당시의 모든 사상을 수습(收拾)하여 혼융무애(混融无
  涯)한 것으로 만들었다. 그런 까닭에 그의 풍수는 현대에 이르기까지 끊
  임없이 인구(人口)에 회자(膾炙)되고 있다. 그의 풍수는 물론 '지리학(地
  理學)'이지만, '인간학(人間學)'이라 부르는 것이 더 적합하다.

* 도선의 업적은 비보(裨補), 방법론은 직관(直觀), 대상은 현실(現實), 영
  향력은 정치성(政治性)이었다. 그는 인생이란 살아가는 그 자체이지 거
  기에 의미를 붙여 복잡하게 만드는 숙제(宿題)가 아니라고 본 듯하다.
  그의 풍수사상이 상식을 벗어나지 않는 까닭이다.

* 도선은 고려 왕조에 의해 만들어진 인물이다. 존재 자체의 부재(不在)는
  아니지만 그에 관한 많은 기록은 허구(虛構)다. "증거(證據)의 부재(不
  在)가 부재의 증거는 아니다."라는 칼 세이건의 말은 도선 연구에 적용
  할 수밖에 없는 금언(金言)이 되었다.

* 특히 고려 태조 왕건이 자신이 반역(叛逆)한 궁예(弓裔)에 대한 죄책감
  과 보상심리(補償心理)에서 도선을 끌어들였을 가능성이 농후하다. 당시
  호족(豪族)들은 비단 궁예뿐 아니라 대부분이 "우리가 이 전쟁을 끝내지
  못한다면 전쟁이 우리 모두를 끝장낼 것이다."라는 자아도취적인 목적을
  내세우고 있었다.

* 궁예가 미륵(彌勒)을 자처(自處)한 것에 대한 일종의 대항(對抗) 이데올
  로기로서 도선을 끌어들였다. 이미 명성(名聲)을 얻은 고승(高僧)들은

알려진 바가 너무 많기 때문에 정치적 이용이 힘들었고, 존재가 미미(微
微)했던 도선을 등장시키게 된 것이다.

* 한미(寒微)한 가문과 국내파(國內派)인 도선의 심리 기저(基底)에는 동
시대인이자 도당(渡唐) 유학생(留學生) 출신인 최치원(崔致遠)에 대한
또 하나의 보상심리가 작용했으며, 그런 배경이 그를 자생적(自生的)인
것에 몰두하도록 부추겼을 것이다.

* 그럼에도 불구하고 도선의 풍수는 중국과는 풍토가 다른 우리 자생풍수
의 비조(鼻祖)로 추앙받을만한 가치가 있다.

우리나라에서 풍수를 말하는 사람치고 도선을 입에 올리지 않는 사람
은 없다. 고등학교 국사 교과서는 물론이고 저명한 한국사학자(韓國史學
者)들의 통사(通史)에 이르기까지 그를 한국 풍수의 비조(鼻祖)라 부르는
데에는 전혀 이견(異見)이 보이지 않는다. 지관(地官)들도 다른 견해는 없
는 듯하다. 그들의 주장이 비록 도선풍수가 중국에서 수입된 이론에 바탕
을 둔 것이라는 것이라 할지라도 도선을 받드는 마음은 다름이 없다. 그것
이 정파(正派)이든 사파(邪派)이든, 이름 높은 사람이든 무명인(無名人)이
든 도선을 추앙(推仰)하는 데에는 이견(異見)이 없다. 하기야 누가 자신을
사파니, 비정통이니, 무명인이니 하겠는가? 그러니 한마디로 풍수하면 도
선을 빼고는 시작이 되지 않는다. 북한 또한 다르지 않다.

황해도 안악 3호분
다음 역시 필자가 이미 발표한 글이다.[1]
1997년 12월 22일 아침 황해남도 신천을 거쳐 거기서 북쪽으로 길을
틀어 10시 45분 북한의 <국보 유적 제67호>＝안악 3호 무덤＝에 닿았
다.[2] 안악 3호 무덤은 "지금까지 알려진 고구려 벽화 무덤 가운데에서 무
덤칸의 규모와 벽화 내용의 풍부성에서 으뜸가는 고구려의 왕릉으로 무덤
칸은 판돌로 쌓는데 지하 궁전을 방불케 한다. 벽화는 인물 풍속도이며 돌

벽 위에 직접 그렸다. 벽화 중에서 중요한 것은 주인공이 등장하는 정사도와 행렬도인데 그중에서도 행렬도가 유명하다. 주인공이 탄 소 수레 앞의 <성상번> 깃발을 통하여 그가 고구려왕임을 밝혀줄 뿐 아니라 250여 명이 넘는 등장인물의 수와 화면의 크기, 복잡하고 다채로운 내용에서 고구려 벽화 중에서는 물론 세계 미술사상에서도 중요한 위치를 차지하는 대작이다."3 안악 1, 2호 무덤은 이번에 직접 보지 못하여 앞의 각주(脚註)에서 소개한 <조선 유적 유물 도감>에 실린 소개 글을 싣는 것으로 대신한다. '안악 1호 무덤'은 "인물 풍속도를 그린 외 칸짜리 고구려식으로 된 벽화 무덤으로 특징적인 것은 안 칸 외벽에 주인공의 실내 생활도 대신에 전각도(篆刻圖)를 그린 것과 천장에 이상한 짐승 그림이 많은 것이다. 고구려 사람들의 신앙과 풍부한 상상력을 보여준다."4고 한다. 안악 2호 무덤은 "인물 풍속도를 그린 고구려 벽화 무덤. 무덤 칸은 안길, 안 칸, 안 칸 동벽의 감으로 이루어졌으며 벽화는 무덤 칸의 회벽 우에 그렸다. 화려한 벽화 중에서 안 칸 동벽의 비천도(飛天圖)가 특히 우수하다. 비천도는 아름다운 고구려 녀인을 섬세하고 우아한 화풍과 높은 예술적 기량으로 훌륭하게 형상한 명작으로서 고구려 회화사(繪畵史)의 한 페이지를 빛나게 장식하고 있다."5

안악 3호 무덤은 직접 보았으나 필자의 전공이 아닌 부분은 그쪽 기록과 안내원의 설명에 의존하였다. 다만 그 터의 풍수지리적 성격에 대해서는 나름대로의 해석을 가할 것이다.

안악 3호 무덤은 4세기 중엽에 이루어진 것으로 근래 연구에서 고구려 21대 고국원왕의 능으로 밝혀졌다고 한다. 남한의 국사대사전에는 그가 고구려 제16대 왕으로 되어 있는데 어찌 된 영문인지 문외한(門外漢)인 필자가 알 수 없어 답답하다. 물론 '삼국사기'나 '삼국유사'대로 한다면 고국원왕은 16대가 되고 21대는 문자왕(文咨王)이다.

고국원왕은 환도성(만주 집안현 통구)으로 천도한 사실과 아버지 미천왕의 시신을 연왕 모용황에게 탈취당한 사실을 비롯하여 그의 어머니와

왕비까지 사로잡혔던 적이 있고 왕 41년(371) 백제의 근초고왕(近肖古王)
이 평양성을 공격하므로, 나아가 싸우다가 화살에 맞아 죽어 고국원(故國
原)에 장사 지냈다는 기록이 나오는 것으로 보아 참으로 안타까운 일생을
보낸 인물로 여겨진다.

'무덤무지(봉분을 뜻함)'는 방대형으로 남북 33m, 동서 30m, 높이 6m
이다. 무덤 칸은 돌로 쌓았는데 문 칸, 앞 칸, 안 칸, 동서 두 곁 칸, 회랑
등으로 구성되어 있다. 문은 0.5톤 정도의 돌문 두 짝으로 조성되었는데
1949년 첫 발굴 당시에도 매끄럽게 열릴 정도로 정교했다고 한다. 이는
현지 안내판의 기록이고 안내원 선생은 이를 "문 하나가 900 킬로그램으
로 지금도 잘 열리는 베아링식 문짝"이라 표현했다.

벽화 중 중요한 것은 주인공이 등장하는 정사도와 행렬도인데 주인공
이 탄 소 수레 앞의 성상번 깃발을 통해 그가 고구려의 왕임을 알 수 있다
고 한다. 문간에는 위병이 서 있고 서쪽 곁칸에는 '백라관'을 쓰고 화려한
비단 옷을 입은 사람이 문무백관을 거느리고 있는 모습으로 보아 왕의 무
덤임에는 의심의 여지가 없는 듯하다.

고분 안은 50m 쯤 굴곡진 출구로 조성되어 있는바, 이는 보존을 위해
서라 한다. 나는 그 속을 직접 보지는 못했다. 다만 평양으로 돌아와 그
모사품(模寫品)을 볼 수는 있었지만 그 감흥(感興)이 같을 수야 있겠는가.
앞 칸에는 호위 병사와 고취대, 수박희(손치기 씨름)가 그려져 있고 천장에
는 해와 달 그리고 영생도와 지하 천궁이 새겨져 있다. 안 칸에는 시신이
안치되어 있었는데 부부로 추정되는 2인분의 유골이 출토되었다고 한다.
수많은 도기(陶器) 파편과 대신(大臣)을 거느리고 정사를 보는 모습도 있
고 동과 남에는 왕비가 시녀를 거느리고 있는 모습이 그려져 있다.

동쪽 곁칸에는 '육곳간', '푸줏간'이 그려져 있는데 통돼지, 노루와 부
엌 풍경도 보이고 개도 있었다. 나는 그것이 개인지 노루인지를 가지고 북
측 일행들과 입씨름을 벌였지만 결국 개라는 데 동의하였다. 그러니까 우
리는 오랜 옛날부터 개를 식용으로도 썼다는 얘기가 되는 셈이다. 색채는

지금까지도 변함이 없으며, 벽화 중 영화(永和) 13년이란 글자 때문에 무덤 주인공에 대한 구구한 해석이 있었으나 동수라는 이름의 그는 중국 요동 지방 평곽현 경상리 사람으로 벼슬을 살다가 69세에 죽었다고 되어 있으며 그가 안 칸 문지기 그림 아래 있는 것으로 보아 당연히 무덤의 주인은 아니라는 주장이다. 연대는 대략 350년대로 나왔다고 한다.

처음에는 미천왕 무덤이라고 추정했으나 '김일성 주석'으로부터 남평양(南平壤) 문제와 안악 3호 무덤의 주인공을 확인하라는 두 가지 교시를 받고 연구한 결과 고국원왕의 무덤이라고 확정짓게 된 것이라는 김일성대학 리정남 교수6의 추가 설명이 있었음을 부기해 둔다.

안악 3호 무덤은 예로부터 <하무덤>이라 일컬어졌다고 한다. 조선시대 안악 군수를 지낸 하연의 선정비를 이곳에 세우고 나중 그의 무덤을 여기에 씀으로써 그렇게 와전(訛傳)된 것이다.7 리 교수는 고국원왕에 대한 삼국사기 기록이 별로 마음에 들지 않는 모양이다. 그는 고국원왕이 41년 동안 남진 정책을 쓰며 임진강과 예성강을 국경으로 삼았는데 당시 안악 지방은 양악이라 하여 고구려의 속국이었다고 했다.

고국원왕은 지금의 황해남도 신원군 아양리에 부수도(副首都)로 남평양을 두고 백제를 공략하다가 결국 전사하여 이곳에 묻히게 된 것이 아닐까 하는 것이 그의 주장인 듯했다. 지금 보아도 이곳은 양악산성, 구월산성, 장수산성, 정방산성이 사방에서 옹위(擁衛)하는 형세이다. 그런데 '신증동국여지승람(新增東國輿地勝覽)'에 보면 재미있는 기사가 나온다. 장수산(長壽山)이 고을 북쪽 5리에 있는 재령군의 진산(鎭山)이라 기록되어 있지만 '신증'에서 추가하기를 당시 임금, 즉 중종 14년(1519)에 여병(癘病, 염병 즉 장티푸스이지만 전염병으로 보는 것이 옳다.)이 많다고 하여 지금의 읍으로 옮겼다고 하는데 예전 읍과는 거리가 60리라 되어 있다. 이로 미루어 보면 남평양인 신원군 아양리가 재령의 구읍(舊邑)이었음을 알 수 있다.

지금 안악 3호 무덤 주변은 '어로리(魚蘆里)벌'이라는 넓은 벌방(들판)이기 때문에 이 상태로 풍수를 말한다는 것은 불가능하다는 것이 현장에서의 내 최초 판단이었다. 한데 안내원의 얘기를 듣다 보니 뭔가 이상하다. 그래서 과거 지세(地勢)를 묻다가 중대한 사실을 알게 되었다. 안악 3호 무덤 뒤 북쪽으로 높이 15m쯤 되는 솔밭 둔덕이 보이고 거기서 3호분까지는 명백히 맥세(脈勢)가 이어져 있었다. 즉 산에 기대어 터를 잡은 것이 분명하다는 뜻이다. 그 둔덕에서 안악 읍내까지는 약 6km 정도인데, 계속 주변 평지보다는 약간 높게 이어지는 어떤 기맥(氣脈)을 느낄 수 있었다. 그리고 동, 서, 남쪽은 바다였다는 것이 아닌가. 그렇다면 이 무덤은 안악읍에서 길게 남자의 성기(性器) 모양으로 바다로 돌출된 부분, 말하자면 귀두부(龜頭部)에 터를 잡은 셈이 된다. 이는 우리 자생풍수가 즐겨 찾던 자리 잡기 방식으로 나로서는 중요한 예를 하나 더 북한 소재의 고분에서 추가하는 행운을 얻은 것이다.

　문제는 이곳이 과연 바다였겠느냐는 것인데 올해(1997년 현재) 70세인 안내인 위홍찬 선생은 어렸을 때 동양척식주식회사가 이곳을 개간했다는 말을 직접 들었다는 것이며 일부 공사는 목격한 것도 있다고 했다. 망망(茫茫)한 바다 한가운데일 수는 없으나 바닷물이 들락날락한 갯벌이었을 가능성은 충분히 있겠다는 판단은 현지인의 증언뿐 아니라 지도상으로도 판단이 가능했다.

　재령강의 지류인 서강은 석당리 수문을 통해 이 지역 관개를 하게 되며 이 일대는 워낙 해발고도가 낮아 과거 저습지(低濕地)였음에 틀림이 없다. 평야에 조성된 은파호나 장수호가 해주만 쪽으로 연결되는 것을 보면 쉽게 짐작할 수 있는 일이다. 게다가 흙은 지금도 조금만 파면 갯벌 흙이 나올 정도라는 것이다.

　앞의 황개천은 서강과 연결되어 있고 평양과 가까워 교통이 편리한 위에, 당시는 뱃길까지 가능했으니 남천(南遷) 정책의 거점으로 손색이 없었을 것이 아니겠느냐는 얘기도 있었다. 동쪽으로 정방산, 북쪽으로 양산대, 서쪽으로 구월산, 남쪽으로 장수산과 수양산이 있는데 모두 해발 900m 급으로 사방 수호에도 유리하니 금상첨화(錦上添花)란 것이다. 자생

풍수의 희귀한 예를 안악에서 만나다니 반가운 마음 참기가 어려울 정도
인지라 오전 내낸 소변을 보지 않았는데 신기하게도 그날 오후에야 구월
산에서 소변을 보았다. 그 양기탱천(陽氣撑天)한 구월산에서 소변을 보았
다. 북한의 노동당이나 현지 안내원들은 필자가 요구하던 하지 않던 풍수
를 "봉건 도배들의 터잡기 잡술"이라고 정의했다. 아마도 필자에 대한 정
보는 자기들도 알고 있었으리라 여겨진다.

고려 태조 왕건릉의 풍수 답사

개성의 공민왕릉(玄陵)을 떠나 고려 태조 왕건릉(顯陵)을 향한다. 거기
서 조금 떨어진 곳이지만 행정지명은 역시 개성시 개풍군 해선리에 있는
데 그것이 풍수설에 의하여 이루어진 것임은 북한에서 발간된 자료들도
기록하고 있는 일이다.

가는 길에 좀 자세하게 송악산을 바라본다. 첫눈에 들어온 느낌은 송
악산 모습이 마치 송추나 일영 쪽에서 북한산을 바라보는 느낌이지만 이
문제는 후에 다시 자세히 거론할 것이다.

왕건릉에는 중국풍수 이론에서 가장 중시하는 주산(主山)이 보이지
않는다. 왕건릉의 능호는 현릉(顯陵)이다. 기록에 의하면 송악산 서쪽 파
지동(巴只洞) 남쪽에 있다고 하였는데 이 능이 세 번 이장된 적이 있기 때
문에 이곳이 바로 그 파지동인지 확언하기는 어렵다. 그러나 그 위치로 보
나 태조릉이라는 고려조의 상징성으로 보나 비록 전란 때문에 이장을 했
다 하더라도 다시 원 위치로 돌아왔을 공산이 크다는 것이 나와 리정남
선생8의 공통된 의견이었다.

물론 풍수 원칙에 "이미 썼던 땅(破舊)를 쓰지 말라"는 것이 있기는
하지만, 그래서 이곳이 원래 자리냐 하는 데 대해서는 반론을 제기할 수도
있겠지만, 당시는 그런 원칙에 구애되던 조선시대가 아니라 자생풍수가
힘을 쓰던 고려시대임을 감안한다면 원 위치일 것이라는 가정이 설득력이
있다고 생각한다.

붉은 한복을 입은 여성 안내원이 찬바람 속에서 <김주석>의 친필로
각인된 <고려 태조 왕건 왕릉 개건비> 뒷면에 새겨진 <헌시>(獻詩)를
길게 읽어 나가는 모습이 인상적이었다. 손목시계를 예전 남쪽 여자들처
럼 손목 안쪽에 차고 있는 게 정겹게 느껴지기도 했다.

능은 왕건과 그의 본부인 신혜왕후 류씨의 단봉(單封) 합장릉(合葬陵)
으로 좌향은 약간 서쪽으로 틀어진 남향을 취하고 있다. 광중(壙中)은
<돌칸 흙무덤>으로, 그러니까 무덤 내부는 석실로 조성되어 있다는 뜻
이다. 본래 능의 주산(主山)은 송악산 지맥인 만수산의 나지막한 등성이
위에 자리 잡았기 때문에 말이 주산이지 실제 보면 능 뒤가 허전하게 보
일 정도로 낮다. 따라서 주산의 개념에 따라 능 터를 잡았다기보다는 만수
산 등성이 안부(鞍部)에 편안한 터를 골랐다고 평하는 것이 바르지 않을까
여겨진다. 좌향(坐向) 또한 그 개념에서 벗어나지 않는다.

구태여 내룡(來龍)의 맥세(脈勢)를 따지지 않은 것은 자생풍수의 영향
이라 짐작한다. 무덤 뒤가 허전할 정도로 낮은 경우이니 주산은 거의 없는
듯 낮다고 해도 지나치지 않다. 그런 유형은 고분에서나 볼 수 있는 현상
으로 중국 풍수의 영향 아래 든 이후로는 찾아볼 수 없는 형식이다. 멀리
능 입구에서 보면 뒤에 산이 없다고 느껴질 정도이니 말해 무엇하랴.

주위 사신사(四神砂)도 모두 낮은 둔덕에 잔솔밭이며 평탄하고 평범한
것이 특징이라면 특징이다. 요즈음의 지관들이 보자면 이해할 수 없는 좋
지 못한 산소자리로 평가할지 모르겠다. 아니나 다를까 리 선생이 이런 얘
기를 한다. "이곳이 고려를 개국한 태조 왕건의 무덤인데 어떻게 이토록
땅이 좁고 규모가 작은 곳을 택했는지 이해할 수 없다는 얘기들을 했다"
는 것이다.

그러나 나는 이곳의 그런 성격이 바로 우리식 풍수의 전형이라고 말
해 주었다. 마치 고향의 어머니 같은 산으로 둘러싸인 곳. 어머니는 결코
잘나거나 드러나는 분이 아니다. 이곳의 산세뿐만 아니라 땅의 성격 또한
평범하기만 한 우리네 어머니를 닮았으니 자생풍수의 입장으로 보자면 탁

월한 터 잡기라고 설명하니 리 선생은 대번에 동감을 표시한다.

　이 점 다른 일행들도 마찬가지였던 모양이다. 왕건 태조의 능이 이 정도 산세밖에 되지 않을까 하는 의구심을 갖고 있던 차에 어머니 같은 땅이라는 자생풍수적 설명은 그대로 정서에 공감을 일으키는 모양이었다. 그렇다, 그게 바로 우리네 정서의 바탕이다. 여기서 사신사(四神砂)를 관찰하고 좌향을 따지고 수국(水局)을 고르며 명당이냐 아니냐를 따지는 것은 무의미하다.

　원나라에서 10년 넘게 살았으며 풍수에 해박(該博)했고 사랑하던, 먼저 세상을 떠난 왕비 노국대장공주(魯國大長公主) 능을 스스로 고르고 후에 거기에 합장(合葬)된 공민왕릉 같은 예쁜 여자(땅)는 처음에 사람을 미혹시키지만 시간이 지날수록 부담이 가게 마련이다. 거기에 성격까지 나쁘다면 그런 여자(땅)를 고른 사람의 고생은 말할 필요도 없을 것이다. 수더분하고 모나지 않으며 있어도 있는 표가 나지 않는 사람은 시간이 지날수록 상대방의 마음을 편케 해준다. 그것이 바로 자생풍수가 명당으로 꼽는 어머니 같은 땅이다. 그래서인지는 모르지만 우리 일행은 능 아래서 모두 정겹게 술을 곁들여 <곽밥>(도시락)으로 점심을 들었다.

　왕건릉에 오기 전에 공민왕릉(恭愍王陵)을 먼저 보았다. 보고 난 시간이 12시 20분, 평양에서 싸온 곽밥(도시락)을 먹을 마침한 때였다. 그런데 굳이 왕건릉을 보고나서 점심을 먹자는 것이었다. 필자는 그 이유를 알지 못했다. 그런데 왕건릉을 보고 나니 그들이 왜 공민왕릉이 아니라 왕건릉에서 점심을 먹자고 했는지 이해할 수 있었다.

　공민왕릉은 중국의 이론풍수로 보자면 탁월(卓越)하다고 평가하기에도 미안할 정도로 아름다운 명당이다. 주산(主山)은 봉명산(鳳鳴山)이고 백호(白虎)는 주산의 맥을 그대로 이어받은 본신용호(本身龍虎)이며 청룡(靑龍)은 무선봉(舞仙峰)인데 모두 수려(秀麗)하기 이를 데가 없다. 안산(案山)은 아차봉인데, 여기에는 공민왕릉이 왜 중국의 이론풍수에 잘 맞는지를 짐작케 하는 설화가 전해진다. 그가 사랑하던 노국대장공주(魯國大長公主)

가 죽자 그는 그녀를 명당에 모시기 위하여 광분(狂奔) 상태에 이른다. 그 자신 10년쯤 원나라의 수도 연경에서 살았고, 이때 풍수에 접한 것은 사실일 것이다. 그가 명당이 맞으면 붉은 수건을 들 것이고 마음에 들지 않으면 흰 수건을 들게 했다고 했는데, 실수로 반대 행동을 하여 노풍수(老風水)가 죽음을 당한 데서 아차봉이란 이름이 붙었다는 내용이다.[9] 즉 공민왕릉이 뛰어난 미인(美人)이라면 왕건릉은 전형적인 어머니와 같다. 미인 앞에서 먹는 점심밥이 어머니 앞에서 먹는 것과 비교가 되겠는가.

　　무덤 내부 석실은 동쪽 벽에 참대와 매화와 청룡이, 서쪽 벽에는 노송과 백호가 그려져 있다. 다만 북쪽 벽면에 있어야 할 벽화는 도굴(盜掘)로 파괴되어 무엇이 그려져 있었는지 알 수가 없고 남쪽은 출구이니 말할 것이 없다(이곳은 관리가 엄격하기 때문에 입장료를 내라고 해서 촬영을 포기하였다. 손님을 불러놓고 이런 무례가 어디 있나 해서 취한 행동이다.). 청룡, 백호 따위는 고구려 때부터의 전통이니 이상할 것도 없지만 참대와 매화와 노송은 특이한 경우에 속한다. 아마도 왕건이 얻었던 29명의 아내들의 집안을 상징하는 문장이거나 그 집안이 있던 고장의 특징적인 자생 수종들일지 모른다는 생각이 든다.

　　석실 안에는 커다란 판석으로 된 판대가 놓여 있고 거기에 관곽(棺槨)이 놓여 졌을 것이라 한다. 다행히 도굴꾼들이 미처 챙겨 가지 못한 <국화 무늬박이 청자 잔>, <옥띠 고리>, <놋 주전자>와 몇 가지 <금동 장식품>이 발견되어 무덤 내부의 호사스러운 치장을 짐작케 해준다.

　　<무덤무지>(봉분) 둘레에는 12각으로 둘레석을 세웠고 사이에는 난간석을 얹었는데 본래 있던 것에도 12지신상이 새겨져 있을 것으로 추정된다. 지금 둘레석은 1993년 개건 당시 화강암으로 다시 새겨놓은 것이라 옛 맛을 찾을 수는 없다.

　　정자각은 한국전쟁 당시 파괴되었으나 1954년 복구하였다고 하는데 태조의 영정과 능행도, 서경 순주도 등이 그려져 있어 왕건의 일생을 형상화한 것으로 생각된다.

능을 바라보며 왼쪽 등성이를 오른다. 시야가 확 트이며 오른쪽으로
는 송악산이 보이고 왼쪽으로는 이곳보다는 험한 산세에 고분이 여럿 눈
에 뜨인다. 바로 <7릉떼>(七陵群)이다. 무덤의 주인은 알 수 없으나 대
체로 고려 후기의 왕이나 왕족의 무덤으로 추정한다는데, 내가 보기에는
풍수적으로도 그런 것 같았다. 왜냐하면 그곳에 있는 무덤들은 분명한 주
산에 의지하여 내룡(來龍)을 짐작케 해주는 입지를 취하고 있기 때문이다.
분명 중국 풍수의 영향을 어느 정도 받은 것이 분명하다. 아쉽게도 능 하
나하나를 답사할 시간은 없었지만 아마도 그런 추정은 맞을 것이라는 생
각이 든다.

개성의 풍수

왕건릉을 떠난 버스는 어리고 작은 소나무들이 듬성듬성한 야산들을
멀리 하고 수삼나무 가로수 길을 따라 개성 시내로 접어든다. 북안동의 남
대문은 단출하고 소박한 아름다움이 있다는 느낌인데 생각했던 것보다는
규모가 작은 편이다. 남대문은 본래 개성 내성의 남문이다. 개성의 성곽은
궁성과 황성을 핵심으로 그 오른쪽(동쪽)을 지탱해 주는 내성(內城) 그리
고 송악산이다. 개성 시내에서 본 송악산은 가까이서 보면 북한산을 닮았
으나 시내에서는 평범하게 보인다. 송악산을 정점으로 서쪽의 제비산, 남
쪽의 용수산, 동쪽의 덕암봉과 부흥산을 거쳐 다시 송악산으로 연결되는
도성(都城)인 나성(羅城)으로 구성되어 있다. 따라서 나성은 개성분지 전역
을 둘러싸고 있는 성곽이 되는 셈이다.

만월대(滿月臺)란 그중 궁성과 황성을 통칭하는 말이다. 이 터 안에
<망월대>라 불리던 궁전이 있었는데 어느 때부턴가 사람들이 궁궐 전체
를 만월대라 부르게 되었고 그로부터 만월대는 개성의 대표이자 상징물이
된 것이다. 고려 왕조 5백년의 도읍지로 그 번창함은 개경에서 예성강까
지 비 오는 날에도 처마 밑으로 비를 맞지 않고 갈 수 있었다는 개성이지
만, 그날 나는 만월대의 그야말로 추초(秋草) 아닌 동초(冬草)로 덮인 폐허

를 만나는 것으로 수인사를 해야만 했다.

개성은 그 자체로서 하나의 커다란 분지 지세이다. 커다랗다고 했지만 그것은 지형적 의미로 그렇다는 것이고 한 나라의 수도로서의 기반적 토지 규모로는 협소하다고 할 수 밖에 없는 편이다. 풍수에서는 이와 같이 사방이 산으로 둘러싸인 지세를 장풍국(藏風局)이라 한다. 반면 예컨대 서울이나 평양처럼 일면 또는 양면이 큰 강에 접한 경우는 득수국(得水局)이라 한다. 개성은 대표적인 장풍국의 땅이다. 나중에 개성 시내를 소개할 때 다시 언급하겠지만, 그래서인가 개성 시가지가 좀 우중충하게 보이는 것이 사실이었다. 분지라 매연물질(煤煙物質)이 잘 빠져나가지를 못하기 때문이다.

장풍국이기 때문에 개성의 주산(主山)은 진산(鎭山)과 일치한다. 송악산이 바로 그것인데 해발 489미터로 바다에 인접한 개성과 같은 지세에서는 상당히 높은 산이다. 실제로 개성 시내는 해발 20에서 30미터에 지나지 않으며 만월대의 정궁인 회경전 터가 50미터이다. 그러니 송악산의 상대적 높이(比高)가 훨씬 높아 보일 수밖에 없는 것이다. 서울의 경우는 북악산이 342미터이지만 남쪽이 한강에 감싸인 넓은 터이기 때문에 상대적으로 더 낮게 보일 수밖에 없다. 그래서 북악산을 주산으로 삼았지만 그를 보완하기 위하여 그 뒤에 있는 837미터의 북한산을 진산으로 두게 되는 것이다. 그래야 조산(朝山)인 632미터의 관악산을 압도할 수 있는 까닭이다.

주산 현무에 이어지는 나머지 사신사(四神砂)는 나성 성곽과 거의 일치하니, 백호는 제비산(이 산이 지네산이라 불리우는 蜈蚣山임)－야미산 줄기가 되고 청룡은 부흥산－덕암봉 연맥이 되며 시내 가운데 있는 자남산과 남쪽 끝 용수산－진봉산－덕적산 줄기가 안산(案山)과 조산(朝山)이 되어 완벽한 사신사의 장풍국을 이루는 형세가 된다.

다시 그 내룡(來龍)의 맥세(脈勢)를 보면 당연히 백두산을 조산(祖山)으로 오관산을 종산(宗山)으로 삼아 송악을 일으키니 이것이 바로 개성의 주산인 것이다. 내룡은 서북서 방향(이를 풍수 24방위에서는 亥方이라 함)에

서 들어와(이를 풍수에서는 入首라고 함) 정남향(子坐午向)10으로 만월대 혈
(穴)을 만들었으니 이것이 개성 풍수의 개략이다. 정남향은 중국의 황제
(皇帝)가 차지한다고 생각했다. 그래서 모화사상(慕華思想)에 깊이 침잠(沈
潛)한 조선 왕국의 정궁인 경복궁의 남문 광화문은 정남향을 취하고 있지
못하다. 그런데 고려는 정남향을 취했다. 즉 고려는 자생풍수가 터를 잡을
수 있는 기반(基盤)이 고려의 황궁(皇宮)부터 깊이 뿌리를 내리고 있었다.

술가(術家)는 이를 평하여 청룡과 백호가 좌우를 겹겹이 감싸고(龍虎
幾重) 앞산이 중첩되게 명당을 호위하며(對朝重疊), 사방 산신은 혈을 철저
히 옹위하는(四君護衛) 산 속에 우묵하게 숨겨진 좋은 고을 터(山陰洞府藏
風局)라 극찬하였다. 당시 고려의 국내 정세는 후삼국을 통일한 위에 아직
지방 호족들의 발호나 반란 가능성을 배제할 수 없는 상황이었으므로 방
어에 허점을 내놓을 수밖에 없는 평지의 땅(平陽龍勢)이나 득수국(得水局)
의 땅보다는 이런 지세가 유리했을 것이다. 오죽하면 태조 왕건이 호족 세
력을 인척으로 삼아 잡아두기 위해 각 호족의 딸들을 스물아홉 명이나 왕
비로 삼았겠는가. 그러니 당시 정세로는 잘 잡은 수도 입지라는 것이다.

개성 궁성의 정문 격인 남문은 주작문이고 황성의 남문은 승평문이지
만 흔적이 없다. 크게 네 번의 화재를 당한 만월대가 최후를 마친 것은 공
민왕 10년(1361) 홍건적이 불을 지른 때였다. 그 후 오늘까지 만월대는 폐
허의 비장감과 고적감만을 내보일 뿐 그 미려(美麗)하고 장쾌(壯快)했던
화사함은 찾을 길이 없어지고 말았다.

만월대 폐허에서 제일 먼저 만나는 유지(遺址)는 신봉문(神鳳門) 터.
문루의 주춧돌과 문지방돌 20여 기만 땅에 붙박혀 있을 뿐이다. 여기서
만월대 안내판을 처음 접하게 되는데 현재 <국보 유적 제122호>로 지정
되어 있음을 알리고 있다. 신봉문을 지나면 약간 오른쪽으로 길이 굽으면
서 창합문(閶闔門) 터가 나온다. 여기서도 만날 수 있는 것은 주춧돌과 계
단 난간석뿐이다. 여기 서면 이제 만월대를 대표하는 그 유명한 회경전(會
慶殿) 터의 앞 계단을 만나게 된다. 모두 두 쌍 네 개의 계단인데 하나의

계단은 33개의 돌 층계로 구성되어 있다. 불교 국가여서 33천을 표상한 33계단이 아닌가하고 예측해 보지만 알 수 없다는 대답이다.

수직 높이 약 7.2미터, 멀리서 보면 그저 그런 계단처럼 보이지만 막상 바로 앞에 서면 무척 위압적이고 압도하는 느낌을 준다. 오르면 경사도 보기보다 훨씬 급하다는 것을 알 수 있다. 이는 원 지형면을 가급적 깎아내지 않고 자연 지세를 손상치 않으려는 의도로 보인다. 왜냐하면 계단 위에 올라 회경전 뜰을 보면 그 터를 조금 더 깎는 일이 당시로서 별 큰 일이 아니었을 것이라는 사실을 금방 알 수 있기 때문이다.

불편함을 참고 자연 훼손을 삼가던 고려인의 땅에 대한 외경심이 바로 우리 자생풍수 사상의 요체라 보는 것이지만, 한편으로는 그렇게 함으로써 계단 아래 선 사람들에게 권위주의적(權威主義的)인 공간 배치를 실감케 해주는 실익(實益)도 있었으리란 짐작도 든다.

도선 자생풍수의 표본 만월대

만월대의 가장 큰 풍수적 특징은 건물 배치를 인위적으로 균형을 잡아놓은 것이 아니라 자연 지세의 흐름을 따르려 했다는 점이다. 낮은 곳은 축대를 높이 쌓고 높은 곳은 깎아내리지를 않은 채 계단을 쌓아 올라가는 식이다. 계단 사이가 매우 높아 걷기에 힘들 정도이다. 그렇게 함으로써 그 위 경사면에 궁궐을 지어놓았다. 더구나 창합문을 지나면 바로 나타나는 만월대 앞쪽의 회경전(會慶殿)과 송악산 쪽으로 조금 올라가서 자리잡은 장화전(長和殿)은 만월대의 중심이 되는 2대 궁궐이며 서로 이어진 건물임에도 불구하고 일직선상에 놓여 있지를 않다.

앞서 입구인 신봉문에서 창합문으로 올라가는 대궐 진입로도 조금 틀어져 있었다고 지적했다시피 회경전과 장화전을 서로 다른 평면상에 그것도 서로 다른 좌향(坐向)으로 건축했다는 것은 매우 중요한 의미를 갖는다고 생각한다. 당시 그들이 중국의 풍수술이나 건축술을 그대로 받아들인 상태였다면 당연히 동일 직선상에 동일 좌향을 취했을 것이 분명하다.

그것은 중국의 영향을 강하게 받은 뒤 건축 된 조선시대 건물들의 터 잡기와 배치가 기하학적 균형을 갖추고 있는 것과 비교하면 분명해진다.

이것을 나는 자생풍수의 증거로 보는 것이다. 자생풍수는 중국 이론풍수가 체계화된 이론에 입각하여 터를 잡는 데 대하여 자연 지세를 그대로 의지한다는 특징으로 요약된다. 따라서 중국풍수가 어디에서나 통용될 수 있는 일반 이론적 측면이 강하다면 자생풍수는 풍토 적응성은 뛰어나지만 체계화나 이론화가 매우 어렵다는 단점을 갖게 된다. 땅은 땅 나름대로의 고집과 질서가 있는 법이다. 그렇기 때문에 지리학(地理學)은 그 땅에서 집적된 지혜의 소산이 아니면 땅에 무리(無理)를 가하는 일을 벌이게 될 수도 있다.

조선시대 여러 유적지에서 내가 느낀 것은 풍수 이론상으로는 문제가 없음에도 불구하고 뭔가 부자연스럽고 경우에 따라서는 땅에 상당한 무리를 가해 가며 구조물을 축조했다는 혐의를 여러 번 가진 적이 있다. 그 이유가 바로 중국 이론풍수에 탐닉한 조선시대 양반들의 틀에 박힌 터 잡기와 건축물 배치가 초래한 결과라 생각한다. 만월대에서는 비록 그것이 덜 세련되기는 했지만 훨씬 자연스럽고 주위 산천 형세에 어울린다는 느낌을 강하게 받았다.

여기에는 또 이런 얘기도 전해진다. 우리 풍수의 시조인 도선국사(道詵國師)가 그의 유기(留記)에서 이르기를 "송악산 아래 궁궐을 지을 때는 소나무(현재 송악산은 소나무는커녕 거의 벌거숭이다.)를 많이 심고 절대로 흙을 파헤치지 말 것이며 오히려 토석(土石)을 돋우어 세우라"고 했다는 것이다. 앞서 지적한 자생풍수의 사고와 다를 바가 전혀 없는 유언이다.

만월대 뒤로 철벽을 두른 듯한 송악산은 그 모습이 서울의 북한산을 너무도 닮았음에 놀랐다. 나뿐만이 아니라 내 얘기를 들은 우리 일행은 모두 그에 수긍하였으니 나의 주관적 안목만은 아니었다고 믿는다. 만약 개성을 고향으로 가진 실향민들이 당장 고향의 상징인 송악산을 보고 싶다면 송추나 일영 쪽에 가서 북한산과 도봉산 연맥을 바라보면 아쉬운 대로

망향의 쓰라림을 조금은 쓰다듬을 수 있으리라 생각한다. 이런 얘기를 하는 나 자신 송구스러울 따름이고 일이 이렇게 된 데 대해서는 우리들 모두가 참괴(慙愧)스러움을 감추지 못할 것이다.

그렇다면 어떻게 해서 송악산과 북한산이 닮게 되는 일이 벌어졌을까? 나의 짐작은 이렇다. 조선 태조 이성계는 개성의 산천을 수도의 전형적 형상으로 심상(心想)에 새겨 넣었을 가능성이 있다. 또한 그의 성격이 송악산과 같은 산을 선호했을 가능성도 배제할 수 없다. 나는 오래전 양주 회암사를 답사했을 때 이런 감회를 기록에 남긴 바 있는데 오늘 그것을 다시 들추어냄으로써 이 의문에 대한 대답을 대신하고자 한다.

양주 회암사는 무학 대사와 이성계의 인연이 깊게 닿아 있는 절이다. 절 뒤쪽 칠봉산으로 올라가는 등산로를 따라 중턱에 올라 주변 형세를 관망해본다. 문득 이성계의 성격에 생각이 미친다. 사람들은 자기 성격에 어울리는 터를 찾는 습성이 있다. 진취적이고 자신을 내세우기 좋아하는 성품의 사람은 툭 터진 산등성이를 좋아한다. 내성적이고 온화한 성품의 사람은 안온하게 사방이 산으로 닫힌 전형적인 명당 터를 즐긴다. 이로써 역사상 인물에 대한 환경심리학적인 성격 추정이 가능하리라 보지만, 아직 학문적으로 정립된 바는 없다.

풍수를 하는 입장에서 이성계가 선호한 터들을 살피다보면 그의 성격이 어느 정도 떠오른다. 회암사터 역시 그의 성격을 그대로 반영하는듯하여 흥미롭다. 그가 즐겨한 땅들은 역사에 분명히 기록된 곳으로만 따져 함흥 일대, 서울의 북한산, 북악산, 인왕산, 계룡산, 그리고 이곳 천보산 일대이다. 함흥은 본 일이 없어 알 수 없으나 북한, 북악, 인왕, 천보, 계룡은 모두 곳곳에 암석 쇄설물들이 깔려 있고 깎아지른 듯한 암벽이 정상을 압도하는 풍광의 산들이다. 좀 심하게 말하자면 덕 있는 산들은 아니라는 뜻이다.

어떤 면에서는 냉랭한 살기가 산 전반에 은은히 내비치고, 강골(强骨), 척박(瘠薄)의 기맥이 있음을 부인하기 어렵다. 그렇다고 무식한 천박

성이 드러난 것은 아니니, 좋은 의미에서의 전형적인 무골(武骨)이라 표현
할 수 있는 성격의 산들인 것이다. 그런 산들의 계곡 사이사이에는 의외로
비옥한 토양이 산재하여 수목을 울창케 하여 주니, 실로 절묘한 풍운아(風
雲兒)적 풍모라 아니할 수 없다. 쿠데타를 하는 사람들에게 흔히 있기 마
련인 단순성과 강직성 그리고 무모함 따위가 산의 성격에도 배어 있다니
실로 감탄스러운 자연의 조화 속이다. 더욱 절묘한 것은 이런 산들이 지금
도 군부대와 관련이 있다는 점이다. 북악과 인왕은 청와대 경호 때문에 대
부분의 지역이 군 주둔지로 일반의 통제가 행해지고 있고, 계룡대는 삼군
(三軍) 본부가 자리 잡고 있으며, 회암사 뒷산도 군 훈련장으로 민간인 출
입이 금지되어 있다. 우연의 일치라기보다는 그 산들의 성격을 사람들이
잘 파악하여 그에 맞는 의지(意志)가 이루어지고 있는 것이라 보아야 할
것이다.

	게다가 개성은 이성계에 의하여 피로 물들여진 곳이다. 아무리 그의
성격에 송악산이 맞고 그의 심상(心想)에 수도 주산으로서 송악산이 차지
하는 비중이 엄중하다 하더라도 송악산을 그대로 쓸 수는 없었을 것이다.
그는 무슨 수단을 써서라도 개성을 떠나고 싶어 했으리라. 그 단적인 예가
고려를 폐하고 왕에 오른 뒤 아직 나라 이름을 짓기도 전에 서울부터 먼
저 옮길 것을 명령하고 있는 것에서도 알 수 있는 일이다. 이에 대해서는
필자가 다른 논문에서 상술한 바 있기 때문에 더 이상의 언급은 피하기로
한다.

	다시 만월대로 얘기를 돌린다. 자세히 살펴보니 송악산의 형세와는
달리 그 지기지세(地氣之勢)가 만월대 쪽으로 휘어져 있음이 확인된다. 만
월대가 기하학적인 직선 구조를 유지하지 못한 이유를 여기서도 알겠다.
주변 둔덕에는 일반인들의 것으로 보이는 여러 무덤이 눈에 띤다. 개성이
오랜 도시임을 말하는 예일 것이다. 또 그 주위에는 과수원이 꽤 많다.
	과수원은 대부분 과일나무의 특성상 기온이 따뜻한 곳에 있기 마련이

다. 여기 과수원이 많다는 것은 이곳이 상대적으로 주변 지역보다 기온이 높다는 의미일 터인데 과연 그럴까? <개성시 문화유적 관리소>에서 나온 깡마르고 점잖은 풍모의 안내원 노인이 바로 그렇다고 대답한다. 앞서 지적한 것처럼 이곳은 송악산 연맥에 의하여 둘러싸인 분지 지형이다. 다른 곳보다 따뜻한 것은 당연한 이치이다. 그분의 얘기로는 송악산 북쪽인 박연폭포 쪽 마을과 이곳은 겨울 평균 기온이 5에서 6도 정도 차이가 난다고 한다. 나중에 확인한 일이지만 박연폭포는 이상 난동(暖冬)임에도 불구하고 추위 때문에 있기가 거북할 정도였다.

이제 잠깐 숨을 고르고 풍수 술법에서 말하는 몇 가지 황당한 도참적 예언과 그와는 달리 합리성이 감춰져 있는 풍수 비보책에 관하여 말해보자. 먼저 왕건의 가계를 알아야 하겠는데 간단히 정리하면 처음 개성에 이주한 왕씨의 원조(遠祖)가 호경이고 그의 아들이 강충이다. 강충의 둘째 아들이 읍호술인데 그는 나중에 이름을 보육으로 고친다. 보육의 딸 진의가 당나라 숙종(여지승람에는 선종으로 되어 있음)과 관계하여 아들을 낳으니 그가 왕건의 할아버지인 작제건이고 작제건의 아들이 용건(후에 융건으로 개명)이며 그의 아들이 왕건이다.

이미 신라 말 최치원이 "계림황엽 곡령청송(鷄林黃葉 鵠嶺靑松)"이라는 참구(讖句)를 남겼다고 하는데 계림은 경주요 곡령은 개성이니 신라는 망하고 개성에 새 기운이 일어난다는 뜻일 것이다. 여하튼 이때부터 소나무가 등장한다는 것은 유의할 만하다.

대표적인 소나무 얘기는 신라의 풍수 술사 감우 팔원(八元)이 강충을 찾아와 삶터를 부소갑의 남쪽으로 옮기고 헐벗은 송악산에 소나무를 심으면 삼한을 통일할 인물이 태어날 것이란 예언을 한 것이다. 지금도 송악산은 화강암이 몸체를 그대로 드러낸 동산(童山: 나무가 자라지 않은 산)에 가깝다. 소나무는 악지(惡地)에서도 잘 자라는 수종이므로 이는 적절한 지적이다. 게다가 늘 푸른 나무인 데다가 그 잎이 한 구멍에서 반드시 두 잎만 내기 때문에11 음양이 조화를 이루는 상징으로 크게 숭상하는 것이다. 요즈음 한 구멍에서 세 개의 잎이 나는 소나무가 많은데 그것은 왜송(倭松)이라 하여 재래의 소나무와는 다른 것이다.

또 하나는 소나무 껍질이 거북이의 등과 같이 생겼기 때문에 사신사 중 북쪽 현무(玄武)에 해당한다 하여 지금도 무덤이나 능의 북쪽 면에는 병풍을 둘러치듯 소나무를 심는 관습이 있다. 그러나 이런 도참류의 얘기는 너무 많기도 하거니와 예컨대 '금돼지가 쉬는 곳(金豚墟)'과 같이 내용이 황당하여 설화적 가치는 있을지 모르나 풍수적 의미는 없다고 할 수 있다.

예를 들면 개성의 백호세가 강하고 청룡세가 약하여 무신(武臣)의 난이 자주 발생하고 훌륭한 문신이 나지 않는다거나 여자들이 너무 설쳐 나라를 어지럽히게 된다는 따위의 얘기도 있다. 청룡은 해 뜨는 동쪽으로 남자, 주인, 임금, 명예 등을 표상하고 백호는 해 지는 서쪽으로 여자, 손님, 신하, 재물을 표상하는 것으로 풀이하기 때문에 그런 얘기가 나온 것이지만 중요한 것은 사람이지 단지 무대에 지나지 않는 땅에 책임을 미룰 일이 아닌 것이다. 자생풍수에서 관심을 갖는 것은 합리적 의미가 숨겨져 있는 비보(裨補)인데 그 내용 중 중요한 것은 이런 것이다.

만월대에서 개성 시내를 내려다보면 남동쪽으로 시내 가운데 자남산(子南山)이 있다. 현재 <김주석>의 동상이 거기에 세워져 있는 것으로도 짐작할 수 있는 일이지만 이곳은 개성 시내의 중심이자 안산(案山)이기도 하다. 마치 서울의 남산 같은 역할을 하는 산이란 뜻이다. 본래 만월대의 풍수적 형국은 늙은 쥐가 밭에 내려온 격(老鼠下田形)이다. 그런데 자남산이 그 늙은 쥐의 아들 쥐에 해당된다는 것이 문제의 출발이다. 자(子)는 십이지(十二支)로 하여 쥐이고 아들이란 의미도 있지 않은가.

이 아들인 쥐가 부모 품을 떠나려 한다면 부모의 마음이 편안할 수가 없다. 그래서 아들 쥐를 편안하게 해주어 어딘가로 떠나는 것을 방지해 주기 위한 계책을 세웠으니 그것이 바로 풍수에서 말하는 오수부동격의 비보책(五獸不動格 裨補策)이다. 먼저 자남산 앞에 고양이를 세워 쥐를 움직이지 못하게 한다. 그러나 고양이 앞에 쥐라고 하듯 그렇게 되면 아들 쥐가 불안해할 것이다. 따라서 그 고양이를 견제할 개를 만들고 개를 제압할 수 있는 호랑이를 세우며 호랑이가 마음 놓고 날뛰지 못하도록 코끼리를 만드는 것이다. 한데 묘하게도 코끼리는 쥐를 무서워한다.12 이렇게 하여 다섯 짐승이 서로를 견제함으로써 서로가 안정을 취하고 궁극적으로는 자남산을 안정시키는 목적을 달성케 된다.

　　이것이 무슨 의미가 있을까? 시내 한가운데 있는 자남산은 산이라 부르기도 쑥스러운 작은 둔덕에 지나지 않는다. 그러나 그를 빙 둘러싸고 있는 송악산, 진봉산, 용수산, 오공산, 부흥산 등은 험악한 형상의 높은 산들이다. 개성 시내 거주민들이 위압감을 느끼기에 충분한 위용을 갖춘 산이란 뜻이다. 자신들 거주지의 지표 상징물(LANDMARK)인 자남산이 주위에 압도당하는 형세라면 환경 심리적으로 위축될 것은 합리적인 추론일 수밖에 없다. 그를 풍수적으로 완화시켜 주는 역할을 하는 것이 바로 오수부동격의 풍수 비보책인 것이다.

　　개성 시내에 있는 고양이우물(猫井), 개바위(狗岩), 코끼리바위(象岩), 호랑이샘(虎泉), 쥐산(子南山) 등의 지명은 바로 그 흔적인 셈이다. 만월대를 안내하던 노인은 코끼리바위와 개바위는 알고 있었다.

　　만월대에서 야은 길재의 시조 "오백년 도읍지를 필마로 돌아드니/ 산천은 의구하되 인걸은 간 데 없네/ 어즈버 태평년월이 꿈이런가 하노라"를 떠올리지 않을 수는 없다. 처음 대하는 송악산인지라 그것이 옛 그대로인지는 알 수 없으나 아마도 산천이 크게 변하지는 않았을 것이니 맞는 말일 것이다.

　　현재 개성시내만의 인구는 10만이고 개성시 판문군, 개풍군, 장풍군을 합친 인구는 30만 정도라 한다. 필자가 개성을 직접 답사하기 전에 개성을 대도시로 생각했던 것과 비교하면 너무 적은 숫자이기는 하다. 하지만 그 명당의 규모가 크지 않기 때문에 이런 인구는 당연한 것인지도 모른다. 나는 통일 후 임시로 수도를 개성에 두고 2, 30년쯤 시간을 갖고 파주시 교하면 일대에 새로운 통일 수도를 건설하자는 제안을 한 적이 있는데 막상 개성을 가서 보니 임시 수도로서도 좀 손색이 있지 않나 하는 느낌이 들었다. 하지만 주마간산(走馬看山)으로 본 개성이기에 확신을 갖고 말할 형편은 아니다.

개성 시가지가 나오기 직전 <옛날 기와집 보존지역>이란 곳을 거쳤다. 성오천변에서 남대문에 이르는 구간의 이 옛집들은 고색창연하지는 않다. 다만 이곳을 고향으로 가진 사람들은 이 광경만으로도 감회가 깊을 것이다. 기와는 보통의 흑색 기와와 동기와가 있었는데 의외로 <청석 기와>가 눈에 많이 뜨인다. 멀리서 볼 때는 마치 강원도의 너와를 보는 것 같았는데 자세히 보니 청석이다. 튼튼하고 보기도 좋으니 앞으로도 한옥의 기와로는 쓰임새가 많겠다는 예감이 든다.

개성을 고향으로 가진 사람 얘기가 나와서 하는 말인데, 만월대를 안내하던 올해 56세의 노인 분에게 '싱아'를 아느냐고 물으니 물론 잘 안다고 하며 오히려 나를 보고 그걸 어떻게 아느냐고 되묻는다. 남쪽의 유명한 여류 소설가로 박완서(作故하셨음)란 분이 있는데 그분의 고향이 개성이고 그녀의 소설에서 싱아란 식물 얘기를 읽었다고 했더니 자기도 개성이 본고향이라면서 갑자기 눈시울이 붉어지는 듯하다. 그런지 아닌지 확언할 수는 없으나 내 눈으로는 그렇게 보이더라는 것이다. 줄기를 벗겨 먹던 싱아 얘기를 한참 해준다. 지금도 5, 6월에 들이나 산에 자라며 많이들 벗겨 먹는다고 한다.

시내로 들어가 북안동에 닿으면 개성 남대문이 나타난다. 남대문은 개성성 내성의 정남문으로 무지개형의 문길을 낸 축대 위에 정면 3칸, 측면 2칸의 문루를 얹은 전형적인 성문 형식이다. 문루에 우리나라 5대 명종(名鐘) 가운데 하나인 '연복사종'이 걸려 있는 것이 독특하다. 고려 충목왕 2년(1346)에 만들어졌으나 조선 명종 18년(1563) 연복사가 불에 타는 바람에 이리로 옮겨진 것이다. 연복사는 본래 이름이 보제사(普濟寺)로 비보 사찰 중의 하나임은 잘 알려진 사실이다. 그래서 절 안에 세 못과 아홉

우물(三池九井)을 파고 그 남쪽에 오층탑을 세워 풍수에 응하게 했다는 기록이 태조 2년(1393) 권근이 지은 연복사 비문에 나와 있다. 어떤 영문인지는 모르겠지만 이 비석은 서울 용산 철도구락부에 있다고 하는데 확인하지는 못했다.

종의 겉면 장식들이 우아 장중함은 물론 종소리가 아름답고 맑아 그 여운이 100여 리에 뻗칠 정도였다고 하는데 물론 들을 기회는 없었다. 무게는 약 14톤 정도라 한다.

14시 50분 방직동에 있는 고려 성균관에 도착했다. 높이 32미터 둘레 7미터의 1천년 된 느티나무와 은행나무가 이곳이 유서 깊은 고적임을 실감케 한다. 넓게는 송악산 줄기인 부흥산이 하늘 선에 걸려 있고 가까이는 나지막한 둔덕이 명당을 감싸는 이중 용호(二重龍虎) 형태이다. 고려 성종 11년(992) 국자감(國子監)으로 시작된 이곳은 충렬왕 24년(1298) 성균감으로 되었다가 같은 왕 34년(1308) 성균관이란 이름으로 바뀌어 오늘에 이른다.

건물은 엄격한 유교적 질서에 따라 남북 중심축을 기준으로 대칭되게 배치되어 있다. 정문 격인 바깥 삼문을 들어서면 아름드리 나무들 사이로 정면 5칸, 측면 3칸의 명륜당이 나타난다. 단순 소박하지만 장중한 맛이 있는 맞배집으로 당에 오르는 3개의 돌층계는 마치 만월대의 그것을 축소한 듯한 모양이다. 그 양 옆으로는 2칸짜리 향실과 존경각이 자리했고 뜰 양 옆으로는 학생들의 숙소로 쓰였던 동재와 서재가 마주보고 서있다.

그 뒤를 돌아가면 안 삼문(內三門)이 나오고 삼문을 들어서면 역시 정면 5칸, 측면 3칸의 대성전이 나오는데 팔작지붕이라 명륜당보다 보기는 더 아름다우나 장중한 맛은 떨어지는 편이다. 그 앞뜰 좌우에는 이름 난 유학자들을 제사지내던 동무와 서무 건물이 마주하고 있다. 왕건릉에서 출토된 유물들이 이곳 성균관에 보관 전시되고 있다는 것은 좀 이상한 일이기는 했지만 묻지는 않았다. 개성 왕씨 족보라든가 쌀알, 좁쌀알도 전시되어 있었고 11에서 12세기에 주조된 것으로 추정된다는 세계 최초의 금속 활자도 있었으며 만월대와 수창궁에서 출토된 <룡대가리>(용머리) 조각은 대성전 양 옆에 오른쪽에 수놈, 왼쪽에 암놈을 배치해 놓았는데 그 것이 신기하게 여겨지지 않는 것은 아마도 왜 그런 유물들이 여기 있어야 하는지를 내 자신 이해하지 못했기 때문일 것이다.

명륜당 옆 존경각 뒤로 돌아나가면 문이 하나 나있고 그 문을 빠져 나가면 독립된 부속 건물이 있다. 그 뜰에는 불일사 오층 석탑이 우뚝 솟 아있어 이 역시 기이한 감을 준다. 원래 개성시 판문군 보봉산 남쪽 기슭 불일사 터에 있던 것을 1960년 이곳으로 옮겼다고 하는데 역시 이유는 알 수 없었다. <지정고적 제252호>로 마치 경주 감은사탑을 대하는 듯한 고졸한 맛이 있는 탑인데 성균관 뒤에 있는 것이 아무래도 마음에 걸린다.

탑을 보고 있는데 저쪽 둔덕 아래에서 웬 여인이 아이 둘을 데리고 물을 긷고 있는 모습이 눈에 들어온다. 다가가 물 한잔을 청하니 어린이가 얼른 한 바가지를 권하는데 감로수가 따로 없을 정도로 물맛이 달고 시원 하다. 어린 소녀인 줄 알았는데 꼭 그런 것만도 아닌가보다. 머리에 핀을 꽂고 붉은 목도리를 한 단발머리의 그 소녀는 제 키 반만 한 물동이를 지 게 양쪽에 달고 뒤뚱거리며 둔덕을 걸어 올라간다. 그것을 보면 어린 나이 같지는 않고, 잘 모르겠다. 그 모습에 만감이 교차하는 바 있으나 그 감회 를 쓰지 못하는 내 형편을 독자께서는 혜량하시기 바란다. 성균관 뒷산에 서 우리를 호기심 어린 눈으로 보는 북한 어린이들이 눈에 밟힌다. 아기와 어린이는 사단(四端) 중 하나인 측은지심(惻隱之心)을 일으킨다는데, 인간 의 본성(本性) 중에서도 으뜸가는 심성이라 그럴 것이다.

개성이 고향이라는 여성 안내원 리 선생은 무척 유머 감각이 풍부한 듯했다. 대체로 평양 사람들에 비해서 활달하달까 자유롭달까 하는 감상 을 가졌는데 나만의 주관적 평가일 수도 있을 것이다. 여하튼 이 안내원으 로부터는 재미있는 얘기를 많이 들었다. 개성의 장대함을 설명하기 위하 여 고려 때는 국제적 무역항인 <례성강>가 벽란도에서 개성 시내까지 행랑채의 처마 밑을 이용하면 비가와도 젖지 않고 다닐 수 있었다는 것은 이미 들은 바가 있으니 그렇다 치더라도 송악산을 <옥녀가 누워서 머리를 풀어 헤치고 해를 바라보는 형국>이기에 '여성의 산'이라는 대목에서는 놀라지 않을 수 없었다. 송악산을 옥녀산발형(玉女散髮形)으로 본 것인데 그 사실 여부는 차치하고 그런 내용의 얘기를 기억하고 있다는 것이 나로서는 무척 신기하더라는 뜻이다.

　　그렇다면 좌견교를 아느냐고 하니까 지금도 있는데 확장하여 자동차가 다니는 다리가 되었다고 한다. 좌견교에 대해서는 앞에서 얘기한 바 있다. 재미있는 안내원 선생을 만나 흥미롭기도 했지만 풍수가 전공인 나로서는 의외의 수확을 올리고 있는 셈이다.

　　우리가 서울서 왔다는 말을 들은 안내원은 미소를 띠며 이런 말을 한다. <'개성 깍쟁이'란 말이 있지요. 그런데 그건 서울 깍쟁이란 말과는 뜻이 다른 것입니다. 개성 상인이 유명하다는 것은 천하 공지의 사실인데 상인을 개성에서는 옛날에 가게쟁이라 했답니다. 그게 각쟁이가 되고 된발음으로 바뀌어 깍쟁이로 되었으니 결국 개성 깍쟁이란 개성 상인을 일컫는 말에 지나지 않습니다.> 고향 사랑이 애틋한 진짜 개성 깍쟁이 안내원 선생을 만난 덕에 북녘에 와서 처음으로 파안대소(破顔大笑)를 할 수 있었다.

　　풍수에서는 규봉(窺峯)이란 용어를 쓴다. 명당 바깥쪽에서 명당 안을 엿보는 듯한 봉우리가 있을 때 이를 규봉이라 한다. 규(窺)는 엿볼 규 자이다. 명당의 혈장에 섰을 때 주위 산 너머로 그 형체가 완전히 드러나지는 않으면서 마치 혈장을 몰래 기웃거리듯 보이는 산체를 말하는 것이다. 담장 밖에서 누군가가 뜰 안을 숨어 보는 듯한 느낌을 주는 봉우리이므로 주인에게 심리적인 불안감을 주게 마련이다. 당연히 풍수에서는 규봉을 꺼리며 원칙적으로 이를 금기시한다.

　　예컨대 주산 바깥쪽에 규봉이 있으면 멸문지화(滅門之禍)를 당한다거나 청룡 바깥쪽에 규봉이 있으면 자손이 융성치 못한다거나 백호 바깥쪽에 규봉이 있으면 집안에 맹인이나 음탕한 사람이 나온다는 식이다. 그런

술법은 관심의 대상이 아니다. 다만 도읍 풍수에서 규봉은 그 거주자에게 환경 심리학적 불안감을 조성할 수 있는 개연성 때문에 좋다고 말할 수는 없다.

개성의 주산인 송악산에서는 서울의 북한산과 도봉산이 보인다. 북한산에서 송악산을 본 적은 없지만 관악산에서 송악산을 본 적은 있다. 날씨만 좋다면 북한산에서 송악산은 보이는 것이 당연하다. 물론 송악산에서 북한산은 보였다. 이것이 바로 개성의 규봉이 되어 버린다는 데 문제가 있는 것이다. 전설에 의하면 도선 국사가 개성 터를 보던 날 마침 날씨가 흐려 미쳐 북한산 규봉을 보지 못한 채 이곳을 천년 왕업의 터라고 지정하였다고 한다.

나중에야 이를 확인하고 그를 누르기 위한 비보(裨補)의 대책을 세웠으니 그것이 바로 좌견교와 상명등(常明燈)이다. 규봉은 집안을 엿보는 도둑의 형상이므로 그 도둑을 막기 위하여 불을 밝히고 개를 세워 둔다는 개념이다. 과거 청교면 덕암리의 등경암(燈擎岩)이 상명등에 해당되는 것인데 똑똑한 안내원도 그것은 모르고 있었다. 아마도 개성 나성(羅城) 동쪽 선기문 옆 덕암봉이 그것이 아닐까 추정해 보았지만 확실한 것은 아니다.

쇠로 12개의 개(犬)를 주조하여 개성의 동남쪽에 배치함으로써 북한산의 규봉을 억압했다고 하는데 이 또한 아는 이가 없었다. 그것도 모자라 선죽교 남쪽 오천(烏川)에 다리를 놓아 개가 쭈그리고 앉아 도성을 지켜준다는 뜻으로 다리 이름을 좌견교(坐犬橋)라 하였는데, 이에 대해서는 앞서 그 실재함을 소개한 바 있다.

본래 개성은 수덕(水德)이 불순하다는 풍수적 평가를 받던 땅이다. 수덕 불순을 이론적으로 말하는 것은 매우 어려운 일이다. 송나라 때의 풍수가인 호순신(胡舜申)의 지리신법(地理新法)에 나오는 '수파장생 쇠패립지(水破長生 衰敗立至)'를 설명해야 하는데 매우 어려운 대목이므로 꼭 그 문제를 이해하고자 하는 독자들은 졸저 '한국의 풍수사상(민음사)'이나 이병도 저 '고려시대의 연구(아세아문화사)'를 일독(一讀)하기를 권하는 것으로 대신해야겠다. 양해 바란다.

실제로도 개성은 해마다 수해(水害)를 입었다는 기록이 있을 정도이
니 수덕 불순은 술법상의 얘기만은 아닌 듯하다. 그래서 왜정 때 동대문
터 부근의 얕은 맥을 끊고 중앙 한 곳에 모이는 물을 모두 이곳으로 유인
하여 내성 밖 선죽교 방면으로 보냄으로써 오천과 합류시켰다고 한다. 이
물은 나성의 보정문(장패문) 아래 수구문(水口門)을 통하여 성 밖으로 배출
되는데 현재 수구문은 장패문 수문이라 불린다.

개성의 풍수적 결함을 한 가지만 더 추가하자. 박연폭포는 개성 북쪽
에 위치한다. 성거산, 천마산 연맥을 이어 대흥산성을 만들고 그 북문 바
로 밑에 박연폭포가 있는데, 천마산은 오관산을 거쳐 송악산에 연결된다.
그래서 어떤 기록에는 개성의 진산을 오관산, 주산을 송악산이라 구분하
기도 한다. 바로 그 천마산 남쪽, 오관산 옆에 아기를 업고 있는 모습의
부아봉(負兒峯)이란 500미터 쯤 되는 산이 있다. 서쪽에서 이를 보면 완전
히 절벽같이 생겼는데 흙 한 점 보이지 않고 창을 박아놓은 것과 같은 형
태를 취하고 있다. 그래서 극암(戟岩)이다. 이에 태조 왕건은 이곳을 세 가
지 재앙이 터져 나올 터(三災發作之地)라 하여 돌 기둥(石幢)을 세우는 한
편 만월대를 향하여 창을 품고 달려드는 듯한 기세의 능선에는 불을 밝혀
성등(聖燈)이라 하고 이를 지키는 암자를 성등암(聖燈庵)이라 했다고 하나
이번에 직접 답사하지는 못했다.

고려 성균관을 나서면 바로 선죽교를 만난다. 고려사에 의하면 고려
고종 3년(1216) 이전에 건설되었다고 하며 당시 이름은 선지교였다. 고려
말 포은 정몽주가 충신의 절개를 지켜 이 다리에서 조영규 무리에게 피살
된 후 그 자리에 참죽이 나 자라자 그의 절개를 기려 선죽교로 고친 것인
데 다리 한 부분을 가리키며 저 핏 자국을 보라는 안내원의 설명이 있었
지만 그저 흐릿한 얼룩 이외에는 특이하게 보이는 것은 없었다.

한데 진짜 선죽교는 난간을 세워 통행을 막아 놓았고 그 바로 옆에 난
간도 없는 돌다리를 놓아 그곳으로 사람들이 건너다니게 해놓았다. 정조 4

년(1780) 정몽주의 후손들이 사람이 다니지 못하도록 난간을 세운 뒤 다시 다리를 그 곁에 놓아 준 것이라 한다. 선죽교 옆에는 <善竹橋>라고 쓴 석비가 서있는데 명필 추사 김정희의 글씨라 한다. 길이 8.35미터, 너비 3.36미터의 조그마한 다리임에도 개성의 상징처럼 되었으니 이는 돌다리 의 아름다움 때문이 아니라 역사의 흔적이 새겨져 있기 때문일 것이다.

황해북도 사리원시 광성리 정방산 성불사13

정방산(正方山) 성불사는 글자 그대로 사각형 모양의 산지에 둘러싸인 분지(盆地) 중앙에 위치해 있다. 도선국사가 창건(898년)했다고 하지만 진 위는 알 수 없다. 그 해는 도선이 입적(入寂)한 때이다. 그러나 그런 내용 이 지금까지 전해진 것을 보면 이 절은 분명 자생풍수 계열의 승려에 의 해 세워진 것은 확실하다. 문제는 입지조건의 이해할 수 없음이다. 정방산 에서 내려오는 물들은 모두 이곳 성불사로 모여들게 되어있다. 실제로 정 방산성 남문에는 곁에 수문<水門: 물구멍>이 뚫려있다. 방어가 목적인 산성에 물이 나갈 길을 훤히 뚫어놓는다는 것은 있을 수 없는 일이다. 그 만큼 절 경내가 침수(浸水)에 약하다는 뜻이다. 정방산은 기봉산 혹은 깃 대봉(현지에서는 그렇게 부르나 기록에는 천성봉이라 되어 있음)을 정상으로 하여 모자산, 노적봉, 대각산이 합쳐져 정사각형 모양을 하고 있다. 그 가 운데 분지(盆地) 가운데 성불사가 자리한다. 당연히 비만 오면 성불사 부 근은 물에 잠긴다. 현지 관리인은 지금도 장마철에는 법당 마당까지 물이 찬다고 했다. 도선이나 그의 제자들이 바보가 아니라면 이런 곳에 절을 입 지시킬 수 없다. 목적은 두 가지. 하나는 상주하는 스님들을 홍수에 대비 한 상비 노동력으로 쓰기 위한 것. 다른 하나는 땅을 어머님으로 보는 기 본적인 사람들의 속성이다.

좋은 어머니(명당)는 그 자체로서 완벽 지향적이고 따라서 이상형이 다. 현실에 완벽이나 이상이란 없다. 어떤 어머니라도 문제는 있다. 피곤 하실 수도 있고 병이 들 수도 있고 성질이 고약할 수도 있다. 그런 어머니까지 정을 주고 효(孝)를 하라는 것이 이 절 입지의 교훈이다. 좋은 사람 잘해드리는 것이야 누가 못하겠는가. 이것이 자생풍수의 땅에 대한 사랑이다.

비보(裨補) 사례의 풍성함

이에 관한 연구는 충분하다.14 더 이상 언급이 필요가 없을 것이다. 중국 풍수 이론서에는 잘 나오지 않는 부분이다. 그 의도하는바 역시 땅으로부터 득(得)을 보자기보다는, 땅을 고치고 다듬어 우리가 의지하기 편안한 곳으로 바꾸자는 것이다. 땅으로부터 빼앗기만 하는 것이 아니라 서로 돕자는 공생(共生) 관계를 의도한 방법이다.

우리가 어머니인 땅이라고 했을 때, 그 어머니는 마냥 인자하기만한 분인가? 부모에게 자식은 축복이자 동시에 고난(苦難)이다. 당연히 땅은 부모이고 자식은 인간이다. 인간이 있음으로 해서 땅은 의미를 갖게 되었다. 축복이다. 자식을 키워본 부모들은 잘 알겠지만 출산의 기쁨은 잠깐이고 그 뒤는 간간이 끼어드는 행복을 빼고는 고난의 연속이다. 양육, 교육, 독립 보조, 이어지는 근심은 모두 견디기 힘든 고난이다.

그러니 우리가 땅에서 그 이상의 더 무엇을 바란다는 것은 마치 중환자실에 누워계신 부모에게 손을 벌리는 파렴치한 짓이다. 이제는 늙고 병든 부모를 모셔야 할 때이다. 그저 방치하는 것은 효도가 아니다. 많은 환경 보호의 주장 속에는 은연중 그런 함의(含意)가 있다. 제한적이고 계획적이며 자생풍수적인 개발 주장은 적극적 효도 관념이 담겨지게 된다. 무조건적인 개발 반대는 현실적이지도 않고 자생풍수적이지도 않다.

위의 사례들은 남한에도 부지기수이다. 그저 편의상 뽑은 예일 뿐이다. 사실 도선이 직접 말했다고 전해지는 비보(裨補)는 그의 <유기(留記)>에 등장한다. 고려의 만월대(滿月臺)는 우러러보면 큰 언덕을 마주 대하는 것 같다. 도선의 <유기>에 "흙을 헐지 말고 흙과 돌을 돋우어 궁전(宮殿)을 지을 것"이라고 했다. 그래서 고려 태조는 돌을 다듬어 층계(層

階)를 쌓아 산기슭을 그대로 보존하면서 그 위에 궁궐을 세웠다는 것이
다.15 도선의 점정(占定) 혹은 그에 의해 건립되었다고 하는 비보소(裨補
所)는 <조선사찰사료(朝鮮寺刹史料)>에 보면 전국에 걸쳐 나타난다.16 게
다가 위의 자료는 성립 연대가 대부분 조선 후기이기 때문에 믿기가 더욱
어렵다.

　　만월대는 특히 그의 땅 사랑에 기인(起因)한다는 그럴 듯한 해석이 가
능한 대목이다. 그러나 도선은 현실적인 사람이다. 그렇게 하게 만든 데에
는 반드시 그럴만한 이유가 있을 것이다. 현장에서 본 만월대의 옛터에는
층계가 그대로 남은 곳이 많았다. 필자가 층계를 올라보니 168cm인 신장
(身長)에 보통 길이의 다리를 가진 필자로서도 한 칸 한 칸 오르기가 벅찰
정도로 경사가 가팔랐다. 분명 원지형(原地形)을 깎지 않고 돌을 놓은 것
이 분명했다. 왜 그랬을까? 당시의 토목(土木) 기술로 땅을 깎아 내는 정도
의 공사는 큰일이 아니었을 것이다. 그럼에도 불구하고 불편함을 감수(甘
受)하며 그렇게 한 까닭은 주변의 산세(山勢)를 보면 바로 짐작이 된다. 이
곳은 산세가 급한 산록(山麓) 경사면(傾斜面)이라 만일 깎아 내고 헐어내어
큰 집을 짓는다면 산사태(山沙汰)나 낙석(落石)의 위험이 큰 곳이다. 그래
도 그런 곳에 입지한 것은 당시 상황에서 방어(防禦)를 고려한 까닭일 것
이다. 도선풍수의 실용성을 확인하는 원초적인 실례(實例)인 셈이다.

　　사실 우리나라의 고을이나 마을에서 가장 흔히 볼 수 있는 비보 사례
는 행주형(行舟形)이다. 터 잡기가 물 위를 흘러가는 배 모양이라는 뜻이
다. 큰 고을만 하더라도 평양, 청주, 경주, 공주 안동 등이 여기에 속한다.
하지만 역시 지금 우리로서는 흥미로운 북한의 평양 경우에서 보자.

　　평양 금수산 최고봉인 최승대나 을밀대 또는 모란봉에서 평양 시내를
조망(眺望)하면 대동강과 보통강에 둘러싸인 본 평양시의 지모(地貌)가 마
치 '배 떠나가는 형국(행주형)'임을 누구나 느낄 수 있다.

　　이미 <택리지(擇里志)>에도 지적되어 있는 얘기인 만큼 꽤 오래전
부터 알려져 온 평양의 풍수 형국론일 것이다. 술법상으로는 행주형에 해

당되는 고을이나 마을은 그 배를 묶어놓을 닻이 필요하다고 하는 경우도 있고, 그 배가 잘 나가도록 돛이 필요하다고 말하는 경우도 있다. 평양의 경우는 닻이 필요하다고 생각하는 경우로서 그 닻을 연광정 밑 덕바위 아래 대동강물 속에 넣어 두었다는 것이 풍수 비보설의 골자이다.

1923년 실제로 연광정 밑에서 이 닻을 건져 올린 사실이 있다. 물론 북한 사람들은 이 얘기를 금시초문이라고 했다. 당시 풍수는 일제(日帝)에 의해서 조선의 대표적인 미신으로 꼽혀왔던 만큼, 이 닻은 다시 내려지지 않고 주변에 방치되는 신세가 되고 말았다. 그런데 바로 그 해에 평양에 대홍수(大洪水)가 발생하여 평양 시가지 전체가 침수되는 천재(天災)를 만나게 된다. 그 이유를 닻을 올려버린 탓이라 여긴 시민들이 원래의 장소에 다시 내려놓음으로써 평양의 진호(鎭護: 난리를 평정하고 나라를 지킴)로 삼았다는 것인데, 문제는 택리지에 평양 시내에 우물을 파면 화재(火災)가 많이 나기 때문에 메워 버렸다는 기록이다.

그렇다면 평양 행주형의 풍수 설화는 단순한 미신에 불과한 것일까? 일본인뿐 아니라 서구인들도 역시 풍수를 미신으로 취급하는데 이견이 없을 정도다. 하지만 그렇게만 볼 일은 아니다. 우리 조상들이 모두 바보란 말인가. 뭔가 이유가 있기에 행주형이란 이름을 붙이고 그에 따른 대비를 해온 것은 아니었을까. 이제 그 문제를 따져 보자.

평양은 대동강이 거의 90도로 방향을 크게 바꾸며 만곡(彎曲)하는 물길의 공격사면(攻擊斜面) 쪽에서부터 도시가 시작된다. 평양으로서는 다행히 그것을 능라도와 금수산 줄기가 가로막아 완화시켜주기는 하지만 일단 큰 물이 쏟아져 들어오는 경우에는 역부족이다. 뿐만이 아니다. 보통강 또한 금수산의 옆구리를 치며 만수대 쪽을 공격하는 형세이기 때문에 홍수 때 협공(挾攻)을 받으면 속수무책일 수밖에 없는 지세가 되고 만다. 게다가 시내 남쪽은 창광산가 서기산(지금은 해방산이라 부름)이 가로막아 시내로 들어온 물의 배수(排水)까지 막고 있는 형편이다. 당연히 그에 대한 대비를 하지 않을 수 없다. 그것이 바로 행주형 풍수 설화이며 사람들은 그

를 통하여 평양의 수재(水災)에 항상 심리적으로 대비하는 마음을 갖게 되
는 것이다.

　　얼마 전 유홍준 교수로부터 평양의 행주형 풍수 문제에 대한 의견을
요구받았을 때 "대동강과 보통강의 퇴적층(堆積層)으로 말미암아 생길지도
모르는 물의 장기(瘴氣: 축축하고 더러운 땅에서 일어나는 독기)를 방지하기
위한 선조들의 지혜 아니겠느냐는 답변을 한 적이 있다. 일부는 맞는 말이
지만 전부가 그런 것은 아니었다.

　　평양의 퇴적층은 그리 넓지 않다. 평양의 평천구역, 쑥섬. 두루섬 일
대가 퇴적층이고 나머지는 그렇지가 않았다. 풍수 금언(金言) 중 "보지 않
은 것은 말하지 말라"와 "산을 넘고 물을 건너는 수고(登涉之勞)를 마다하
지 말라"는 의미를 평양에서 실감(實感)한 셈이다. 여하튼 풍수가 우리 선
조들의 풍토에 관한 지혜를 담고 있다는 점은 분명했다. 장기(瘴氣)란 요
즘 말로 하자면 장티푸스와 같은 전염병이다. 퇴적층에서는 우물을 파도
강물을 거른 정도 밖에는 되지 않는다. 그것을 평양은 행주형이라 성내(城
內)에 우물을 파면 배가 가라앉으니 큰 일이라는 비유가 설득력을 갖게 된
다. 그 대신 대동강의 정해진 장소에서 물을 길어다 먹으라는 것인데, 최
소한 물을 끓여 먹으라는 주의는 줄 수 있는 여건은 마련된 것이다.

　　동행했던 리정남 교수에게 그런 얘기를 해주었더니 깜짝 놀라면서
"그렇다면 풍수는 '민족 지형학' 아닙니까?"하는 답이 돌아왔다. 필자의 대
답도 그에 화답(和答)하는 정도로 갔다. "풍수는 물론 봉건 도배들의 터 잡
기 잡술 같은 측면도 있지만 전반적으로는 조상들의 지혜의 소산(所産)인
경우도 많다."

어떻게 해야 하나

　　자생풍수에 대한 비판에는 여러 갈래가 있다. 필자가 제안한 "자생풍
수, 자연과의 조화, 대동적 공동체라는 매력적인 표현들 속에 자리 잡고
있는 땅에 대한 중심 논리는 결국 본능, 직관, 사랑이라는 것밖에는 없다",

"지금 우리들이 알아들을 수 있는 합리적인 언어로 재정립해야 한다", "최대 약점은 땅의 질서와 논리에 대한 천착(穿鑿)을 생략하고 풍수를 형이상학적인 마음의 차원으로 가져갔다", "신념의 대상으로서는 어찌 되었든 간에 학설로서의 논증이 결여되어 있다" 이런 것이 대표적인 비판의 골자일 것이다.

옳은 지적이다. 필자도 그런 점들을 극복하기 위해 노력하고 있지만 결실은 아직 신통치 못하다. 그래서 지금까지 침묵으로 대응해 왔다. 그러나 오늘은 변명 겸 반론을 이야기해야겠다.

그 지적 중에는 나의 변화된 생각에 무관심해서 나온 것도 있다. 나는 형이상학을 모른다. 그러니 그런 주장을 펼 계제도 못되는 사람이다. 게다가 현장 답사 위주의 글로 거의 일관해 왔고 이론적인 논문은 대학을 나온 후 발표한 것이 거의 없다. 신념 문제는 더욱 그렇다. 나는 과학자가 아니다. 굳이 말하자면 인문학자로 불러 주면 고마운 정도이다. 이 점은 20세기 지성의 거인이라 일컬어지는 자크 바전(Jacques Barzun)의 인문학에 대한 오해를 소개하는 것으로 충분하리라 본다.

"인문학의 위기는 인문학자가 초래했다. 과학(science)과 겨루면서 자신도 과학의 반열에 오르고 말겠다는 의욕을 앞세우다가 인문학은 자기 무덤을 파고 말았다. 대학생에게 지엽말단적 사실을 추구하는 방법을 주입시키는 과정에서 인문학은 교양학문 본연의 미덕과 내용을 크게 잃어버렸다. 대학에서 인문학이 설 자리를 잃으면서 더욱 '연구'라는 말에 현혹되어 인문학자는 자신이 선택한 주제 안으로 파고들지 않고 주제에 대한 사실들만을 캐내는 데 주력했다."

말하자면 과학이 아니면서 과학의 흉내를 내다가 인문학의 특성인, 균형 갖춘 시각과 총괄적인 입장 정리의 자세를 잃게 되었다는 것이다. 풍수는 당대에는 과학이었지만 지금은 진정한 사이언스가 아니게 된 점을 사람들은 잊고 있다. 풍수는 인문학이다. 여기에 본능, 직관, 사랑이 들어가지 않는다면 그게 오히려 비정상이다. 에릭 프롬이 "the art of loving"

이라 했을 때 아트를 기술로 번역한 것은 잘못이다. 예술도 아니지만 "사랑을 하기 위한 그 무엇" 정도가 저자의 의도에 근접한 것이 아닐까. '그 무엇'이란 것은 논리적 사고나 정연한 학적(學的) 체계를 갖추기에는 어려운 부분이 많다. 당연히 자생풍수는 그런 의미에서 사이언스가 아니라 아트에 가깝다. 명증(明證)한 언어로 당신의 주장을 내놓으라는 요구는 지나치다.

하지만 도선의 자생풍수의 인문적(人文的)인 방법론 제시는 가능하다. 인문적 방법론이란 경험과 자기 성찰, 그리고 직관을 비롯하여 동원 가능한 모든 인간적 본능들을 밑바탕으로 구체적이지는 않으나 각 부문에 방향과 아이디어, 혹은 영감을 줄 수 있는 것을 뜻한다.

그 골자는 "땅을 사람 대하듯 하라는 것"이다. 사람이란 무엇인가? 이 질문은 인류 출현 때부터 지금까지 모든 분야에서 관심을 기울이며 추구해 온, 일종의 만국(萬國), 인류의 온 역사를 통하여 공동 관심사이다. 수많은 주장이 제기 되었으나 아직 그에 대한 모두를 만족시킬 만한 답안은 나오지 않았다. 그 답을 가장 근접하게 제시할 수 있는 가능성은 인문학에 달려 있다고 본다. 우리는 인간이란 무엇인가에 대해서 느낌으로는 알고 있다. 그에 의지하여 땅과 사람의 관계에서 사람을 평안케 하고 인간적으로 살게 하는 '삶터잡기'가 가능해질 것이다.

우리가 사람을 대할 때 어떤 기준으로 그를 평가할까? 예컨대 맞선 볼 때를 생각해 보자. 우선 당사자는 상대방을 소위 객관적 기준으로 선택할 근거를 마련할 수 있다. 가족관계, 학벌, 장래성, 건강, 성품, 외모 같은 것들이 고려 대상의 예이다. 이런 것은 판단하기 어렵지 않다. 어려운 점은 이러한 조건들이 만족스러운데도 불구하고 "무엇 때문에 그런지는 모르겠지만 그 사람에게는 끌리지 않는다."는 문제가 발생한다는 것이다. "왜?"라는 주위의 질문에 당사자는 조리 있게 알아들을 수 있는 말로 표현하지 못하는 경우가 많다 이 '왜'가 바로 자생풍수에서 터를 고르는 요체가 된다. 말로 표현하지는 못하지만 분명한 느낌은 있다. 우리는 살아가면서 그런 경우를 수없이 만난다. 표현이 안 되면, 엄연히 있는 것이 없는 것으로 되지는 않는다. 자생풍수의 구체적 방법론을 얘기해달라는 사람들에게는 답답한 노릇이겠지만, 사실이 그런 걸 어쩌겠는가?

　자생풍수는 매우 주관적이고 직관적으로 판단할 수밖에 없다. 그러니 객관성이나 논리적 체계화는 애초에 불가능에 가까운 일이다. 하지만 그렇기 때문에 자생풍수의 풍토 적응성이나 인간에의 천착은 탁월하다고 할 수 있다. 만약 논리체계를 갖추려 한다면 결국 자생풍수를 포기하고 잘 알려진 풍수의 기본논리 체계로 돌아가면 된다. 수없이 많은 풍수 서적들이 그 문제에 해답을 내놓고 있다. 나 역시 그 책을 통하여 이론을 배웠다. 그것들은 매우 중요하다. 책상에 앉아 공부할 때에는. 하지만 현장에 나가 보면 그것이 얼마나 허망한 것인지를 금방 알 수 있다. "책이란 그저 먼지로 돌아갈 뿐이지만, 인생은 그렇지 않다." 파우스트의 독백이다. "인생은 애매모호(曖昧模糊)하면서도 단순하다." 보는 관점의 차이만 있을 뿐이다. 인생을 아주 단순하게 살아가는 사람이 있는가 하면 매우 복잡다단(複雜多端)하게 사는 사람들도 많다.

　필자는 답사를 통하여 도시의 재래시장이나 시골의 정기시장에 관하여 잘 알고 있었다고 믿었다. 대학을 사직하고 구경꾼으로서가 아니라 거기서 장사를 하여 생계 수단으로 삼으려고 시장을 돌아다니며, 나는 내가 얼마나 시장의 가장 중요한 것들과 거기서 살아가는 사람들에 대하여 무지했던가를 뼈저리게 느꼈다. 구경꾼은 본질을 모른다. 답사를 해서 현장을 본다고 해결되지도 않는다. 오직 실전(實戰) 경험만이 그 문제를 풀어줄 유일한 방법이다.

　필자는 학문의 가치와 책의 가치를 극히 존중한다. 그 까닭은 그런 유한(有閑) 분위기 속에서 중요한 전기(轉機)를 마련할 수 있는 근거들이 나오고 있기 때문이다. 그렇다 해도 공허감이 없어지는 것은 아니다. 오직 책임과 의무를 짊어지고 현실 속으로 들어갔을 때 비로소 '그 무엇'인가를

알 수 있게 된다. '그 무엇'을 알았을 때 자생풍수를 어떻게 해야 할지는
자명(自明)해진다.

마 무 리

필자가 제안한 자생풍수는 아직 학문이 아니다. 나 스스로 자생풍수
를 학문으로 인정해 달라고 한 적도 없다. 그러나 과학이 아닌 인문학, 이
제는 대학에서도 사실상 버림받은, 인문학으로서는 자격을 갖추고 있는
것이라 믿는다. 인문학의 존재 이유는 이미 앞에서 언급했다.

사실 풍수는 역사 속에서 우려먹을 대로 우려먹은 지리학이다. 한번
써먹은 것을 재탕, 삼탕 하는 것은 아무런 의미가 없다. 현실에 적응해야
하고 현재를 사는 사람에 부합해야 한다. 그 점에서 풍수의 한 갈래로 자
생풍수를 무리가 가는 줄 알면서 주장한 것이다.

땅은 관람석에 앉아 편안히 전문 해설가의 멘트나 들으면서 즐길 대
상이 아니다. 여기서 해설가란 물론 풍수 전문가를 지칭한다. 그런데 많은
사람들은 이 해설자가 객관적인 입장에서 불편부당(不偏不黨)하게 경기를
풀어내기 위하여 선수 출신이 아닐 것을 요구한다. 실전 경험은 독선과 편
협을 낳는다고 지레 짐작한다. 그래서 전문 해설가가 등장한다. 그들은 실
제 뛰어본 경험이 없기 때문에, 우리가 보면 그냥 알 수 있는 것을 어려운
이론과 난해한 용어를 사용하여 진부화시키기 때문에 듣는 사람을 짜증나
게 한다. 먼저 뛰어보고 남을 평가해야 현실 감각이 살아있는 재미있고 유
익한 해설이 나올 수 있는 것이다.

실제로 우리나라의 축구, 농구, 야구 해설자 대부분은 비록 유명하지
는 않았지만 선수 출신들이다. 심지어 현역 유명 프로 선수가 해설자가 되
어 인기를 끌기도 한다. 배움의 세계에서 인기나 재미는 거의 금기시되고
있다. 과연 그럴 필요가 있을까? 이론이 어려우면 어려울수록, 용어가 난
해하면 난해할수록, 그 저변을 살펴보면 바로 그런 이론이나 용어를 사용
하고 있는 사람 자신이 경기를 이해하지 못하기 때문에 동원되는 지적(知

的) 사기일 가능성이 높다.

　나는 자생풍수를 이해하려면 현장에 나가서, 이해관계가 얽힌 입장에서 직접 경험해 보기를 권한다. 현장에는 자생풍수의 이론들이 무수히 널려있다. 마을 답사에서 흔히 느끼는 일이지만 주민들이 자신의 거주지를 명당으로 주장하는데도 풍수 이론상 도저히 그럴 수 없는 곳이 많다. 자생풍수의 입장에서 해석하면 그들이 그런 입지조건을 왜 풍수라고 했는지를 금방 알 수 있다.

　게다가 자생풍수는 필시 도선 국사 혼자 천재성을 발휘하여 어느 날 갑자기 만들어 낸 독창적 지리 이론이 아닐 것이다. 그것은 이 땅을 살아가는 사람들이 쌓은 경험의 집적이 만든 지혜의 산물을 도선 국사란 상징 인물을 특칭(特稱)하여 내세운 것임에 틀림없다고 생각한다.

　중국의 풍수 기원에 대해서는 여러 가지 주장이 있으나 위, 진, 남북조(魏晉南北朝) 시대를 거쳐 당나라 때 그 대체적인 틀이 완성되었다는 것이 한, 중 학자들의 공통된 견해이다. 그렇다면 삼국시대 초기에 이미 중국 풍수가 유입되었다는 주장은 말이 되지 않는다. 이렇게 되면 주몽이나 온조, 석탈해 등의 풍수 관념은 자생적(自生的)일 수밖에 없다. 필자는 도선이 그런 자생풍수를 지리산(智異山)의 한 이인(異人)으로부터 배웠다고 보는 이유 중 하나이다. 거듭 강조하거니와 도선의 불법(佛法) 스승은 당대의 고승이자 구산선문(九山禪門)의 하나인 동리산파의 개조(開祖) 혜철(慧哲)이다. 혜철 역시 도당유학승(渡唐留學僧)이다. 그가 당나라의 풍수를 알았음은 의심의 여지가 없다. 그런데도 굳이 도선은 자신의 풍수 스승은 지리산의 한 이인이라고 했다. 그러니 도선풍수는 자생풍수일 수밖에 없는 것이다.

　조선과 중국의 풍수 차이처럼 조선과 일본의 국역풍수(國域風水)에도 차이가 있다. 고려왕조 이전과 달리 조선이 건국되면서 중국의 유학풍수(儒學風水, 특히 墓地風水) 이론이 대거 유입되면서 풍수이론에 많은 변화

가 온다. 가장 큰 변화는 조선에서는 사방의 산(四山)을 사신(四神)으로 상
정한다. 예컨대 한양의 경우 현무(玄武)를 북악산, 청룡(靑龍)을 인왕산, 주
작(朱雀)을 남산으로 상정하였는데, 이렇게 되면 폐쇄적 공간관을 갖는다.
반면 일본에서는 전통적으로 청룡을 흐르는 강, 백호를 큰 길, 현무를 작
은 언덕으로 본다. 이렇게 사신을 상정할 경우 주작인 큰 호수(灣을 지칭
함)는 다시 바다로 연결된다. 바다에서 들어온 큰 배가 호수에 정박하여
물건을 내리면 청룡인 강을 따라 수레들이 움직이면서 활발한 물류가 이
루어진다. 즉 개방적 공간관이 형성된다. 폐쇄적 공간관과 개방적 공간관
은 두 나라의 운명에 서로 다른 영향을 끼쳤다.17

　　<고려사>에 의하면 김위제는 도선의 풍수술을 사숙(私塾)하였고 묘
청(妙淸) 역시 도선의 법맥(法脈)이 강정화–묘청–백수한으로 이어진다고
하였다.

　　단재는 <신지비사>에서 다음 세 가지를 주목한다. 첫째, 김위제가
말한 3경(송도, 한양, 평양)은 잘못된 것이고 대단군(大檀君)의 3경이 옳다
는 것이다. 단재는 하얼빈, 안시성, 평양을 그것으로 보았다.18 둘째, 김위
제가 인용한 <신지비사> 10구(句)는 원래 이두문이었는데, 삼국시대 말
엽에 한문으로 번역된 것으로 보았다. 셋째, <신지비사>가 전해지지 않
는 이유는 고구려와 백제가 멸망할 때 왕궁에 비장된 것이 타버렸고, 고려
에서도 한 벌이 있었고, 조선에 와서도 서운관(書雲觀)에 비장되었으나 임
진왜란 병화에 불타버렸다고 한다.

　　중요한 것은 김위제든 묘청이든 도선을 추앙한다는 점이다. 기록이
남아있지 않을 뿐 도선의 영향력은 막강했음을 알 수 있다. 그렇다면 <신
지비사>에서 드러난 자생풍수와 중국풍수의 차이점은 무엇인가?

　　첫째, <신지비사>라는 용어와 그 내용이 중국의 풍수문헌에 전혀
나타나지 않은 점으로 보아 고구려 혹은 그 이전 우리 민족의 기록이 분
명하다. 둘째, 삼경(三京)을 저울과 같은 사물(事物)로 비유하는 화법을 중
국풍수에서는 형국론(形局論)이라고 한다. 그런데 저울이라는 사물에 비유

하는 형국론이 중국풍수에서는 나타나지 않는다. 셋째, 조선 왕조에 들어와서 왕경(한양) 중심주의가 정착하기 이전 고려 왕조에서는 다경제(多京制) 논의가 빈번하였는데, 이러한 다경제는 중국에서 볼 수 없는 현상으로 <신지비사>의 삼경제와 같은 맥락에 있다.

넷째, '3경 가운데 하나라도 없앨 경우 왕업(王業)이 쇠(衰)할 것'이라는 문장은 일종의 지기쇠왕설(地氣衰旺說)의 표현이다. 이 용어는 조선의 지리학 과목에는 등장하지 않으나 <고려사>에 빈번히 등장한다. 고려 태조의 <훈요십조>, 문종(文宗) 때의 이경(離京)과 이궁(異宮) 건설, 숙종(肅宗) 때의 남경(한양) 천도론, 신종(神宗)때의 산천비보도감(山川裨補都監) 설치, 인종(仁宗) 때의 서경(평양) 천도설, 고종(高宗)과 원종(元宗) 때의 강화도 이궁 및 가궐(假闕) 조성, 공민왕(恭愍王)과 우왕(禑王) 때의 천도론 등이 그런 예들이다. 마지막 임금인 공양왕(恭讓王)은 <도선비기(道詵秘記)>에서 말하였다는 지기쇠왕설을 믿고 한양 천도를 단행하기도 한다. 이러한 천도론은 <해동비록>, <도선비기>들을 근거로 한다. 따라서 이것들은 우리 민족 고유의 '터잡기' 흔적으로 보아야 한다.19

다섯째, 저울대-저울추-저울판으로 비유되는 삼경(三京)의 흔적은 현재 한국 민간 풍수에서 전해지는 삼수부동격(三獸不動格), 삼녀동좌격(三女同坐格), 오수부동격(五獸不動格) 등과 맥을 같이 한다. 삼수부동격이란 세 마리 짐승(닭-수리-개 혹은 개-닭-지네 등)이 서로를 노리고 있는데, 이 가운데 어느 한 짐승이 동작을 취하면 다른 한쪽이 공격을 할까 봐 서로 긴장 상태를 유지한다는 논리이다. 오수부동격에 관해서는 개성답사기에서 상세히 밝힌 바 있다. 이렇게 긴장 속에 균령을 이룬 곳은 길지(吉地)가 되지만, 만약 그 가운데 하나만 없어도 망지(亡地)가 된다는 관념은 중국풍수에 나타나지 않는 우리 자생풍수의 특징이다.

신지비사에는 저울 비유가 들어있다. "성스러운 주인님(聖主)이 신경(新京)에 나아가심은/ 마치 저울대, 저울추, 저울그릇과 같아" 결국 국토가 머리와 꼬리에 평형(平衡)을 이루어 나란히 있어, 태평을 이루리라는 내용

이다.20

　아마도 그런 전통을 확실히 이어받은 책은 <정감록(鄭鑑錄)>일 것이다. 이에 관해서는 필자가 다른 책에서 언급하였기에 여기서는 생략한다.21 그리고 의외이지만 <택리지(擇里志)>에도 그런 내용이 들어있다. 이 책은 많은 부분에서 사대부(士大夫)들이 살만한 곳과 병화(兵禍)를 피할 수 있는 곳들을 언급하고 있다.

　단군에 대해서는 대한민국은 물론 북한 정권도 떠받들고 있다. 대한민국은 개천절(開天節)을 국경일로 기념하고 있으나 그 실체는 미약하다. 그저 민족 정체성 확립의 한 상징성으로서 기능하고 있을 뿐이다. 북한은 전혀 다르다. 뒤에 <단군릉 답사기>에서 살펴보겠지만, 그들은 단군과 그 안해(아내)의 완전에 가까운 유해(遺骸)를 갖고 있을 뿐 아니라 거대한 피라미드 단군릉까지 조성해 놓고 있다. 단군의 출생지는 한반도 북쪽의 명산이라면 찾아보기 어렵지 않다. 예컨대 이런 식이다. 단군과는 별 관련이 없을 것 같은 묘향산에도 단군 출생지가 있다. "주팔이가 묘향산 만세루(萬歲樓)에 올라앉아 천주암(天柱岩)이 높이 솟은 탁기봉(卓旗峰)을 바라보기도 하고 단군대(檀君臺)를 올라가서 조선 시조 단군님이 나셨다는 단군굴을 들여다보기도 하였다.22 필자의 생각으로는 단군이 어떤 한 인물을 지칭하는 것이 아니라, 고대(古代) 제정일치(祭政一致) 시절의 부족의 종교적, 정치적 지도자(指導者)를 통칭하는 용어가 아니었을까 여겨진다.

　다시 앞서 얘기로 돌아가서 필자 같은 문외한이 보고 듣기에도 황당한 일이지만 사실이 그렇다. 단군에 관한 그들의 눈문집23의 내용을 요약하면 대략 이렇다. "단군은 평양 일대에서 태어났고 환웅(桓雄: 단군의 아버지)이 하늘에서 땅 위에 처음 내려온 태백산은 묘향산이며 단군이 죽어서 묻힌 곳도 평양 일대였으며 현재 평양시 강동군 강동읍 근처에 있다. 그 무덤에서 두 사람분의 뼈가 발견되었는데 이 유골이 남아 있는 까닭은 가용성 광물질이 용해되어 있는 석회암 지대이기 때문이다. 그가 단군인

이유는 유골이 170cm 이상의 장대(壯大)한 늙은이기 때문이다. 유해의 연
대측정에 의하면 그가 태어난 것은 지금으로부터 5,011＋－267년 전이었
다. 수도는 당연히 머나먼 요동지방이 아니라 평양이다."

당시 답사기를 쓸 때(1998년)에는 북한과의 관계를 고려하여 차마 하
지 못한 얘기가 있다. 한마디로 그것은 날조(捏造)였다는 것이다. 아마도
그들은 <환단고기(桓檀古記)>라는 책을 아직 접하지 못했던 것 같다. 만
약 알았다면 조선(고조선)의 영토가 캄차카 반도에서 카스피 해까지라는
주장도 서슴지 않았을 것이다. 한편으로는 의도적으로 <환단고기>를 무
시했을 가능성도 있다. 그토록 영토가 넓었다면 평양이 고조선의 수도였
고 단군의 고향이 평양이라는 주장이 지나친 무리(無理)라는 것을 인정할
수밖에 없었을 것이기 때문이다. 문제는 더욱 까다로워지는데, 종교는 마
약과 같다는 공산주의자들의 일반적인 생각과 달리 '조국 통일 연구원 참
사 교수 박사'라는 긴 직함을 가진 최태진의 '론문'에는 "친애하는 지도자
김정일 동지께서는 다음과 같이 교시하시였다. [종교에는 나쁜 점만 있는
것이 아니라 좋은 점도 있습니다.]라고 하면서 "대종교를 1909년 일제의
침략을 반대하는 우리 인민의 민족 자주의식의 발현으로서 발생하였다.
(중략) 모든 사실은 대종교가 단군을 실재한 건국 시조로 간주하고 단군의
정치 도덕 리념인 <홍익인간> 사상을 실천 강령으로 삼으면서 갈라진
민족의 통일을 바라보고 있는 토착 민족종교라는 것을 말해준다."고 하였
다. 단군은 북한에서 신앙으로까지 승화(昇華)한 것이다.

필자의 짐작으로는 그들이 평양을 우리 민족의 최초 국가를 세운 단
군의 고향이자 최초 국가인 고조선의 수도가 평양이며 따라서 평양이 민
족의 수도로서 정통성을 갖는다는 주장을 그렇게 호도(糊塗)한 것으로 보
인다.

근세에 일어난 민족 중심의 종교로는 동학사상(東學思想)과 단군숭배
(檀君崇拜)에서 연원(淵源)하여 분화된 것들이 있는데, 그중에서도 나철(羅
喆: 1864－1916)의 대종교(大倧敎)라는 건전한 종파가 있는 반면, 극히 기

복적(祈福的)이고 은둔적(隱遁的)인 방향으로 전락(轉落)한 광명대도(光明
大道), 아아신궁(亞亞神宮) 등 17여 종파의 신흥종교가 형성되어 있다.24

단군릉 답사기25

　북한의 여성들, 그들은 텔레비전의 출연자뿐 아니라 평양이나 혹은
개성이나 황해도에 사는 일반 여성들도 하나같이 말투가 곱고 정감이 간
다. 남쪽 말이 귀에 젖은 내게는 간혹 어색한 감이 없는 것은 아니지만 마
치 1950년대 한국 영화 대사를 듣는 듯하여 추억에 잠길 때가 있을 지경
이다. 예컨대 '사랑방 손님과 어머니'에서 아역(兒役)의 전영선이 하던 말
투 같은 것 말이다. 흘러간 것은 모두 아름다운 것인가, 아니면 그때의 사
람들이 착하고 고왔던 까닭인가.

　밤에는 평양역 쪽에서 기적 소리와 열차의 덜커덩거리는 소리가 들려
온다. 이 또한 추억의 밤을 만들기에 충분한 음향효과다. 새벽이 되면 고
려호텔 대각선 건너편 '지짐집(빈대떡집)' 건물 앞에서 밴드가 행진곡을 연
주하는데 그 소리가 마치 고등학교 시절 학교 조회시간 밴드부원들의 관
악(管樂) 연주 소리 같다. 불빛이 없고 차량 소통이 끊어진 새벽의 평양거
리는 그래서 "더욱 새벽의 운치(韻致)가 있다"고 한다면 지나친 감상일지
모르겠다. 사실 평양 거리 풍경은 이런 소설의 장면과 흡사하다. "베를린
장벽을 넘어서 알게 된 게 고작 그것뿐이에요? 음식은 형편없고, 옷은 합
성섬유 재질이고, 건물이 잿빛이라는 것?"26 음식은 거의 호텔에서 먹었으
니 괜찮았지만 잿빛이라는 표현은 평양이건 개성이건 사리원이건 동감이
랄 수밖에 없다.

　12월 19일 금요일 9시 조금 넘어 막 바로 <단군릉>을 향하여 출발
한다. 차는 곧 평양의 실질적 진산(鎭山)인 대성산(옛 기록에는 大城山인데
현재 북한에서는 大聖山이라 씀) 자락을 지난다. <동국여지승람(東國輿地勝
覽)>에는 평양의 진산을 금수산(錦繡山)이라 하였지만 현지에서의 판단으
로는 대성산이 진산임이 분명해 보인다. 금수산은 주산(主山)이다. 본래

구룡산(九龍山) 혹은 노양산(魯陽山)이라고도 하며 산마루에 아흔아홉 개의 못이 있어 날이 가물 때 이곳에서 기우제(祈雨祭)를 지내면 영험(靈驗)이 있다는 전설이 있다고 한다. 길가에서 보이는 대성산의 가장 높은 봉우리는 소문봉이지만 실제 최고봉은 장수봉으로 길에서는 보이지 않는다. 연개소문(淵蓋蘇文)을 기려 그런 이름을 붙인 꼭대기에는 <소문봉 정각>이라는 정자가 아련히 보인다. 얼핏 보기에는 밋밋한 토성(土星)의 산체이지만 나중에 현지에서 자세히 관찰하니 물뱀이 물을 가르며 헤엄치는 수성(水星)임에 분명하다.

주변은 역시 질펀한 벌방(벌판)이며 길가에는 2, 3층의 연립주택들이 주종을 이루지만 안쪽으로는 단층집들도 여럿 보인다. 대성산을 제외한다면 산은 거의 없지만 있는 것도 낮은 둔덕에 잔솔밭이 덮여 있는, 우리나라 어디에서나 볼 수 있는 농촌의 그것 그대로이다. 다락밭(계단식 개간지)이 간혹 눈에 뜨이고 토양은 짙은 적색으로 비옥해 보이는데 실제로 비옥도는 그리 높지 않다는 얘기를 나중에 들었다. 밭은 과수원으로 많이 이용되는 듯하다. 배, 복숭아, 사과를 주로 심는다. 그래서인지 호텔 내 방 냉장고에는 언제나 <배 단물>과 <배 사이다>가 들어 있었다. 둔덕 여기저기 재래식 무덤들도 눈에 뜨이고 길은 조그만 야산인데도 터널을 뚫은 곳이 몇 군데 있다.

"소위 낙랑준평원(樂浪準平原)이라 알려졌던 이곳 벌방에서 묘청(妙淸) 생각이 난다. 도선(道詵)의 맥(脈)을 이었다는 그는 왜 이곳으로의 천도를 주장하다가 반역에까지 이르게 되었을까? 외롭고 허망한 느낌을 주는 이런 벌판에서는 허무주의자(虛無主義者)가 되거나 혁명가(革命家)가 되는 것이 아닌가 하는 짐작이 든다. 그들은 이곳에서 인생의 허무(虛無)를 이겨내고자 했는지도 모르겠다."

대동강에는 모두 여섯 개의 갑문(閘門)이 건설되어 있는데 차는 그 중 중류인 평양시 삼석구역과 강동군을 연결하는 봉화갑문을 지난다. 현재 북한에는 면(面) 제도가 없기 때문에 강을 건너면 바로 강동군 봉화리가 된다. 봉화리는 본래 향교(鄕校)가 있어 향교리였지만 <김 주석>의 아버지 <김형석>이 가르치던 <명신학교>가 있기 때문에 지명이 봉화리로 바뀌고 <혁명사적지>가 되었다.

그 부근에서 재미있는 얘기를 들었다. 전쟁 후 농촌의 현대화를 위하여 <벌방> 가운데 3층짜리 <집체식 주택>(공동주택)을 지어주었는데 싫어하더라는 것이다. 뚜렷한 이유를 대지도 못하며 무작정 싫다고 하니 답답한 노릇이었는데 나중에 따져본 결과 그들이 산자락에 의지하여 살던 버릇 때문에 그렇다는 것을 알게 되었고 결국 그들이 원하던 산자락으로 집을 이동시켜 주니 정을 붙이고 살더라는 이야기다.

이런 얘기는 남한에도 여러 사례가 있다. 가장 대표적인 것이 계화도 간척지의 경우인데 지금도 그들은 생산성을 생각하여 들판 가운데, 그러니까 농경지(農耕地) 가까이 마을을 조성하는 것이 아니라 본래 육지였던 둔덕이나마 명색이 산이랄 수 있는 곳에 기댈 수 있는 터를 찾아 살아가는 식이다.

이것은 남북 간 민족 동질성 회복을 위하여 매우 중요한 시사를 던져주는 현상이라 생각한다. 인위적인 동질성 회복이 아니라 우리가 본래 지니고 있던 동일한 토대에 바탕을 둔 민족 정서를 되살린다면 아주 쉽게 그 목적을 달성할 수 있기 때문이다. 물론 어느 한 가지 전통적 관습을 가지고 말하는 것은 아니다. 그런 것들을 하나씩 찾아내어 밝혀 간다면 쌓이고 쌓여 결국 우리는 하나의 민족이라는 당연한 결과에 쉽사리 도달할 수 있지 않겠느냐는 것이다.

풍수도 그렇다. 북한 어디를 가나 안내원들은 필자가 묻기도 전에 "풍수는 봉건 도배들의 터 잡기 잡술 아닙니까?"했지만, 필자가 부모 혹은 조부모의 산소 얘기를 물으면 하나같이 "좋은 명당에 모셨습니다."라는 답이 돌아왔다. 의식 저 밑에는 풍수 의식이 남아 있는 증례(證例)이다.

그러나 이는 북한 주민들만의 이야기는 아니다. 조선조 실학(實學)자들도 그랬고, 현대 대한민국 국민들도 대부분 풍수에 대해서는 이런 이중적인 태도를 취하고 있기 때문이다. 풍수의 이중성은 민족 동질성 회복에 어떤 식으로든 영향을 미칠 것이다.

　사실 이번 북한 땅 몇 곳을 여행하며 느낀 것은 우리가 너무나 상대방을 모르고 있다는 것이었다. 아니, 더 정확히 말하자면 서로 간에 오해가 지나치게 심화되어 있어서 그것을 푸는 데만도 오랜 시간과 노력이 필요하겠다는 생각이 들어서 해본 이야기다.

　단군릉은 평양시 강동군 문흥리에 있다. 봉화리에서 조금만 가면 문흥리에 닿을 수 있고 거기 가면 어디서나 웅대(雄大)하다고 할 수밖에 없는 단군릉이 보인다. 현재의 단군릉은 본디 위치에서 5km 쯤 이동된 것이라 한다. 이렇게 되면 지금의 단군릉 입지 그 진위(眞僞) 여부를 불문하고 풍수로 판단한다는 것은 불가능하다. 원래 자리는 끝내 가보지 못했으나 그곳 역시 대박산 자락이지만 골짜기 아래쪽이란 설명은 들었다. 만약 단군이 아니라 하더라도 그와 비슷한 시대의 어떤 인물이 그런 곳에 터를 잡았다면 분명 물가이면서 침수(浸水)를 피할 수 있는 곳을 택했을 것이다.

　이곳 지모(地貌)에 대해서는 북한 자료에 이런 설명이 있어 참고가 된다.27 "북쪽에 병풍처럼 둘러있는 대박산 줄기, 그 가운데 안겨 있는 벌거숭이 홍산(단군이 무술을 연마하던 곳이라 함), 남쪽에 흐르는 맑은 수정천, 푸르고 깊은 소(沼)가 있는 림경대" 대체로 지금도 우리들이 마음속에 간직한 풍광(風光)과 별로 다를 바 없다.

　완공 연대가 1994년이라서 1994개의 화강암으로 쌓았다는 피라미드는 다문 입을 닫지 못하게 어마어마하다. 황당하다는 느낌을 지울 수 없었다. 게다가 평양에 돌아와 <조선 중앙 력사 박물관>이란 곳에서 본 단군과 그 안해(아내)의 유골 설명은 "단군이 70세 된 남자 노인의 것으로 키는 170cm 정도의 기골(肌骨)이 장대한 사람의 것이고 그 안해의 유골은 노동을 모르고 자란 귀족 출신으로 30세가량의 젊은 여성"이라고 되어 있었다.

　이런 수비학적(數秘學的) 강박증은 평양에 있는 <주체탑>에서 그

정점을 이룬다. 김일성의 70회 생일을 맞아 세운 것이기 때문에 70년의
날짜 수에 해당하는(70×365) 25,550개의 화강암으로 축조했다는 것이며,
그 앞 기념탑에 새겨진 시(詩) 또한 김일성의 출생년도인 1912년을 기념
하여 12련(聯)으로 되어 있다.28

　　여기에도 우리나라 명산이라면 대개 들을 수 있는 <마고할미> 전설
이 있었다. 전설의 내용은 가지가지이지만 일종의 여성 산신(山神)으로 보
면 될 것인데 이는 정적(靜的)인 산을 음(陰)으로 유동적(流動的)인 물을
양(陽)으로 보는 풍수적 관점을 그대로 따른 것이다. 그 마고할미가 단군
과 화해한 전설이 강동군 남쪽 구빈마을에 남아 있었다.

　　단군이 거느리는 박달족은 인근 마고성에서 마귀할미가 족장(族長)으
로 다스리고 있는 마귀족을 공격한다. 전투에 진 마귀할미는 달아나서 박
달족과 단군 족장의 동태를 살피는데 알고 보니 자기 부족에게 너무도 잘
해주는 것이 아닌가. 그래서 마귀할미는 단군에게 심복(心腹)하게 되었고
마귀할미의 신하인 아홉 장수를 귀한 손님으로 맞이하여 대접한 곳을 구
빈(九賓)마을이라 하고 마귀할미가 단군에게 복속(復屬)되어 마고성으로
되돌아온 고개를 왕림(枉臨)고개라고 한다는 전설이다.

　　단군과 마고는 둘 다 자생(自生)의 우리 민족 고유의 신(神)이다. 하나
는 남성이고 또 하나는 여성이란 차이점이 있을 뿐, 우리 민족이 만들어낸
신이라는 특성 때문에 명산(名山)이나 영산(靈山)으로 존숭(尊崇)받는 산의
산신(山神)이 되었으리라. 단군 신화가 전하는 메시지는 산이 우리의 심신
(心身) 양면의 원형(原形)이란 것이다.

　　이에 대해서는 필자도 허황하게 생각하는 바이지만, 학계의 의견도
비슷한 듯하다. <단군릉>까지 조성하면 국조(國祖)로서의 단군의 의미를
부각시킬 수는 있으나, 단군신화를 통해 밝힐 수 있는 민족의 수많은 전승
문화를 무의미하게 만든다. 왜냐하면 그러한 문화요소는 민족문화의 전승
면이 상징적으로 응축되어 단군고기 속에 집약되어 나타난 것이 아니라,
단군 개인의 행적에 따른 구체적인 사실을 가리키기 때문이다.29

더욱 나아가 이기동 교수는 단군릉 조성을 "그야말로 파천황(破天荒)의 기괴한 것"이라 하면서 연대측정의 정확도에 난점이 많은 뼈를 시료로 하여 이를 대략 10만 년 전의 구석기시대 유적의 경우에나 시험적으로 응용되기 시작한 ESR 측정법에 적용한 것은 기술방법상 문제가 아닐 수 없기 때문이다.30

황해도 구월산의 단군31

현재 북한의 행정구역으로는 황해남도 은률군과 안악군 경계에 구월산(954m)이 있다. 황해도는 비교적 넓은 들판이 펼쳐진 땅이다. 서해에서 시작한 저평(低平)은 은률과 남포를 거쳐 갑자기 우뚝 솟은 평지돌출(平地突出)의 구월산(九月山)을 만난다. 들판은 곡창(穀倉)으로서 지배층을 상징한다. 평지돌출의 구월산은 그에 대한 저항(抵抗)의 상징이다. 민중은 저항의 선봉(先鋒)인 구월에 들어가지도 못하고 당연히 지배층의 터전인 들판 가운데 서지도 못하고 구월산과 평야가 만나는 점이지대(漸移地帶)에 의지하게 된다. 이것이 우리나라 마을 입지의 풍수적 공간을 이루는 배산임수(背山臨水)라는 것이다. 보수(保守)로 대변되는 들판에 대하여 돌출되게 저항하는 산, 그 사이에 끼어 부대끼는 민중들의 삶터란 뜻이다.

그들에게는 정당한 저항이겠지만 반대로 보수적 지배계층의 입장에서 보자면 반역(叛逆)이 될 수밖에 없는 구월산. 세상의 변화를 바라는 사람들이 그런 평지돌출의 성격을 가진 산의 품에 안겨 혁명(革命)과 개벽(開闢)을 꿈꾸는 것은 마침내 산과 사람이 상생(相生)의 궁합(宮合)을 이루었음을 보여준다. 간혹 어떤 사람들의 경우는 더 나아가 그런 산에 깊이 파묻혀 신선(神仙)을 꿈꾸기도 한다. 그러나 그것은 현실도피(現實逃避)이며 또 다른 이기심(利己心)의 발로에 지나지 않는다. 그래서 우리 도선풍수(자생풍수)는 양생수기(養生修己)의 소박한 자연주의를 별로 존중하지 않는 것이다. 구월산에는 저항의 맥이 흐르는 한편, 단군 신화가 곳곳에 스며있는 기묘한 민족주의적 특성이 살아 숨 쉰다. 1997년 12월 12일, 그곳을 찾아갔다.

이미 임꺽정이나 장길산을 통하여 구월산의 저항성은 익히 알려져 있으나 판소리 <변강쇠 타령>의 사설에조차 그런 말이 나오기에 그것을 인용해본다. "동(東) 금강(金剛) 석산(石山)이라 나무 없어 살 수 없고, 북(北) 향산[妙香山] 찬 곳이라 눈 쌓여 살 수 없고, 서(西) 구월(九月) 좋다하나 적굴(賊窟: 즉 도적 소굴)이라 살 수 있나, 남(南) 지리[智異山] 토후(土厚)하여 생리(生利)가 좋다하니 그리로 살러가세." 예로부터 구월산은 도적의 소굴이었던 모양이다.

황해남도 안악군 월정리에 접어드니 구월산 전모(全貌)가 확연하게 드러난다. 불꽃같은 석봉(石峯)들이 능선에 즐비(櫛比)한데 최고봉이라야 956m임에도 불구하고 그 위용(偉容)은 대단하다. 아마도 평지돌출의 산이기에 더욱 그러할 것이다. 산은 마치 안악군을 휘감듯 둘러쳐져 안악(安岳)이란 지명이 구월산 안자락이란 유추를 가능케 한다. 아낙네란 말도 여기서 유래되었다는 설화가 있을 정도이니 풍토가 지명을 만들었다는 가정은 그리 생소한 것은 아니다.

구월산 자체가 서해의 바닷바람을 막아 주기 위한 방풍(防風)의 긴 성(城)처럼 안악, 신천, 재령 일대를 감싸주는 형세는 그것이 꼭 단군과 결부되지 않았더라도 주민들의 존숭 대상이 되었을 것이다. 아니면 그런 형세가 단군 신화를 불러들인 것인지도 모른다. 이런 풍토에 관한 유전자(遺傳子)는 언제 시작되었는지는 모르지만 도선 시대에도 있었을 것이다.

옛날 어떤 안악 군수(郡守)가 마누라 등쌀에 군정(郡政)을 자기 마음대로 하지 못하고 그녀의 치마폭에 싸여 떨었다는 데서 '안악네'가 나왔고, 그것이 아낙네가 되었다는 얘긴데 그보다는 구월산의 품안이란 뜻으로 '안악'이 되었다는 것이 훨씬 그럴 듯하다. 실제 현장을 보면 그렇겠구나 하는 생각이 절로 난다. 게다가 구월산(九月山)의 구(九)는 우리말로 아홉이고 월(月)은 달이니 아달산, 즉 아사달산에서 이름이 나오지 않았겠느냐는 추측이 가능한데 이에 대해서는 이곳의 단군 설화가 그것을 뒷받침한

다. 1994년 북한 '문학 예술 종합출판사'에서 발간한 <구월산 전설(1)>
에 보면 "구월산은 원래 아사달이라 일컬어졌다고 고기는 밝히고 있다. 아
사는 아침이란 이두(吏讀) 말이고 달은 산이란 뜻이니 아사달이 바로 구월
산'이라는 내용이 들어있다. 그건 그렇고 구월산하면 빼놓을 수 없는 너무
나 유명한 서산대사(西山大師) 휴정(休廷)의 산에 관한 품평(品評)을 빼놓
을 수 없다. 우리나라의 고승대덕(高僧大德)들은 도선(道詵) 이전(以前)부터
근대(近代)에 이르기까지 자생적인 사상, 철학, 종교, 관례(慣例) 등에 익
숙해 있었고 이들을 수행(修行)에 융화(融和)시켰다고 생각한다. 따라서 휴
정의 품평은 단순히 그의 독창적인 평가라기보다는 이미 있어 온 사고방
식이었을 것이다. 그는 우리나라 4대 명산을 일컬어 가로되, "금강산은 빼
어나되 웅장하지 못하고, 지리산은 웅장하되 빼어나지 못하다. 구월산은
빼어나지도 못하고 웅장하지도 못한데, 묘향산은 빼어나기도 하고 웅장하
기도 하구나(金剛秀而不壯/ 智異壯而不秀/ 九月不秀不壯/ 妙香亦秀亦壯)."하
였는데, 구월산이 4대 명산 중 하나라는 것은 분명하지만 필자의 눈에도
서산대사의 품평은 정곡(正鵠)을 찌른 것이라 여겨졌다. 특히 석골(石骨)이
드러난 악산(惡山)인 것은 분명하다.

　　<동국여지승람(東國輿地勝覽)>이나 <택리지(擇里志)>의 구월산 소
개도 들어둘 만하지만 그런 것들을 아우른 글이 육당(六堂) 최남선(崔南善)
의 것이 아닌가 하여 여기서는 그의 강연집에 나오는 구월산 소개를 정리
해보기로 한다. "단군이 맨 처음 하늘에서 내려온 곳은 묘향산이다. 조선
을 세우면서 도읍을 평양에 두었다가 나중에 도읍을 다시 구월산 아래 당
장평(唐莊坪: <여지승람>에는 唐莊京으로 나오고 현지에서는 莊莊坪이라 함)
으로 옮겨 모두 1,500년 동안 인간을 다스리신 후 마지막으로 구월산에
들어가 신령(神靈)이 되셨다는 데서, 단군을 모시는 산도 묘향산에서 점차
신선(神仙)이 된 구월산으로 옮겼을 것이다."는 것이다.

　　"신천, 안악을 거쳐 구월산에 다가가 보라. 멀리서는 정다워 보이고
가까이 가면 은근하고 전체로 보면 듬직하고 부분으로 보면 상큼하니, 빼

어나지 못하다고 했지만 옥으로 깎은 연꽃 봉오리 같은 아사봉이 있고 웅장하지 못하다고 했지만 일출봉, 광봉, 주토봉 등이 여기저기 주먹을 부르쥐고 천만인이라도 덤벼라하는 기개가 시퍼렇게 살아있는 산이 구월산이다." 육당의 표현이다. 여기에 덧붙일 말이 없다. 구월산은 정말 그렇다.

정상인 사황봉(思皇峯)은 모종의 북한군 시설물이 있는 듯하여 이번에 오르지 못했지만 그 근처까지는 가 보았다. 등성이에 구월산성이 있었고 그 위에 올라섰으니 대략 해발 950m쯤은 올라갔던 모양이다. 동쪽과 남쪽으로는 끝을 알 수 없는 들판이 펼쳐지고 서쪽으로는 날씨 탓인가 서해가 바라보이며 북쪽으로는 서해갑문에 호수가 된 대동강 하구(예전에는 이를 제량바다라 했다 함)를 바라볼 수 있으니 그 장쾌함은 필자가 본 어떤 산에도 뒤지지 않는 것이었다.

끝으로

요컨대 풍수는 예나 지금이나, 남이나 북이나 모두의 마음속에 깊이 새겨져 있는 우리 민족 공통의 인식이란 것이다. 훗날 많은 것이 변한 남북의 괴리(乖離) 속에서도 이중적인 풍수 인식은 길이 남아 있을 것이라 기대한다.

[주 석]

1 이 글은 1998년 2월부터 1998년 8월까지 중앙일보에 특별 기획연재로 게재한
　글에 들어 있습니다. 1998년 9월 중앙 M&B에서 출간한『북한 문화유적 답사
　기』pp. 171－177에 다시 수정하여 수록하였습니다.

2 이 답사에는 김일성 대학 고고학과 리정남 교수가 동행하였습니다. 그는 조교
　를 할 때 이 무덤 발굴에 직접 참여했다고 합니다. 처음 만났을 때 풍수를
　"봉건 도배들의 터 잡기 잡술"로 매도하던 그는 나중에 "민족 지형학"이라고
　하며 풍수의 긍정적 측면에 공감하였습니다.

3 『조선유적 유물 도감(20)』, 조선유적 유물 도감 편찬위원회, 조선민주주의 인
　민공화국, 평양, pp. 291－292.

4 위 책, p. 292.

5 위 책, p. 292.

6 그는 현직(現職)에서 더 그렇지만 조교(助敎) 때부터 고려 왕릉과 왕비릉의
　발굴(發掘)에 직접 참여했다고 합니다. 저로서는 그의 동행(同行)이 얼마나 값
　진 것이었는지 말로는 표현이 되지 않습니다. 그에 의하면 고려의 왕릉들은
　자신이 배운 중국풍수와는 너무나 달랐다는 것에 충격을 받았다고 합니다.

7 세력가의 무덤(규모가 크니까 그렇게 추정)은 명당이라 여기고 거기에 늑장
　(勒葬, 힘으로 밀어 붙여 억지로 산소를 씀)을 하는 예는 조선시대에 가끔 있
　는 일입니다.

8 1997년 12월 답사 당시 김일성대학 고고학과 교수였습니다.

9 최창조 (1998), 『최창조의 북한문화유적답사기』, 중앙 M&b, pp. 132－145.

10 정남향(正南向)은 중국의 천자(天子)만이 쓸 수 있다하여 조선의 정궁(正宮)
　인인 경복궁(景福宮) 정문인 광화문(光化門)은 이를 약간 비틀어 앉혔습니다.
　그러나 고려는 그에 구애받지 않았습니다. 이 또한 도선의 자생풍수의 한 영
　향이라 할 수 있습니다. 도선이 중국에 구애될 이유가 없기 때문입니다.

11 우리 자생종인 조선솔은 잎이 2개만 나지만 왜송(倭松)은 3개, 잣나무는 5개
　가 납니다.

12 코끼리는 자생의 동물은 아닙니다. 일설에는 쥐가 코끼리의 귀로 들어가면 코
　끼리의 뇌(腦)가 파괴되어 즉사(卽死)한다고 합니다.

13 이 부분은 최창조 (1998), 『최창조의 북한문화유적답사기』, 중앙 M&B, pp. 197-215.에 쓴 글을 전재(轉載)한 것입니다.

14 대표적인 연구로는 다음과 같은 저술이 있습니다. 김두규 (2008), 『풍수 여행』, 동아일보사. 이도원 외 (2012), 『전통 생태와 풍수지리』, 지오북. 최원석 (2004), 『한국의 풍수와 비보』 등.

15 靑華山人 李重煥, 擇里志, 八道總論, 京畿道條.

16 梁銀容, 1988, "道詵國師 裨補寺塔說의 硏究", 先覺國師 道詵의 新硏究, 靈岩郡, pp. 224-227.

17 김두규 (2010), 『조선풍수 일본을 논하다』, 드림넷미디어, p. 60.

18 신채호 저, 박기봉 역 (2006), 『조선상고사』, 비봉출판사.

19 필자는 이를 自生風水라 합니다.

20 김진명 (2009), 코리아닷컴 2, 해냄, pp. 217-218.

21 崔昌祚 (1984), 韓國의 風水思想, 民音社, pp. 301-337.

22 홍명희 (1985), 林巨正, 1. 봉단편, p. 174.

23 조선 민주주의 인민 공화국 사회과학원 력사연구실, 1994, 단군과 고조선에 관한 연구 론문집, 조선, 평양.

24 柳炳德 (1986), 韓國新興宗敎, 시인사, p. 97.

25 최창조 (1998), 『최창조의 북한 문화유산 답사기』, 중앙 M&B, pp. 78-88.

26 더글라스 케네디(Douglas Kennedy)지음, 조동섭 옮김, 2011, 모멘트, 밝은 세상, p. 133.

27 금성 청년 출판사, 1995, 『단군 전설(1)』, 조선 평양, p.87.

28 최창조 (1998), 북한 문화유적 답사기, 중앙 M&B, p. 163.

29 김두진 (2000), "단군에 대한 연구의 역사", 한국사 시민강좌, 제27집, p. 99.

30 이기동 (2000), "북한에서의 단군 연구와 그 숭앙운동", 『한국사 시민강좌』 제27집, p. 116

31 최창조 글, 홍성담 그림 (2000), 『땅의 눈물 땅의 희망』, 궁리, pp. 45-50.

찾아보기

[통일의 신지정학 단행본 참여저자 약력]

김명섭(연세대학교 정치외교학과)
연세대학교 정치외교학과 학사
연세대학교 정치학 석사
Université de Paris Ⅰ − Panthéon Sorbonne 정치학 박사

김병연(서울대학교 경제학부)
서울대학교 경제학과 학사
서울대학교 경제학 석사
Oxford University 경제학 박사

김상배(서울대학교 정치외교학부)
서울대 외교학과 학사
서울대 외교학과 대학원 정치학 석사
Indiana University 정치학 박사

김태환(국립외교원)
연세대학교 정치외교학과 학사
연세대학교 정치학 석사
Columbia University 정치학 박사

남종우(통일부)
서울대학교 지리학과 학사
서울대학교 지리학 석사
University of Illinois at Urbana − Champaign 지리학 박사

박배균(서울대학교 지리교육과)
서울대학교 지리학과 학사
서울대학교 지리학 석사
Ohio State University 지리학 박사

서정민(연세대학교 정치외교학과)
연세대학교 정치외교학과 학사
연세대학교 정치학 석사
The University of Chicago 정치학 박사

신범식(서울대학교 정치외교학부)
서울대 외교학과 학사
서울대 외교학과 대학원 정치학 석사
모스크바국제관계대학(MGIMO) 정치학과 졸업 정치학 박사

이상근(이화여대 통일학연구원)
고려대학교 사회학과 학사
고려대학교 사회학 석사
연세대학교 정치학 박사

이승욱(KAIST 인문사회과학부)
서울대학교 지리학과 학사
서울대학교 지리학 석사
The Ohio States University 지리학 박사

전재성(서울대학교 정치외교학부)
서울대 외교학과 학사
서울대 외교학과 대학원 정치학 석사
Northwestern University 정치학 박사

지상현(경희대학교 지리학과)
서울대학교 지리학과 학사
서울대학교 지리학 석사
University of Illinois at Urbana-Champaign 지리학 박사

진영재(연세대학교 정치외교학과)
연세대학교 정치외교학과 학사
Northwestern University 정치학 석사
University of California. Irvine 정치학 박사

최창조(前 서울대 교수)
서울대학교 지리학과 학사
서울대학교 지리학 석사

홍면기(동북아역사재단)
한국외국어대학교 정치외교학과 학사
고려대학교 정책대학원 석사, 정치외교학과 박사과정 수료
중국 북경대학 국제관계학원 국제정치학 박사

황지환(서울시립대학교 국제관계학과)
서울대학교 외교학과 학사
서울대학교 외교학과 대학원 정치학 석사
University of Colorado, Boulder 정치학 박사

통일의 신지정학

초판인쇄	2017년 2월 20일
초판발행	2017년 2월 28일
엮은이	서울대학교-연세대학교 통일대비국가전략연구팀
펴낸이	안종만
편 집	박송이
기획/마케팅	조성호
표지디자인	김연서
제 작	우인도·고철민
펴낸곳	(주) **박영사**
	서울특별시 종로구 새문안로3길 36, 1601
	등록 1959. 3. 11. 제300-1959-1호(倫)
전 화	02)733-6771
f a x	02)736-4818
e-mail	pys@pybook.co.kr
homepage	www.pybook.co.kr
ISBN	979-11-303-0422-9 93340

copyright©서울대학교-연세대학교 통일대비국가전략연구팀, 2017, Printed in Korea

정 가	29,000원